LETTRES INÉDITES
DU COMTE
CAMILLE DE TOURNON
PRÉFET DE ROME
1809-1814

Ire Partie : **La Politique et l'Esprit public**

THÈSE COMPLÉMENTAIRE
PRÉSENTÉE A LA FACULTÉ DES LETTRES DE L'UNIVERSITÉ DE PARIS
POUR LE DOCTORAT ÈS LETTRES
PAR
L'ABBÉ Jacques MOULARD

PARIS
LIBRAIRIE ANCIENNE HONORÉ CHAMPION
ÉDOUARD CHAMPION
5, QUAI MALAQUAIS
1914
Tous droits réservés.

LETTRES INÉDITES

DU COMTE

CAMILLE DE TOURNON

PRÉFET DE ROME

1809-1814

LETTRES INÉDITES
DU COMTE
CAMILLE DE TOURNON
PRÉFET DE ROME
1809-1814

1re Partie : **La Politique et l'Esprit public**

THÈSE COMPLÉMENTAIRE
PRÉSENTÉE A LA FACULTÉ DES LETTRES DE L'UNIVERSITÉ DE PARIS
POUR LE DOCTORAT ÈS LETTRES

PAR

L'ABBÉ JACQUES MOULARD

PARIS
LIBRAIRIE ANCIENNE HONORÉ CHAMPION
ÉDOUARD CHAMPION
5, QUAI MALAQUAIS
1914
Tous droits réservés.

INTRODUCTION

Parmi les très nombreux et importants papiers laissés par le comte Camille de Tournon, et qu'on retrouve éparpillés en de multiples Archives publiques ou privées, sa correspondance garde une place de choix. C'est qu'en effet, peu de ceux qui occupèrent une situation publique dans ces années si vivement intéressantes de l'Empire et de la Restauration ont davantage écrit que l'ancien préfet de Rome. Il a véritablement jalonné de lettres toute sa carrière administrative. Après de très longues et patientes recherches, je n'en ai pas recueilli moins de 2878 ! Certes, beaucoup sur ce nombre, simples lettres de famille ou d'affaires privées, n'ont que peu ou pas de valeur documentaire; mais combien d'autres sont d'un réel intérêt historique ! Et l'on sait qu'aujourd'hui les amateurs d'inédit prisent très fort ce genre de sources, dont ils font volontiers le document-type.

Cette volumineuse correspondance de Tournon peut se diviser naturellement en quatre parties : les lettres écrites de Paris et de Bayreuth à sa famille et à ses amis [1]; les lettres de la préfecture de Rome [2]; celles de la préfecture de Bordeaux [3]; enfin, les lettres de la préfecture de Lyon, et de la pairie [4].

Les premières nous montrent d'abord Camille de Tournon à Paris, après les douces années de vie familiale en son cher pays de Claveson. Il y est venu à 25 ans pour tenter la carrière diplomatique, aussi pauvre d'écus que riche d'espérances et de nobles résolutions.

---

1. 170 lettres; années 1803-1809.
2. 1 728 lettres; années 1809-1814.
3. 865 lettres; années 1815-1822.
4. 115 lettres; années 1822-1833.

Ces lettres nous redisent l'impression que fit la grande ville sur le provincial tout frais émoulu, les mœurs de ce Paris du Consulat si débordant de vie et de vices, la ruée vers les places, les propres démarches de Tournon, sa joie d'être enfin nommé Auditeur au Conseil d'État, ses réflexions sur ce grand corps et sur la manière d'y paraître de Bonaparte, l'éblouissement que lui causa la cérémonie du couronnement à Notre-Dame, dont il fut le témoin charmé, etc.

Les lettres de Bayreuth à son père et à sa mère, à ses amis Anglès, Barante, Mounier, donnent des aperçus curieux sur ce pays, ses habitants et leurs coutumes. Quelques-unes, confidentielles, adressées au maréchal Davout, de ce poste d'avant-garde, le renseignent d'intéressante manière sur les mouvements des Autrichiens avant Wagram. D'autres, enfin, nous apprennent les mélancoliques réflexions de Tournon, quand il se vit emmené prisonnier à Munkacs, tout au fond de la Hongrie. — Plusieurs de ces lettres, par la fraîcheur des sentiments, le pittoresque des descriptions, et le charme d'un style tout pétillant d'esprit, se rangent parmi les plus exquises de la collection.

Les 865 lettres de Bordeaux donnent, presque au jour le jour, la suite des événements politiques et des actes administratifs qui marquèrent sa préfecture si bien remplie dans la Gironde. Quelques-unes même, comme celles relatives à l'affaire Clauzel, à l'affaire Randon, à la police de Decazes, à la donation Richelieu, etc., touchent à des points d'histoire générale, et projettent sur eux des lumières toutes nouvelles. Ces lettres furent pour moi la plus précieuse source d'information. — Celles de la courte préfecture de Tournon à Lyon, et de sa pairie ont un intérêt moindre.

***

Mais dans cette riche correspondance encore inédite, il faut placer au premier rang les lettres de Rome. Leur nombre, 1728, le relief et l'éclat qu'apporte à toute étude le nom même de la Ville Éternelle que Napoléon désirait si violemment s'attacher, les détails précieux qu'elles ajoutent à un sujet déjà magnifiquement traité[1], la valeur, et comme homme et comme administrateur, de celui qui les a écrites, tout contribue à faire de cette collection une réunion de documents de premier ordre. — On peut les ranger en deux parties : lettres relatives à

---

1. *La Rome de Napoléon*, par L. Madelin.

la Politique et à l'esprit public, *et lettres se rapportant à l'Administration proprement dite*. Ces dernières sont de beaucoup les plus nombreuses. Quatre cent cinquante, au moins, me paraissent mériter la publication [1]. A les parcourir, en y joignant les papiers inédits des Archives de Génelard, et les rapports si peu connus de Tournon, et d'autres fonctionnaires des États Romains, aux Archives Nationales, on s'aperçoit vraiment que l'histoire un peu complète et détaillée des grands travaux que firent, ou voulaient faire, les Français dans la Rome de Napoléon, est encore à écrire. M. L. Madelin, dans un chapitre du livre cité [2], et Tournon lui-même dans ses Études Statistiques sont bien loin d'avoir épuisé le sujet.

Toutefois, pour la classification de ces 1 728 lettres, il m'a été impossible de toujours établir une ligne de démarcation exacte entre la politique et l'administration. Plus d'une fois, Tournon mêle l'une et l'autre dans les mêmes pages. Aussi, dans les lettres que je publie en ce volume, il est souvent question de travaux publics, de finances, prisons, routes, hospices, bienfaisance...; mais tout à côté, se trouvent des passages intéressants relatifs à l'esprit public.

D'autre part, le lecteur remarquera, par endroits, des lacunes de plusieurs semaines, sinon de plusieurs mois, dans cette correspondance. Cela provient de diverses causes. D'abord, il est évident qu'un certain nombre de lettres de Tournon se sont malheureusement perdues. Malgré des recherches opiniâtres de près de dix ans, aux Archives Nationales, dans les divers cartons qui m'ont paru susceptibles d'en contenir, j'ai pu m'assurer que plus de la moitié de celles dont les registres de Génelard donnent la copie officielle ne s'y retrouvent plus. Cela explique le moins grand nombre de lettres pour la fin de l'année 1812, et pour 1813, époque où s'arrêtent ces registres. Ensuite, quelques-uns de ces « intervalles » ont leur cause dans les absences de Tournon du chef-lieu, pour les tournées de conscription qui duraient parfois plusieurs semaines, et pendant lesquelles il écrivait peu. Il faut y joindre son séjour de deux mois et demi à Paris pour son mariage (juin, juillet, août 1811). Enfin, les lettres administratives sont particulièrement nombreuses pour certaines périodes,

---

1. Je la ferai incessamment. D'ailleurs, j'en extrairai l'essentiel pour mon ouvrage complet sur Tournon.
2. *La Rome de Napoléon*, livre III, ch. vi, *Un gouvernement athénien*, p. 527. Il s'est, du reste, surtout servi des *Études Statistiques sur Rome* de Tournon (2 vol. in-8°, Paris, 1831).

comme au début de 1812 et durant l'année 1813, et remplissent les apparentes lacunes de cette publication.

Je joins au texte quelques notes explicatives et biographiques, de brefs commentaires, ou même des extraits des Mémoires de Tournon et de son conseiller de préfecture Leterme, qui éclairent ces lettres, extraits que le lecteur parcourra, sans doute, avec d'autant plus de plaisir que ces Mémoires doivent rester inédits. — L'ordre chronologique m'a paru le seul naturel. Je donne cependant, pour plus de netteté, une division spéciale par années.

*
* *

J'ose espérer que la science historique retirera quelque profit de cette modeste publication, surtout quand les nombreuses lettres dites d'administration viendront s'y joindre, et compléter l'ensemble. Ces pages, en effet, nous initient aux curieuses mœurs romaines d'alors, et à la marche de l'opinion dans le département du Tibre. Nous y voyons d'abord l'acceptation résignée et presque générale du régime impérial. C'est ensuite l'irritation causée par d'odieuses mesures, le mécontentement qui monte, un brigandage incoercible qui s'accroît, la désaffection grandissante des populations, les révoltes, les intrigues, les « premiers craquements », et, enfin, la débâcle de 1814. Ces lettres, encore, nous font toucher du doigt les difficultés où se débat Tournon, devant une administration dont il faut créer à neuf presque tous les rouages, dans l'apathie et l'ignorance des fonctionnaires romains, harcelé qu'il est par les exigences des ministres de Napoléon à Paris, et trop souvent en conflit, à Rome, avec ses collaborateurs soit de la police, soit des finances. Elles nous montrent, en particulier, ses efforts pour rendre moins amères au peuple romain qu'il aime la conscription détestée, la dissolution des couvents, la proscription des prêtres, les ruineuses exigences fiscales, toutes choses où la « brusquerie de l'exécution » vint se joindre à « l'impolitique de la mesure [1] ». Son âme si passionnément éprise d'entier dévouement au bien public, et la dévorante activité qui le caractérise, s'y révèlent dans tout leur éclat.

Bon nombre des si jolies lettres de sa correspondance privée viennent tout naturellement s'intercaler parmi les lettres officielles, à

---

1. *Mémoires inédits* de Tournon.

cause des détails qu'elles donnent sur la Rome de ce temps-là. Le lecteur y verra, en outre, de quelle affection délicate et profonde notre préfet environnait tous les siens, en particulier sa mère, et combien les joies de la famille lui apportèrent réconfort et bonheur dans la rude tâche qu'il eut à remplir. — Certes, le plus grand honneur de Tournon, en la circonstance, lui revient de la partie pour ainsi dire technique de cette vaste administration, la bienfaisance publique et les travaux divers dont il fut « l'agent le plus actif », et demeura comme le moteur central; mais, seules, ces lettres sur la politique et l'esprit public me paraissent justifier déjà l'affirmation de M. Madelin, à savoir que le nom de Tournon « reste lié de la façon la plus heureuse, la plus glorieuse, à l'histoire de la domination française à Rome[1] ».

---

1. *La Rome de Napoléon*, page 288.

SOURCES

I. ARCHIVES PUBLIQUES

A. — Archives Nationales.

Les *Archives Nationales* dont la richesse, pour des travaux de ce genre, est vraiment insoupçonnée [1], et ne se révèle qu'au fur et à mesure des trouvailles, m'ont fourni, en dehors des volumineux rapports de Tournon, 348 lettres de lui, presque toutes *autographes*. J'ai compulsé de mon mieux les cartons et liasses où j'avais chance d'en découvrir. Voici leur énumération par ordre de cote :

F1e, *Administration générale*. — Cartons à 150. Classement départemental. On retrouve dans ces cartons, et très éparpillés, des rapports et des lettres de Tournon sur toute son administration préfectorale à Rome. — La cote F1e est une subdivision de la série F1a (administration générale française), subdivision créée pour classer l'administration des pays étrangers réunis à la France sous l'Empire [2].
F1b II, *Personnel administratif*. — Carton, Rome 1, 1811-1813. — Rome 2, 1813-1814.
F1e III, *Esprit public et élections*. — Carton, Rome 1, 1810-1812. — Carton, Rome 2, 1810-1813. — Dans ce dernier carton, j'ai trouvé 42 lettres de

---

1. « Quel que soit le sujet d'histoire moderne locale que l'on traite en province, a écrit fort justement M. Aulard, et si abondante que soit la source locale, il y a presque toujours quelque chose à prendre aux Archives Nationales, souvent quelque chose d'important, parfois quelque chose d'essentiel. » Lettre-Préface du livre *Les sources de l'histoire de France depuis 1789, aux Archives Nationales*, par Ch. Schmidt; Paris, 1907, in-8°. Ce manuel est absolument indispensable à quiconque veut avoir une documentation vraiment riche et complète pour toute monographie d'histoire provinciale, depuis le début de la Révolution.
2. M. Ch. Schmidt n'indique malheureusement pas cette importante série de cartons, dans le livre cité.

Tournon au Ministre de l'Intérieur Montalivet, presque toutes *autographes*, et beaucoup *confidentielles*.

F¹ᵉ V, *Conseils généraux*. — Carton, Rome, 1810-1813.

F², *Administration départementale*. — Carton 867. Rome, an XIII-1822. Petit dossier sur le département du Tibre qui contient 5 lettres de Tournon.

F³ II, *Administration communale*. — Carton Roër-Rome, 4 lettres de Tournon.

F⁴, *Comptabilité*. — Carton 2531, 1 lettre relative aux Dépôts de mendicité.

F⁵ II, *Comptabilité départementale*. — Liasses 1 et 2. Nombreuses et longues lettres de Tournon.

F⁶ II, *Comptabilité communale*. — 13 cartons cotés Rome 1 à 13. Très nombreuses lettres de Tournon. — Ces lettres, de F² à F⁶ II, ne concernant guère que la partie *Administration*.

F⁷, *Police générale*. — Carton 3637, Commerce et subsistances. — Carton 3686¹¹, Statistique personnelle et morale. — Carton 6209, 6529, 6531, divers. — Cartons 8887 à 8904. Ces 17 cartons sont très importants. Ils contiennent la correspondance de Tournon relative à la police, en particulier les lettres, souvent confidentielles, qu'il écrivait à son ami Anglès, chargé de la police du 3ᵉ arrondissement. Je signale les suivants comme en contenant de nombreuses : 8888, 8890, 8891, 8893, 8894, 8897, 8898, 8900.

F⁸, *Police sanitaire*. — Carton, Rome 75.

F⁹, *Police militaire*. — Série non classée; deux liasses concernant Rome où j'ai trouvé 8 lettres autographes de Tournon relatives aux gardes d'honneur.

F¹⁰, *Agriculture*. — Carton, Rome 352.

F¹¹, *Subsistances*. — Carton 426.

F¹², *Commerce et industrie*. — Carton 1612.

F¹³, *Travaux publics*. — Cartons 1568 a et 1568 b. Ces deux cartons relatifs aux travaux publics sont très importants. J'y ai trouvé 90 lettres de Tournon. — Carton 1616; 14 lettres sur les prisons et les travaux divers.

F¹⁵ II, Rome. *Hospices et secours*. — Deux liasses (sans n°), contenant 18 lettres de Tournon, intéressantes sur la question Hospices et Bienfaisance.

F¹⁶, *Prisons; Mendicité*. — Cartons 566 et 1010.

F¹⁷, *Instruction publique*. — Cette importante série n'a encore aucun classement départemental, et n'a *jamais* été utilisée pour Rome. J'ai pu y trouver un carton qui m'a donné 6 intéressantes lettres de Tournon, et un très précieux rapport (de 221 pages) sur l'instruction publique dans les États Romains. Cf. page 143, l'analyse que j'en donne. Ce carton porte la cote F¹⁷E, 4360, Rome [1].

---

[1]. Ce carton contient, en outre, un intéressant rapport de huit grandes pages in-folio qui donne, sur certaines personnes, des renseignements biographiques, situation de fortune, postes occupés sous l'ancien gouvernement, celui qu'elles pourraient occuper sous le nouveau régime, par rapport à l'instruction publique, etc.

F¹⁹, *Cultes*. — Cartons 322, 366, 367ᵃ, 397, 584¹, 585, 586, 626, 821, 1019 à 1023.

F²⁰, *Statistique*. — Liasse, Rome 102. — Cette volumineuse et précieuse liasse n'a jamais été utilisée. Elle contient des documents de différents genres : observations sur le budget de 1811 par Tournon ; rapports sur l'agriculture, l'industrie, etc. Mais son importance lui vient surtout d'un rapport de 49 pages qui fournit de très intéressants aperçus relatifs à l'ancien gouvernement, et à l'esprit public sous l'administration française ; le titre de *Statistique* donné à cette série est donc impropre.

F²¹, *École française de Rome*. — Cartons 606 et 613 (1806-1819).

B. — Archives des affaires étrangères.

Les manuscrits de la correspondance de l'ancien consul Ortoli avec le duc de Cadore m'ont donné copie d'une lettre de Tournon. (Manuscrit n° 994, p. 208.)

C. — Archives de la guerre (Archives historiques.)

Armée d'Italie. Correspondance. 8 cartons, 1809-1814, cotés 8, et 15 à 22.

Armée de Naples, 12 cartons. — Dans ces 20 cartons, j'ai trouvé copie de 3 ou 4 lettres de Tournon au Ministre de la Guerre.

D. — Archives de l'État Romain, à Rome (Via di Firenze).

Les principaux documents relatifs à l'administration française de 1809 à 1814 conservés à Rome se trouvent aux *Archives de l'État Romain*. Ils sont classés dans 4 volumes intitulés « *Governo Francese* » et cotés 111 à 116. J'y ai trouvé copie de 14 lettres de Tournon, peu importantes (à l'exception de sa lettre à Janet du 11 octobre 1810).

En dehors de ces 4 volumes, on trouve aux Archives romaines les dossiers des « *Tribunali negli anni del Governo Francese* » dont le nombre (près de 600) montre combien la justice française fut alors active ; les « *Buste* » de la *Corte criminale* (291 numéros), de la *Giudicatura di Pace* (53 numéros), de la *Commissione permanente nella XXX° divisione militare* (27 numéros). Des recherches dans un assez grand nombre de dossiers ne m'ont rien donné sur Tournon, pas plus que les *Archives du Vatican*.

2. SOURCES PRIVÉES

A. — Archives du Château d'Avrilly (par Trévol, Allier).

Ces archives, où se trouvent les 3 cahiers originaux des précieux *Mémoires inédits* de Tournon, m'ont donné, entre autres documents, 82 lettres écrites par lui de Rome à sa famille. Le lecteur en appréciera vite, j'espère, le charme et l'intérêt.

B. — Archives du Château de Génelard (Saône-et-Loire).

Ces Archives, qu'a totalement ignorées M. L. Madelin, sont très riches sur Rome [1]. On y trouve de nombreuses notes statistiques, des rapports écrits par Tournon lui-même ou par divers agents, concernant les Travaux publics, l'Agriculture, les Hospices, les Prisons, etc., des croquis, plans et cartes.

Mais leur importance vient surtout de trois gros registres, copie-lettres officiels, qui contiennent à peu près toute la correspondance publique du préfet de 1809 à 1813. Le premier, intitulé : *Lettres écrites aux autorités supérieures et indépendantes*, va du 6 décembre 1809 au 6 septembre 1810. Il contient 520 lettres. — Le deuxième porte : *Lettres écrites aux Ministres de Sa Majesté, depuis le 7 avril 1810 jusqu'au 5 mai 1811.* Il comprend 540 lettres. — Le troisième continue le précédent, du 5 mai 1811 à la fin de décembre 1812 [2]. Il a 320 lettres. Ces registres ne contiennent toutefois aucune des lettres *confidentielles* de Tournon à Anglès ou à Montalivet; il faut les chercher aux Archives Nationales, dans les diverses séries. — La comparaison avec celles dont j'ai retrouvé les autographes aux Archives Nationales m'a montré la parfaite exactitude de ces copies.

En dehors de ces précieux registres, les Archives de Génelard donnent encore quelques brouillons de lettres de Tournon à Molé, à Hédouville, à Miollis, à l'impératrice Joséphine, à la grande-duchesse de Toscane...; des autographes de Miollis, de plusieurs nobles romains (cardinal Zondondari, princesse Cesarini, duc Braschi, Marini, Alborghetti, etc.).

---

1. J'en donnerai le détail dans mon ouvrage complet sur Tournon.
2. Pour l'année 1812, un assez grand nombre de lettres y sont résumées, parfois en une ligne. Je ne les compte pas dans le total de celles découvertes.

SOURCES.

C. — Archives du Château du Verger (par Desaignes, Ardèche).

Ces Archives m'ont fourni la précieuse collection des lettres que Tournon écrivit à sa famille de Paris (1803-1806), et de toutes ses lettres de Bayreuth. J'y ai trouvé mêlées 4 lettres envoyées de Rome.

D. — Archives de M. de Barante (à Barante, Puy-de-Dôme).

Ces riches Archives renferment les lettres de Tournon à son ami de Barante depuis 1806 jusqu'à 1820 inclusivement. Elles sont au nombre de 24 dont une relative à la préfecture de Rome.

E. — Archives de M. le Baron de Miollis
(abbaye de Vertheuil, Gironde).

Ces Archives m'ont fourni copies de 2 à 3 lettres de Tournon à Miollis, peu importantes. Les papiers de Miollis ont été naguère dispersés.

F. Archives du Château de Montmelas (par Denicé, Rhône).

Ces Archives m'ont aussi donné quelques lettres de Tournon aux siens. Mais le document le plus précieux qu'elles gardent sur Rome est sans contredit le manuscrit de *Souvenirs* du conseiller de préfecture Leterme. Ce très intéressant document est *tout inédit*. C'est un cahier de 178 pages in-4°, commencé le 1ᵉʳ janvier 1814, et terminé le 21 mars de la même année. — Leterme, au lieu de partir pour la France avec Tournon et les autres fonctionnaires, après la prise de possession de Rome par les Napolitains, alla s'établir à l'Académie de France « dans la belle villa Médicis, au sein de l'amitié ». Quand Murat eut rendu son décret du 13 février, qui ordonnait à tous les employés français de quitter Rome, Leterme, déguisé en officier napolitain, trompa la police de Maghella, et put parvenir à Civita-Vecchia, où il s'enferma avec le général Lasalcette, jusqu'au départ de la garnison, le 21 mars.

Ce manuscrit peut se diviser en deux parties. Dans l'une, Leterme raconte jour par jour (chacun porte sa date) les événements dont il fut le témoin oculaire depuis le 1ᵉʳ janvier à Rome, les derniers préparatifs de défense ou de départ des fonctionnaires français, leur noble et fière attitude (celle de Janet exceptée), la manière d'agir des Napolitains, la méfiance et la haine dont les Romains les environnaient, le départ de Tournon, la retraite de Miollis au Château Saint-Ange, sa ferme contenance et son refus de « neutraliser » la ville dans l'attaque de la forteresse (c'est vraisemblablement à cause de cela que La Vauguyon n'osa point commencer les hostilités contre lui), son regret d'être obligé de capituler; — à Civita-Vecchia, l'habileté et l'excellente administration du général Lasalcette « d'une vivacité extrême, mais plein de franchise, d'honneur et de loyauté, et d'une fermeté à toute épreuve », la venue du général La Vauguyon « pour reconnaître la place, le samedi gras », et sa fuite précipitée, ainsi que celle de ses troupes, devant « une trentaine de boulets » lancés par la garnison, la hautaine réception faite à l'envoyé napolitain Zucchari par Lasalcette, la colère des officiers français d'être contraints de céder la place, etc.

Dans une autre partie (intercalée au milieu du récit des événements), Leterme nous dit son impression sur les personnages qu'il voit agir, sur les théâtres, les acteurs et actrices, et en particulier sur les mœurs romaines de ce temps-là (pages qui sont parmi les plus intéressantes). Peut-être, sous ce dernier point de vue, noircit-il légèrement le tableau. Cependant, le contrôle que j'ai pu faire des événements qu'il raconte, avec les *Mémoires* et les *lettres* de Tournon, les *lettres* de Miollis, le *Journal de Rome*, etc., etc., m'en a démontré la parfaite exactitude. Il est regrettable que M. L. Madelin, qui a écrit son chapitre « *Murat et Miollis* » à peu près exclusivement d'après le « *Journal militaire du siège du Château Saint-Ange* » du général, n'ait point connu le très intéressant manuscrit de Leterme.

G. — Archives Patrizzi, à Rome.

Mme la marquise de Patrizzi a bien voulu me communiquer, à Rome, les papiers relatifs à l'affaire du comte Jean Patrizzi, son arrestation et son internement au château d'If en 1811. En dehors des *Mémoires du comte*, encore inédits, j'y ai trouvé deux lettres de Tournon

PREMIÈRE PARTIE

LA POLITIQUE ET L'ESPRIT PUBLIC

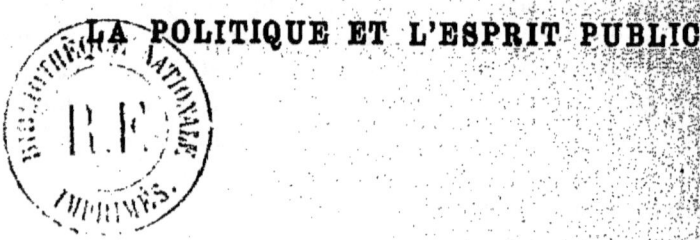

ANNÉE 1809

Arch. du château d'Avrilly, à sa mère, Florence, 30 octobre 1809.

Me voici dans la belle Florence[1], ma bonne mère, et mon premier soin est de vous écrire. Mon voyage depuis Milan a été charmant; la Lombardie dans laquelle l'été règne encore est d'une richesse qui passe l'imagination. Tous les champs sont plantés de mûriers ou d'ormeaux en quinconces sur lesquels grimpent des vignes. Les pampres se mêlent au feuillage, et vont d'un arbre à l'autre en festons qui retombent jusqu'à terre. Au-dessous de cette décoration, la terre est couverte de toutes sortes de plantes. Ce pays est sans interruption, pendant 80 lieues de long, uni comme un parquet. A Bologne, on trouve les Apennins qui ressemblent aux montagnes du Velay ; c'est un paysage sauvage, mais qui n'est pas sans charme. De ce côté-ci, on trouve une température aussi plus douce qu'en Lombardie. Je ne connais rien de beau comme la vallée dans laquelle coule l'Arno, et je ne puis me rassasier d'admirer ces belles collines. La grande-duchesse étant à Pise, je m'y rends demain; de là, j'irai à Livourne, et passant par Sienne, je me rendrai à Rome samedi prochain.

Adieu, vous savez que je vous aime de toutes les forces de mon cœur. Parlez de moi à tout ce que nous aimons l'un et l'autre.

---

1. Tournon était parti du très modeste château de Claveson, en Dauphiné, le 18 octobre 1809, à 4 heures du matin. Il a laissé un récit détaillé de son « pittoresque aller » à Rome dans ses *Mémoires inédits*, et surtout dans un volumineux manuscrit in-folio (*Arch. d'Avrilly*). Il aimait à voyager le crayon et le carnet à la main, et s'arrêtait volontiers dans chaque ville importante, afin de joindre « l'utile à l'agréable ». Il vit à Turin le prince Borghèse, qui se plut à lui faire admirer la célèbre statue de Pauline Bonaparte, « aux trois quarts nue », que Canova venait d'achever; porta une lettre de l'impératrice Joséphine à sa belle-fille la princesse Eugène, alors à Monza; put constater à Florence l'impopularité du préfet Fauchet, et s'entretint à Pise avec la grande-duchesse Élisa. Il a laissé de curieux portraits de ces divers personnages dans ses *Mémoires*. Il arriva à Rome le 5 novembre au soir.

Arch. d'Avrilly, à sa mère, Rome, 6 novembre 1809.

Me voilà à Rome, ma chère maman, d'hier au soir après un voyage le plus heureux et le plus agréable possible. J'ai vu, chemin faisant, le prince Borghèse, à Turin, la vice-reine à Milan, et la grande-duchesse à Pise; partout j'ai reçu l'accueil le plus flatteur. Je loge ici, en attendant, chez mon ami De Gerando [1], membre de la Consulta, homme vénéré dans toute l'Italie. Grâce à ses soins, mon établissement se fera avec agrément. J'ai trouvé ce pays-ci fort calme et bien disposé, et j'espère pouvoir y faire quelque bien. (C'est avec une vive émotion que j'ai mis le pied dans cette ville depuis tant de siècles l'objet de la vénération de l'univers, et la terreur ou l'espoir de tan. de peuples!) Simple voyageur, je n'aurais pu la voir sans intérêt; appelé à concourir à sa félicité future, ce sentiment a pris une énergie bien plus grande. L'aspect de ses ruines et du désert qui l'entoure jette dans une mélancolie singulière qu'on n'éprouve en voyant aucune autre ville célèbre. (Puissé-je être assez heureux pour jeter quelques germes de prospérité sur ce sol poétique, mais qui semble frappé de réprobation [2]!) J'espérais trouver ici une lettre de vous; j'espère, du moins, que ce retard ne tient pas à votre santé.

Adieu, ma bonne et tendre mère, je vous embrasse de toute mon âme. Mille choses les plus aimables à tout ce qui vous entoure. Je vous écrirai plus longuement quand je serai un peu établi.

Arch. Nationales, F¹ᵉ 93, à la Consulta, Rome, 20 novembre 1809.

A mon arrivée dans ce chef-lieu de mon département, il y a 16 jours, mon premier soin fut de visiter le palais destiné à la préfecture. Je me convainquis qu'il était beaucoup trop étroit pour cet emploi, qu'il serait à peine suffisant pour contenir la famille du préfet, et qu'il faudrait chercher un local pour les bureaux, les Archives, etc., ce qui doublerait les frais, et serait contraire au service.

J'eus l'honneur de faire connaître verbalement à chacun de vous, Messieurs, la nécessité de choisir un autre emplacement, et je me suis occupé jusqu'à ce jour à visiter les bâtiments publics et particuliers qui me paraissaient pouvoir être adaptés à cet usage. Je me suis convaincu que les seuls palais dits de la Consulta à *Monte Cavallo* et *Monte Citorio* étaient convenables. Le premier offre de grands avantages par son isolement, par le bon état où il se trouve, et par les facilités qu'il offre pour l'emplacement des bureaux et des Archives départementales. On y trouverait une salle convenable pour les assemblées du conseil général, pour celles du Conseil de préfecture, pour les

---

1. Au palais Corsini, à la Longara.
2. Les deux phrases entre parenthèses sont citées par M. L. Madelin, dans *La Rome de Napoléon*, p. 292.

adjudications, etc. ; enfin, il n'est occupé par personne, et il pourrait, à peu de frais, être promptement mis en état de recevoir la préfecture.

Monte Citorio, par son étendue, présente une partie des mêmes avantages; mais je me suis convaincu, en le visitant, qu'il faudrait une somme incomparablement plus forte pour le rendre propre à sa destination, ce qui accroîtrait les charges du département. D'ailleurs, ce palais est déjà occupé par les tribunaux, et il s'écoulerait un grand temps avant que je pusse m'y établir. Je n'ai pas besoin de vous faire sentir, Messieurs, combien il est urgent de m'assigner un local convenable; jusqu'à ce moment, je ne puis prendre aucune part à l'administration, et le service public ne peut que souffrir de ces retards. D'ailleurs, ma position comme premier magistrat du département deviendrait très inconvenante, si elle se prolongeait, et tendrait à avilir une autorité qu'il est si important d'environner de considération. Je dois à l'amitié d'un d'entre vous de n'être pas exposé à rester dans une auberge.

Ces motifs vous paraîtront assez puissants pour vous engager, j'espère, à me donner le plus promptement possible une décision, et à choisir entre les deux palais ci-dessus. Quelle que soit leur destination future dans les vues de Sa Majesté, je préférerai toujours y être établi, même temporairement, qu'à rester dans la position où je me trouve, aussi peu décente aux yeux du public, que nuisible aux intérêts de l'Empereur et à ceux du département qui m'est confié.

Arch. d'Avrilly, à son père, Albano, 23 novembre 1809.

Le roi de Naples a passé huit jours ici, mon cher papa, et pendant ce temps m'a comblé de marques de bonté; à son départ, il a bien voulu me donner une fort belle boîte avec son chiffre en diamants. Ce prince a charmé tout le monde ici par son affabilité et par sa bonté [1].

---

1. Tournon, dans ses *Mémoires inédits*, fait de Murat, à cette occasion, le portrait que voici : « Joachim Murat était d'une taille haute et bien prise, portant bien une tête coiffée de beaux cheveux, et d'un caractère hardi. Ses yeux étaient petits, ses lèvres très grosses, son teint olivâtre; mais l'ensemble d'un visage ainsi composé n'avait rien de désagréable, car un certain vernis d'audace harmonisait ces traits irréguliers, et montrait qu'il y avait là-dessous un grand courage. Malheureusement, il gâtait cette nature par l'afféterie de sa pose et de son costume. Sa chevelure bouclée retombait sur le collet de son habit qui lui-même s'abaissait et se retroussait pour laisser voir un col ordinairement nu. La coupe de son habit sentait la chevalerie, et ses bottes de cuir jaune plissé achevaient de rappeler le siècle de Louis XIII. Tout cet ensemble et son attitude spadassine rendaient très juste le titre de *Franconi Couronné* qu'on lui avait donné. Avec peu d'esprit, encore moins d'instruction, et toute l'éducation qu'on peut recevoir dans les camps, Murat ne manquait pas de sens et d'un certain tact. Sa conversation était vive et il racontait assez bien. Il avait de la générosité, de l'envie de plaire, et ses manières ne manquaient pas d'une certaine noblesse théâtrale... »

Je suis toujours chez mon ami de Gérando, parce que mon hôtel n'est pas encore prêt. Mais j'espère, au commencement de décembre, pouvoir m'établir. En attendant, je vais faire une tournée dans l'Apennin, et ensuite sur les côtes de la mer. Déjà j'ai été à Civita-Vecchia, port très curieux formé par Trajan. Je suis tous les jours plus satisfait de ma position. Ce peuple-ci est sage et bon, et on le calomnie dans toute l'Europe. La tranquillité est aussi parfaite qu'en Dauphiné; et cependant les moyens de répression sont très faibles. Quoi qu'on vous en dise, ne soyez nullement en peine de moi, car je vous assure que je suis en parfaite sûreté...

J'ai vu Saint-Pierre, et n'ai pas trouvé ce prodigieux monument du génie de l'homme au-dessous de sa renommée. En arrivant sur la belle place qui précède l'église, j'ai été transporté d'admiration. Mais entré dans l'intérieur, en voyant sur ma tête ce dôme immense se dresser en l'air, j'éprouvai un sentiment dont je fus longtemps sans pouvoir me rendre compte. Toutes les dimensions en sont tellement justes, toutes les parties si bien en harmonie, que l'édifice ne paraît pas d'abord la moitié aussi grand qu'il est réellement. Ce n'est qu'après l'avoir longtemps parcouru, mesuré, examiné en détail, qu'on parvient à s'en faire une idée juste. Rien au monde ne donne une aussi haute opinion de la puissance du génie, que cet ouvrage qui renferme d'ailleurs des ouvrages de sculpture et de peinture d'une beauté extraordinaire. On a raison de dire que Saint-Pierre seul mérite le voyage de Rome.

Je vous écris d'un des plus jolis lieux du monde. Devant moi est Rome au milieu d'une vaste plaine; à droite, sont les arides et pittoresques Apennins; à gauche, la mer; et en avant, de beaux vignobles, des champs couverts d'oliviers, de figuiers, de noyers. Sous mes pieds, est le lac d'Albano, dans le fond d'un cratère éteint. C'est ici où toute la noblesse vient passer les étés, et j'espère bien y avoir une villa.

Adieu, mon cher papa; je vous embrasse de toute mon âme. Je n'ai besoin de rien ajouter pour maman et toute la famille; vous savez comme je vous aime tous.

Arch. du château de Génelard, à de Gérando,
Rome, 28 novembre 1809.

J'ai reçu la lettre du 27 courant par laquelle vous me faites connaître que, d'après les arrêtés de la Consulta, les registres de l'état civil doivent être confiés aux maires, au 1er janvier. J'ai l'honneur de vous faire observer à ce sujet :

1° Que la division des communes n'est pas encore terminée, que des réunions sont nécessaires, que plusieurs ne se trouvent pas portées sur les tableaux, et sont encore sans administration, que plusieurs maires enfin sont démissionnaires ou doivent être changés faute de capacités.

2° Que beaucoup d'individus étant encore flottants dans leurs opinions, prévenus, ou très dévoués au clergé, se refuseraient vraisemblablement à se présenter devant le maire pour les actes civils, ce qui amènerait des choses regrettables, et provoquerait des mesures d'autorité.

3° Que les fractions de communes dans lesquelles ne sont pas encore établis les *adjoints spéciaux*, offriraient de nouvelles difficultés.

M'étant convaincu, dans la tournée que je viens de faire, de la force de ces obstacles, mon opinion serait que la Consulte prorogeât, jusqu'au 1ᵉʳ avril prochain, la remise des registres de l'état civil entre les mains des maires. La démarcation définitive des communes et l'établissement général des maires, ainsi que les progrès de l'esprit public que je vais m'efforcer de hâter dans un second voyage plus étendu que le premier, me laissent l'espoir que l'on pourra, sans obstacles ni commotions, commencer à exécuter, au mois d'avril, une mesure, nécessaire sans doute puisqu'elle se lie essentiellement à l'ordre constitutionnel, mais que les circonstances présentes et les divers motifs que je vous ai soumis pouvaient rendre en ce moment prématurée, ou au moins d'une exécution souvent contrariée et très imparfaite.

Arch. d'Avrilly, à sa mère, Rome, 18 décembre 1809.

Je viens de recevoir, ma tendre mère, votre deuxième lettre de Tournon, du 10 décembre. Je vous suis bien obligé de me tenir si constamment au courant de la santé de mon père. Il a pris un parti très sage de s'établir pour l'hiver à Tournon, et je vous engage instamment à ne pas retourner à Claveson avant le printemps. Si vous avez besoin d'argent pour cet accroissement de dépense, dites-moi un mot seulement. Le remède de moka est bien choisi, et je ne doute pas qu'il ne dégage la poitrine; mais il faut qu'il évite toute application. Dites-lui, je vous prie, les choses les plus tendres; je ne lui écris pas, pour ne pas lui donner occasion de s'occuper. Je remercie tendrement mes sœurs des soins qu'elles donnent à notre excellent père. Je viens d'apprendre que le bâtiment qui portait mon vin de *Cornas* s'était perdu à la Côte de Gênes. C'est un petit malheur, et je vous prie de m'en envoyer deux autres caisses. Je fais passer 400 francs à Victor[1] pour la moitié de sa pension.

Avant-hier, je passai une journée pénible, ayant à prononcer au Capitole, devant deux mille personnes, un discours en italien. Heureusement, je me sentis tout à coup inspiré par les souvenirs dont ce lieu est plein, et je prononçai hardiment une oraison qui fit assez bon effet. Vous avouerez qu'il y a de quoi épouvanter d'avoir à parler de la même place d'où Cicéron démasquait Catilina, d'où Pline louait déjà Trajan! Un heureux préfet de l'Ardèche n'aura jamais de semblables corvées.

Je suis encore plus occupé à cette fin d'année que je ne l'avais été; mais j'espère, dans quelques mois, trouver un peu de repos. Parlez, je vous prie, beaucoup de moi avec les anciens amis et connaissances. Les beaux jours que j'ai passés à Tournon, logeant dans un grenier de Mᵐᵉ de Lestrange, me paraissent plus doux que ceux que je coule actuellement sous des lambris dorés. Mais j'avais 12 ou 15 ans de moins, et la jeunesse est un talisman que rien ne remplace.

---

1. Le plus jeune de ses frères alors à l'École de Fontainebleau.

Nous jouissons d'un hiver admirable; à peine la nuit gèle-t-il un peu, et tout le jour, un soleil de mai éclaire notre belle ville. Que ne puissiez-vous jouir avec moi et mon père d'un aussi beau climat!

Adieu, ma tendre mère; mille caresses à tout ce que nous aimons l'un et l'autre. Écrivez-moi souvent, et croyez que personne au monde ne vous aime autant que moi.

Arch. de Génelard, à de Gérando, Rome, 19 décembre 1809.

Dans le voyage que je viens de faire dans les trois arrondissements, je me suis principalement occupé à connaître la position financière des communes. Cet examen, quoique rapide, m'a donné la certitude que presque toutes étaient dans l'état le plus malheureux. Il suffira, pour le prouver, de rappeler ce qui s'est passé dans les dernières années [1].

Accablées de dettes, par suite de circonstances malheureuses et d'une mauvaise administration, les communes ne pouvaient subvenir à leur acquittement. Le gouvernement, par une opération que je n'ose encore qualifier, se chargea des dettes, et prit la totalité des biens. Ainsi, les communes se trouvèrent sans aucun moyen de subvenir aux dépenses autres que le payement des dettes dont on les délivrait. Elles durent alors s'imposer des taxes de guerre, toutes également onéreuses et frappant principalement la classe peu fortunée. Par là, elles se créèrent un revenu considérable, mais en se chargeant d'un poids énorme qui achève d'étouffer toute industrie.

Le gouvernement, après avoir vendu les biens des communes dont il trouva à se défaire avantageusement, afferma les autres et les rendit aux communes, à la condition de payer le prix du bail au Trésor. Ainsi, les communes se trouvèrent dans une position pire, puisque en ne faisant que recevoir des mains des fermiers le prix du bail pour le verser dans la caisse de l'État, elles étaient exposées à tous les inconvénients résultant du peu de fidélité de ces fermiers à remplir leurs engagements. Tout ce qui précède suffit pour prouver à quel point la position des communes est malheureuse; des plaintes me sont apportées de toutes parts, et je me dois de vous faire connaître le mal entier.

Cet état de choses, déjà ancien, est empiré par les poursuites que le Domaine, aux droits de l'ancien gouvernement, fait contre les communes pour payement du prix des biens communaux rendus. La commune a son recours sur le fer-

---

1. Parmi les multiples sources des revenus des communes (taxes de tout genre), sous le gouvernement pontifical, figuraient, au premier rang, les biens communaux. Le pape Pie VII, pour subvenir à ses besoins pressants (au début de l'administration française, la dette des États Romains, accrue surtout par Pie VI, se montait à 9.300.000 francs) réunit ces biens au domaine pontifical, et les mit en vente. Ceux qui ne trouvèrent pas d'acquéreurs furent remis, à titre de location, aux communes qui les avaient possédés. Elles durent les affermer, souvent à un prix inférieur à celui qu'exigeait le Trésor.

mier; mais malheureusement celui-ci est le plus souvent, ainsi que sa caution, tout à fait hors de possibilité de payer. Il s'ensuit un système de vexations qui décourage les maires, et en a engagé plusieurs à m'offrir leur démission.

Vous m'avez fait l'honneur de me dire que la Consulte, touchée de la position des communes, s'était adressée à S. M. pour la supplier de prendre des mesures qui pussent l'améliorer. En attendant ce moment, je crois de mon devoir de vous proposer, comme mesure provisoire, d'accorder un sursis aux communes pour le payement du prix de bail des biens qui leur sont rendus. La décision de S. M. ne peut tarder; si elle est favorable aux communes, vous aurez avancé pour elles la jouissance d'un grand bienfait; dans le cas contraire, vous leur aurez donné un délai utile qui ne portera cependant aucun préjudice aux droits du Trésor.

ANNÉE 1810

Arch. d'Avrilly, à sa mère, Viterbe, 2 janvier 1810.

Je vous écris deux lignes en courant, ma tendre mère, pour vous souhaiter mille et mille heureuses et douces années ! Mon vœu arrivera le dernier, mais aucun de ceux qui l'ont précédé n'est, à coup sûr, plus sincère. Dites à mon père, à mes frères, à mes sœurs combien je fais des vœux pour leur bonheur. Quand serai-je en position d'y contribuer ! Je suis depuis dix jours en tournée, et tellement occupé qu'il m'a été absolument impossible de vous dire combien je vous aime. Je retourne à Rome après-demain et pourrai, j'espère, me reposer un moment. Vous ai-je mandé que l'empereur venait de me donner le titre de *baron*? J'en suis flatté, parce que cela prouve qu'on n'est pas mécontent de mon début.

Adieu, adieu, je n'ai que le temps de vous embrasser tous, et de toute mon âme.

Arch. de Génelard, à Janet, Rome, 17 janvier 1810.

J'ai reçu les deux lettres que vous m'avez fait l'honneur de m'écrire en m'envoyant les feuilles de rôles des contributions foncières des maisons et taxe des routes pour l'arrondissement de Viterbe. Agréez mes remerciements des soins que vous avez bien voulu prendre à me donner toutes les explications qui pouvaient faciliter mon travail. J'ai rédigé, en conséquence, une instruction aux maires; j'ai l'honneur de vous l'adresser, vous priant de l'examiner, et d'y faire les changements qui paraîtront convenables; je la ferai ensuite traduire et imprimer. Comme il fallait se faire entendre de gens peu accoutumés aux affaires, j'ai dû entrer dans les plus petits détails; j'espère qu'avec la surveillance que j'invite les sous-préfets à exercer, vous parviendrez à obtenir des feuilles de rôles à peu près correctes.

Je crois devoir vous soumettre quelques observations relatives à la perception de la taxe *della Strada corriera* [1]. Dans beaucoup de communes, cette taxe, au lieu d'être levée additionnellement sur le *testatico* [2] et autres impôts, est payée par abonnement de la commune avec le *Buon Governo* [3], et prise sur la masse des produits des droits de consommation. Je citerai, entre autres, Velletri, où il n'existe aucune tabelle de recouvrement de ce droit, lequel est payé par les receveurs des taxes de consommation. Comment, dans ce cas qui se répète souvent, établir la perception du droit porté au tarif? Comment et sur quelle base établir le nouveau rôle prescrit? Veuillez bien me donner sur ce point quelques explications; mais en pesant cette difficulté, peut-être trouverez-vous qu'elle est insurmontable pour cette année, où nous n'avons pas un instant à perdre pour commencer les recouvrements. Tout délai sera funeste à l'intérêt du Trésor, et il est impossible qu'il n'y en ait pas de nombreux.

Ma pensée serait de laisser, pour cette année, les communes chargées de la perception de la taxe qu'elles verseraient par contribution dans les mains du receveur. Il en résulterait une plus grande sûreté, plus de célérité dans les payements, et moins de mécontentement de la part des contribuables, déjà accoutumés à payer indirectement; je puis ajouter qu'étant parvenu, par une sévère économie, à réduire plusieurs taxes de consommation que les communes lèvent sur elles-mêmes à un taux modéré, le gain qu'elles feront sur cet objet rendra la continuation de la taxe des routes moins sensible. Comme les communes ne possèdent aucuns biens, mais des taxes sur les objets consommés par leurs habitants, ce sont bien réellement ces derniers qui paient seuls la taxe supplémentaire des routes. Il me semble donc que, sans déroger aux principes qui s'opposent à ce que les revenus communaux soient appliqués à des usages extérieurs, on peut maintenir, pour cette année, le système ancien, et j'ai l'honneur de vous en faire la proposition.

Arch. de Génelard, à de Gérando, Rome, 17 janvier 1810.

Plusieurs curés ont refusé de délivrer les états de population que les maires leur demandaient; il en résulte une grande incertitude sur le nombre des habitants de plusieurs communes. Comme il est très important de connaître ce

---

1. Impôt de 15 bajoques (15 sous français), pour chaque cent écus de valeur des biens-fonds, levé directement par les communes, mais versé par elles dans la *Caisse des Routes*. Il produisait annuellement environ 380,000 francs.
2. Impôt de capitation.
3. Le *Bon Gouvernement* était l'une des trois congrégations qui, avec la *Consulta* et l'*Economica*, s'occupait de l'administration intérieure des États pontificaux. Elle était indépendante du pouvoir ministériel, et souvent en contradiction avec lui. Son rôle consistait surtout à surveiller les dépenses communales, à exercer sur elles une sorte de patronage, avec mission de les défendre contre les abus et les prétentions du gouvernement! Cette congrégation était en outre chargée de l'administration des routes et chemins de tous les États pontificaux, sauf ceux de l'*Agro Romano* placés sous la surveillance d'un tribunal spécial dit *delle strade*.

nombre, soit pour assurer les taxes de consommation, soit sous d'autres rapports administratifs et politiques, et qu'il est à désirer d'éviter des froissements continuels auxquels ces demandes donnent lieu, je pense qu'il est urgent de faire arrêter par la Consulte que tous les registres de l'état civil seront remis par MM. les curés aux maires des communes respectives pour être conservés par ceux-ci dans la maison commune.

Cette mesure terminera toute discussion, donnera aux citoyens plus de garantie de la conservation des registres, et, par la réunion de ceux des nombreuses paroisses de chaque ville dans une archive unique, facilitera les recherches à y faire par les intéressés.

Arch. d'Avrilly, à sa mère, Rome, 23 janvier 1810.

Je vous ai écrit quelques lignes de Viterbe, afin que vous ne fussiez pas en peine de moi, ma chère maman. Me voilà maintenant de retour après une tournée de dix jours, pendant lesquels j'ai achevé de jeter un premier coup d'œil sur mon département. Par son étendue, il est le premier de l'Empire et sa situation le long de la mer, sur les frontières du royaume de Naples, le rend très intéressant; mais cette même étendue et sa situation en rendent l'administration extrêmement difficile. J'espère cependant, avec du temps et de l'activité, ne pas rester au-dessous de ma place. C'est là, dans certains emplois, tout ce qu'on peut exiger d'un administrateur. Je trouverai dans la bonne opinion que mes administrés ont bien voulu concevoir de moi un grand moyen de faire quelque bien. La manière aimable dont j'ai été accueilli dans ma tournée m'a vivement touché et attaché à ce pays. Il y a beaucoup à faire pour son bonheur : puissé-je en jeter du moins les premières semences !

Je viens de passer 4 heures à visiter le dôme de Saint-Pierre; c'est bien là le triomphe du génie. J'étais à 500 pieds au-dessus du sol, ayant sous mes pieds toute la ville de Rome, et voyant dans le lointain la mer d'une part, les montagnes de l'Apennin de l'autre. On s'étonne qu'un homme se soit trouvé avec la prodigieuse pensée de placer une telle masse au milieu des nuages. On s'étonne encore plus en voyant la simplicité des moyens d'exécution. Ce temple qui en contient vingt grands comme les nôtres, ne paraît dans toute son immensité que lorsqu'on l'a parcouru en tout sens; les yeux sont insuffisants à le mesurer; il faut le secours des jambes.

Mais laissons le chapitre des admirations, qui ne s'épuise pas de longtemps ici. Parlons de Claveson où le cœur trouve tant à aimer, ce qui vaut mieux qu'admirer... Je suis occupé à me meubler, et je n'ai pas encore ouvert ma maison. Cette première dépense est considérable, mais j'espère que j'en serai remboursé. Cependant, comme il faut aller, j'aurai peut-être recours à votre crédit pour une dizaine de mille francs. Heureusement, je ne suis pas pressé; et même peut-être, pourrai-je m'en passer. Mon palais est magnifique [1]; dans

---

1. Le palais de la *Consulta*, sur le Quirinal.

le meilleur air, et avec une superbe vue. Le temps est si doux que je ne fais presque pas de feu, et que j'écris auprès de la croisée ouverte.

Adieu, ma bonne, mon excellente mère. Je laisse aller ma plume, et puis quand j'arrive à vous dire combien je vous aime, je ne trouve plus de place. Mais, en deux mots, voici tout mon cœur ; je vous aime comme vous méritez de l'être. Mille tendresses à mon père, ma tante, Pauline, Alix, Hippolyte, Hélène, Hortense, Élisa [1], etc. Je ne réponds à personne ; mais, en vérité, je n'en ai pas le temps.

Arch. de Génelard, à de Gérando, Rome, 23 janvier 1810.

Il n'existe aucune carte topographique de ce département, les cartes géographiques sont excessivement défectueuses, même celle du Père Boschowich [2], regardée comme la meilleure. A l'époque où la République s'organisa, M. Monge, commissaire du gouvernement français, en fit dresser une de quelques parties, mais elle n'est rien moins que complète. — L'importance d'avoir une bonne carte ne s'est jamais fait sentir davantage qu'à cette époque où il s'est agi de limiter les arrondissements et les cantons ; ce besoin est de tous les jours, non seulement pour l'administrateur, mais pour tout homme instruit. Il me semble que nous pourrions profiter de l'occasion qui s'offre pour procurer à ce pays une bonne carte. MM. les ingénieurs géographes qui résident depuis quelques mois ici, ont découvert les deux extrémités de la base du Père Boschowich, qui avaient échappé jusqu'à présent à toutes les recherches. Cette base se lie, par une triangulation déjà faite par ce savant, à des points importants, de sorte que nous avons déjà l'ensemble des triangles. Il ne s'agit plus que de déterminer un certain nombre de points intermédiaires par des opérations trigonométriques, et de faire ensuite le levé du pays.

Connaissant votre zèle ardent pour tout ce qui peut contribuer à la prospérité de ce pays et à l'avancement des sciences, je crois devoir appeler votre attention sur ce plan, et vous engager à demander au Ministre de la guerre de faire exécuter le levé de la carte des États Romains par les ingénieurs géographes qui sont employés à Rome, en prenant pour base le travail de l'illustre Boschowich [3].

---

1. Ses frères et sœurs.
2. Boscowich (Roger-Joseph), jésuite italien, philosophe et poète distingué, né à Raguse en 1711, mort à Milan en 1787. En 1750, il parcourut les États de l'Église pour en dresser la carte trigonométrique, et il mesura deux degrés du méridien. On a de lui plus de 70 ouvrages sur l'astronomie, la physique, l'optique, etc.
3. Aux *Archives du Château de Génelard*, existe une assez belle carte inédite du département du Tibre, en 1810. Je la donnerai dans mon ouvrage complet sur Tournon. — Dans ce château, se trouve aussi un album vraiment superbe qui contient 63 vues (0,60 × 0,80) dessinées par Mme de Tournon, et quelques-unes très vraisemblablement par le préfet lui-même qui avait le crayon facile ; toutes les indications et tous les noms sont écrits de sa main. Il y a quelques

Arch. de Génelard, à de Gérando, Rome, 25 janvier 1810.

J'ai, à plusieurs reprises, recommandé aux Commissions administratives des hospices, de faire rendre compte aux administrateurs précédents. Jusqu'à présent, je n'ai reçu aucun résultat, et je m'en étonne peu en considérant les difficultés que rencontre ce nouvel établissement. Dans beaucoup de lieux, les évêques et les Chapitres ont élevé des prétentions sur la propriété des hospices qu'ils prétendent de fondation ecclésiastique, et, par conséquent, soumis à la seule juridiction de l'évêque. Dans d'autres lieux, les receveurs et administrateurs ont refusé de donner des comptes, soit par scrupule de conscience, soit pour cacher le désordre des affaires. Ce n'est qu'avec le temps que nous pourrons écarter ces obstacles. Déjà, je me suis adressé au général Ramolini [1] pour qu'il ordonnât aux *Ben-Fratelli* [2] de céder aux Commissions administratives l'administration des revenus, réservant à ces respectables ecclésiastiques toute l'autorité dans l'intérieur de l'hospice, et recommandant fortement aux administrateurs d'avoir pour eux tous les égards que commandent leurs vertus, les services qu'ils rendent et leur dévouement sublime. Vous pouvez être certain que je ne négligerai rien pour apporter l'ordre et l'économie dans les établissements de bienfaisance [3].

---

pièces officielles, telles que le *Jardin du Grand César*, *Élévation des rampes* (signé Montalivet, août 1813). Ce sont des dessins, faits avec une grande fidélité et une remarquable finesse, des principaux mouvements de Rome à ce moment-là, des environs (Albano, Frascati, la ville d'Este), et de quelques sites de la haute Italie (Venise, Isola bella).

— Aux *Arch. du Château d'Avrilly* existe un autre album important qui contient environ 60 plans de différentes grandeurs, concernant les divers travaux exécutés, ou projetés, par l'administration française à Rome (en particulier : Plans du palais de Monte-Citorio, du palais impérial au Quirinal, du Vatican et de l'église Saint-Pierre, de la colonne Trajane, du Colisée, des grilles et rampes du Pincio, des cimetières San-Lorenzo et Pignetto Sacchetti; un beau plan des quais projetés sur le Tibre, 1m,20 × 0,70...). Quelques-uns de ces plans sont signés par les membres de la *Commission des embellissements de Rome*, Tournon, Duc Braschi, Gisors et Berthaut. J'en ai comparé la liste avec ceux qui se trouvent aux *Arch. Nationales*, et j'ai pu constater que la plupart sont différents (cf. *Les Plans de Rome conservés aux Arch. Nationales*, par Aug. Coulon, *Revue des Questions historiques*, 1er juillet 1904).

En dehors de cet album, existe aussi, à *Avrilly*, une belle carte de la côte des États Romains, de Terracina à Orbettello (1m,50 × 0,50).

1. Supérieur des Ben-Fratelli.
2. Congrégation instituée pour l'assistance des malades. Les *Fate-Ben-Fratelli* (Faites le bien, mes frères) desservaient un hôpital pour les fiévreux situé dans l'île Saint-Barthélemy; ils allaient, en outre, soigner les malades à domicile. Ils étaient très populaires à Rome.
3. L'administration française fit beaucoup pour l'amélioration, l'ordre et la bonne administration de tous les établissements de charité des États Romains. Les lettres de Tournon, relatives à ce sujet, sont nombreuses et importantes. Je les donnerai dans la publication générale de sa correspondance.

Arch. de Génelard, au capitaine Borgia [1],
Rome, 2 février 1810.

J'ai reçu votre rapport du 1ᵉʳ du courant, et vous renvoie la pièce incluse. J'ai obtenu de M. le gouverneur général la formation des colonnes mobiles qui, jointes à la gendarmerie, compléteront, j'espère, la destruction des brigands. Je vous envoie la note des personnes auxquelles j'ai accordé des ports d'armes. Si, dans le nombre, il y en avait sur lesquelles vous pussiez avoir des soupçons, vous m'en donneriez connaissance afin que je prenne les mesures qui me paraîtront convenables; mais, comme les ports d'armes ne sont délivrés que sur les certificats des maires, visés par les sous-préfets, seules formalités que prescrive la loi, il est peu à craindre qu'il y ait des abus.

Je dois vous prévenir à ce sujet, qu'il m'a été rapporté que le lieutenant Badesco exigeait que les ports d'armes délivrés par moi fussent présentés à son visa, menaçant de faire arrêter ceux qui ne se seraient pas soumis à cette formalité. Je n'ai pas besoin de vous faire sentir combien une telle prétention serait inconvenante et illégale; les actes émanés de l'autorité supérieure ne peuvent être soumis à aucun contrôle de la part de la force armée à ses ordres. Il suffira, pour lever tout abus, que nous nous entendions ensemble, et je me ferai un plaisir de profiter des renseignements que vous me donnerez. Je vous adresserai aussi, chaque semaine, la liste des personnes auxquelles j'aurai accordé des ports d'armes, afin que vous la transmettiez à chaque brigadier, le chargeant de les faire respecter, et de faire arrêter les autres individus porteurs d'armes. Tout autre mode serait contraire aux lois et au respect dû à l'autorité supérieure. Je vous invite à faire connaître au lieutenant Badesco les règles à suivre dans cette occasion.

Arch. Nationales, Fⁱˢ II, 1ʳᵉ liasse, au Ministre de l'intérieur,
Rome, 4 février 1810.

Les Israélites de Rome, par une disposition de l'ancien gouvernement, étaient obligés de verser annuellement à l'hospice des Catéchumènes une somme destinée à l'entretien des individus qui quittaient la religion mosaïque pour embrasser la croyance romaine. La société des Juifs, ayant cessé de payer cette redevance pendant quelques années, fut poursuivie devant les tribunaux par l'hospice. Elle porta ses plaintes au pontife Pie VI qui forma une congrégation composée de cardinaux et de prélats pour décider la question. Pendant l'examen, l'époque républicaine arriva, et l'affaire ne fut point décidée, ni pendant sa durée, ni pendant la suivante, qui fut celle du gouvernement provisoire napolitain. Le gouvernement pontifical rétabli vit renaître la dissension, et les instances des Juifs près de Pie VII. Celui-ci prononça le

---

1. Capitaine de gendarmerie.

paiement de la rente en faveur de l'hospice, mais renvoya pour les arriérés à la congrégation ci-dessus citée, se réservant la suprême décision.

Le nouveau changement politique survenu arrêta encore l'examen et le jugement de cette affaire. Cependant, un arrêté de la Consulte du 19 novembre dernier, en ne prétendant point faire l'application du décret du 17 mars 1808, dont la publication était suspendue, condamna les Juifs à payer les arriérés en question, d'après les procédures et ordres du dernier gouvernement.

Les Juifs réclament contre cet arrêté, en alléguant :

1° Que cet arrêté provisoire et valable jusqu'à la publication du décret du 17 mars 1808, serait annulé du moment où cette même publication viendrait à se faire;

2° Que si la question avait été décidée définitivement par le pontife sur l'avis de la congrégation spéciale, l'arrêté de la Consulte serait juste dans son application; mais que l'affaire ayant toujours été suspendue, c'est au gouvernement actuel à juger sur le fond même de la cause;

3° Qu'il ne peut porter de jugement que d'après ses propres lois;

4° Que ces lois veulent qu'aucun sujet de l'Empire ne puisse, quelle que soit sa religion, être assujetti à des charges qui ne seraient pas communes à tous les Français;

5° Que le décret de l'assemblée nationale de 1790 défend même expressément la perception des taxes arriérées imposées sur les Israélites;

6° Que si l'on s'attache au fond même de l'affaire, on verra que la somme que l'on demande ne provient point d'une dette reconnue et légale, mais d'une simple taxe arbitraire au profit des apostats de leur religion;

7° Si les lois de l'Empire donnent aux Juifs les mêmes droits qu'aux autres citoyens de l'Empire et tolèrent tous les cultes, pourquoi les Israélites seraient-ils seuls assujettis à une charge qui ne provient que de l'intolérance de l'ancien gouvernement et de sa partialité pour un culte contre un autre?

8° Le décret impérial du 17 mars 1808 n'a point aboli celui de l'assemblée nationale cité plus haut en faveur des Hébreux. Ce décret, ainsi qu'on le voit par le texte même, casse et annulle tous les contrats soupçonnés d'usure, et il ne peut s'appliquer dans une cause où il ne s'agit point de contrat, mais d'une contribution arbitraire levée sur les Juifs, qui ne sont ici que des victimes obligées d'obéir aux loix, même injustes, du gouvernements sous lequel ils vivaient.

Je réponds aux obligations des Israélites :

1° Qu'il ne s'agit pas ici de leur faire payer une taxe à laquelle ne seraient pas assujettis les autres citoyens, mais seulement de leur faire acquitter une dette contractée par eux;

2° Que cette dette est liquidée, et qu'ils la reconnaissent eux-mêmes, ne fondant leurs moyens de défense que sur l'illégalité de la taxation;

3° Qu'il est indubitable cependant que le pape avait le droit d'imposer une telle charge à telle portion de ses sujets qu'il trouvait convenable. Qu'il serait contraire à tous les principes que, parce que les Israélites ont obtenu des délais, et profité de l'avantage d'un payement retardé, ils en fussent exemptés;

4° Que la loi de l'assemblée nationale n'a point été publiée;

5° Enfin que la Consulte a ordonné le payement des arriérés;

Je pense, en conséquence, qu'il y a lieu à poursuivre la corporation des Israélites pour le payement des arriérés de leur dette envers les hospices; — qu'il n'y a plus lieu à leur demander à l'avenir le payement d'aucune taxe de ce genre.

Arch. d'Avrilly, à son père, Rome, 11 février 1810.

J'ai été bien des jours sans recevoir de vos nouvelles, mon cher papa, et j'étais en une véritable inquiétude. Je vous prie, une autre fois, de n'être pas les uns et les autres si avares de vos lettres...

Je commence à ouvrir ma maison. Mon domestique se compose d'une femme de charge, maître d'hôtel, cuisine, valet de chambre, 4 laquais et 1 cocher; le luxe des gens étant extrême ici, j'ai dû en accroître le nombre chez moi plus que je n'aurais voulu. Je n'ai pas encore de chevaux, mais suis en marché de 2 de voiture et 2 de selle. C'était à Bayreuth mon grand luxe; mais ici il est très difficile d'en trouver de beaux. Mes appartements n'étant pas encore entièrement meublés, je n'ai pas donné de fête. Ce sera pour après Pâques. Je me borne actuellement à des dîners. Si vous voyiez l'ordre de ma maison et de mes comptes, vous m'admireriez; malgré cet ordre, j'éprouve ce que dit Mme de Sévigné que rien n'est plutôt fini qu'un sac de mille francs. J'espère que les ménagères Hélène, Hortense et Elisa seront édifiées de ce détail.

Ne croyez pas que je sois du nombre de ces prêtres dont vous me vantez en beaux vers la fortunée paresse. Je vous assure, sans nulle exagération, que je suis occupé autant qu'un homme, même laborieux, le puisse être. Mon département contient 450,000 habitants, et a une surface double de celui de la Drôme. Il faut y établir un régime tout à fait contraire aux habitudes, puisqu'il est fondé sur l'activité et l'exactitude[1], et que, jusqu'à présent, on ne connaissait en administration que des approximations, et on ne se piquait pas de donner aux affaires une marche bien rapide. Le département est divisé en 5 arrondissements, 60 justices de paix et 370 mairies. Ce seul exposé vous donnera l'idée du travail à faire pour donner l'impulsion à des rouages si nombreux, et jusqu'à présent si mal coordonnés. Malgré ce travail, je conserve une excellente santé, et même j'ai singulièrement engraissé.

Je vous plains d'être ensevelis sous la neige. Plus heureux, nous jouissons d'une température extrêmement douce. Un soleil d'avril nous dispense des poêles, et depuis quinze jours, je travaille absolument sans feu, et la fenêtre ouverte. Je viens de me promener à pied à la villa *Albani*, immense jardin dans lequel sont réunis des trésors en statues, bas-reliefs, marbres, etc. Un vaste salon est tout revêtu d'albâtre, de porphyre et des marbres les plus précieux. Les jardins de Rome ont un caractère tout particulier; d'abord, par le luxe des décorations d'architecture; ensuite, par la nature des planta-

---

1. Mots cités par L. Madelin, *La Rome de Napoléon*, p. 146.

tions. Ce sont de longues allées de buis, de lauriers, d'orangers taillés en muraille comme les charmilles de Versailles; derrière, s'élèvent des massifs de cyprès, d'ifs et de pins à gros pignons. Ces pyramides sombres et ces vastes parasols forment un contraste piquant, et donnent un aspect sombre et original à la fois à ces jardins. On n'y connaît aucun de nos arbres à feuilles tombantes, ni nos jolis arbrisseaux; aussi, le retour du printemps n'est-il presque pas sensible pour la végétation.

J'embrasse tendrement maman et tous les chers habitants de Claveson; adieu, mon cher papa; vous terminerez votre lettre en me disant que vous ne toussez plus et que maman va bien; c'est de toutes les nouvelles la meilleure pour moi, puisqu'elle me rassure sur la santé des deux personnes les plus chères à mon cœur.

Arch. de Génelard, à S. M. l'impératrice Joséphine,
Rome, 24 février 1810.

D'après les ordres de Votre Majesté Impériale et Royale, je me suis informé auprès de M. Canova de la *Danseuse* qu'il est actuellement occupé à terminer. Il en demande 2,000 sequins[1]. A part une tache dans le bas de la jambe et dans les plis de la draperie, le marbre de cette statue est extrêmement beau. Peu d'ouvrages de M. Canova sont d'ailleurs d'un style plus gracieux et plus aimable. Ses soins à perfectionner cette charmante figure s'accroîtraient encore par la pensée qu'un jour elle se trouverait placée sous les yeux de Votre Majesté.

Le *Pâris* plus grand que nature, dont Votre Majesté me parla à la Malmaison, est une des plus belles conceptions de notre habile sculpteur. Il sera, ainsi que la *Danseuse*, terminé vers l'automne. M. Canova désirerait recevoir pour ces deux statues les derniers ordres de Votre Majesté, afin de s'occuper avec plus d'activité et un plus grand soin à les terminer.

Votre Majesté m'ordonnant de lui parler des objets d'art qui me paraîtraient dignes d'entrer dans sa collection, je crois devoir lui citer un petit Apollon en marbre, jouant de la lyre, ouvrage de demi-nature, plein de grâce et d'un style élevé. Son auteur, jeune homme rempli de talent, le donnerait pour 4,000 francs, prix véritablement très inférieur au mérite de l'ouvrage. Parmi les tableaux, une *Prédication dans une église de Rome*, ouvrage d'une femme dont j'ai déjà eu l'honneur de parler à Votre Majesté, me semble mériter de faire partie du musée de la Malmaison. Un coloris brillant, un dessin pur et une observation parfaite des costumes et du ton local rendent cette composition également remarquable comme tableau et comme portrait. L'auteur, personne extrêmement recommandable, trop heureuse que son ouvrage fût placé sous les yeux de Votre Majesté, s'en rapporte pour le prix à ses bontés. Je crois que 3,000 francs en seraient un convenable.

---

1. Environ 24,000 francs.

Sachant que Votre Majesté estime le talent de M. Granet[1], je prends la liberté de lui proposer de faire exécuter par ce peintre original deux intérieurs du Colisée, qui réuniraient au grandiose de ce monument les effets piquants que rend si bien le pinceau de M. Granet.

En proposant des achats à Votre Majesté, je pense à la fois à son goût éclairé pour les arts et à sa noble bienfaisance. Si dans les choix que je fais et que je lui soumets, je pouvais quelquefois tromper son goût, du moins jamais n'induirai-je en erreur le sentiment qui la porte à protéger, à récompenser tous les talents et tous les genres de mérite. Je mettrai le soin le plus scrupuleux à n'appeler ses bienfaits que sur ceux qui en sont dignes.

J'attends les ordres de Votre Majesté, heureux si elle daigne m'accorder quelque confiance.

Arch. de Génelard, au capitaine de Filippis[2],
Rome, 8 mars 1810.

Je réponds à vos différentes lettres reçues depuis quelques jours. Je suis instruit que plusieurs maires négligent leur devoir, et ne montrent pas tout le zèle que nous avions lieu d'attendre d'eux. Mais comme la destitution d'un fonctionnaire public doit être fondée sur des faits bien constatés, je suis occupé à faire observer leur conduite, afin de réunir des preuves qui motivent leur destitution, et je suis forcé de la proposer à la Consulte. J'écris au sous-préfet pour avoir des renseignements exacts sur les deux individus de Viterbe qui, selon vous, ne méritent pas d'avoir le port d'armes; je vous remercie de m'avoir fait part de vos soupçons.

J'ignore pourquoi les sbires ne sont pas payés. Ceux qui restent à la charge des grandes communes le doivent être exactement; les autres qui forment les escouades de police, le seront aussitôt que vous m'aurez fourni la liste que je vous ai demandée.

J'ai lu avec étonnement ce que vous me mandez dans votre lettre n° 166. Les rapports que j'ai de Viterbe ne m'ont pas donné lieu de craindre que la tranquillité publique pût même être menacée. M. le gouverneur général n'est pas plus que moi informé qu'il y ait aucune crainte à concevoir. Quelques propos aussi absurdes que ceux que vous me rapportez ne peuvent influer que sur des gens absolument fous, et c'est toujours la majorité sage qui la maintiendra.

Dans les circonstances actuelles, tout mouvement séditieux serait telle-

---

1. Granet (François-Marius), né à Aix-en-Provence, en 1775, était à Rome depuis 1802. L'impératrice Joséphine lui avait déjà acheté son célèbre tableau de *Stella*, pour décorer la Malmaison. Granet achevait alors le « *Chœur des capucins de la place Barberini* », son chef-d'œuvre. Il devint l'ami de Tournon. Il est mort à Aix, en 1849.
2. Capitaine de gendarmerie.

ment absurde, qu'il n'y a pas un instant à le redouter; et d'ailleurs ce ne serait pas de Viterbe qu'il naîtrait. Au reste, vous pouvez annoncer que 12.000 hommes de troupes françaises arrivent à Rome par Viterbe et par Civita-Castellana; vous verrez passer cette semaine un bataillon de la Tour-d'Auvergne qui sera suivi de plusieurs autres. Ces troupes ne viennent pas pour réprimer des mouvements séditieux que nous ne redoutons pas, mais elles entrent en garnison de paix. Si vous le jugez nécessaire, on pourrait placer quelques compagnies à Viterbe. Si quelques individus suspects tiennent des propos en public et cherchent à alarmer les bons citoyens, vous devez les arrêter et les livrer à la justice, et je suis bien persuadé que ce moyen, employé avec la prudence qui vous distingue, suffira pour éloigner toute crainte. Je vous engage vivement, au reste, à veiller attentivement sur tous les mouvements des hommes suspects, et à me tenir au courant de vos observations en cas de besoin. Je me concerterai avec le gouverneur général pour vous fournir les moyens de maintenir l'ordre.

J'ai donné l'ordre positif au maire de Corneto de me fournir sans délai un état des dépenses nécessaires pour conserver la gendarmerie à l'Ergastolo [1].

Arch. d'Avrilly, à sa mère, Rome, 9 mars 1810.

Ma chère maman..., Maintenant, je ne suis entouré que de Romains, et suis fort bien servi. Une dame très intelligente, mais hors de toute critique, est à la tête de tout, et je ne crois pas être beaucoup plus volé qu'un autre... Je remercie mon père des détails qu'il me donne sur la manière de coller le vin. J'en userai dès qu'il arrivera; mais malheureusement, il est encore à Civita-Vecchia, ne pouvant, à cause des vents contraires, entrer dans la rade.

Je vous plains d'avoir de la neige et de la glace. Nous n'avons eu ici que deux jours de gelée de 3 à 4 degrés. Actuellement, les arbres sont couverts de fleurs, et les feuilles se développent. Les prés, les blés sont verts comme au mois de mai. Comme les environs de Rome sont ou dénués d'arbres, ou plantés en arbres verts tels que pins à pignon, cyprès, lauriers à larges feuilles, lauriers-thym, chênes verts, on s'aperçoit peu du passage de l'hiver au printemps. Les Romains, au reste, s'en soucient assez peu, et aucune nation ne connaît moins le charme de la campagne. Il n'y a pas trois jardins dans l'intérieur de Rome, et ceux des environs sont plutôt magnifiques qu'agréables. Vous n'y trouverez pas un seul bosquet de lilas comme celui qui est sous vos croisées.

Nous venons de finir le carnaval très brillant, ou plutôt très bruyant. Dans ce pays, il ne dure que 10 jours, et par conséquent fait moins d'effet que lorsqu'il est prolongé comme en France pendant 6 semaines. A 1 heure après-midi, toute la ville, masquée ou non, se porte dans une rue alignée qui a un quart de lieue de long. Deux files de voitures montent et descendent à petits pas. A droite et à gauche, sur des chaises, est une foule de personnes masquées,

---

1. Bâtiment ayant servi jusqu'alors de prison spécialement destinée aux prêtres.

tandis que le petit peuple circule dans le milieu de la rue. Toutes les maisons sont tapissées et ornées de guirlandes. Les masques portent dans la poche ou dans des paniers de petites dragées en plâtre, et le grand plaisir est d'en jeter à poignées à la tête des gens à pied ou en voiture. Ceux-ci ne manquent pas d'en rendre, de sorte qu'il y a un combat continuel dont le résultat est de rentrer chez soi avec un habit tout à fait blanc. Des cris de joie retentissent de toutes parts, et l'on croit que cette population de 20 à 30 mille individus est tout à fait folle ! Au coucher du soleil, trois coups de canon font retirer les voitures; des détachements de cavalerie font ouvrir le passage, et d'une extrémité de la rue qu'on appelle la Porte du peuple, partent 8 à 10 petits chevaux qui, avec une émulation singulière, parcourent la carrière. On dirait qu'ils ont aussi l'amour de la gloire. Le peuple prend un grand plaisir à les voir courir, et le vainqueur est couvert d'applaudissements. Le soir, on va au bal masqué.

Voilà assez de plaisirs qui à coup sûr ne valent pas ceux que l'on goûte à Clayeson, au coin d'un bon feu, et au milieu de vrais et bons amis. Combien de fois, dans mes fêtes brillantes, n'ai-je pas jeté les yeux vers cet heureux coin du monde ! J'aurais donné tout notre carnaval si vanté pour une soirée de famille.

Adieu, ma bonne mère; mille tendresses à mon père, Hippolyte, Hélène, etc. Je ne vous dirai pas que je vous aime de toute mon âme : les plus fortes expressions sont loin de suffire à exprimer mes sentiments pour vous.

Arch. de Génelard, à Janet, Rome, 14 mars 1810.

Chaque jour, des exacteurs de la contribution foncière des petites communes me demandent leur démission, donnant pour prétexte qu'ils ne savent ni lire ni écrire, qu'ils ne possèdent que leurs bras, et qu'ils ont déjà, l'année dernière, éprouvé des pertes considérables. J'ai presque constamment repoussé ces demandes; cependant, en quelques cas, j'ai ordonné la nomination d'un autre exacteur; mais le choix est toujours tombé sur des misérables qui ont sollicité leur changement en alléguant les mêmes raisons que ceux qu'ils remplaçaient.

A la vérité, l'arrêt de la Consulte m'autorise à désigner un des dix plus forts contribuables; mais outre que ce moyen a quelque chose d'odieux et produirait une impression fâcheuse, dans beaucoup de communes de la Sabine entre autres, il ne pourrait s'employer; les plus forts contribuables ne payant souvent que quelques centimes, et la totalité des terres appartenant à un seul particulier, on a un établissement de mainmorte.

Dans cet état de choses, je regarde comme aussi urgent pour l'intérêt du trésor que pour celui des contribuables de nommer des percepteurs cantonaux. S'il ne paraît pas convenable à la Consulte de nommer ces percepteurs à vie, elle pourrait les désigner au ministre, et leur donner provisoirement l'exaction de cette année. Avec les exacteurs actuels, ou le trésor éprouvera des pertes, ou les contribuables seront trompés et volés; aussi la grande et belle opération de la rédaction des rôles réguliers n'aura pas, cette année, tous les résultats heureux qui en sont attendus, et qu'il est si important de bien faire sentir aux contribuables.

Il est de mon devoir de vous signaler les abus et de vous faire part des moyens que je crois propres à les détruire. J'attendrai votre décision, vous engageant seulement à la prendre le plus tôt possible, le moment actuel, où les rôles rendus exécutoires se remettent aux communes, étant des plus favorables pour exécuter cette amélioration.

Arch. d'Avrilly, à son père, Rome, 19 mars 1810.

A mon retour d'un voyage aux Marais Pontins, je trouve, mon cher papa, votre lettre du 4 du courant. Vous avez raison de penser que rien ne peut me faire plus de plaisir que de recevoir souvent de vos nouvelles, et de lire dans vos lettres tous les détails de votre vie intérieure. J'ai trouvé aux Marais Pontins le printemps et tous ses charmes. Cette partie de mon département est beaucoup plus chaude que Rome, étant abritée contre le vent du nord. Les artichauts, les asperges croissent depuis longtemps autour de Terracine. Sur les rochers qui dominent ce petit port, on voit croître, sans culture, les orangers, les palmiers, les lauriers et une foule d'arbustes. C'est une nature qui ne ressemble en rien à la nôtre. Les figuiers d'Inde, divers aloès, tapissent tous ces rochers, et de leur sommet on voit l'immense plaine marécageuse, la mer, Gaëte, le Vésuve, plusieurs îles et la chaîne des Apennins couverte de neige. Les travaux faits par Pie VI dans les marais sont très considérables, et prouvent la grandeur des vues de ce souverain. Il y a dépensé près de 8 millions, et rendu à la culture une étendue de terres de plusieurs lieues carrées. Mais il reste encore beaucoup à faire pour perfectionner ce grand ouvrage. Déjà, j'ai fait plusieurs voyages pour examiner les travaux, mettant le plus grand intérêt à les pousser avec activité [1]. Après avoir conféré avec les ingénieurs, nous avons résolu de donner un second écoulement aux eaux, au moyen d'un ancien canal déjà creusé sur une longueur de 2 lieues, à une profondeur de 30 à 40 pieds. J'espère beaucoup de ce nouveau moyen de dessèchement. Quand on voit cette terre d'une fertilité prodigieuse abandonnée aux joncs et aux roseaux, on ne peut s'empêcher de désirer vivement qu'elle soit, quoi qu'il en coûte, rendue à l'agriculture. Sous les Romains, cette campagne était très peuplée. Un consul, Appius Claudius, y construisit une route qu'après vingt siècles le pape a rétablie, et qui a 3 lieues en ligne droite, avec deux canaux de navigation latéraux et quatre rangs d'ormeaux.

Mon vin est toujours à Civita-Vecchia, les vents empêchant le navire d'entrer dans le Tibre. Le vin ordinaire est ici très bon marché, mais on n'a aucun vin de *rôti*, et je compte bien donner le Landon pour tel. Vous pouvez être certain de l'ordre qui règne dans mes petites dépenses. J'ai monté ma maison sur un pied convenable, mais tel que je puis aller en avant sans crainte. J'ai une femme de charge fort active et d'une bonne réputation, un

---

1. Les papiers sur les Marais Pontins (rapports de Tournon ou de divers) sont nombreux aux *Arch. d'Avrilly* et de *Génelard.* J'en extrairai l'essentiel dans mon ouvrage complet sur le préfet de Rome.

cuisinier, un maître d'hôtel, deux valets de chambre, un cocher et trois laquais, tous romains, mais personnes bien connues. Les domestiques étant peu chers à Rome, cette dépense est modérée. Je n'ai pas encore de chevaux à moi, n'en ayant pas trouvé qui me convinssent. Je compte en avoir deux de voiture et deux de selle. Chaque semaine, je donne un dîner de 26 personnes, et les autres jours, j'en ai toujours 5 à 6. Quand mon appartement sera terminé, je compte avoir une assemblée chaque semaine, avec concert ou bal.

Adieu, mon cher papa; je vous embrasse et je vous aime de toute mon âme.

Arch. de Génelard, au général Miollis, Rome, 30 mars 1810.

J'ai l'honneur de transmettre à V. Exc. le rapport que je reçois à l'instant du sous-préfet de Velletri. Chaque jour, le nombre et l'audace des brigands s'accroît; le dernier passage de troupes napolitaines paraît y avoir beaucoup contribué. Il faut un remède prompt et qui agisse instantanément. Je pense que le plus adapté serait l'envoi d'une seconde compagnie qui serait divisée entre Terracine, Piperno, Sezze et Core, et pourrait envoyer des patrouilles sur Segni et Carpineto, où elle rencontrerait les patrouilles de la compagnie qui occupe Frasinone, Prossedi, San-Lorenzo et Supino.

Une 3e compagnie enfin serait nécessaire pour occuper Frascati, Rocca-di-Papa, Valmontone, et envoyer des patrouilles dans toute la montagne dite la *Fayola*. Par ce moyen, cette chaîne, infectée de brigands, serait continuellement fouillée, et les brigands contraints de rentrer dans le royaume de Naples ou livrés à la justice. L'enlèvement du fils du maire de Rocca Massima est un événement qui jettera l'alarme parmi tous les fonctionnaires publics, et nous ne pouvons trop faire pour leur rendre la confiance.

Je soumets ces vues à V. Exc., la priant de vouloir bien les prendre en considération, et surtout de faire exécuter le mouvement proposé avec la plus grande célérité possible. Il n'y aura de tranquillité dans ce pays qu'autant que chaque village sera occupé au moins par 5 hommes, et que des détachements entretiendront continuellement la liberté des communications.

Arch. de Génelard, à Anglès, Rome, 31 mars 1810 [1].

... Dans la plupart des églises, les curés, sur l'invitation que je leur en ai fait faire par MM. les évêques, ont engagé leurs paroissiens à se conformer à la loi, et je compte enfin dans mon département un très petit nombre de récla-

---

1. Le début de cette lettre, deux longues pages sans intérêt, contient des renseignements sur un « sieur Perla », prêtre, officier de l'état civil à Montefiascone, que le cardinal Maury avait dénoncé au Ministre de la police comme un homme indigne de toute confiance.

mations. J'ajouterai que dans un pays qui se subdivise, sous les rapports ecclésiastiques, en 580 paroisses, il est fort heureux pour les habitants de réduire à un nombre infiniment moindre le nombre de registres dans lesquels ils ont à chercher les actes de la vie civile de leurs parents. D'ailleurs, sous les rapports politiques, il était nécessaire d'enlever au clergé, même cette ombre d'autorité ou de juridiction temporelle, afin de le placer, aux yeux du peuple, dans une position absolument passive relativement aux affaires du monde, et achever ainsi de rompre le dernier fil qui liait la puissance administrative au pouvoir religieux. — Je ne terminerai pas sans répondre aux premiers paragraphes de la note de Son Éminence[1] sur l'esprit public.

Certainement, nous n'espérons pas que ce peuple, nouvellement réuni et arraché à toutes ses opinions politiques et religieuses, soit animé d'un esprit aussi pur que dans l'intérieur de l'Empire; mais je puis assurer, et la visite la plus exacte que je viens de faire de toutes les parties de mon département m'en a donné la certitude, que l'esprit public est loin d'être mauvais, et surtout dangereux; le peuple est parfaitement soumis, et la plus grande tranquillité règne dans les campagnes. Les innovations ne sont pas repoussées; plusieurs même sont favorablement accueillies. On compare l'ordre et la fermeté de l'administration actuelle avec celle du gouvernement pontifical, et on s'en félicite. A la vérité, beaucoup de propriétaires ont refusé les emplois; mais plusieurs en ont accepté, et chaque jour le nombre de ceux qui en sollicitent s'accroît. Je n'ai, depuis le commencement de mon administration, reçu qu'un petit nombre de démissions, et plusieurs se fondaient sur des motifs valables. Enfin, quoique le plus grand nombre des maires soit extrêmement ignorant, que plusieurs manquent de zèle et d'activité, l'administration n'en a pas moins pris une marche régulière qui prouve que du moins les reproches de Son Éminence ne sont pas généralement fondés. Dans les premiers temps d'une organisation, le dévouement et l'activité des chefs doit suppléer à ce qui manque aux subalternes. En continuant de mêler la douceur des formes à la fermeté des principes, on peut se flatter d'arriver, en un temps assez court, comparativement aux difficultés, à rendre l'organisation de ce pays à peu près complète.

J'ai cru devoir, Monsieur, développer ici mon opinion sur ce département et l'esprit qui en anime les habitants; je laisse à votre sagesse à l'apprécier.

Arch. d'Avrilly, à sa mère, Rome, 1er avril 1810.[2]

... Ayant à peu près terminé mon ameublement, ma chère maman, j'ai ouvert ma maison, et chaque lundi, je reçois presque toute la ville. (Des glaces et des gaufres en font les frais.) Mon appartement se compose d'une 1re et d'une 2e antichambre, de deux salons avec de jolies tentures en papier, et un

---

1. Le cardinal Maury.
2. Mots cités par L. Madelin, dans son article: *Le Préfet français de Rome*, *Correspondant* du 25 juillet 1895.

meuble d'acajou avec une étoffe noire. Au bout de tout cela, est une galerie entièrement peinte à fresques avec 4 glaces et un meuble de soie bleu barbeau et bois d'acajou. Tout cela est d'une grande fraîcheur, et de fort bon goût, mais extrêmement simple. Ce n'est que comme cela qu'on peut lutter contre les magnificences des palais de Rome, surchargés de dorures, mais en général, sans aucune grâce. — Je fais ensuite arranger une salle à manger pour 40 personnes. Tout cela réuni fait une belle enfilade. Les plafonds de tous les appartements sont peints à fresques, et les portes et volets à l'huile avec des arabesques et des ornements du meilleur goût. Vous pensez bien que j'ai trouvé tout cela fait. Ma chambre à coucher est située au midi; elle est accompagnée de plusieurs cabinets. Mes bureaux sont dans une partie toute séparée de l'hôtel. Au-dessus du toit, est une immense terrasse de laquelle on découvre Rome entière et les montagnes de l'Apennin, avec un horizon immense. J'y compte faire un jardin d'orangers...

Quoique je n'aie que des Romains pour domestiques, je n'en suis pas moins bien servi... Je fais faire mon portrait à l'huile à mi-corps dans un costume pittoresque [1]. On le trouve fort ressemblant. Vous savez bien à qui il est destiné. J'espère qu'il sera fini dans un mois.

Je vais aujourd'hui célébrer la fête de mon ami de Gérando sur le sommet du mont Marius, au lieu où ce terrible homme vint asseoir son camp, menaçant de là la capitale...

Mon papa m'écrit un très joli sermon ; je tâcherai d'en profiter. Je me flatte que sur quelques points, je n'avais pas besoin d'être prêché. — Je l'embrasse de toute mon âme, et vous, ma chère maman, avec une tendresse qu'aucune expression ne peut rendre. — Votre Camille.

Arch. Nationales, F¹ᵉ 97, doss. 5, à de Gérando,
Rome, 5 avril 1810.

Je connais depuis longtemps la répugnance qu'éprouvent les habitants de ce département, à loger chez eux (comme cela se pratique en France, d'après la loi du 23 mai 1792), les troupes de passage. Aussi, j'ai vu avec peine l'ordre donné par Monsieur le gouverneur général en suite duquel les commandants des corps ont pris de vive force le logement dans les maisons.

J'ai fait des représentations aussi vives que réitérées, et je me flatte qu'elles auront quelque effet. Comme, d'une autre part, en respectant les usages des habitants, nous devons respecter encore plus le bien-être des soldats, et leur procurer, après les longues marches qu'ils font, un local sain et commode, je

---

1. Il existe trois principaux portraits du préfet de Rome. L'un à Paris, dans les salons de M. le comte J. de Chabannes la Palice, en grandeur naturelle (c'est celui dont il parle dans la lettre) ; l'autre, au château de Montmelas, en pied et en petit ; ils sont du même auteur, Mˡˡᵉ Lescot, de Lyon, depuis Mᵐᵉ Haudebourg. Le troisième, le plus beau, est au château de Génelard ; il paraît être du peintre *Granet*.

m'occupe à faire un travail sur les moyens d'établir, en chaque lieu d'étape, un local suffisant et garni des meubles nécessaires. Dès que j'aurai recueilli assez de renseignements pour pouvoir vous faire un rapport, je vous soumettrai un projet d'arrêté.

Arch. de Génelard, à de Gérando, Rome, 5 avril 1810.

Je m'occupe depuis plusieurs jours de la formation d'un tableau général de mon administration. La plus grande partie en est déjà faite, et on la copie dans mes bureaux. Vous recevrez, en même temps, une analyse des travaux de la préfecture et de ceux du Conseil; ce travail est terminé, je souhaite qu'il remplisse complètement vos vues; mais je vous demande de le juger avec indulgence; mon administration étant toute, comme vous le savez, composée d'hommes nouveaux, on ne peut exiger d'elle la même régularité que d'employés tout formés. Pour n'admettre dans mes bureaux que des personnes au fait des affaires, j'aurais dû en exclure presque tous les Romains, et faire venir des Français. En prenant le parti contraire, si j'accrois beaucoup mon travail, je n'aurai pas, du moins, encouru votre blâme.

Vous pouvez être persuadé que je soumettrai toujours à l'autorité supérieure ceux de mes actes qui ont besoin de sa sanction. Les autres seront toujours, et plus sévèrement encore, soumis à votre amitié; jusqu'à ce moment, j'ai eu plutôt à demander des renseignements, des éclaircissements, à donner des explications, à presser, à exciter, à encourager, qu'à faire des actes d'autorité. Aussi trouverez-vous le nombre de mes arrêtés très petit en comparaison de celui des autres travaux.

Arch. de Génelard, au Ministre de l'intérieur,
Rome, 7 avril 1810.

Je viens de recevoir la lettre en date du 20 mars que V. Exc. m'a fait l'honneur de m'écrire pour m'instruire de la décision de Sa Majesté, relativement à l'organisation administrative des États Romains [1]. Par suite de cette

---

1. Par le décret du 17 mai 1809, et l'arrêté du 2 août de la même année, Napoléon avait divisé les « ci-devant États Romains » en deux départements : celui du *Tibre* et celui du *Trasimène*, en déclarant Rome *Ville impériale et libre*. Sur les réclamations de Tournon, et pour donner une marche plus régulière à l'administration, le senatus-consulte du 4 février 1810, en réunissant Rome à l'Empire français, faisait de la cité le chef-lieu du département auquel elle donnait son nom. — Tournon dit à ce propos dans ses *Mémoires* : « L'Empereur avait laissé à l'*ombre de Rome*, l'ombre d'un *Sénat* pour y veiller sur une *ombre de liberté*. Je n'étais donc pas préfet de Rome, mais seulement du département du Tibre, et je n'étais dans cette ville que toléré, et pour ainsi dire à l'auberge. Napoléon s'ennuya bientôt de sa condescendance pour la *reine-veuve*

décision, c'est avec vous que je dois désormais correspondre pour tout ce qui concerne l'administration, et de vous que je dois recevoir les ordres pour l'exécution des lois, n'ayant plus à fournir à la Consulte que les renseignements dont elle pourrait avoir besoin.

Heureux de me trouver sous les ordres de V. Exc., je ferai tous mes efforts pour lui prouver mon zèle et pour mériter sa confiance et ses bontés. Je me flatte que, prévenue d'avance des difficultés de l'organisation de ce département, elle daignera accueillir avec quelque indulgence mes premiers pas dans cette carrière épineuse.

Arch. Nationales, F¹ᶜ 106, à de Gérando, Rome, 10 avril 1810.

Par votre lettre du 27 novembre et par une autre sans date ni numéro, mais qui fut écrite dans les derniers jours de décembre, vous m'autorisez à proroger pour l'an 1810 les taxes et gabelles communales dont je connaîtrais l'indispensabilité. Dans plusieurs lettres subséquentes, vous rappelez toujours cette disposition, me faisant connaître le désir de la Consulte de voir diminuer surtout les taxes sur le *macinato* [1].

Dans la revision des budgets, j'ai constamment pris ces dispositions pour règle, et j'ai conservé, quand je n'ai pu l'éviter, toutes les taxes et gabelles imposées dans l'année 1809. Je viens de recevoir cependant une lettre de M. Janet, par laquelle il me prescrit de faire cesser sur-le-champ le recouvrement de toute taxe personnelle, *focatico* [2] et autre, qui, d'après les votes des Conseils municipaux, aurait été imposée pour 1810, les communes ne devant avoir d'autre revenu que l'octroi.

Cette nouvelle disposition étant diamétralement opposée à celle que vous m'avez tracée pour règle de conduite, rendant d'ailleurs la confection des budgets impossible, puisque des communes de 2 à 300 âmes ne peuvent avoir d'octroi, je crois devoir vous en donner connaissance et attendre vos ordres [3].

---

du monde, et de cet état mixte. Un décret faisant crouler cet échafaudage réunit Rome à l'Empire. Alors le Sénat devint municipalité, le président maire, ainsi de suite. Mes relations en devinrent plus simples, en même temps que la sphère de mes attributions s'accrut considérablement. »

1. Le *macinato* était l'impôt sur la mouture qui se payait pour chaque mesure de blé ou de maïs, au moment où elle était réduite en farine, ou introduite dans les ville. Le *macinato* constituait la plus importante des nombreuses taxes indirectes qui frappaient la presque totalité des objets de consommation, sous le gouvernement pontifical.

2. Le *focatico*, nom générique des taxes que les communes pouvaient, d'après les instructions du *Bon Gouvernement*, lever par feu, par tête d'habitant, ou imposer sur le bétail. En général, chacune de ces taxes était affermée séparément, méthode qui multipliait les comptes, et rendait toute surveillance sérieuse impossible.

3. De Gérando fait répondre à Tournon que l'arrêté du 15 décembre 1809 (inséré au *Bulletin des Lois*, n° 60) a réglé cette perception de la manière la plus formelle, et que Janet n'a qu'à s'y conformer exactement (même carton).

Arch. de Génelard, au directeur général de la Libraire (Portalis), Rome, 11 avril 1810.

La Consulte ayant, par un arrêté en date d'hier, ordonné la publication du décret impérial du 5 février sur la Librairie et l'Imprimerie, je vais, sur-le-champ, m'occuper de la mise à exécution des ordres que vous m'avez donnés dans vos lettres du 6 et du 15 mars. J'écris au directeur des douanes pour m'informer s'il a reçu du directeur général les instructions nécessaires pour s'opposer à l'entrée frauduleuse des livres venant de l'étranger. Vous pouvez être certain, Monsieur le comte, de mon zèle et de ma sévérité à empêcher l'introduction d'ouvrages qui pourraient répandre des principes contraires à ceux du gouvernement. Je me tiendrai au courant de tous les ouvrages qui seront imprimés dans le royaume de Naples, et qui pourraient avoir quelque influence sur l'opinion, et je m'empresserai de vous en rendre un compte exact. Dès que le décret aura été publié, je ferai munir chaque imprimeur et libraire du livre indiqué dans l'article 2 du décret. Je m'occupe de la formation des deux tableaux demandés par votre lettre qui vient de me parvenir, et j'espère, en peu de jours, pouvoir vous les transmettre. J'évite, ainsi que vous le désirez, de prendre les renseignements dont j'ai besoin d'une manière qui puisse donner aucune inquiétude. Je puis vous assurer d'avance que les sages dispositions du décret seront reçues avec reconnaissance par le corps très nombreux des imprimeurs et libraires romains.

Arch. de Génelard, au Ministre de l'intérieur, Rome, 12 avril 1810.

J'ai reçu la lettre que V. Exc. m'a fait l'honneur de m'écrire pour me donner connaissance du décret impérial du 25 mars, relatif aux mariages des militaires [1]. J'ai sur-le-champ donné à MM. les sous-préfets des instructions en conséquence des vôtres. Je leur ai recommandé de donner à cette solennité tout l'éclat dont elle pouvait être susceptible.

A Rome, cette journée sera fêtée par des jeux publics, une illumination, un feu d'artifice et un bal; j'en rendrai compte à V. Exc.

Il ne sera pas possible que les mariages se fassent le 22, les choix des époux et les publications demandant un temps beaucoup plus long; mais j'ai arrêté que, ce jour, les époux se rendraient à la mairie pour s'y passer mutuellement et solennellement une promesse de mariage, et y recevoir la dot. Ainsi le but sera atteint. A Rome, les époux seront l'objet particulier de la fête. Nous éprouverons une très grande difficulté à trouver des militaires ayant rempli les conditions voulues.

---

1. Ce décret accordait des dots de 600 francs à 6 000 filles qui épouseraient des militaires ayant fait deux campagnes.

Je me suis adressé à la Consulte pour qu'elle mît à ma disposition la somme de 41.400 francs pour les 69 dots, une par canton, accordées par S. M. sur son domaine extraordinaire. Je ferai payer par les communes les dots à leur charge. Comme celle de Rome n'a pas la jouissance de ses revenus, j'ai demandé à la Consulte les 6.000 francs nécessaires.

Arch. de Génelard, à de Gérando, Rome, 12 avril 1810.

En prenant possession de l'administration de la ville de Rome, mon premier soin a été de m'informer s'il existait un budget, quelles étaient les rentes communales, et quelles étaient les charges. J'ai appris de la Commission administrative qu'il n'existait, à sa connaissance, du moins, aucune espèce de budget, qu'elle n'était chargée de l'administration d'aucune des branches de revenus, enfin que les dépenses étaient payées sur des ordonnances délivrées par vous, sur le vu des pièces justificatives[1]. Rome devenant partie intégrante de l'Empire, je dois réclamer pour elle un traitement pareil à celui des autres villes.

Je demande donc : 1° qu'il soit fait un budget des recettes et dépenses de cette ville, suivant les formes voulues par les lois; 2° que la totalité des revenus communaux soit assignée pour faire face aux dépenses telles qu'elles seront réglées par le budget; 3° que la perception de ces revenus soit confiée à un agent uniquement dépendant du Conseil municipal, et ne rendant directement compte qu'à lui de ses opérations.

Si vous partagez, Monsieur, mon opinion sur la nécessité de faire jouir Rome des avantages accordés par l'Empire au moindre village, vous voudrez bien faire prendre à la Consulte les mesures qui vous paraîtront convenables.

Arch. de Génelard, au général commandant la place de Rome, Rome, 14 avril 1810.

J'ai l'honneur de vous prévenir que demain, à dix heures, aura lieu au Capitole l'installation du corps municipal de la ville de Rome.

Voulant donner à cette cérémonie toute la solennité convenable, je vous invite à vouloir bien faire prendre les armes à la garnison, aux termes de

---

1. Avant l'occupation française, la ville de Rome n'avait ni revenu, ni administration municipale. Les dépenses étaient prélevées, sans l'intervention d'aucun corps représentatif de la cité, sur le trésor de l'État, et réglées directement par les ministres du souverain. On sait que, d'autre part, la police et l'administration de la ville et de son district étaient confiées à un haut prélat, le *Gouverneur de Rome*, qui jouissait d'un pouvoir fort étendu et presque discrétionnaire, en dehors des autres ministres.

l'article 2 du titre 17 du décret impérial du 24 messidor an 12. Vous voudrez bien aussi envoyer à dix heures, à mon hôtel, un détachement de 30 hommes de cavalerie, commandés par un officier, pour me servir de garde d'honneur, aux termes de l'article 11 du même titre. Le cortège, partant de la préfecture, passera devant le palais de Venise, la place du Jésus et la rue du même nom. Si vous jugez convenable de m'envoyer un officier d'état-major dans la journée, je pourrai lui donner plus de détails.

Arch. Nationales, F1e 100, à de Gérando, Rome, 17 avril 1810.

Je viens de recevoir et j'ai lu avec le sentiment le plus vif de reconnaissance la lettre que vous m'avez fait l'honneur de m'écrire relativement au compte rendu de mon administration; c'est à votre amitié seule que je dois les éloges que vous voulez bien me donner. Je sens moi-même combien sont insuffisants les résultats que j'ai obtenus, et je vois mieux que personne tout ce qui me reste à faire. Mais vous avez rendu justice à mon désir de faire le bien, et vous voulez bien me tenir compte de mes efforts. Rien ne peut davantage m'encourager à les redoubler.

Je vous remercie beaucoup des observations que vous voulez bien me faire sur quelques actes de mon administration. Je répondrai successivement à chacune d'elles, et je vous rendrai compte de mes motifs. S'ils ne sont pas suffisants, je révoquerai les actes qui ne seraient pas conformes aux loix. Lorsque tous les agents subordonnés, au lieu de mettre par leurs rapports l'autorité supérieure dans la position de juger sainement, ont besoin, au contraire, d'être sans cesse éclairés par elle sur les matières les plus simples, il est bien difficile qu'il n'échappe pas à celle-ci quelques irrégularités.

Arch. de Génelard, au directeur de la conscription (général Dumas), Rome, 17 avril 1810.

Je viens de recevoir la lettre que vous m'avez fait l'honneur de m'écrire en date du 4, pour me transmettre le décret impérial qui ordonne la levée de la conscription dans le département de Rome [1].

---

[1]. Tournon fait dans ses *Mémoires inédits*, à propos de ce décret, les réflexions suivantes : « Pendant que s'exécutaient ces tristes et funestes mesures (dissolution des couvents, et prestation du serment par le clergé), la conscription était introduite à Rome; on lui demandait son contingent de soldats, pour aller attaquer la Russie. Certes, blesser à la fois les idées religieuses des habitants, et leur demander le sang de leurs enfants, c'était hasarder beaucoup. Mais la maxime qu'on doit ménager les nouvelles conquêtes n'était pas de celles de Napoléon; se croyant certain de sa force, il dédaignait les ménagements. Le temps a prouvé que l'antique maxime était la bonne. »

Je vais m'occuper, avec tout le zèle possible, de l'exécution de cette mesure dont je fais part, dès ce jour, aux sous-préfets. Je leur adresserai successivement des instructions qui les puissent diriger dans une opération tout à fait nouvelle pour eux. Je ne dois pas vous dissimuler, M. le conseiller d'État, les nombreuses difficultés que je prévois. Elles naissent, en premier lieu, de la composition de l'administration. MM. les sous-préfets, avec du zèle, manquent totalement d'habitude des affaires et de connaissance de nos lois; je crains aussi, qu'étant tous du pays, ils n'aient pas la fermeté nécessaire.

Le voisinage du royaume de Naples facilitera beaucoup les désertions, et la gendarmerie n'étant pas complète, ne pourra suffire à les opposer (sic). Enfin, l'esprit public est loin d'être tel que l'on pourrait le désirer, et le clergé ne manquera pas d'employer son influence pour empêcher ou pour entraver nos opérations.

Une première difficulté que j'éprouverai dans les mesures préliminaires, proviendra de ce que les registres de l'état civil sont encore entre les mains des curés. Il est à craindre que les déclarations qu'ils feront ne soient pas exactes, ou qu'ils refusent de remettre ces registres aux maires pour en faire le dépouillement. Mais, même dans ce cas, je ne puis avoir beaucoup plus de confiance dans les déclaration des maires, la plupart extrêmements ignorants ou même mal intentionnés. La loi sur l'inscription maritime et sur les canonniers gardes-côtes n'est point encore publiée; mais je pense que la Consulte la promulguera en même temps que celle sur la conscription.

Vous pouvez être certain, M. le conseiller d'État, que je ne négligerai aucun moyen pour remplir les vues de l'Empereur, faisant tous les efforts possibles pour surmonter les difficultés que je prévois. Je vous informerai, jour par jour, de toutes les mesures que je prendrai.

Arch. d'Avrilly, à sa mère, Rome, 21 avril 1810.

Je trouve enfin un moment, ma tendre mère, pour causer avec vous, profitant du temps où l'on fait autour de moi des enchères... Depuis que je suis chargé de l'administration de cette ville, mes travaux se sont excessivement accrus, et je suis forcé de retrancher la plupart de mes correspondances. La vôtre, à coup sûr, n'est pas de celles que je veuille même diminuer; mais quelquefois, je suis réellement forcé de laisser passer les jours que j'avais destinés à ce plaisir, le plus grand dont je puisse jouir en ce pays. J'en fais l'observation, pour que vous ne soyez pas en peine de ces retards.

J'ai reçu, ce matin, l'annonce officielle que mon traitement était porté, à dater du 1er janvier de cette année, à 50.000 francs. Je pourrai ainsi maintenir ma maison sur le pied où je l'ai montée : un grand dîner par semaine, 6 à 7 personnes par jour, une assemblée dansante, ou avec concert, le lundi. J'ai en outre, 4 chevaux de voiture et 2 de selle, et 10 domestiques hommes. Mais tout cela est nécessaire dans une ville peuplée de princes et de ducs. Vous savez bien que je suis raisonnable pour ce qui me concerne; mais je veux vivre avec la dignité qui convient à ma place, et ne songe pas à me faire de capitaux. Comme je me trouverai environ 8.000 francs sur lesquels je ne comptais pas, et dont je puis, à la rigueur, me passer, je vous les enverrai pour en payer d'abord 4.000 que vous avez empruntés pour moi, soit pendant mon séjour à Paris, soit pour le vin. Les 4.000 autres sont destinés à commencer l'extinction des dettes de mon frère [1]... Vous n'aurez plus à vous occuper de Victor du jour où il sortira de l'École : je lui ferai payer à son régiment une pension de 1.000 francs. Je ne puis vous dire combien je me trouve heureux de pouvoir donner à ceux que j'aime d'aussi légères preuves de mon affection.

Dimanche dernier, j'installais au Capitole la municipalité de Rome toute composée de princes, de ducs, etc. J'étais profondément ému pendant cette cérémonie que le lieu, l'époque, les personnes rendaient noble et imposante au plus haut degré. Je dis quelques mots sur Rome et sur les nouveaux destins qui furent approuvés...

(Vous me feriez plaisir de m'envoyer 200 bouteilles de Cornas et de Saint-Peray ; ces vins ont du succès ici.) Je vous prie de ne pas perdre un moment... Dites à mon père que la route appelée « Via Appia » a bien réellement 9 lieues en ligne droite entre Velletri et Terracine.

J'ai été forcé de laisser ma lettre ; j'y reviens, ma bonne mère, après avoir passé deux heures à Saint-Pierre à (entendre un *miserere* chanté par des voix que des moyens très peu humains ont rendues angéliques, et à parcourir cette belle église éclairée seulement et suffisamment par une immense croix de feu suspendue à la voûte) [2]. C'est un spectacle admirable. Chaque jour on découvre à Rome des choses nouvelles qui étonnent d'autant plus qu'on les voit davantage.

Dimanche, nous marions 19 jeunes filles, et nous donnons feu d'artifice et bal au Capitole. J'ai de la peine et du plaisir à m'accoutumer à donner des ordres dans ce lieu ! — J'ai bien des torts envers Alix, Pauline, Hippolyte, Hélène, Hortense, qui tous m'ont écrit des lettres charmantes ; mais s'ils pouvaient, au bout d'un télescope, voir mon bureau pliant sous le poids des

---

1. Son frère aîné Philippe (1775-1809), sous-lieutenant au régiment de Condé, chambellan (1805), officier d'ordonnance de l'Empereur (1807), chef d'escadron (1808), chevalier de la Légion d'honneur et Grand-Croix de l'Ordre Saint-Joseph de Wurtzbourg, décédé subitement à Bayonne le 5 février 1809. Il laissait pour tout héritage à ses deux enfants « l'exemple de son dévouement » au service de la France... et 80.000 francs de dettes provenant surtout de ses nombreuses « missions » à travers l'Europe, dettes que le préfet de Rome, grâce à un important subside fourni par Napoléon, parvint à éteindre.

M. Geoffroy de Grandmaison, dans son livre *L'Espagne et Napoléon*, a montré le « rôle très grave » joué par Philippe de Tournon dans les affaires d'Espagne (p. 112 et suiv.), et cité son fameux rapport à l'empereur, du 20 décembre 1807 (*Arch. nationales*, AF, IV, 1680, dossier 1807). Aux *Arch.* du château d'Avrilly, se trouvent de lui plusieurs autres rapports *inédits* (en particulier sur l'administration de la justice en Piémont), et environ 50 lettres datées d'Espagne, de Pologne, d'Italie, de Prusse, d'Eylau et Friedland..., dont plusieurs fort intéressantes. Il existe un beau portrait de Philippe de Tournon, au château de Montmelas (Rhône).

2. Les phrases entre parenthèses sont citées par L. Madelin, dans son article du *Correspondant*, 25 juillet 1895, et dans *La Rome de Napoléon*, p. 566.

papiers, mon antichambre encombrée de solliciteurs, ils me plaindraient et me pardonneraient ! Que mon silence ne les empêche pas de m'écrire.

Adieu, ma bonne mère; voilà 4 pages pleines d'autres choses que de vous. Si je m'en croyais, j'en emplirais 100 de ma tendresse; mais le temps me presse; je me contente, pour cette fois, de vous assurer d'un attachement sans bornes et sans fin.

Arch. de Génelard, au Ministre de l'intérieur,
Rome, 22 avril 1810.

J'ai reçu avec une vive reconnaissance la lettre par laquelle V. Exc. daigne m'annoncer que S. M., par décret du 18 février, a porté mon traitement à 50,000 francs. Une marque aussi éclatante de bonté de l'Empereur m'est un nouveau motif de redoubler d'efforts pour me rendre digne de la confiance dont je suis honoré. Placé dans un poste très difficile, ce n'est que par des travaux continuels et un dévouement sans bornes que je pourrai remplir les vues de Sa Majesté, et V. Exc. peut compter sur ce dévouement et sur toute mon activité; mais j'ose d'avance réclamer une indulgence que mes faibles moyens et les difficultés que j'ai à vaincre me rendent bien nécessaire.

Arch. Nationales, F^{1e} 120, à de Gérando,
Rome, 1er mai 1810.

Je me suis rendu hier au palais de Monte Citorio, où la Chambre de commerce s'est assemblée sous ma présidence. M'étant fait apporter les différentes lettres que vous lui avez adressées, j'ai fait de leur contenu la base de ma délibération. Dans cette partie importante de l'administration, comme dans toutes celles que vous m'avez successivement remises, vous avez, dès les premiers instants, répandu les vues les plus lumineuses, les principes les plus féconds; mon rôle sera assez beau, assez utile, si je puis remplir peu à peu le cadre que vous avez tracé, et pénétrer mes nouveaux collaborateurs de cet amour du bien qui vous distingue si éminemment.

La première délibération a été pour fixer les époques et le lieu des réunions. On est convenu sur le premier point que, deux fois par mois, la Chambre se rassemblerait à 7 heures du soir. La salle des séances du Tribunal de commerce sera provisoirement le lieu des réunions. Mais la Chambre désirant posséder en propre un local suffisant et commode, a arrêté qu'il serait proposé à l'administration de l'hôpital du Saint-Esprit de louer la partie gauche du rez-de-chaussée de Monte-Citorio, que jusqu'à présent occupait la Régie des tabacs. Dans ce local, on pourra commodément placer la Bourse, la Chambre de commerce et un Bureau de payement. Une Commission a été nommée pour rédiger un budget des dépenses, et proposer les moyens de les couvrir. Ces opérations préliminaires qui tiennent à l'organisation de la Chambre terminées, j'ai tâché, en me pénétrant de vos principes, de lui développer les vues du gouvernement, et de lui tracer la marche qu'elle doit suivre pour arriver à des résultats également avantageux à l'administration et au commerce.

J'ai pensé qu'avant que de se livrer à des plans d'amélioration, il était indispensable de fixer d'une manière certaine le point de départ, c'est-à-dire l'état du commerce au moment actuel; je lui ai fait remarquer que l'établissement du régime des douanes mettait le commerce dans une sorte de crise, et qu'il était précieux de recueillir, sans perdre de temps, les traces de ce qu'il était sous le système ancien, afin d'en faire la comparaison avec ce qu'il devenait sous le nouveau système; que, par là seulement, on pourrait mettre le gouvernement en mesure d'apporter aux loix des douanes les modifications que pourraient appeler les intérêts bien entendus du commerce.

J'ai pensé que dans une matière dont il faut autant que possible éloigner toute théorie, on ne parviendrait à un résultat satisfaisant qu'autant que l'on connaîtrait pour ainsi dire l'histoire de chaque branche d'industrie, ou de chaque denrée produite, c'est-à-dire lorsqu'on saurait quelle est la quantité de matière produite; quelle partie en est consommée, soit dans l'état naturel, soit après avoir subi les préparations que sa nature exige; quelle partie enfin en est livrée au commerce étranger. Suivant alors cet excédent vers les pays où il était transporté, et vers ceux où maintenant il est forcé d'aller, on pourra comparer les bénéfices faits lorsque les douanes ne mettaient pas une barrière entre Rome, Milan et Naples, et ceux qui se font actuellement où la France a ouvert à cet excédent son vaste, mais unique marché.

La Chambre ayant paru adopter cette marche, il a été convenu que chacun de ses membres se chargerait de rédiger un mémoire sur une branche d'industrie, et s'attacherait moins à développer des vues, utiles sans doute, mais dont le développement est réservé à une seconde époque, qu'à faire connaître par des faits la statistique particulière de cette branche. Ainsi MM. Regni et Valentini se sont chargés de faire l'historique des matières premières ou manufacturées qui font le principal objet du commerce d'exportation, tels que les grains, charbons, soude, alun, laines. M. Nelli a promis un Mémoire sur les fabriques de papier et de fer. MM. Torlonia et Scultheis traiteront les changes et le commerce de l'argent et matières précieuses. Les autres membres ont également choisi les matières que par leurs études et leurs relations ils sont plus en mesure de traiter. Tous les Mémoires seront réunis à la Chambre dont un membre sera désigné pour les coordonner en tableau général susceptible d'être présenté au gouvernement.

J'ai terminé la séance en proposant l'abonnement à la Société d'encouragement, et je me suis chargé de vous prier, comme le fondateur de cette utile institution, de faire admettre la Chambre au nombre des souscripteurs; je vous demande la même grâce pour moi.

Tel est, Monsieur, le résultat d'une première réunion dans laquelle il s'agissait moins de construire que de jalonner la route. Je souhaite que vous reconnaissiez dans la direction que j'ai donnée à la délibération, cet esprit d'ordre, qui tend sans cesse à des résultats, et dont toutes vos instructions sont remplies. J'aurai beaucoup fait, si j'ai répandu vos principes et vos vues bienfaisantes, et fait connaître au commerce de Rome à quel point, et comme membre du gouvernement et comme particulier, vous vous intéressez à sa prospérité.

Arch. d'Avrilly, à sa mère, Rome, 6 mai 1810.

J'ai écrit à mon papa le 20 avril; c'est avec vous que je veux causer aujourd'hui, ma bonne et tendre mère. Je m'enferme pour être certain qu'on ne viendra pas m'arracher au plaisir d'être avec vous; d'ailleurs, c'est aujourd'hui dimanche, et ce n'est pas trop que de prendre deux heures par semaine pour s'occuper de tout ce qu'on aime.

Il me semble que l'affaire d'Hélène [1] s'avance et s'arrange. Puisse-t-elle être heureuse autant qu'elle est aimable. Sans être riche, elle sera du moins à l'aise, et l'âge de son mari lui permet quelque ambition. J'ai écrit à l'Em(pereur) d'après le conseil de M. de Tal(leyrand); je ne crois pas devoir m'adresser à M. M(ontalivet); vous pensez, j'espère, que si je le croyais utile, je ne balancerais pas; mais je connais trop bien le terrain pour m'avancer imprudemment. Attendons maintenant avec patience l'effet des divers ressorts mis en mouvement. Les multiplier est souvent nuire à leur effet [2].

Je suis bien aise que le maréchal Oudinot vous ait écrit une lettre aimable; je le crois tout à fait de mes amis. — Le mariage dont je vous parlais, et qui a excité votre curiosité, est celui de l'Empereur. Quant à moi, je n'y pense pas. Il n'y a qu'une personne à Rome qui me convint pour la fortune; mais il y aurait, je crois, beaucoup d'obstacles. — Au reste, si je trouvais un parti convenable, je ne serais nullement éloigné de courber la tête sous le joug. En attendant, je vis fort doucement. Je n'ai pas trouvé encore de Corinne; mais moins exigeant qu'Oswald, je me borne à cueillir les fleurs éphémères qui se rencontrent sur mon chemin. A 30 ans passés, avec beaucoup d'affaires, toute autre méthode serait impraticable. Cet article-ci, bien entendu, est pour maman seule; mon papa me gronderait. Au reste, le public prétend que j'ai porté à Rome le goût de l'Allemagne, et que les Germaines l'emportent encore chez moi sur les Romaines; en vérité, je ne saurais trop en décider. Voilà assez *plaisanter sur mes prétendus amours*. C'est seulement pour répondre à votre question. Plus je descends dans mon cœur, plus je vois que je n'aime que vous, et qu'il n'y a pas d'amour qui ne soit bien froid à côté de cette légitime tendresse...

Je ne touche pas encore mon augmentation de traitement; mais j'espère en jouir prochainement. Le premier argent que je recevrai sera employé à ce dont je vous ai parlé dans ma dernière lettre. Le temps est encore fort doux; le soir même il est trop frais. Je monte souvent à cheval, et sors aussi habituellement à pied. Ma santé se soutient à merveille. Chaque lundi on danse chez moi, et l'on fait de la musique. On entend ici des voix admirables dont, à Paris, nous n'avons pas même d'idée. Cette belle langue est si digne d'être chantée par (des sirènes)! L'air si doux, si suave qu'on respire ici, doit avoir contribué à donner aux organes de la voix plus de ressort et de douceur à la fois, et c'est avec une incroyable facilité, avec un charme inexprimable que

---

1. L'une de ses sœurs qu'il s'agissait de marier.
2. Il fait allusion à des démarches pour que le gouvernement payât une partie des dettes de son frère Philippe. Il obtint 36 000 francs.

les Romaines exécutent les plus grandes difficultés de la musique. Leur chant d'ailleurs est plein d'expression, et s'embellit encore du charme (d'un voluptueux abandon ¹) qui règne dans toutes leurs manières. J'avoue que je n'avais jusqu'à présent rien entendu de plus séduisant que le chant de plusieurs de nos dames!

Combien Claveson doit être beau, dans ce moment, paré de tous les charmes du printemps! Je vous vois promenant dans vos jolies allées, sous des voûtes de cytises et de lilas. Vous y pensez certainement à moi, à moi qui changerais mon Colisée, mon Saint-Pierre pour un de vos bosquets auprès de vous! Quand viendra ce jour, chère maman! Quand nous reverrons-nous? Mais, quoique éloigné de vous, quoique au milieu de mille distractions, soyez certaine que penser à vous, penser à tout ce qui vous aime, est ma plus douce et plus continuelle occupation.

Adieu, ma bonne maman, je vous embrasse de toute mon âme.

Arch. de Génelard, au Ministre des cultes,
Rome, 14 mai 1810.

J'ai reçu la lettre que V. Exc. m'a fait l'honneur de m'écrire en date du 4 mai. Elle permettra que je commence par la remercier des obligeants témoignages de satisfaction qu'Elle daigne me donner. Toutes les fois qu'Elle pourra le désirer, je m'empresserai de lui communiquer sur ce pays les lumières que ma position me met à portée de recueillir.

M. le gouverneur général ne m'a point encore communiqué le décret impérial du 24 avril qui institue une *Commission* pour l'administration des biens et revenus des établissements français et étrangers fondés à Rome. Vous sentez, Monseigneur, que, sans cette communication, je ne puis prendre connaissance des établissements que le décret concerne, ni par conséquent vous fournir les renseignements de détail que vous souhaitez. Dès que je serai en mesure de le faire, je me hâterai de remplir les modèles que vous m'avez adressés, et je vous adresserai également copie du compte que devront rendre à la Commission, dont je dois être président, les derniers administrateurs.

Vous me trouverez, j'espère, Monseigneur, dans les rapports que ces nouvelles attributions vont me donner avec V. Exc., rempli du zèle le plus pur et du plus parfait dévouement.

Arch. de Génelard, à Janet, Rome, 17 mai 1810.

Plusieurs anciens percepteurs, étant créanciers des contribuables pour des arriérés de contributions des exercices antérieurs même à 1809, et n'ayant jamais pu recouvrer des sommes qu'ils ont été obligés de payer eux-mêmes à

---

1. Mots cités par L. Madelin, p. 558.

la Chambre pour le montant total des rôles qui leur étaient confiés pour la perception des deniers publics, ont recours à moi pour qu'il leur soit permis de recouvrer, par voie de contrainte, ce qu'ils n'ont pu exiger pendant l'exercice de leurs fonctions qui n'excédait jamais une année; car, d'après les lois papales, ces percepteurs devaient être changés annuellement, de manière que les percepteurs qui étaient remplacés n'avaient pu encore recouvrer entièrement les contributions, et n'en étaient pas moins tenus au payement total des rôles, sans qu'on eût égard aux sommes dont ils n'avaient pu effectuer le recouvrement. La cessation de leurs fonctions une fois arrivée, les contribuables refusaient de payer les arriérés, et les conseillers des communes [1] qui, le plus souvent, étaient eux-mêmes débiteurs, leur ôtaient toute la faculté de pouvoir se couvrir de ces sommes; ce qui était cause que plusieurs de ces fonctionnaires, malgré les remises qui leur étaient accordées, y perdaient souvent des sommes assez considérables.

C'est pour cette raison qu'aujourd'hui, on éprouve tant de difficultés pour trouver quelqu'un qui veuille se charger d'un tel emploi. Je vous prie de vouloir bien me faire connaître s'il y a lieu à leur accorder la contrainte, ou s'ils doivent se pourvoir par-devant les tribunaux, les sommes dont ils réclament le payement étant leur propriété, et non celle du gouvernement envers lequel ils se sont libérés.

Arch. de Génelard, au directeur général de la conscription, Rome, 17 mai 1810.

J'ai reçu la lettre que vous m'avez fait l'honneur de m'écrire en date du 3, pour m'inviter à en référer à la Consulte dans tous les cas que la loi n'a pas prévus. Je n'ai pas manqué, depuis le commencement de cette opération, de rendre compte de toutes mes mesures à M. le gouverneur général, président de la Consulte. Dans toutes les affaires douteuses, je prendrai ses ordres, ayant soin de vous donner avis des décisions qu'il aura données. Mais les instructions que vous m'avez transmises embrassent tellement tous les cas, que je ne crois pas avoir besoin de recourir à aucune autre règle de conduite.

Pour habituer les Romains à la conscription, vous penserez peut-être,

---

1. Les communes sous l'ancien gouvernement étaient administrées d'une manière assez diverse. La plupart des villes et villages jouissaient d'un véritable régime municipal. Un *Conseil*, composé de 48 membres dans les villes chefs-lieux, de 36 dans les villes moyennes, de 24 dans les bourgs, de 18 dans les villages au-dessous de 1,000 habitants, membres nommés d'abord par la *Consulta*, renouvelés ensuite par les Conseils eux-mêmes et pris dans toutes les classes, donnait son avis sur toutes les affaires. Ces *conseillers* portaient, suivant les lieux, les noms de *gonfaloniers*, *prieurs*, *présidents*, *conservateurs*, *consuls*, *vicomtes*, *syndics*, *décemvirs*, etc. Pour les finances, en particulier, ils donnaient, chaque année, un état des besoins de la commune, et des ressources qu'ils voulaient y appliquer. Cette pièce, appelée *Tabella di prevenzione*, était envoyée au *Bon Gouvernement* pour être approuvée.

M. le général, qu'il est utile de favoriser les remplacements[1]. Un des obstacles à la faculté accordée pour se faire remplacer est dans la taille, fixée, pour les remplaçants, à 5 pieds 1 pouce. L'espèce d'hommes dans ce département est beaucoup plus petite que dans les autres parties de l'Empire, et, à Rome surtout, la taille ordinaire n'est pas au-dessus de 5 pieds. Je pense que, s'il vous paraissait convenable de fixer à cette mesure la taille des remplaçants, vous donneriez une nouvelle facilité à l'opération.

Arch. de Génelard, à dal Pozzo, 18 mai 1810.

J'ai l'honneur de vous envoyer les états des religieux et prêtres « *à partir* » des arrondissements de Frosinone, Tivoli, et du canton de Civita-

---

1. Comme les « remplacements » ne coûtaient que 400 à 500 francs, presque tous les conscrits de familles aisées y avaient recours, et Tournon les favorisait de son mieux.
2. C'est par le décret du 17 avril 1810 que l'Empereur dissolvait toutes les corporations religieuses, et faisait séquestrer leurs biens. L'opération devait être rapidement conduite. Tournon dit à ce propos dans ses *Mémoires inédits* : « Il n'y avait plus de moines en France, on n'en voulait plus souffrir à Rome. Tel fut le raisonnement des *niveleurs*, la plus funeste race qui soit au monde, et celle qui a le plus contribué à détacher de la France toutes ses conquêtes.

« Voilà donc qu'il m'arrive un décret portant suppression, en un mois de temps, de tous les ordres monastiques. J'en fus atterré, car j'en compris la portée : frapper les moines et les religieuses, c'était atteindre toutes les familles de la bourgeoisie et du peuple; c'était étouffer ce germe d'affection qui se développait en reconnaissance de l'introduction d'un gouvernement laïque, d'une justice impartiale et d'une bonne police. Mais les conseillers de l'empereur, alléchés par la curée de quelques millions, et blessés par la vue d'un froc, n'avaient pas des vues si étendues. S'ils eussent eu la moindre portée politique, ils auraient vu que Rome était une *ville exceptionnelle* dont l'affection ou la haine aurait un long retentissement et qu'il fallait gagner à tout prix, parce qu'avec l'attachement des Romains, on avait celui de toute l'Italie centrale... Ce décret répandit la terreur dans les couvents et dans les familles, parce que les religieux ne désiraient nullement la liberté, et que leurs parents ne se souciaient pas de les avoir à leur charge. A l'impolitique dans la mesure se joignit la brusquerie dans l'exécution, comme s'il y avait un complot caché dans les couvents et qu'il fallait étouffer à toute hâte... Ce fut avec désespoir que le plus grand nombre (de religieux) quitta la vie cénobitique; on vit à cet occasion combien sont exagérés les récits des rigueurs exercées pour retenir les moines dans le cloître. Aucun vestige de cachots, d'instruments de torture ne fut découvert dans les 400 couvents évacués, et il fallut faire honneur de leur invention à l'imagination des romanciers qui en ont si souvent effrayé leurs lecteurs. Les religieuses surtout donnèrent un touchant spectacle par leur douleur profonde et leur douce résignation. Je ne pouvais rien pour elles, sinon adoucir le coup. J'y donnai tous mes soins, et j'obtins même que les quatre plus grands couvents de Rome seraient conservés pour recevoir les femmes, et

Vecchia. J'ai reçu de M. Janet, 93 mandats pour l'arrondissement de Frosinone; je retiens par devers moi ceux destinés aux trappistes de Casamari. Les 21 mandats formant le complément de l'état n'ont pu être établis, à cause de l'inexactitude des renseignements donnés par le sous-préfet. Je lui transmets ces mandats en l'invitant à accélérer le départ des religieux; je n'ai point encore reçu ceux pour Tivoli et Civita-Vecchia. Le temps nécessaire pour obtenir des sous-préfets les états demandés ne m'a permis, jusqu'à présent, de m'occuper que des religieux qui, évidemment, ne peuvent être compris dans aucune des exemptions énoncées dans l'arrêté de la Consulte et dans vos lettres. Ce travail terminé, vous recevrez celui sur les demandes individuelles en exception. J'ai l'honneur de vous soumettre, en attendant, celles faites pour des corporations entières : 1° les trappistes de Casamari et de Fossa-Nuova, pour lesquels je me réfère à ma lettre du 4 courant. 2° Cinq communes de l'arrondissement de Rieti demandent la conservation d'un couvent situé au milieu du bois de Fonte Colombo; les cordeliers qui l'habitent exercent la charité la plus hospitalière envers les paysans qui traversent la forêt; leur habitation est dans un très grand isolement, en sorte que leur suppression pourrait devenir une perte réelle pour les communes limitrophes. 3° La commune de Magliano, arrondissement de Rieti, demande la conservation d'un couvent de mineurs observantins situé à un mille et demi de la ville. Cette demande est fondée sur la vie exemplaire des religieux, leur pauvreté, leur zèle dans l'administration des secours spirituels, particulièrement à la classe des paysans à qui ils ne cessent de prêcher la tranquillité et l'attachement au gouvernement actuel. 4° Orte, arrondissement de Viterbe, demande la conservation d'un couvent de capucins; sa demande est fondée sur son utilité aux habitants, la jeunesse de la ville se réunissant dans la bibliothèque du couvent, et y étudiant sous la direction des religieux. En outre, leur église jouit d'une vénération particulière dans les campagnes environnantes.

Veuillez, M. le baron, me transmettre votre opinion sur ces différentes demandes.

Arch. de Génelard, à Anglès, Rome, 19 mai 1810.

Un des objets qui doit exciter le plus votre sollicitude est le régime des forçats de ce département. Le nombre prodigieux de ces misérables, le peu de surveillance qu'on a sur eux, l'état affreux dans lequel ils vivent, me paraissent devoir vous être représentés, afin que vous preniez telles mesures qui vous paraîtront convenables.

Les forçats sont divisés en divers lieux, soit parce que les locaux existants, à Civita-Vecchia, point central de détention, n'étaient pas suffisants, soit parce qu'on a pensé qu'en les répartissant, on pourrait les rendre plus utiles.

---

deux pour les hommes infirmes. Il y eut presse pour demander à être préservé de la liberté. Le général Miollis, quoique philosophe et déiste, s'y prêta de bonne grâce, et de Gérando me seconda.

Dans le moment actuel, ils sont répartis en 5 lieux : *Civita-Vecchia, Rome, Porto-d'Anzo, Terracine* et *Corneto*. Dans la première de ces villes, les forçats sont détenus sur des galères placées dans la Darse, séjour malsain et incommode. A Porto-d'Anzo, ils occupent une prison peu sûre et peu commode. A Terracine, la prison des forçats est placée dans un immense bâtiment qui sert de caserne aux troupes de passage ou de garnison; mais ils y sont peu en sûreté. A Corneto, ils sont détenus dans une maison peu sûre et mal distribuée. Dans les deux premières villes, les forçats sont employés aux travaux du port. A Terracine, on leur fait faire divers ouvrages relatifs au dessèchement des Marais Pontins. A Corneto, on les emploie uniquement à la fabrication du sel, et ils sont, à cet effet, confiés au fermier des salines qui leur paye journellement un prix convenu.

Tous ces forçats, placés sur le littoral, étant sous la direction du ministère de la marine, je ne puis donner aucun renseignement positif sur leur nombre ni sur le régime des lieux dans lesquels ils sont détenus. A Rome, deux maisons renferment ceux des forçats que le manque de locaux empêche de garder dans les ports ci-dessus désignés. Ceux-là ont été, jusqu'à ce jour, placés sous ma surveillance spéciale, et je suis chargé de régler la comptabilité relative à leur entretien, comme celle des autres détenus. Leur nombre s'élève à 229, dont 57 au château Saint-Ange, et 172 dans la prison du *Colosseo*. Leur dépense est payée sur les fonds du Ministère de l'intérieur, et s'est élevée pendant le 1er trimestre de cette année à 6,244,88 sans y comprendre les frais de garde et de geôle. Ces condamnés sont tous employés à des travaux publics, tels que : terrassements, réparations des routes; quelquefois même on en confie un certain nombre pour exécuter des travaux particuliers. Ils reçoivent chaque jour de travail, outre la ration, 0,27 centimes. Les deux maisons dans lesquelles les forçats sont détenus à Rome sont suffisamment sûres, et les évasions, soit de ces maisons, soit des lieux des travaux sont très rares.

Il n'en est pas de même à Terracine et à Porto-d'Anzo, et c'est sur cet objet que je crois devoir appeler toute votre attention. Outre que les lieux de détention sont peu sûrs, lorsque les forçats sont conduits aux travaux, ils sont si mal accompagnés qu'il leur suffit d'un peu de résolution pour s'évader. A la vérité, ils sont enchaînés, quelquefois deux à deux, d'autres fois seuls; mais, malgré leur chaîne, ils peuvent courir assez rapidement pour se mettre bientôt à l'abri des poursuites. Dans la semaine dernière, quatre de ces misérables travaillant dans les Marais Pontins et enchaînés deux à deux, parvinrent à s'échapper. Il n'y a presque pas de mois où de tels événements n'arrivent.

Le pays étant extrêmement couvert, ils peuvent se cacher facilement, et ils sont bientôt délivrés de leurs fers, par eux-mêmes ou par ceux qui facilitent leur évasion, et ils vont grossir les bandes de brigands qui infectent le département. La garde des forçats est confiée à une compagnie de soldats romains, la plupart invalides, n'ayant ni la force ni même la volonté de s'opposer aux évasions.

Il ne m'appartient pas, Monsieur, de vous rien proposer de relatif à une partie du service public qui n'est pas placé dans mes attributions; mais j'ai cru de mon devoir de vous indiquer les vices de l'état de choses actuel, afin que, prenant des informations plus exactes, vous puissiez adopter telles mesures qui vous paraîtront convenables. La sûreté publique étant vivement intéressée à ce que les hommes séparés de la société n'y rentrent qu'après avoir subi leur peine dans toute son étendue, je ne doute pas que vous ne preniez mes observations en considération.

Arch. d'Avrilly, à son père, Rome, 20 mai 1810.

Mon cher papa... Je suis honteux de tous mes torts envers ma tante, Alix, Hélène, Hortense, Pauline, Mme de l'Estrange ! J'ai devant moi des lettres charmantes de toutes ces chères personnes ; je meurs d'envie de leur répondre à chacune ; mais de l'autre côté de mon bureau, un tas de plus de 100 lettres d'affaires me réclame encore plus fortement. Le devoir combattant le plaisir doit l'emporter, et toutes mes aimables correspondantes ne s'offenseront pas de ce qu'un *Préfet romain* sache étouffer un sentiment, quand son expression empêcherait de remplir un devoir. Que cette lettre leur devienne donc commune à toutes. Les expressions de ma tendresse pour elles ne seront pas moins vives pour être offertes en masse ; chacune en prendra sa part, et quelque forte qu'elle la fasse, elle restera au-dessous de ce que je lui en donne réellement. Je demande en grâce que mon silence ne soit pas puni par le leur...

Nous commençons à éprouver des chaleurs, fort modérées cependant ; les nuits sont même trop fraîches, et il faut beaucoup de prudence pour ne pas s'exposer à l'air du soir. Mon appartement est actuellement tout à fait meublé, et se compose de deux antichambres, trois salons dont une galerie fort belle, une salle à manger à l'extrémité. Mon cabinet de travail vient ensuite avec un salon et deux antichambres. Les bureaux sont attenants et ont un escalier particulier. Aussi, ma maison de réception est séparée de celle du travail, et je deviens, suivant que je me tourne à droite ou à gauche, homme d'affaires ou du monde. Vous pensez bien que l'ameublement d'une aussi vaste maison m'a beaucoup coûté. Cependant, j'ai tout fait avec mes propres ressources, et je suis à mon courant.

Les travaux dont vous vous occupez à *La Carrée*[1], quoique moins grands que ceux que je fais faire au Dôme de Saint-Pierre et au Temple de Vesta, ne m'en intéressent pas moins, et je suis fort aise que les vers à soie de la Carrée seront aussi bien logés que ceux du Château. Les grandes choses ne me font pas perdre le goût des petites.

Je suis, comme vous pensez, excessivement occupé. J'ai à la fois la conscription, la réduction des couvents et vingt autres opérations également importantes. Mais avec de l'ordre et l'habitude du travail, je me tiens à peu près au pair. A la vérité, je vais peu dans le monde, et ne vois presque la société qu'à dîner chez moi, ou à mes cercles. Mais je trouve presque chaque jour un moment pour monter à cheval.

Je suis impatient de savoir des nouvelles de la négociation pour Hélène.

---

1. L'une des fermes de Claveson.

Le siège de Troie n'a pas duré davantage, et à coup sûr celle qui le causait n'était pas plus aimable que notre Hélène... Adieu, mon cher papa. Je vous embrasse ainsi que maman et tous les chers habitants de Claveson avec la plus vive tendresse.

Arch. de Génelard, à Portalis, Rome, 27 mai 1810.

Par votre lettre du 11 mai, vous me faites l'honneur de me demander des renseignements sur les divers journaux étrangers qui circulent dans les États Romains, le nombre des abonnés et l'influence qu'ils peuvent avoir sur l'esprit public.

Un très petit nombre de personnes sont abonnées, même au journal qui s'imprime à Rome [1]; un moindre nombre encore reçoit les gazettes de Florence, Gênes et Paris. Il n'existe peut-être pas de pays où le goût de la lecture soit moins répandu. Les seuls journaux étrangers qui arrivent ici sous bande sont ceux de Naples et de Milan. L'un et l'autre sont rédigés sous les yeux du gouvernement de ces pays, et ne contiennent que les actes de l'administration, ou les nouvelles tirées des journaux français. Je fais dans ce moment dresser la liste de ces abonnés, et j'aurai l'honneur de vous la transmettre.

Il arrive aussi dans cette ville quelques journaux allemands; mais comme ils parviennent sous enveloppe, j'ignore leur titre, et ce n'est que par présomption, pour en parler. Je sais cependant d'une manière certaine que la *Gazette d'Augsbourg* est reçue et circule. Je chercherai à connaître les autres journaux qui arrivent sous enveloppe, et je vous rendrai compte de leur titre et de l'esprit qui en anime les rédacteurs.

Arch. de Génelard, au général Dumas, Rome, 29 mai 1810.

La vérification des listes et le tirage des conscrits a commencé hier dans la ville de Rome et se poursuit aujourd'hui. J'ai jugé convenable d'assister à cette première opération pour guider le conseiller de préfecture chargé de la levée du 1er arrondissement, et pour m'assurer que tout se passerait avec ordre et régularité.

Cette opération, nouvelle pour les Romains, avait attiré une foule prodigieuse; grâce aux dispositions prises, aucun désordre n'a eu lieu. Les conscrits qui se sont présentés ont pris leurs numéros sans aucune difficulté; mais, m'étant aperçu que beaucoup d'individus portés sur la liste du canton ne s'étaient pas rendus à l'appel, quoiqu'ils en fussent sommés par affiches, j'ai pris en séance un arrêté par lequel j'ordonne l'envoi de garnisaires chez les parents de tous ceux qui ne se présenteront pas dans les 24 heures.

Ce moyen m'a réussi, et aujourd'hui le nombre de ceux qui ne se présentent pas est beaucoup moindre que le premier jour. Vous sentirez comme moi,

---

1. *Le Journal du Capitole.*

j'espère, M. le comte, la nécessité de montrer beaucoup de fermeté, et même de la rigueur dans les premiers moments. En mollissant, je rendrais l'opération plus difficile, et je serais obligé de redoubler ensuite de rigueur.

Le premier jour, dans quelques quartiers populeux de Rome tels que *Trastevere, Borgo, Monti*, les jeunes gens avaient formé comme une espèce de ligue pour ne pas se présenter; mais j'espère que la mesure de rigueur prise le premier jour, et les précautions que j'ai indiquées à la police, remédieront à tout. Il n'est point étonnant que dans une ville de 137,000 habitants, une opération tout à fait nouvelle éprouve quelques difficultés, mais l'esprit sage de la majorité secondé par l'énergie de l'administration en triompheront.

La vérification des listes commence le 4 juin dans tout le département. Plusieurs arrondissements ayant 12 et 15 cantons, il faudra au moins jusqu'au 20 pour la terminer, car l'étendue de ce département qui a 56 lieues de long sur 36 de large, rend plus difficiles toutes les opérations de l'administration. Les sous-préfets mettent beaucoup de zèle à seconder mes vues; j'ai eu soin de leur donner des instructions très détaillées, mais que je ne leur envoie qu'à mesure du besoin qu'ils en ont, craignant de diminuer leur attention en la portant sur un trop grand nombre d'objets à la fois. Les listes cantonales qu'ils ont rédigées sont faites avec soin et exactitude.

Je ne crains de difficultés réelles que dans les arrondissements de Frosinone et Velletri, où il existe des bandes de brigands auxquelles les réfractaires ne manqueront pas de se joindre. Les brigands sont en correspondance avec ceux des Abruzzes, et le peu de surveillance qui existe sur les frontières du royaume de Naples rend cette correspondance très facile. J'écris à M. le gouverneur général pour l'engager à envoyer quelques troupes dans cette partie du département.

Je continuerai à vous rendre compte de toutes les mesures que je prendrai.

Arch. de Génelard, à Janet, Rome, 5 juin 1810.

En exécution de l'arrêté de la Consulte en date du 28 mai et en conformité de vos instructions, j'ai désigné des commissaires pour commencer aujourd'hui l'inventaire des couvents. Malgré tous mes soins, je n'ai pu me procurer un nombre suffisant de personnes qui, par leur moralité, pussent m'inspirer assez de confiance. Le nombre de ceux que j'ai choisis et qui commenceront aujourd'hui à opérer est de 40; parmi ceux-ci, sont les neuf juges de paix et les notaires qui ont déjà fait l'inventaire des couvents réduits à moins de 6 religieux. Plein de confiance en ces 15 commissaires, je les ai chargés des maisons religieuses les plus importantes.

M. le directeur des domaines pense, et je partage son opinion, que nous ne pouvons faire un travail vraiment utile qu'en réduisant le plus possible le nombre des commissaires; l'opération sera un peu plus longue, mais du moins elle sera complète. Je désirerais savoir si vous approuvez cette réduction. Dans le département, l'inventaire ne pourra pas commencer partout le 5, le décret et les instructions n'ayant pu arriver encore sur tous les points; mais j'espère que, le 6 ou le 7, l'opération sera partout en activité.

J'ai dû donner aux sous-préfets le droit de nommer eux-mêmes les commissaires, parce que, à la distance où je suis, il m'aurait été impossible de le faire à temps, et de pourvoir à des remplacements que le refus d'accepter obligera de faire. Je ne cesse de recommander aux sous-préfets de donner tous leurs soins à cette importante opération ; mais je dois d'avance vous prévenir, pour la justification des négligences qui pourraient avoir lieu, qu'ils sont, dans ce moment, occupés de la levée de la conscription dont le tirage fini à Rome, a commencé hier dans tout le département.

Arch. d'Avrilly, à sa mère, Rome, 7 juin 1810.

J'ai reçu hier, ma chère maman, votre lettre du 19 mai. Quoique venue par la poste ordinaire, elle n'a pas mis 14 jours. A la distance où nous sommes, nous devons être obligés de ce que les courriers se hâtent autant de nous apporter des nouvelles les uns des autres... Ma santé est toujours fort bonne, les chaleurs n'ont point encore commencé ; les soirées sont, au contraire, très fraîches, et on ne peut sortir sans avoir une redingote. Ma maison est d'ailleurs sur un point fort élevé, et on y jouit constamment d'un vent agréable. — Les fleurs que *vous croyez que je cueille*, n'influent ni sur ma santé, ni sur mon humeur ; ne craignez pas que j'y trouve des épines ; j'aurai soin, si le cas échoit, de choisir le jardin de manière à être hors de toute crainte. Les stylets ne doivent vous faire aucune peur ; ce sont des contes des mille et une nuits ; et depuis longtemps il n'en est nullement question dans ce pays. Il n'en existe point, au contraire, où la passion qui est supposée mettre le stylet à la main soit plus inconnue. Cependant, en aucun pays que je connaisse, cette passion n'aurait plus qu'ici lieu de s'allumer. Les ménages de cette heureuse ville sont véritablement une chose curieuse. La femme a un amant en titre bien connu de chacun, et (à l'arrivée de qui l'époux, les enfants, les domestiques se retirent) ; un second amant vient ensuite lequel (est chargé de donner le bras, porter les gants et le parasol), etc. ; il est devant le véritable amant ce qu'est une étoile de la 3e grandeur devant le soleil, et toute sa récompense consiste à voir de plus près qu'un autre le bonheur de son rival. Quant au mari, il (fait chez les autres ce qu'on fait chez lui), et il est suivant son âge, ou sa figure, cavalier servant ou amant. De jalousie, de vie de ménage, il n'en est nullement question (chacun suit plus ou moins gaîment le sentier qu'il s'est tracé) [1], et le seul point de rapport est la table [2]...

---

1. Les phrases entre parenthèses sont citées par L. Madelin, *La Rome de Napoléon*, p. 108.
2. Les *Souvenirs inédits* du conseiller de préfecture Leterme viennent corroborer, et même accentuer, de singulière façon, ces aveux de Tournon sur les mœurs romaines d'alors, spécialement en ce qui concerne la noblesse. En voici quelques extraits : « L'amour, la toilette et le jeu remplissent toute la vie des dames romaines de la 1re et de la 2e classe, à quelques exceptions près ; et les deux dernières occupations ont dû avoir d'autant plus d'influence sur la première que les plus grandes princesses n'ont, pour faire face à leurs dé-

ANNÉE 1810.   45

Je vous remercie du vin que vous m'avez envoyé ; dès que je l'aurai reçu, je vous manderai si j'en veux davantage. Adieu, ma bonne et tendre mère ; je suis tellement occupé qu'il faut que je me prive du plus grand plaisir que je puisse avoir, celui de vous répéter combien tendrement je vous aime. Mille caresses à tout ce qui vous entoure.

———

penses qu'une somme annuelle de 3 à 4.000 francs, connue sous le nom de *spillale* (épingles). Il est donc rare qu'un sentiment désintéressé les attache à un amant, et si l'intérêt ne dicte pas leur choix, leur attachement momentané n'est que le fruit d'un caprice ou d'un tempérament qui les maîtrise... Les traits les plus extravagants de la fièvre amoureuse trouvent une indulgence étonnante. Une femme avoue publiquement devant son mari, devant sa famille, l'amant dont elle a fait choix ; elle reçoit même d'eux des conseils sur cet objet... Il suit aussi de cette facilité que la jalousie italienne, si vantée, existe si peu à Rome, qu'on ne peut citer comme jaloux que le duc d'Eroli, Napolitain, et que la fidélité n'est généralement pas fort prisée des dames romaines. Mais au moins, une de leurs qualités incontestables est leur franchise à cet égard, et leur éloignement de toute coquetterie. Le mot qui l'exprime n'existe pas dans la langue... Un Romain seul ne sera pas surpris de trouver une madone dans la chambre des filles publiques. Une lumière est allumée devant elle. La nouvelle Madeleine est-elle obligée de se livrer à son métier, un rideau est tiré devant la madone ; et l'amant parti, la reine de pureté dévoilée peut contempler de nouveau ce théâtre... » Letermo raconte ensuite ses faciles conquêtes dans la noblesse, et ses « bonnes fortunes » avec la princesse B. (qu'il nomme) la duchesse C., la princesse P., chez laquelle il trouva *Daru* comme rival... — « La troisième classe, ajoute-t-il, celle des avoués, des intendants, des bourgeois aisés, est sans contredit la plus estimable, la mieux élevée, celle où il règne le plus de bonté, d'instruction, de mœurs et de retenue... Cette classe, placée entre l'indigence qui se plie à tout pour s'abriter, et la richesse qui fixe l'attention des gouvernements, a conservé plus d'indépendance, des sentiments plus nobles, un caractère plus ferme et des idées plus libérales. Les derniers, accoutumés à baisser successivement la tête sous les institutions de 9 révolutions en 18 ans, se prêtent sans efforts aux changements dont ils sont l'objet ; tranquilles et généralement bons, (ils) se contentent de se moquer avec esprit de leurs différents maîtres... Le jeu offrant aux femmes une ressource moins encore contre l'ennui que pour faire face aux dépenses de leurs toilettes, il n'est pas étonnant qu'elles s'y livrent avec une fureur extraordinaire. Aussi, quand vous entrez dans une des 4 ou 5 grandes maisons où se tiennent ordinairement ces assemblées, ne comptez pas jouir longtemps du plaisir d'entretenir une vingtaine de femmes, plus ou moins jolies, qui forment un cercle dont aucun homme de la société n'a l'habitude ni l'envie de s'approcher. Neuf heures sont sonnées : à l'instant toute la société s'est rangée autour d'un silencieux *pharaon* qui durera jusqu'à minuit, une heure (ou) se prolonge comme chez la princesse G. (qu'il nomme) jusqu'à 3 et 4 heures du matin. Je quittai sans peine une société qui n'a d'attrait que pour un joueur. Mon cœur avait été révolté de l'amour audacieux et intéressé des premières classes, et de la facilité avec laquelle l'indigence et le dérèglement livraient les dernières au trafic le plus honteux, et à l'oubli des sentiments les plus sacrés. »

Arch. de Génelard, au Ministre de l'intérieur,
Rome, 7 juin 1810.

Je viens de recevoir la circulaire de V. Exc. par laquelle elle me transmet un décret impérial du 4 mai, ordonnant la réunion des Conseils d'arrondissement pour le 15 juin, et des Conseils généraux pour le 1er juillet.

Les membres des Conseils généraux et d'arrondissement de ce département ont été nommés par l'arrêté de la Consulte en date du 9 mai, et j'ai l'honneur de joindre ici leurs noms. Le système général d'administration suivi dans le reste de l'Empire n'ayant point encore été introduit dans ce département, les fonctions des Conseils d'arrondissement se trouvent extrêmement restreintes. En effet, la Constitution leur attribue : 1º le droit de faire la répartition des contributions directes entre les communes ; 2º de donner leur avis motivé sur les demandes en dégrèvement formées par les communes ; 3º d'entendre le compte annuel que le sous-préfet rend de l'emploi des centimes additionnels destinés aux dépenses de l'arrondissement ; 4º enfin, il exprime son opinion sur l'état et les besoins de l'arrondissement.

Dans l'état actuel des choses, les trois premières fonctions attribuées aux Conseils d'arrondissement ne peuvent être remplies dans ce département. En effet, le système d'impôt direct n'étant pas le même que dans le reste de l'Empire, et la répartition de la contribution foncière ayant été faite pour chaque commune par la Consulte d'après la répartition ancienne, il n'y a pas lieu, pour cette année, à aucune répartition à faire entre les communes.

Il n'y a également pas lieu à des demandes en dégrèvement, puisque la répartition n'a point été faite d'après aucune proportion connue, mais en raison de la valeur capitale des biens-fonds de chaque propriétaire, valeur fixée sous l'ancien gouvernement, et qui, pour cette année, n'a éprouvé aucun changement. Les sous-préfets n'auront, cette année, aucun compte à rendre de l'emploi des centimes additionnels, puisque, outre que les dépenses ne sont pas faites sur un fonds particulier, les sous-préfets n'ont eu aucune espèce de comptabilité, la Consulte ordonnant elle-même toutes les espèces de dépenses fixes et variables d'arrondissement.

Les fonctions des Conseils d'arrondissement et celles même du Conseil général se réduiront donc à exprimer leur opinion sur l'état et les besoins du département, et c'est dans ce sens que j'ai rédigé les instructions aux sous-préfets, et convoqué les membres des Conseils. Il me semble, en conséquence, que la 2e section ordonnée par l'arrêté du 19 floréal an 8, et qui a pour but la répartition de l'impôt entre les communes, après que le Conseil général a fait la répartition entre les arrondissements, devient sans objet.

J'ai l'honneur de prier V. Exc. d'examiner la position particulière dans laquelle se trouve le département cette année et de me donner ses ordres.

Arch. de Génelard, à Janet, Rome, 7 juin 1810.

J'ai l'honneur de vous adresser la note des couvents de femmes situés à Rome, avec quelques observations sur le degré d'intérêt qu'il peut y avoir à les conserver sous une autre forme, ou du moins à permettre aux personnes qui les habitent d'y continuer leur séjour, en déposant l'habit et en abolissant la clôture.

Je vous prierai de me donner vos instructions le plus tôt possible sur la conduite à suivre :

1° Envers les religieuses, soit de Rome, soit du département, que leur âge ou leurs infirmités empêchent de quitter leurs habitations actuelles; 2° envers les religieuses qui, déposant l'habit, demanderont à vivre réunies dans leur monastère, en en payant le loyer au domaine; 3° envers les religieuses qui, comme les Ursulines, tiennent soit des pensionnaires, soit des élèves externes. Pourront-elles, en déposant l'habit, continuer à habiter le monastère et à s'y occuper de l'instruction publique?

Le monastère de Casamari, de l'ordre des trappistes, me paraît plus digne d'être conservé que celui de Fossanuova, près Piperno, que vous m'indiquez dans votre lettre du 3. Je vous prie de me faire connaître si les religieux trappistes, nés hors des États Romains, peuvent continuer de résider dans le couvent conservé, ou s'ils doivent en partir par suite des passeports déjà expédiés? Les pères de Fossanuova pourront-ils se réunir à Casamari?

Arch. de Génelard, au Ministre de l'intérieur,
Rome, 12 juin 1810.

J'ai l'honneur d'adresser à V. Exc. le tableau des établissements fondés à Rome pour l'instruction des sujets de la Couronne d'Angleterre que vous avez demandé par votre lettre du 19 mai, bureaux de secours et hôpitaux.

Le collège de la mission anglaise, le plus considérable des trois établissements britanniques, a été fondé dans les premiers temps de l'Église pour donner des secours aux pèlerins qui affluaient à Rome. La séparation de l'église anglicane de l'église romaine ayant rendu cette fondation sans objet, le pape Grégoire XIII, par une bulle de 1579, ordonna que les fonds appartenant à cet hôpital, appelé de Saint-Edmond, fussent employés à la fondation d'un séminaire pour les jeunes Anglais catholiques. Il y ajouta une somme de 3.000 écus à payer annuellement par la Daterie. Les fonds de la dernière fondation sont d'une origine incertaine, et il est probable qu'ils sont les produits des libéralités des sujets anglais. Les collèges Écossais et Irlandais ont une origine moins ancienne; il paraît que leurs biens proviennent aussi des libéralités des fidèles.

Je ne puis, Monseigneur, donner à V. Exc. de plus grands détails, les cardinaux protecteurs de ces établissements étant absents, et n'ayant pu obtenir rien de parfaitement positif. Au reste, ces trois établissements sont compris parmi ceux désignés dans le décret impérial du 24 avril. Le Ministre des cultes m'a demandé de lui présenter une liste des candidats pour former la Commission ordonnée par le décret. Je lui ai également envoyé, sur sa demande, un état du passif et de l'actif de tous ces établissements.

Arch. de Génelard, au directeur des Domaines,
Rome, 12 juin 1810.

J'ai reçu de graves plaintes sur la manière dont s'est comporté, au couvent des religieuses de Sainte-Marguerite, à Narni, le receveur de votre administration dans cette commune. Cet employé s'est introduit à une heure indue, et pour ainsi dire de vive force, dans l'intérieur du monastère; l'apparition d'un homme, accompagné des circonstances précitées, n'a pu que troubler et épouvanter les pensionnaires et les religieuses. Le sieur Donnat s'est, en outre, opposé à ce que ces dernières aient la libre disposition de leurs effets particuliers. Cette conduite est aussi indécente et scandaleuse qu'éloignée des principes de modération et de douceur qui doivent diriger les employés chargés des mesures relatives à la suppression des couvents; elle ne peut que nuire dans l'esprit public aux agents du gouvernement. Je vous prie, Monsieur, de vouloir prévenir le sieur Donnat d'employer, à l'avenir, des formes plus douces dans l'exécution des opérations qui lui sont confiées. Je vous prie également de prendre les mesures nécessaires envers vos subordonnés pour que de semblables abus ne se représentent plus.

Arch. d'Avrilly, à sa mère, 17 juin 1810.

Je commençais à me plaindre de votre silence, ma bonne mère, lorsque j'ai reçu votre lettre du 4. Je me hâte d'y répondre, car je sens qu'il y a bien longtemps que je n'ai causé avec vous...

Nous attendons le nouveau gouverneur général[1] de Rome. C'est comme vous savez (un homme de beaucoup d'esprit et de caractère; dès lors, il est facile de traiter avec lui...)[2].

La chaleur est encore fort modérée, et nous avons des pluies fréquentes. Ma santé se soutient fort bien. Je me couche à 11 heures, et me lève à 6, dormant 7 heures sans me réveiller. Je dîne à 5. Le soir, je me promène à pied, à cheval ou en calèche. Nous avons un spectacle assez bon, mais je n'y vais jamais parce qu'il commence à 10 heures 1/2. Une petite causerie le soir avec une ou deux personnes; le lundi, cercle avec bal chez moi; le vendredi, cercle

---

1. Fouché qui, de fait, ne vint pas. — Cf. sur ce curieux incident L. Madelin, *La Rome de Napoléon*, p. 359 et suiv.
2. Mots cités par L. Madelin, p. 362.

chez le gouverneur, voilà tous mes plaisirs. Le reste du temps est donné à l'*écritorerie*.

Dimanche dernier, je passai la journée à Rivoli, chez la duchesse Braschi, nièce de Pie VI. On ne peut se faire une idée de la beauté de ce lieu. Il est à mi-côte, à l'extrémité d'une gorge qu'a creusée l'*Aniene*, rivière comme la Drôme, au moins. Arrivée très paisiblement au milieu de la ville, la rivière se précipite par une belle nappe dans un abîme extrêmement profond. Elle s'y perd en bouillonnant sous une voûte de rochers, au-dessus desquels s'élève le temple circulaire et entouré de colonnes de la déesse Vesta, et un pont très pittoresque. On parvient par une jolie rampe au bas de cette voûte de rochers, et l'on en voit sortir en écume la moitié du fleuve, tandis que l'autre tombe en nuage d'un rocher à pic de plus de 150 pieds de hauteur. Au-dessus de ces roches couvertes de mousses et d'arbrisseaux, sont les ruines des maisons de campagne de plusieurs illustres Romains. Le soleil frappant sur ces globules d'eau qui sont transformés en poussière, y dessine d'admirables arcs-en-ciel; à 200 pas de la cascade, on est mouillé de cette subtile vapeur. Cette eau qui tombe en écume plus blanche que la neige, d'une hauteur prodigieuse, cette grotte de Neptune de laquelle la moitié du fleuve sort par mille ressauts, et avec un bruit épouvantable, ces ruines, ces fleurs, cet élégant temple de Vesta, sont un tableau qu'aucun pinceau, qu'aucune plume ne peut rendre.

En suivant à travers les rochers le cours du fleuve, on le voit se perdre une seconde fois, et cette seconde caverne s'appelle la *grotte des Sirènes*. Il en sort par de nouvelles cascades, et va bientôt rouler dans la plaine de Rome; mais une partie de ses eaux, dérivée pour l'usage des manufactures de Tivoli, tombe en vingt cascades différentes sur un plan incliné, et tapissé de mousses et de fleurs. Ces *cascatelles* sont moins pittoresques que la cascade, mais elles sont admirables par l'abondance des eaux, la beauté du site, la fraîcheur de la végétation. Au-dessus du fleuve et sur la rive gauche d'où tombent ces belles masses d'eau, la ville de Tivoli s'élève en amphithéâtre. La magie des noms ajoute à la beauté des lieux. Là c'est la villa d'*Este*, bâtie par le cardinal Hippolyte, à qui l'Arioste dédia l'Orlando; plus loin la maison de campagne de Mécène parfaitement conservée. Vis-à-vis, au milieu d'un bois d'oliviers gros comme des chênes, on trouve les ruines des maisons de campagne d'Horace, de Varron, de Tibulle, de Zénobie; on s'asseoit sur les débris des colonnes qui soutenaient leur toit ! Dans le lointain, on voit la place où Cassius avait sa maison, lieu où la conjuration contre César fut ourdie; au pied de la montagne, la villa d'Adrien occupe un espace immense, et on y voit encore son palais, ses bains, ses temples, ses casernes, conservant encore leurs peintures, leurs dorures fraîches comme si elles étaient faites depuis vingt ans. Au-dessus de toutes ces voûtes, de ces murs à moitié écroulés, les chênes verts, les cyprès, les pins croissent et mêlent un vert sombre au ton rougeâtre des briques. Le Pénée coule encore dans une des vallées du jardin, et le temple de Canope, le Pécile, le Gymnase, l'Hippodrome conservent encore leur nom. Enfin, au fond de ce tableau est la plaine de Rome, la ville aux sept montagnes avec ses dômes, les coteaux de Frascati et d'Albano, et la mer !

Pardon de ma longue description, mais vous verrez du moins que quoique émoussé par d'ennuyeux travaux, mon esprit est encore capable de sentir.

Adieu, ma tendre mère, le temps et le papier me manquent également. Mon

4

portrait est terminé : on le trouve ressemblant à l'excès. Adieu, j'embrasse tout Claveson, et vous par-dessus tout.

Arch. de Génelard, à Miollis, Rome, 19 juin 1810.

Les rapports qui me parviennent de Viterbe sont d'une nature alarmante. Déjà, à la vérité, 250 chanoines ont prêté le serment, mais plus de 200 l'ont refusé [1]. Le peuple a pris parti pour les derniers, il les accompagne à leur

---

1. Voici comment Tournon juge dans ses *Mémoires inédits* la demande du serment au clergé : « A peine cette funeste et pénible opération fut-elle terminée (fermeture des couvents), que le même esprit qui soufflait alors sur l'Empereur lui inspira la pensée de demander le serment au clergé romain... Il y avait quelques biens ecclésiastiques qu'on voulait s'approprier, et ce fut, au fond, par spéculation que ce serment fut demandé. M. Janet y poussait surtout, et je lui ai entendu exprimer la crainte qu'un trop grand nombre de prêtres le prêtât. Les mesures de cette nature ne furent jamais approuvées par le Ministre des cultes; mais elles venaient du duc de Gaëte, Ministre des finances, qui, comme M. Janet, ne voyait que de l'argent au fond de cette question. » — On connaît le stratagème employé par Tournon pour garder 8 sur 10 de ses évêques; comment il leur envoya, par l'entremise de personnes sûres, la terrible formule, avec faculté d'inscrire leurs réserves après la signature, comment il coupa d'un grand coup de ciseau, les phrases restrictives; et comment après la dénonciation de Rœderer, préfet du Trasimène et jaloux d'un si beau succès, 8 évêques, pour sortir leur aimable préfet d'un mauvais pas, se soumirent ensuite, sans restrictions. (Cf. L. Madelin, p. 336, 337.) « La Consulta parut convaincue, ajoute Tournon comme épilogue à cette « *combinazione* »; et le public, qui ne fut pas dupe, me sut beaucoup de gré de cette ruse qui laissa à la tête de leurs diocèses 8 évêques respectables. Maintenant que je vois de loin cet acte de ma vie, il ne pèse nullement sur ma conscience...

« La demande de serment aux évêques n'était que le premier pas d'une longue carrière de vexations. Un mois après on le demanda aux chanoines, parmi lesquels se trouvaient les prélats les plus considérables. Le désespoir fut grand, et il n'y eut pas de famille qui ne sentît ce coup. Aussi la désaffection fit de rapides progrès... Chaque jour, on voyait partir pour Plaisance, lieu désigné par l'Empereur, ces courageuses victimes d'une absurde persécution. Heureusement, mon rôle se bornait à constater la prestation du serment; mes efforts au contraire tendaient tous à amoindrir le sort des victimes.

« Je crus que j'avais un autre devoir à remplir. J'adressai au Ministre des cultes un long rapport dans lequel je lui exposai les effets de cette mesure, la désaffection qu'elle entraînait, les inquiétudes qu'elle répandait; je lui démontrai que sous le rapport financier, il y avait peu à gagner; enfin je demandai, dans l'intérêt même de l'Empereur, qu'on suspendît toute demande de serment. M. B. de Préameneu me répondit qu'il avait mis mon rapport sous les yeux de l'Empereur, et que (celui-ci) avait ordonné la suspension de toute demande de serment. Je fus ravi de l'effet produit...; mais ma joie fut de courte durée, car la Consulta, qui avait déjà annoncé que le serment serait demandé aux curés, ne voulut pas reculer. La fiscalité de M. Janet, la philosophie du général Miollis, et la faiblesse de M. Dal Pozzo l'emportèrent encore

départ, leur fait des présents, les comble de marques de respect; les chanoines assermentés deviennent, au contraire, l'objet de la haine. Des miracles prétendus attirent la foule dans des églises, dans des chapelles écartées. Ces scènes ont eu lieu principalement dans les communes de Ronciglione, Canepina, Vallentano, dont les maires demandent des secours, ne se trouvant plus en sûreté. Des scènes pareilles et encore plus alarmantes ont lieu dans l'arrondissement de Velletri; les communes de Sezze, de Sermoneta, Civita-Lavinia, en sont le théâtre. Dans cet arrondissement, les chanoines ont généralement refusé le serment, surtout dans les diocèses de Frascati et d'Albano. MM. les sous-préfets étant absents, occupés entièrement de la levée de la conscription, ne peuvent veiller aussi exactement qu'ils le voudraient sur ces mouvements qui, dans le moment où trois opérations importantes se font à la fois, pourraient conduire à une explosion. Je pense donc qu'il est urgent de prendre des mesures qui maintiennent le peuple dans la tranquillité.

La première serait l'envoi dans l'arrondissement de Viterbe de deux compagnies de dragons qu'on distribuerait dans chaque chef-lieu de canton. La seconde, l'envoi d'un officier supérieur de gendarmerie pour en parcourir les communes, et en imposer par sa présence aux mal intentionnés. Les mêmes mesures pourraient être adoptées pour l'arrondissement de Velletri, mais au lieu de dragons, il faudrait une compagnie d'infanterie dans les villages des montagnes tels que Sezze, Core et Sermoneta. J'espère qu'au moyen de ces précautions prises *sans perdre un moment*, on maintiendra la tranquillité publique. J'ai ordonné l'arrestation de l'évêque d'Alatri, mais je ne suis point encore informé qu'elle ait eu lieu; j'ai chargé le capitaine Borgia de l'effectuer.

Arch. de Génelard, à Janet, Rome, 22 juin 1810.

Dans la lettre que vous m'avez fait l'honneur de m'écrire le 19, vous me faites observer que mon arrêté du 17, qui règle les précautions à prendre par le Domaine pour mettre en sûreté les Archives des Chapitres dont les chanoines ont en totalité ou en partie refusé le serment, n'est applicable qu'à ceux où le nombre des réfractaires est moindre de celui des assermentés. Vous ajoutez que lorsque la majorité a refusé le serment, le Domaine doit prendre possession et administrer totalement les biens.

Permettez-moi, Monsieur, de vous adresser quelques représentations qui serviront, en même temps, à vous faire voir les motifs de mon arrêté. L'arrêté

---

sur la sagesse de M. de Gérando... Mais on laissa en paix les vicaires et tous les autres prêtres. J'aime de me souvenir que ce fut par suite de mes réclamations que cette persécution cessa. »

J'ai pu trouver, aux *Arch. Nationales*, la preuve de ces affirmations de Tournon, et la lettre du Ministre des cultes annonçant à l'Empereur l'envoi du rapport : « Je reçois, en ce moment, écrit-il, une lettre du préfet de Rome qui me paraît renfermer en renseignements et en observations des choses assez importantes pour être mise sous les yeux de V. M. » Carton F[19], 397, lettre du Ministre des cultes, 12 juillet 1810.

de la Consulte, en date du 8, porte que les bénéfices ecclésiastiques des chanoines réfractaires seront séquestrés. L'instruction de M. le gouverneur général est conçue dans les mêmes termes; je n'ai donc pas dû penser que l'intention de la Consulte fût de prendre une mesure contre le Chapitre lui-même; j'ai dû penser que l'intervention du Domaine devait se borner à représenter, d'une part, les chanoines réfractaires, et assurer, de l'autre, les intérêts généraux du Chapitre, en empêchant tout enlèvement des livres ou tout changement dans les écritures. Si le Domaine prenait purement et simplement l'administration des revenus du Chapitre, les chanoines qui ont prêté le serment, les bénéficiers beaucoup plus nombreux que les chanoines auxquels on ne l'a pas demandé, pourraient concevoir des inquiétudes qui nuiraient au succès des nouvelles mesures qui peuvent être prescrites.

Je vous prie d'observer, en outre, que dans le Chapitre de Saint-Pierre, par exemple, les revenus des prébendes des chanoines sont les moindres parties des revenus totaux du Chapitre. Je pense, Monsieur, que ces raisons vous convaincront que mon arrêté est conforme à celui de la Consulte, et que les précautions que j'y prescris sont suffisantes pour assurer dans tous les cas les intérêts du Domaine.

Arch. de Génelard, à Miollis, Rome, 5 juillet 1810.

La conscription s'est levée dans les deux arrondissements de Velletri et Frosinone avec le meilleur ordre, et sans aucune difficulté. Cent sept conscrits de ces arrondissements seront réunis à Rome après-demain. Le nombre des réfractaires est très faible, et même on doit attribuer ce manque d'obéissance plutôt à l'ignorance du devoir qu'au désir de s'y soustraire. Les deux sous-préfets méritent les plus grands éloges; les maires ont donné des preuves d'un zèle et d'un dévouement très recommandables.

L'état des deux arrondissements est inquiétant sous le rapport des brigands; malgré la présence des troupes, leur audace redouble chaque jour, et ils viennent jusqu'aux portes des villages piller les paysans, enlever des bestiaux, violer des femmes qui travaillent aux champs, et mettre à contribution les propriétaires riches. Les maires de la Sgurgola et de Giuliano ont été forcés d'abandonner leurs communes. Les forçats nouvellement échappés de Terracine ont grossi ces bandes. Je dois vous faire observer que les évasions de ce bagne sont très fréquentes, et que les circonstances qui accompagnent celles-ci peuvent faire accuser le commandant de la place d'une grande négligence.

Le 2 juillet, presque sous mes yeux, deux soldats du 6e ont été tués par les brigands, dans un petit combat qui s'est engagé entre eux près de Supino. Accoutumés à ce genre de guerre, connaissant parfaitement le pays, bien armés et retranchés dans des rochers inaccessibles, ces brigands feront périr nos soldats les uns après les autres, si on veut les employer à un service actif. J'ai réuni à Frosinone le commandant-bailli, le procureur impérial, le sous-préfet et les officiers de gendarmerie. Après avoir discuté tous les moyens employés jusqu'à ce jour, pesé leurs avantages et leurs inconvénients, nous avons arrêté de commun accord :

1° Que le capitaine Borgia prolongerait son séjour à Frosinone pour y diriger les opérations ;

2° Que la troupe désignée serait laissée pour assurer les villages contre les insultes des brigands, mais ne ferait aucun service extérieur ;

3° Que les sbires des villes, et ceux payés par le gouvernement, formeraient des colonnes mobiles sous les ordres des officiers de gendarmerie ;

4° Que je proposerais à V. Exc. d'accorder 500 francs pour l'arrestation de chacun des brigands dont les noms sont dans la note ci-incluse ;

5° Qu'il serait accordé une somme pour l'espionnage, laquelle serait à la disposition du capitaine Borgia, et j'ai déjà remis à cet effet 500 francs.

Nous espérons qu'en employant ces moyens avec activité et persévérance, on délivrera le département des brigands.

Arch. de Génelard, au Ministre de l'intérieur, 7 juillet 1810.

J'ai reçu, pendant ma tournée pour la conscription, la lettre du 23 juin par laquelle V. Exc. me demande divers Mémoires statistiques sur ce département. Je m'en suis occupé sur-le-champ, et j'aurai l'honneur de vous transmettre, par le premier courrier : un mémoire sur l'*Agriculture*, un sur les *Manufactures* et un troisième sur le *Commerce*. Quoique faits avec beaucoup de rapidité, ces Mémoires pourront donner à V. Exc. une idée juste de l'état de l'agriculture et du commerce dans le département de Rome, les notes sur lesquelles j'ai travaillé étant faites avec beaucoup d'exactitude.

Ces Mémoires complèteront, Monseigneur, l'aperçu statistique que vous avez désiré de ce département ; il n'y manquera que le travail sur les Établissements de bienfaisance que je n'ai pu, jusqu'à présent, terminer, à cause du grand nombre de ces maisons, et des difficultés que je rencontre de toutes parts.

Arch. de Génelard, à Janet, Rome, 7 juillet 1810.

Le couvent de Trisulti [1], arrondissement de Frosinone, vient d'être évacué par les Chartreux qui l'habitaient. La beauté du bâtiment, sa position au milieu d'un désert, l'impossibilité de trouver des acquéreurs, méritent de fixer votre attention. Peut-être penserez-vous qu'il serait utile d'y établir un de ces ordres religieux austères qu'il semble dans l'intention de conserver.

L'ordre des Trappistes mériterait à coup sûr d'être excepté de la destruc-

---

1. Couvent bâti dans un site des plus sauvages, au milieu des précipices, et près d'un gouffre au fond duquel « écume et mugit l'Anio ». La chapelle recouvrait la grotte « Il sacro Speco », très vénérée, où vécut saint Benoît. — Cf. *Études statistiques* de Tournon, t. I, p. 185 et suiv.

tion générale, si on ne considère que la sainteté de la règle; mais la composition des religieux fera rejeter ce plan de conservation. Les 14 ou 15 qui restent, soit à Casamari, soit à Fossa-Nuova, sont presque tous Napolitains. L'opinion générale du pays qu'ils habitent leur est peu favorable; on les accuse, le supérieur surtout, de s'être immiscés dans beaucoup d'intrigues, et d'avoir servi puissamment la cause des Napolitains pendant la dernière guerre. Je pense qu'il n'y a, dans cet état de choses, aucun motif de laisser subsister ce couvent. Les deux couvents de Monte Cavi et de Palazzola, situés au milieu des forêts de la Fayola, entre Frascati et Velletri, me paraissent mériter d'être conservés comme maisons de refuge pour les voyageurs qui traversent ces montagnes. Les Passionnistes et les réformés qui les habitent pourront y rester comme prêtres séculiers, et y vivre de leurs pensions.

Arch. de Génelard, à Janet, Rome, 11 juillet 1810.

On n'a point encore pris des mesures pour la clôture des églises appartenant aux différents couvents supprimés; les commissaires ont désigné quelques ecclésiastiques pour y faire le service divin; ces religieux n'ont d'autre revenu que leur pension, et n'ont aucun moyen pour subvenir aux dépenses journalières de l'église. J'ai l'honneur de vous prier de me dire de quelle manière il doit y être pourvu pour que je puisse répondre aux réclamations que me font à ce sujet les religieux sacristains. D'ailleurs, il est nécessaire de connaître de quelle manière il sera pourvu à l'entretien du culte dans ces églises qui, conformément à l'arrêté de la Consulte, seront conservées [1].

Il existe dans différents couvents supprimés des moines alités qu'on ne peut sans danger en faire sortir. L'infirmerie de Saint-Bonaventure, particulièrement, en contient 6 à 7. Je vous prie de vouloir me dire quelles mesures je dois prendre à leur égard.

Arch. de Génelard, au Ministre de l'intérieur, Rome, 12 juillet 1810.

Le Conseil général du département de Rome n'ayant pu se réunir le 1ᵉʳ juillet à cause de l'absence de plusieurs de ses membres, a tenu sa 1ʳᵉ séance le 9 de ce même mois. Après avoir élu un président et un secrétaire, les membres du Conseil ont prêté le serment prescrit par les lois. Le Conseil a ensuite voté, à l'unanimité, qu'il serait érigé un monument à S. M. sur une des places de la ville de Rome. Il a également voté l'envoi d'une députation pour porter leurs

---

1. Tournon obtint, pour que le culte catholique fût conservé dans toute sa décence à Rome et dans le département du Tibre, la création d'une *Commission des églises*.

vœux et leurs hommages au pied du trône. Dès qu'il aura nommé la députation, et arrêté l'adresse qui doit être présentée à S. M., j'aurai l'honneur de prendre les ordres de V. Exc., ainsi qu'il est prescrit par sa circulaire du 19 avril 1806. J'ai rendu compte au Conseil général des opérations de l'administration depuis mon entrée en fonctions. Je lui ai également fourni tous les renseignements qui pourraient le diriger dans ses nouvelles fonctions. J'ai également distribué aux membres l'instruction du 16 ventôse an 9.

La session du Conseil général du département de Rome étant la 1re tenue depuis la réunion de ce pays à l'Empire, on ne peut espérer que le Conseil fournisse cette année un travail aussi exact que les anciens départements. J'espère cependant que V. Exc. verra dans les cahiers [1] qui lui seront soumis le bon esprit qui anime les membres du Conseil général.

Arch. de Génelard, à Anglès, Rome, 12 juillet 1810.

Je viens de recevoir la lettre par laquelle vous me faites l'honneur de m'annoncer que je dois, à l'avenir, et à dater du 1er juin, correspondre avec vous pour tout ce qui concerne le ministère de la police générale. Vous pouvez être certain, Monsieur, de l'exactitude avec laquelle je vous rendrai compte de tout ce qui se passera relativement à l'ordre public, et de mon zèle à mettre à exécution les ordres que vous me donnerez.

Ne possédant, dans les archives de cette préfecture, aucune des instructions, décisions, circulaires, émanées du ministère, je me trouverai souvent dans l'ignorance de mes devoirs, ou dans l'impuissance de les remplir suivant vos vues, si vous n'avez la bonté de me faire adresser une collection complète de ces actes. Je vous adresserai par le premier courrier une expédition de tous les actes de la Consulte relatifs à la police générale.

Arch. de Génelard, à Miollis, Rome, 16 juillet 1810.

J'ai reçu la lettre que V. Exc. m'a fait l'honneur de m'écrire relativement aux chanoines réfractaires de Sezze et Monte-Rotondo. Les mesures que vous me prescrivez peuvent difficilement avoir lieu avec toute la célérité que vous désirez qu'on y apporte. Il est nécessaire que je connaisse l'habitation de ces ecclésiastiques, les infirmités qui pourraient suspendre leur départ, et leur état d'indigence pour pouvoir en donner le certificat. Il est physiquement impossible que je puisse obtenir ces renseignements dans la journée.

Je transmets à M. Olivetti 14 mandats d'indemnité de voyage qui m'ont été remis par M. Janet pour autant de chanoines; dans ce nombre, sont compris ceux détenus au Château.

---

1. Les cahiers du Conseil général du département du Tibre se trouvent aux *Arch. Nationales*, F1t V, *Rome*, pour les années 1810, 1811, 1812, 1813; ils contiennent de précieux et très nombreux détails économiques, géographiques, etc.

J'engage en même temps M. Olivetti à les faire partir promptement, après avoir reconnu si leur âge ou leurs infirmités ne leur empêchent point de faire le voyage, et à m'indiquer ceux des ecclésiastiques de cette classe désignés dans votre lettre qui pourront se trouver à Rome. Les mesures rigoureuses prises contre les chanoines qui se sont rétractés pourraient être adoucies en faveur de ceux de Subiaco qui semblent être plutôt réfractaires; ils prêtèrent un premier serment conditionnel que le sous-préfet a accepté d'abord, et puis rejeté, en voulant exiger le serment ordonné purement et simplement; alors, les chanoines rétractèrent leur premier serment conditionnel. A l'instant même, trois chanoines de Monte-Rotondo se présentèrent à moi pour confirmer leur premier serment et annuler leur rétractation.

Arch. de Génelard, au général Dumas,
Rome, 25 juillet 1810.

Le Conseil de recrutement vient de terminer ses opérations dans les arrondissements de Rieti et de Viterbe, et dans les cantons de Civita-Vecchia. L'exactitude des conscrits à se rendre, conduits par leurs maires, aux lieux désignés, prouve le bon esprit des habitants et le dévouement des administrateurs. Nous n'avons pas reçu une seule réclamation, et le meilleur ordre a constamment régné. Les opérations de la revision des conscrits, et le jugement des réclamations pour infirmités ont été faits avec la plus grande impartialité et avec toute l'exactitude désirable. Le Conseil de recrutement se flatte que vous daignerez approuver sa conduite, dans une suite d'opérations d'autant plus difficiles que c'est pour la première fois qu'il est question de conscription dans ce pays.

Je ne dois pas vous laisser ignorer, M. le comte, combien je suis redevable au zèle et à la sagesse de MM. Grosbon, colonel du 53e régiment de ligne, et Baille, major au 6e. M. le capitaine Quenet a donné de nouvelles preuves de son activité et de son attachement à ses devoirs.

MM. Zelli Pezzaglia, sous-préfet de Viterbe, et Savy, sous-préfet de Rieti ont, par leur influence sur les habitants et leur habileté à manier les esprits, singulièrement contribué à faciliter la levée. L'ordre qu'ils avaient mis dans la formation des tableaux y a également concouru. Je crois devoir appeler votre bienveillance sur ces deux estimables fonctionnaires. Le premier surtout, d'une famille très distinguée, qui, dans la révolution qui eut lieu dans la République Romaine en 1799, donna des preuves d'un héroïque dévouement à la cause des Français, mérite une récompense, et j'ose la solliciter pour lui.

La vaste étendue des arrondissements, de celui de Viterbe surtout, ont obligé les sous-préfets à de longs voyages fort dispendieux; le peu de fortune de la plupart d'entre eux me fait désirer qu'ils puissent jouir de quelque indemnité.

En parcourant le département, je me suis convaincu de son extrême dépopulation, surtout dans les parties qui bordent la mer. Elle est telle que, de

Terracine à la Toscane, sur une longueur de 60 lieues et une largeur de 6, il n'existe pas 15.000 habitants. Le reste du département est également peu peuplé. D'après les calculs les plus élevés, toute la population n'excède pas 586.000; cependant, sa surface est de 6.500 milles carrés. Ainsi, il n'y réside que 90 individus par mille carré. La levée de la conscription dans l'État Romain était de 500 hommes. Le département de Rome a dû en fournir 339, tandis que celui du Trasimène n'en donnait que 161. Or, ce dernier département contient, d'après les renseignements que je me suis procurés, 300.000 habitants; le nombre de ses conscrits aurait donc dû être de 169. Mais d'une autre part, le département du Trasimène jouit d'un air très sain, sa population y est resserrée sur une surface peu étendue; tandis que, dans le département de Rome, un air délétère exclut de toute la plaine toute population et que, dans les parties de la circonférence, des montagnes arides se refusent à nourrir leurs habitants. D'ailleurs, par sa position, le Trasimène a une population croissante, tandis que des circonstances particulières à la ville de Rome en font décroître chaque jour les habitants. J'ai cru devoir vous présenter ces observations pour vous convaincre de la nécessité de ménager ce département dans la première levée, et surtout de rétablir l'équilibre entre lui et Trasimène.

Arch. de Génelard, à Anglès, Rome, 25 juillet 1810.

Venant de faire une tournée générale de mon département, et en ayant visité presque tous les cantons, je me trouve plus en mesure de répondre à la lettre que vous m'avez fait l'honneur de m'écrire pour me demander l'effet que l'abolition des couvents a fait sur l'esprit public.

Cette opération s'est effectuée au même instant où, d'une part, on levait la conscription pour la première fois, et où, de l'autre, nous demandions au clergé le serment de fidélité. La fermentation, nécessairement excitée par trois opérations simultanées, et également contraires à l'opinion et aux habitudes, pouvait faire craindre quelques suites fâcheuses; mais, l'esprit de soumission qui semble faire partie du caractère national a neutralisé les effets des mauvaises impressions produites par ces opérations. La suppression des couvents d'hommes a fait peu d'impression, les moines qui les habitaient étant généralement peu aimés. Les religieuses ont excité davantage l'intérêt, et j'ai dû user de beaucoup de ménagements pour les faire sortir des monastères, sans offenser l'opinion. J'ai cru qu'il était convenable d'agir graduellement, d'employer la persuasion, et d'éviter toutes les scènes qui pouvaient être excitées par une évacuation trop brusque. Ces moyens ont réussi : le public a su bon gré de ces ménagements, et chaque famille est venue offrir un asile à sa parente obligée de quitter le monastère.

L'opération est actuellement consommée; tous les couvents de moines sont évacués, et il ne reste dans quelques maisons de femmes qu'un petit nombre de personnes que leur grand âge et leurs infirmités y ont retenues. L'habit religieux enfin n'est plus porté par aucun individu dans le département.

Si on peut dire avec vérité qu'en général la destruction des couvents n'a pas produit d'impression fâcheuse, on doit cependant observer qu'elle a des effets funestes pour une classe d'individus, pour tous ceux qui, sans être religieux, vivaient des revenus du monastère. Une foule de gens d'affaires, de médecins, d'ouvriers, étaient payés par chaque couvent; une multitude de pauvres y trouvaient d'abondantes aumônes. La destruction de ces maisons produit donc, dans un nombre considérable de familles, un vide qu'il est difficile de remplir, et on ne peut se dissimuler que le mécontentement de ces individus ne soit extrême. Un des moyens de raccommoder encore l'opinion publique avec la destruction des ordres religieux est l'exactitude que l'on mettra à payer les pensions. Le premier paiement a déjà été fait, et a beaucoup contribué à calmer les craintes.

Je fais exercer une grande surveillance sur les religieux retirés dans leur patrie, et j'aurai soin qu'ils ne s'écartent pas de la réserve qui leur est prescrite. Cessant de faire corps, isolés et jetés çà et là, ils auront bientôt oublié des anciennes habitudes auxquelles le plus grand nombre d'entre eux ne tenaient nullement. De tout ce qui précède, vous conclurez, Monsieur, que la dissolution d'ordres religieux, dont l'existence semblait liée à celle de Rome même, s'est opérée sans secousse extérieure, et même sans laisser dans l'opinion publique de traces fâcheuses. J'aurai soin de vous informer des mesures que je pourrai être dans le cas de prendre, à l'avenir, contre les ex-membres des corporations religieuses qui pourraient influer d'une manière fâcheuse sur l'opinion.

Arch. d'Avrilly, à son père, Rome, 28 juillet 1810.

... Nous sommes fort tranquilles, ici, mon cher papa, malgré les opérations simultanées que nous avons à faire, et qui peuvent froisser l'opinion et les intérêts de beaucoup de gens. Mais les ménagements apportés dans l'exécution concilient le public. Il était indispensable de faire une réforme dans ce pays de plusieurs siècles en arrière du reste de l'Europe.

La chaleur est encore modérée; il fait de l'air et les nuits sont fraîches. J'en ai souffert davantage en Dauphiné et même en Allemagne. — J'ai parcouru, dans ma tournée, la vallée du Velino, aussi belle peut-être et aussi pittoresque que celle de Graisivaudan. A l'extrémité de la vallée, la rivière, qui est presque aussi forte que la Drôme ou le Roubion, tombe du sommet d'une roche taillée à pic de 300 pieds d'élévation, et retombe ensuite en cascades dans un abîme de 200 pieds de profondeur. Je ne crois pas qu'il existe en Europe une plus belle chute d'eau. A l'extrémité de la gorge sauvage où elle se trouve, la belle plaine de Terni paraît comme un jardin cultivé en arbres fruitiers et en toute sorte de grains.

Je suis, comme à l'ordinaire, excessivement occupé; mais ma santé se soutient; les voyages que j'ai faits pendant trois semaines l'ont même améliorée. Cet été passé, je me trouverai tout à fait acclimaté.

Adieu, mon cher papa; je vous écris au milieu de trois cents conscrits qui errent, chantent, pleurent; je n'ai que le temps de vous embrasser tendrement et de toute mon âme.

Arch. de Génelard. — Brouillon autographe de la lettre écrite par Tournon, préfet de Rome, au roi Maximilien-Joseph de Bavière, en lui envoyant une copie de sa *Statistique sur la province de Bayreuth*, août 1810 [1].

Au moment où une province dont l'administration me fut longtemps confiée passe sous le sceptre de Votre Majesté, je crois pouvoir prendre la liberté de lui offrir le résultat de trois ans d'observations. Vous faire connaître, Sire, l'état de vos provinces et vous développer ses besoins et ses ressources, c'est donner à Votre Majesté des moyens de la rendre heureuse, c'est la servir suivant son cœur.

Témoin de la fidélité des habitants de Bayreuth, témoin du zèle et de l'intégrité des membres de l'administration, j'ai appris à estimer, à aimer cet excellent peuple, et je le vois avec une vive satisfaction, après de longues incertitudes, trouver sous le gouvernement paternel de Votre Majesté le repos et le bonheur dont il est digne.

Heureux si mes travaux peuvent mériter un regard de Votre Majesté, plus heureux s'ils peuvent à la fois être utiles à Elle et aux nouveaux peuples soumis à sa couronne. J'ose me flatter qu'Elle acceptera cet hommage avec la bonté que déjà Elle a daigné me témoigner, et voudra bien agréer les assurances du profond respect avec lequel je suis [2]...

Arch. de Génelard, à Anglès, Rome, 6 août 1810.

Je réponds à la lettre que vous m'avez fait l'honneur de m'écrire en date du 28, pour me demander des renseignements sur les forçats de Rome, et sur les moyens de prévenir les évasions, et de rendre plus utiles ces hommes actuellement à charge à la société.

Le principal dépôt de forçats est à Civita-Vecchia. Ils y occupent trois galères et un bâtiment attenant. Comme cet établissement a toujours été sous la surveillance de la Marine, je ne puis vous donner aucun détail à son sujet; je suis seulement instruit que les condamnés sont fort resserrés, et que les maladies sont fréquentes parmi eux.

Ainsi que j'ai eu l'honneur de vous le mander le 19 mai, les prisons des forçats à Rome, Terracine et Porto-d'Anzo sont peu sûres, mais seraient susceptibles d'améliorations. Ainsi, on pourrait facilement entretenir à Terracine 200 forçats, en pourvoyant à la sûreté de la maison dans laquelle

---

1. J'ai trouvé ce brouillon intercalé dans le manuscrit original de la statistique, aux *Arch. de Génelard*. Les Bayreuthois, qui croyaient posséder l'unique exemplaire de cette précieuse statistique, n'en ont donc qu'une copie.
2. La réponse à cette lettre, signée de Maximilien-Joseph, est aux *Arch. d'Avrilly*.

ils sont actuellement détenus. On pourrait également en laisser 200 au bagne du Colisée à Rome; mais peut-être serait-il plus convenable aux intérêts du ministère de la marine de ne pas laisser disséminer des forçats qui, réunis sur un seul point, pourraient rendre des services. A Rome, ils ne peuvent être employés à aucun travail ressortissant du ministère de la marine, et leur entretien coûte nécessairement plus cher dans une aussi grande ville que dans un port de mer.

A Terracine, l'emploi des forçats est borné aux travaux de desséchement qui n'intéressent pas la Marine, et la manière dont s'exécutent les travaux actuellement ne permet pas de tirer un grand profit de ces condamnés. Cependant, si l'on continuait sur un grand plan les travaux de desséchement des marais, on pourrait réunir sur un point 400 à 500 forçats, et on les emploierait utilement.

Le commissaire de la Marine, frappé de l'inconvénient d'entretenir à grands frais à Rome des forçats inutiles à la Marine, m'a demandé si je les croyais utiles au service de l'intérieur, et si je jugeais convenable de proposer au ministre de ce département de se charger des frais d'entretien. J'ai répondu qu'il ne me paraissait nullement dans l'intérêt du Ministère de l'intérieur de se charger de la dépense des forçats. Le commissaire de la Marine m'a fait connaître alors qu'il était dans l'intention de proposer au Ministre de faire transporter ces forçats du bagne de Rome dans un des ports de la Méditerranée, où leurs bras peuvent trouver de l'emploi.

Je pense, Monsieur, que la police est intéressée à l'exécution de ce plan, et qu'il est essentiel d'éloigner de leur pays ce nombre d'hommes couverts de crimes; leur départ fera une plus vive impression sur l'esprit de leurs complices et de leurs amis que ne l'a faite leur condamnation. On ne conserverait alors dans le département que les bagnes de Civita-Vecchia et de Terracine, et encore serait-il avantageux de réduire de beaucoup le nombre d'individus qui y sont détenus, ayant soin d'éloigner les hommes condamnés à une plus longue détention.

Ce plan, qui réunit les avantages de l'emploi plus profitable des forçats à ceux du maintien de la police parmi eux, et qui, les éloignant du théâtre de leurs crimes, rend leur peine plus exemplaire, me paraît mériter votre attention.

Je ne puis entrer en aucun détail relativement aux moyens de faire garder les forçats dans les bagnes ou aux travaux, puisque ce service est absolument militaire, et par conséquent sous l'immédiate autorité de M. le gouverneur général.

Arch. de Génelard, à Janet, Rome, 8 août 1810.

La vente du mobilier des églises et des couvents s'effectue sur divers points à la fois, et j'ai déjà fixé le jour pour 30 différentes ventes, soit à Rome, soit dans l'arrondissement. Cette opération n'a rencontré et ne rencontrera pas les retards, en ce qui me concerne, que ceux que met la régie des Domaines à m'adresser les inventaires, et que ceux qui dérivent de la nature même des ventes. Comme il faut qu'un agent supérieur du Domaine y assiste, les époques doivent être assez éloignées pour que les agents, très peu nombreux, puissent se rendre sur les divers points. Il y aurait de très graves inconvénients à laisser passer les ventes devant les receveurs encore peu connus de l'administration, et, en général, peu au fait des formalités.

La régie des Domaines est chargée de l'encaissement des effets précieux. Dès qu'elle aura pu m'en transmettre une certaine quantité, je vous en remettrai les bordereaux. Je fais réunir aux chefs-lieux les effets précieux dont la vente serait difficile dans des villages écartés. Les enchères s'ouvriront successivement pour ces objets, après avoir été annoncées dans les feuilles publiques. Les chaises ne se peuvent vendre sur les lieux; il sera nécessaire de les faire transporter à Rome. La direction de l'artillerie m'a déclaré ne pouvoir les acquérir.

Je laisse pour le moment les objets d'art à leur place. Les frais de transport coûteraient des sommes énormes; d'ailleurs ces objets sont en général immeubles, et se détérioreraient par le transport, consistant généralement en fresques, colonnes, mausolées, autels, etc., la plupart existant dans les églises de Rome, celles des petites villes étant très pauvres.

J'ai pensé qu'il était convenable d'attendre, pour la vente, la décision de S. M. sur la circonscription des paroisses, parce que plusieurs églises conventuelles à Rome étaient destinées à devenir paroisses, telle que *Saint-Charles al Corso*.

Vous pouvez être certain, Monsieur, que les arrêtés de la Consulte seront exactement exécutés; mais cette exécution n'emporte pas l'oubli des mesures de prudence à prendre pour ne pas choquer l'opinion populaire. C'est en combinant ces ménagements avec les intérêts du trésor qu'on remplit plus complètement les vues du gouvernement.

Arch. de Génelard, au Ministre de l'intérieur,
Rome, 12 août 1810.

« J'ai eu l'honneur d'envoyer, le 6 du courant, à V. Exc., l'état nominatif de *dix dames* inscrites au registre de la *Société maternelle*. J'espérais que quelques personnes suivraient cet exemple, et qu'il me serait possible de vous adresser une note supplémentaire. Malgré tous les soins que j'ai pris de faire sentir aux dames les avantages qu'elles pouvaient espérer de leur admission dans cette société, je n'ai pu déterminer celles dont l'exemple aurait influé le plus sur le reste de la société. Les unes ont allégué l'état de leur fortune, qui ne leur permettait pas de donner annuellement 500 francs, et leur délicatesse qui leur permettrait encore moins de se retirer de l'association après en avoir fait une fois partie; mais le plus grand nombre, et malheureusement les personnes appartenant aux plus grandes familles, ont été mues par des sentiments d'un autre ordre. Elles ont plus écouté la voix d'anciens préjugés que celle de la bienfaisance et des convenances. Cette sorte de répugnance qui éloigne dans ce pays les personnes les plus considérables de tout ce qui paraît les rapprocher et les mettre en rapport avec le gouvernement, a fortement agi dans cette occasion. Ce genre de difficultés, qui n'existera que dans ce département et surtout dans cette ville, ne sont appréciables que par ceux qui sont témoins de leurs effets.

V. Exc. peut être certaine que, quoique j'aie toujours gardé dans mes insinuations la mesure convenable, je n'ai pas manqué cependant de les rendre assez positives pour faire sentir que des regrets suivraient probablement des refus qu'on ne peut attribuer qu'à des principes directement opposés à ceux qui doivent régler la conduite de tous les sujets de Sa Majesté. Si je n'ai pas complètement réussi dans cette occasion, et si Rome ne compte pas un nombre de souscrivantes proportionné à sa population, j'ose espérer que V. Exc. daignera faire attention à la position tout à fait particulière de cette ville, et me fera la justice de croire que rien n'a été négligé par moi pour remplir ses vœux.

Arch. de Génélard, à Pasquier, Rome, 15 août 1810.

Je n'ai reçu qu'hier la lettre confidentielle que vous m'avez fait l'honneur de m'écrire pour me demander la liste des personnes les plus recommandables du département. Je me hâte de vous satisfaire, et vous trouverez ci-incluses deux listes, l'une des fonctionnaires publics actuels, l'autre des membres de l'ancienne noblesse.

Le collège électoral n'est point encore formé; je n'ai donc pu choisir que parmi les membres du conseil général les personnes à vous présenter, parmi les sous-préfets, conseillers de préfecture et maires. J'ai recherché les personnes les plus dignes des bontés du gouvernement; mais la composition de ces corps a rendu ce choix très difficile, et j'ai dû me borner à un très petit nombre.

Les personnes qui figurent sur la première liste pourraient se trouver pour la plupart sur la seconde, puisqu'elles appartiennent à la classe noble, mais j'ai pensé qu'il était convenable de les présenter sous leur nouveau titre, qui est déjà une preuve de la bienveillance du gouvernement, et comme le garant de leur dévouement à sa cause.

Je dois vous faire observer, M. le conseiller d'État, que la noblesse de Rome a conservé jusqu'à ce jour ses privilèges honorifiques et les titres qu'elle portait avant la réunion; c'est pour cela que je porte devant chaque nom de famille le titre dont elle est en jouissance. Les fortunes sont portées par aperçu, et il est nécessaire, en les calculant, de se rappeler que la plupart sont chargées de dettes immenses. Il serait à peu près impossible de faire connaître d'une manière précise quel est le revenu net qui reste à la plupart des familles, et je ne pense pas que vous visiez à cette exactitude. Des notes mises en marge vous indiqueront les familles à leur aise, et celles qui ne possèdent qu'un grand nom et une fortune obérée.

J'ai cru devoir rendre à peu près complète la liste des grandes familles; quelques observations vous indiqueront celles que je crois mériter davantage l'attention du gouvernement. Je souhaite que ce travail, fait à la hâte, remplisse vos vues.

Arch. de Génelard, au directeur des Domaines, Rome, 23 août 1810.

Le sous-préfet de Viterbe m'informe que l'évêque de Bagnorea, dont les biens ont été séquestrés, avait pris des mesures avant sa rétractation pour l'enlèvement des bestiaux, ustensiles aratoires et récoltes, et le 25 juin dernier, jour auquel la rétractation fut connue, des particuliers se sont présentés à Bagnorea et ont emmené le bétail, bœufs et instruments aratoires, en vertu d'un acte prétendu de vente, en date du 6 juin dernier. Le nommé Joseph Chiavari retire les récoltes, assurant que c'est d'après l'achat qu'il en a fait.

Nul doute que ces actes de ventes sont frauduleux, et qu'ils ont été faits pour frustrer la régie des Domaines du produit des biens de l'évêché. Je vous invite, en conséquence, à donner sur-le-champ les ordres à votre employé de Bagnorea de séquestrer entre les mains du sieur Chiavari les récoltes déjà faites, de veiller à ce que celles restant à faire ne soient point dilapidées, et de faire les recherches nécessaires pour découvrir quels sont les individus qui ont emmené les bestiaux et où ils sont, afin de les faire saisir et reconduire à Bagnorea. Je vous prie de me faire connaître le résultat de vos démarches à ce sujet.

Arch. d'Avrilly, à sa mère, Rome, 23 août 1810.

Mon Dieu ! qu'il y a du temps que je ne vous ai écrit, ma bonne mère ! Ne croyez pas, du moins, que j'aie passé une seule heure sans penser à vous; mais j'attendais toujours d'avoir un moment de repos, et le repos me fuit toujours. Il n'y a pas de tourment pire que celui de voir, quoiqu'on fasse, son bureau chargé de papiers : le martyre des Danaïdes est de remplir un tonneau percé; le mien est de débarrasser mon bureau qui, chaque jour, se couvre davantage.

Je monte à cheval tous les jours de 6 à 8 heures du matin, et je vais visiter les diverses parties de la ville. Il faut des années entières pour la bien connaître, tant il y a de choses remarquables, modernes ou antiques. La ville antique est remplie de jardins, de vignes et de champs, mais au milieu desquels s'élèvent les ruines des temples, des palais, des thermes, des aqueducs. Ce mélange de ruines, d'arbres et de plantes fait un effet très gracieux, et rend plus imposants ces beaux vestiges. Le terrain sur lequel est bâtie Rome est couvert de petits coteaux, ce qui donne aux édifices qui les couvrent un aspect plus pittoresque, et varie les points de vue. Dans les vallons qui séparent ces mamelons sont des jardins et des vergers. L'enceinte de Rome est immense, et un mur bâti en partie par Tarquin, par les consuls, par les Césars, par Bélisaire, par les papes enfin, enveloppe la ville. Rien n'est plus curieux que de suivre la succession de ces diverses constructions qui toutes sont très pittoresques. Toute la partie sud et est de l'enceinte est abandonnée, et la ville actuelle est toute réunie dans la partie nord et sur les deux rives du fleuve. Elle paraît un point dans cette immense enceinte. En comparant l'espace qu'occupait l'ancienne Rome et le petit coin dans lequel est confinée la nouvelle, on juge de la différence des deux peuples et des deux âges...

Adieu, bonne et excellente mère, aimez un peu un fils qui vous aime de toute son âme.

Arch. de Génelard, au Ministre de l'intérieur.
Rome, 28 août 1810.

Au moment où j'ai reçu le décret impérial du 25 mars qui accorde des dots de 600 francs à six mille filles qui épouseront des militaires ayant fait deux campagnes, je me hâtai de faire connaître les intentions bienfaisantes de S. M. Mon département était porté pour 69 dots à payer sur le Domaine extraordinaire, et pour 16 à payer par les villes de Rome, de Rieti, de Tivoli et de Viterbe. Comme ce pays a été nouvellement réuni à l'Empire, que la loi sur la conscription n'y est publiée que depuis cette année, qu'il n'a jamais fourni de militaires à nos armées, qu'il n'avait lui-même aucune armée, il devenait difficile de trouver un nombre suffisant de militaires réunissant les conditions prescrites. Aussi, malgré tous mes soins, un petit nombre de mariages seulement fut fait au jour marqué. A la distance où je suis de V. Exc., il m'était impossible de La consulter; mais comme je sentais l'importance de donner, au moins dans les villes, une entière exécution au décret, je ne rendis moins difficile sur l'exact accomplissement des conditions. Par ce moyen, je fis célébrer : à Rome 13 mariages, 2 à Rieti, 6 à Tivoli et dans l'arrondissement, 4 à Velletri, 3 à Viterbe, 3 à Frosinone et 1 à Civita-Vecchia. Total : 32, dont 16 à la charge des communes, et 16 à celle du Domaine extraordinaire.

Je n'ai pas plus tôt rendu compte à V. Exc. de cette opération parce que j'espérais toujours trouver un nombre suffisant de militaires pour remplir entièrement les vues de S. M. Je viens de recevoir de M. le trésorier du Domaine extraordinaire des mandats pour solder les dots de 59 militaires; comme le nombre des mariages faits par les cantons n'est que de 18, je dois prendre vos ordres sur l'emploi du reste de la somme. Il est nécessaire aussi que V. Exc. décide si plusieurs des époux, qui n'ont pas rempli toutes les conditions du décret, ont droit à la dot. J'ai pensé que, dans cette occasion, il fallait s'attacher moins à la lettre qu'à l'esprit du décret, et que l'intention de S. M. était de célébrer, d'une manière digne d'Elle, son mariage. C'eût été aller contre ses vœux que de priver de ses bienfaits un département qui, par le seul effet des circonstances, ne pouvait fournir des militaires réunissant les conditions requises. Cependant, j'ai cru qu'il était, dans ce cas, suffisant de faire des mariages dans les principales villes, pour ne pas trop s'écarter de la lettre du décret.

J'ai l'honneur de prier V. Exc. de me faire connaître ses intentions, d'abord sur les mariages déjà faits, en second lieu, de décider si de nouveaux mariages doivent être faits jusqu'à la concurrence de la somme mise à ma disposition par le Domaine extraordinaire. Dans ce dernier cas, je dois prévenir V. Exc. qu'il sera impossible de trouver des militaires retirés; mais peut-être serait-il convenable et d'un bon effet de les remplacer par des Gardes nationales qui donnent, depuis trois ans, des preuves d'attachement au gouvernement. J'attends vos ordres pour disposer des fonds qui m'ont été remis.

Arch. d'Avrilly, à sa mère, Nemi, 3 novembre 1810.

Je vous écris de la campagne où je suis venu passer 24 heures chez l'excellente duchesse Braschi. Dans ce repos d'une belle journée, au milieu d'un admirable pays, j'aime à penser, à m'occuper de vous, ma bonne et tendre mère ! Tout ce qui m'entoure me rappelle les lieux où j'ai passé tant de jours heureux auprès de vous. Éloignant de ma pensée les affaires et la triste politique, je livre mon cœur à toutes les impressions d'une belle nature, et à tous les souvenirs de jours plus doux et plus heureux. Ce château est au milieu des bois, suspendu sur un lac qui remplit le cratère d'un volcan éteint; à l'horizon, on aperçoit l'immense mer sur laquelle l'œil glisse et se perd. C'est un mélange de sublime, d'agreste et d'agréable dont on ne peut se faire une idée. Ce matin, je suis monté sur une montagne appelée Monte Cavo; je me suis assis sur les ruines du temple de Jupiter Latinus, transformé en couvent qui bientôt sera lui-même une ruine. Sous nos pieds, au milieu des bois de châtaigniers, s'étendait le camp où Annibal perdit des jours précieux, et qui fut mis en vente pendant qu'il l'occupait. Tout autour de la montagne sont d'admirables forêts; à son pied, des vignes et des vergers; plus loin Tusculum, Frascati, Grotta Ferrata, Marino, Castel Gandolfo, Albano, autrefois *Albe la longue*, avec son beau lac, Arricia que bâtit Arricie, après la mort d'Hippolyte, Genzano, Nemi et son lac; enfin la vallée de Lavinie qui conserve encore le nom de cette épouse d'Énée, et Ardée où régnait Turnus. Des bois, des vignes réunissent ces villes et leur servent comme de cadre. Plus loin, la vaste plaine de Rome dénuée d'arbres et presque de culture, Rome s'étendant comme une draperie au milieu des vignes et des jardins; le Tibre tortueux roulant vers la mer, enfin la chaîne des Apennins pendant une longueur de 30 lieues terminent ce tableau à l'est, tandis qu'à l'occident la côte romaine, de la Toscane à Naples, du cap de Circé au port d'Hercule, et la vaste mer au delà, bornent l'horizon. C'est un de ces tableaux qui parlent encore plus à l'âme qu'aux yeux. On voit, sous ses pieds, un pays qui fut si longtemps le maître des autres pays. On le suit depuis la cabane d'Évandre jusqu'à la grandeur des Césars, depuis la barbarie des Alaric jusqu'à l'éclat des Léon X. On voit Rome borner pendant des siècles son ambition à conquérir une partie du territoire qui paraît sous nos pieds, bientôt ne trouver plus cet espace assez grand pour contenir ses cirques et les jardins de ses grands! On aperçoit les barbares livrant aux flammes tant de beaux monuments, la religion en élevant de nouveaux; enfin on arrive à une époque où les ruines vont recouvrir le sol !... L'âme se sent oppressée sous le poids des réflexions. C'est bien le même sol, la même terre le même ciel; l'homme seul a changé ! De ce temple de Jupiter qui dominait la Ville éternelle, qu'il y a loin à l'humble *retiro* des passionnistes ! Les triomphateurs apportaient en ce lieu les dépouilles opimes; des mendiants y apportent les aumônes de quelques malheureux plus pauvres encore que les mendiants eux-mêmes! — La végétation est admirable et ressemble beaucoup à celle des belles vallées de l'Auvergne.

Mais voilà une digression qui m'entraîne; je laisse Rome et ses splendeurs pour revenir à vous. Voilà donc enfin Victor hors de l'école! Je suis très aise qu'avant d'aller à son régiment, il passe quelque temps auprès de vous. Son cœur se retrempera; il retrouvera ses affections de famille, et il se confirmera dans cette pensée que c'est dans ces affections qu'est la plus sûre garantie du bonheur. J'écris au général Bellavène pour le remercier. Je ne suis pas fâché qu'il entre dans les cuirassiers, et je vais demander son admission dans un des régiments dont je connais les chefs.

Je reviens à Rome. J'y trouve M. de Sigoyer[1]; il paraît bon enfant, mais bien provençal; au reste nous verrons.

Voilà bien du temps que je n'ai eu aucune nouvelle de vous; réparez vite, je vous prie, cet oubli.

Adieu, ma tendre mère, je vous aime et vous embrasse de toute mon âme.

Arch. de Génelard, à Anglès, Rome, 4 septembre 1810.

Le département de Rome produit, année commune, un excédent en grains dont les départements du nord de l'Italie sont l'écoulement naturel. La récolte des six dernières années a été fort bonne, et l'exportation des grains considérable. Cependant, comme cette exportation, avant que le pays fût réuni, était soumise à diverses entraves, elle n'occasionnait qu'un léger renchérissement dans les grains. Au commencement de cette année, l'hectolitre de froment valait 16 francs. La réunion à l'empire levant tous les obstacles qui s'opposaient à la libre circulation des grains, le prix s'en accrut successivement; l'exportation pour Naples fut permise dans ces entrefaites et ouvrit un nouveau débouché aux grains conservés depuis plusieurs années. Pendant que les grains s'écoulaient par ces diverses routes, l'intempérie des saisons, les ravages des sauterelles et la grêle, diminuaient la récolte de cette année. Dans le moment actuel, où la moisson est terminée, on s'aperçoit que son produit est d'un tiers moindre des années ordinaires, et qu'il suffira à peine pour la consommation intérieure. Cependant, le cabotage pour Gênes continue d'enlever les grains; à la vérité, l'exportation pour Naples est prohibée, mais celle pour Gênes suffit à enlever une quantité de grains qui nous est devenue indispensable. Du 1er avril au 31 août, nous avons fourni aux départements liguriens 64.422 hectolitres de blé, et dans le mois d'août, l'exportation pour ces départements a été de près de 20.000 hectolitres.

Vous voyez, Monsieur, par le détail, que le département de Rome a fourni de puissants secours à ceux du reste de l'empire, et même aux dépens de son propre nécessaire; cette exportation a fait monter le blé aux prix de 27 et

---

1. Cousin éloigné du préfet, qui devint son secrétaire particulier à Rome et à Bordeaux.

28 francs l'hectolitre, prix exorbitant pour le pays, où le prix moyen est de 20 francs.

Dans l'état actuel des choses, j'ai cru devoir faire un rapport à S. Exc. le Ministre de l'intérieur, pour lui exposer notre situation, et lui demander de prohiber l'exportation pour l'intérieur par la voie de mer. Quoique je sente les inconvénients de cette exportation, il ne dépend pas de moi de l'arrêter, parce que S. Exc. le Ministre de l'intérieur a ouvert un crédit d'exportation par cabotage, qui n'est point encore épuisé, et qu'il m'a expressément recommandé de permettre le cabotage sans avoir égard au prix des grains. J'espère que mes représentations et la preuve que je lui donne de notre insuffisance à fournir plus longtemps à l'exportation, lui feront adopter la mesure prohibitive que je lui propose. Si nous ne continuons pas à envoyer des blés au dehors, nous en aurons, cette année, une quantité suffisante, parce que les produits du maïs et des légumes sont très abondants, et qu'ils forment la base de la nourriture des habitants des montagnes; mais, je le répète, nous sommes arrivés au moment où une exportation prolongée pourrait compromettre notre propre approvisionnement. Une observation qui ne vous échappera pas est que la présence des Anglais sur nos côtes peut donner lieu, soit à un commerce frauduleux, soit à la prise de nos bâtiments chargés de grains. Je prends contre le premier de ces inconvénients toutes les mesures possibles, et je suis parfaitement secondé par les employés des douanes; mais il n'y a aucun moyen de se garantir du second malheur. Ainsi, même sous ce rapport, il est à désirer que le cabotage soit restreint et même prohibé. Dans un pays nouvellement réuni, où beaucoup de fortunes se trouvent extrêmement diminuées, n'est-il pas prudent de maintenir le prix du pain à un taux modéré? Je soumets ces remarques à votre sagesse...

Arch. de Génelard, au Ministre de l'intérieur,
Rome, 4 septembre 1810.

J'ai reçu seulement hier, 3 septembre, la lettre que V. Exc. m'a fait l'honneur de m'écrire en date du 14 août, relative aux journaux qui se publient dans mon département. Je me hâte de vous adresser les renseignements que vous désirez.

Il paraît à Rome un journal, qui s'imprime trois fois par semaine, sous le nom de *Journal du Capitole*; cette feuille date du changement du gouvernement; elle a été rédigée, jusqu'à ce jour, sous les yeux de M. le gouverneur général. J'en joins ici divers exemplaires, ainsi qu'une note sur le nombre d'abonnés et sur les personnes à qui la rédaction de cette feuille est confiée. — Cette feuille ne contient, en général, que l'extrait des journaux de France, de Milan ou de Naples; elle n'a presque aucune influence sur l'esprit public, surtout sur celui des habitants des campagnes, auxquels elle ne parvient que très rarement. V. Exc. sait d'ailleurs que le goût des journaux est, en général, peu répandu en Italie, et cette observation s'applique encore davantage au département de Rome.

Il n'existe, Monseigneur, aucune feuille périodique affectée à la littérature, aux sciences, aux arts, ni aucune feuille d'annonces ou d'affiches, si ce n'est un journal de physique et médecine, qui paraît depuis quelques mois, mais sans époques fixes, et n'a qu'un très petit nombre d'abonnés. Les entreprises de journaux littéraires, faites à diverses époques, n'ont eu aucun succès. Une feuille d'affiches serait extrêmement utile, surtout dans le moment actuel, où les ventes des domaines nationaux sont extrêmement fréquentes; mais cette feuille ne se soutiendrait pas longtemps. — J'ai formé le projet de l'établissement d'un journal qui réunirait aux annonces et avis publics, des articles d'arts appliqués aux usages de la vie, des annonces des découvertes dans les arts mécaniques et dans l'agriculture. Ce journal serait une sorte d'intermédiaire entre l'administration et les administrés; je m'en servirai pour faire connaître au public divers actes d'administration auxquels ma correspondance avec les maires ne saurait donner la publicité nécessaire; j'y ferai insérer les articles fournis par la *Société d'Agriculture*, propres à répandre le goût des bonnes méthodes, et à faciliter les expériences dans un pays où le peuple, et même les classes moyennes, ont constamment été retenus dans la plus grande ignorance. On ne saurait apporter trop d'attention à faire circuler un journal écrit de manière à être à portée de toutes les classes, et constamment rempli d'objets d'un intérêt général. Si V. Exc. approuve ce projet, je chargerai quelques personnes instruites dans les arts manufacturiers et dans l'agriculture de le rédiger sous ma direction; les communes pourront, si cela leur convient, s'y abonner; mais je pense qu'un nombre suffisant d'abonnés couvrira les frais de l'entreprise à laquelle je ne veux d'ailleurs avoir d'autre part que celle de directeur. Je désirerais avoir l'approbation de V. Exc. le plus tôt possible, pour le journal, qui porterait le nom de *Journal de Rome*[1], à dater de l'année prochaine.

Arch. de l'État romain, gouvernement français, Volume 113, à Janet, 8 septembre 1810.

Par votre lettre du 5 septembre, vous vous plaignez des erreurs commises dans la délivrance des extraits de naissance. Ces erreurs sont très véritables; mais pour vous convaincre, Monsieur, que souvent elles sont inévitables, j'ai l'honneur de vous envoyer deux registres de l'état civil à la municipalité. Vous pourrez juger l'impossibilité où l'on est d'en faire des extraits réguliers. Si à Rome les registres sont tenus avec autant de désordre, que peut-on espérer dans les petites communes du département? — Veuillez bien me faire connaître les moyens que je dois employer pour régulariser ces extraits.

---

1. Montalivet approuva pleinement le projet de Tournon, et le *Journal de Rome* commença à paraître le 2 janvier 1812. Les Napolitains s'emparèrent de sa direction le 29 janvier 1814.

ANNÉE 1810.

Arch. Nationales, F¹ 6552, doss. 2174, au Ministre de la police,
(sans date, mais vers le 8 septembre 1810).

QUESTIONS *(Écriture du ministre.)*	RÉPONSES *(Écriture de Tournon.)*
Saviez-vous que M. le sénateur Lucien voulait s'embarquer par Civita-Vecchia? A quelle époque précise et par quelle voie l'avez-vous su? En avez-vous rendu compte, et avez-vous demandé des ordres à ce sujet?	Dans le courant de juin le bruit se répandit que M. le sénateur Lucien avait le projet de s'embarquer à Civita-Vecchia pour la Corse. Dès le mois d'avril, un pareil bruit avait couru et était promptement tombé. Je n'appris ce projet que par ce qu'on en disait dans le public. Je ne puis fixer précisément le jour où j'en entendis parler pour la première fois, mais ce fut vers la fin de juin, dans des conversations générales où on parlait de ce départ comme d'une chose peu vraisemblable. Je partis le 28 juin pour lever la conscription. Dans la route et à mon retour à Rome, j'entendis qu'on faisait des préparatifs de départ à Tusculum; j'appris aussi qu'un navire ragusais était nolisé à Civita-Vecchia pour le compte de M. le sénateur Lucien, mais on parlait toujours de voyage en Corse. Ce ne fut que dans les derniers jours de juillet qu'on commença à répandre dans le public qu'il allait en Amérique; cependant, il n'y avait que des bruits vagues, et souvent on assurait que le voyage était contremandé. Je n'ai point rendu compte de ces bruits : 1° parce que, presque jusqu'au départ, on n'a parlé que du voyage en Corse; 2° parce que j'ai pensé que je n'avais pas à m'immiscer dans une affaire concernant le frère de l'empereur; 3° parce que, me trouvant sous les ordres immédiats de M. le gouverneur général, comme moi présent sur les lieux, ce n'était pas à moi à prendre l'initiative dans une matière aussi délicate.
Saviez-vous qu'il envoyait un bâtiment en parlementaire pour faciliter son départ?	Jusqu'au quatre août, jour où j'ai reçu la dépêche du ministre russe à Cagliari, je n'en ai pas eu la moindre connaissance.
Avez-vous connu ou soupçonné la vraie destination de ce bâtiment?	Ignorant totalement le départ du bâtiment, je n'ai pu connaître ni soupçonner sa destination.

QUESTIONS (Écriture du ministre.)	RÉPONSES (Écriture de Tournon.)
En avez-vous prévenu, ou vous êtes-vous opposé à cette démarche; vous n'avez pas dû l'ignorer?	Je n'ai pu en aucune manière connaître le départ du parlementaire, puisque je n'ai de connaissance du mouvement du port qu'en ce qui concerne la police des passagers et le commerce; encore, dans la première partie, le commissaire général de police à Civita-Vecchia me supplée-t-il. Si le parlementaire est sorti avec des papiers pour la Corse, ce voyage était licite. Si ses papiers n'étaient pas en règle, la police ou la marine locale devait empêcher son départ. Je ne pouvais le faire, puisque j'habite à 18 lieues du port, et que je n'ai été instruit du départ que par les états de mouvement qui me parviennent toujours fort tard. Si ce bateau parlementaire, parti légalement pour la Corse, s'est ensuite dirigé sur la Sardaigne, j'ai encore moins pu le savoir.
En avez-vous parlé à M. le sénateur Lucien, ou à M. le gouverneur général; que vous ont-ils répondu?	Je n'ai vu M. le sénateur Lucien que deux fois depuis que j'habite Rome; la première, à mon arrivée, pour lui remettre une lettre de Madame la grande-duchesse de Toscane; la deuxième, peu après son retour de Canino, dans le printemps de cette année. Dans ces visites d'un quart d'heure, il ne fut question que de choses indifférentes. Dans les derniers jours de juillet, lorsque je fus de retour à Rome de la tournée pour la conscription, je parlai à M. le gouverneur général du bruit, qui se répandait de plus en plus, du départ de M. le sénateur Lucien. Il me dit, dans le cours de la conversation, qu'il croyait qu'il avait des passeports de Sa Majesté. C'était au reste dans ce moment l'opinion générale; je n'ai plus parlé de cette affaire au gouverneur général qu'au 4 août, au sujet des dépêches du ministre russe
Le jour où vous aviez reçu les lettres de l'envoyé russe en Sardaigne, était-il encore temps de s'opposer au départ du bâtiment l'Hercule? (Saviez-vous qu'on avait fait no-	Ainsi que j'en ai déjà rendu compte à V. Exc. le 7 septembre, je reçus et remis le 4 août à M. le gouverneur général le paquet du ministre de Russie. Le départ de M. le sénateur Lucien n'ayant eu lieu que le 7 au soir, nul doute qu'il y ait eu un temps plus que suffisant pour s'y opposer. Mais il est facile de sentir que M. le gouverneur général étant sur les lieux au moment du départ, ce n'était pas à moi à donner des ordres.

ANNÉE 1810.

QUESTIONS *(Écriture du ministre.)*	RÉPONSES *(Écriture de Tournon.)*
liser ce bâtiment?) Où l'information donnée par l'envoyé russe ne vous a-t-elle pas paru assez importante pour suspendre le départ, et prendre de nouveaux ordres ?	J'ignorais jusqu'au commencement d'août que ce fût un bâtiment américain qui dût transporter M. le sénateur Lucien. Ayant été absent de Rome pendant tout le mois de juillet, j'étais resté dans l'idée que c'était un ragusais sur lequel le chargement avait même commencé. L'information de l'envoyé russe me parut si importante, que je n'hésitai pas un instant à en donner connaissance à l'autorité qui seule pouvait en profiter et qui, par la nature de ses pouvoirs, était seule à portée de prendre une détermination adaptée aux circonstances. V. Exc. a daigné approuver ma conduite à cet égard, le 26 septembre.
Enfin, avez-vous cru qu'il était indifférent de laisser partir M. Lucien, et n'est-ce que par une complaisance simple que vous ne vous êtes pas opposé à toutes les intelligences qu'il avait sur la côte ?	J'ai constamment été persuadé que le départ de M. le sénateur Lucien était un événement, et j'aurais cru manquer de la manière la plus coupable à mes devoirs envers Sa Majesté, si j'eusse apporté la moindre complaisance à le favoriser, ou à protéger ses intelligences. Mais ainsi que je l'ai établi dans ma lettre du 7 septembre, lettre à laquelle V. Exc. a daigné répondre le 26 pour me faire connaître sa satisfaction, ce n'était en aucune manière à moi à prendre de mesure directe dans cette affaire. Préfet d'un département de l'intérieur, où je n'eusse dépendu que des ministres de Sa Majesté,

je n'aurais pas hésité à prendre les mesures que m'auraient dictées mon zèle et mon dévouement; l'éloignement où j'eusse été de Paris, m'aurait engagé dans ce cas, à agir sans attendre vos ordres. Mais à Rome, je suis placé sous la direction de la Consulte pour l'administration générale, et sous les ordres de M. le gouverneur général pour la police. Toute la haute police est même entre ses mains, et je n'ai aucune influence sur ses déterminations, ni souvent aucune connaissance de leur résultat. A la vérité, d'après une décision de V. Exc. qui m'est parvenue le 12 juillet, j'ai dû correspondre directement avec le 3ᵉ arrondissement de la police générale; mais quand j'ai reçu cette décision, j'étais absent et occupé à lever la conscription dans les arrondissements; je n'ai donc pu donner dès le premier instant toute l'activité désirable à cette correspondance. C'est dans ce moment, précisément, que le départ de M. le sénateur Lucien a eu lieu. Mais alors il s'agissait non de vous instruire d'un projet connu de toute l'Italie et long à exécuter, mais de faire sans le moindre délai un acte d'autorité, et dans ce cas M. le gouverneur général avait seul le droit d'agir.

En me résumant, je prie V. Exc. d'observer que je n'ai été instruit du projet de départ que par la voix publique (avant le 4 août); que la Consulte et M. le gouverneur ont été instruits de la même manière; que je n'ai pu douter un moment que ce projet de départ ne fût connu de l'autorité supérieure; que j'ai même dû croire qu'il se faisait avec son agrément, puisqu'on assurait que M. le sénateur Lucien était porteur de passeports, lesquels ont été exhibés au commissaire général de police à Civita-Vecchia; que, même dans le doute, ce n'était pas à moi à faire connaître des projets qui pouvaient n'être pas fondés; placé en seconde ligne, il eût été absurde que je prisse l'initiative de mesures excessivement délicates, lorsque l'autorité dont je dépends était sur les lieux, et qu'elle était bien plus à portée que moi d'être instruite des projets de M. le sénateur Lucien et des intentions de Sa Majesté.

Tant que la voix publique a seule répandu un bruit, à chaque instant contredit par un autre, qui venait aux oreilles de M. le gouverneur général, résidant à Rome, encore plus qu'aux miennes, puisque j'étais alors entièrement occupé de la levée de la conscription dans les arrondissements, je n'ai pas cru devoir m'en occuper plus que lui, ni avant lui. Dès que ces soupçons se sont changés en certitude, par l'avis donné par l'envoyé russe, j'ai, sans perdre un instant, éclairé M. le gouverneur général, et je lui ai remis la totalité des dépêches; le temps était trop court pour que je pusse vous instruire et recourir à vous; j'ai dû m'adresser à la seule autorité ici présente qui pouvait prendre une détermination conforme aux intentions de Sa Majesté dont je n'avais aucune connaissance. Je l'ai fait, et je crois avoir en cette occasion accompli scrupuleusement *mon devoir* [1].

Arch. de Génelard, à Anglès, Rome, 8 septembre 1810.

Je réponds à la lettre que vous m'avez fait l'honneur de m'écrire pour m'adresser des instructions sur les mesures de précaution à prendre pour empêcher l'évasion des conscrits. Je ne crois pas pouvoir mieux me justifier de la désertion d'un nombre considérable de conscrits, arrivée le 2 août, qu'en vous adressant copie des instructions données par le capitaine de recrutement à l'officier chargé du commandement de l'escorte. J'ajouterai que le détachement de conscrits ne fut que de 236 hommes, au lieu de 250, à cause qu'à la revue de départ, 14 hommes se trouvèrent incapables de partir dans ce moment, et que l'escorte était de 62 hommes, dont 12 officiers de recrutement et d'une brigade de gendarmerie. La désertion des 50 hommes n'eut pas lieu pendant la nuit, ni pendant la marche; elle n'eut pas lieu par défaut de force suffisante, mais uniquement par la faute de l'officier commandant. Les faits que je vais vous exposer fidèlement vous en convaincront.

---

1. Cf., sur toute cette curieuse affaire, mon article du *Correspondant*: *Lucien Bonaparte et son départ de Rome* (10 août 1909).

Le détachement de 236 hommes partit de Rome le 1er août, au matin, et arriva à Monterosi dans le meilleur ordre; on y coucha dans une caserne que j'avais fait préparer, et on repartit le 2, de bonne heure. Il ne manquait aucun homme à l'appel. On arriva à huit heures à Ronciglione, bourg situé sur la grande route, entouré de ravins. Les instructions de l'officier étaient de ne jamais faire de halte qu'en plaçant des gardes, et de réunir tous les hommes en logement. Ronciglione n'était pas lieu d'étape, et il n'y avait aucune nécessité à s'arrêter, puisque la troupe n'avait fait que 3 lieues; cependant, le commandant fit faire halte et renvoya l'escorte de gendarmes, accorda aux conscrits et aux soldats la permission d'entrer dans les cabarets, et lui-même se rendit dans une auberge. On partit au bout d'une heure, mais les seuls conscrits qui voulurent bien se mettre dans les rangs partirent, car on ne fit pas d'appel. 50 d'entre eux s'échappèrent des cabarets où ils étaient, se cachèrent dans les maisons, ou s'enfuirent dans les bois. L'officier songea enfin à faire un appel et reconnut qu'il lui manquait 50 hommes. Des ordres furent donnés sur-le-champ, et jusqu'à ce jour on n'a pu arrêter que 6 de ces déserteurs. Le mois étant expiré, ils vont être dénoncés aux tribunaux, et poursuivis selon les rigueurs des lois. Passé ce premier moment, la désertion était beaucoup moindre et moins grande qu'on ne devait l'attendre d'une première levée; le tableau ci-joint vous en donnera la preuve, et je dois ajouter que, d'après les nouveaux rapports datés de Gênes, il n'y a plus eu de désertions passé la Toscane. Ainsi, Monsieur, cette désertion extraordinaire est la suite des mauvaises dispositions prises par l'officier commandant l'escorte, et on peut être heureux qu'elle n'ait pas été plus considérable, puisque tous les conscrits se sont trouvés un moment hors de toute surveillance, et qu'il suffisait de l'exemple de quelques mauvais sujets pour entraîner tous les autres. Je rendis compte sur-le-champ de ce fait à M. le gouverneur général, en l'invitant à prendre telles mesures que de raison contre l'officier commandant.

Le vol fait aux curés qui se rendaient à Plaisance n'a aucune relation avec la désertion des conscrits; il est bien prouvé aujourd'hui que les voleurs étaient d'anciens sbires accoutumés au crime; il est vrai que quelques conscrits se sont joints aux brigands, mais leur nombre est petit, et les autres ont quitté le département ou cherché un asile dans les montagnes.

Vous pouvez être certain, Monsieur, de la sévérité avec laquelle je poursuis les réfractaires; la preuve est qu'aujourd'hui le département ne doit plus que 23 hommes, dont plusieurs attendent déjà le départ du détachement.

Arch. de Génelard, à Anglès, Rome, 11 septembre 1810.

J'ai l'honneur de vous accuser réception de votre lettre du 1er du courant. Elle m'apprend que les deux états des évêques qui ont prêté ou refusé le serment à Sa Majesté, que je vous avais adressés le 25 du mois expiré, ont rempli le but de la demande que vous m'aviez faite.

Je poursuis avec activité le travail sur les chanoines et les curés, et j'espère, sous quelques jours, vous le faire passer. J'eusse désiré mettre plus de célérité dans cet envoi; mais comme ce tableau général doit comprendre environ 2,000 individus, qu'il m'a fallu donner sur chacun d'eux des renseignements détaillés et tels que vous paraissez les désirer, je n'ai pu, malgré mes efforts, le terminer plus promptement.

Dans mes rapports du 25 juin et du 3 août, j'ai eu l'honneur de vous rendre compte de l'effet qu'avaient produit sur le peuple les mesures relatives au clergé. Aucun mouvement, aucune nouvelle observation ne m'ont donné lieu d'y rien ajouter. Le peuple est tranquille; les curés ont été remplacés par leurs vicaires et par d'autres prêtres dont on n'a point exigé le serment.

Quelques ecclésiastiques que ce refus avait envoyés à Plaisance ont obtenu, sur le motif de leur âge avancé, la permission de revenir à Rome. Mais le peuple n'a pas vu avec indifférence la vente du mobilier des églises supprimées. J'ai cherché à calmer son mécontentement, en faisant acquérir ces objets par les communes. Malheureusement, le mauvais état de leurs revenus et le manque de fonds se sont opposés souvent à ces acquisitions. J'ai pris le parti de suspendre pendant quelque temps la vente des mobiliers des églises les plus révérées, jusqu'à ce que l'on ait pris une détermination à cet égard ; il est très important de ménager les esprits et d'agir avec prudence, dans une matière à laquelle le peuple prend un extrême intérêt. J'ai présenté à la Consulte un travail sur les églises supprimées; il en est quelques-unes qui, sous les rapports de leur antiquité, de leur beauté comme ouvrages d'art, méritent d'être conservées, et ce respect pour leurs monuments peut produire un salutaire effet sur les Romains. Il me semble, au reste, que dans les circonstances actuelles, il faut moins considérer le produit, très borné d'ailleurs, que donneront les ventes de ces objets très révérés du peuple, que le mauvais effet qu'elles peuvent produire sur l'esprit public.

Arch. d'Avrilly, à sa mère, Rome, 23 septembre 1810.

Je vous remercie bien tendrement, ma bonne mère, de votre empressement à chercher à m'établir d'une manière agréable et solide, et quoiqu'*assez content* de ma vie de garçon, je ne suis pas éloigné de courber la tête sous le joug. Vous parlez d'une personne de 20 ans, de bonne maison, et devant avoir 20,000 livres de rente. L'âge me convient, la fortune aussi; mais il faut savoir à quoi se réduisent aujourd'hui ces 20 mille francs. Car, quoique je jouisse d'un revenu considérable, j'ai besoin d'un accroissement au moment où je me marierai. Ce point est important à éclaircir. Je désire aussi savoir comment est la figure; enfin, je voudrais être agréé avant que de donner une réponse définitive. Comme il n'y a rien qui presse, examinez chaque chose, et vous me trouverez ensuite disposé à faire ce qui vous peut convenir.

Le second parti est bien jeune; un œil tourné est bien laid, et 40,000 livres de rente ne compensent pas ces deux défauts. Je désire une femme d'au moins 20 ans. Plus jeune, elle serait trop susceptible d'adopter les mœurs de ce pays, les plus contraires de l'Europe au bonheur intérieur. J'avoue même que, quoique peu susceptible de jalousie, je ne me marierai à Rome qu'avec une certaine répugnance. Le *dévergondage,* car c'est le mot, est si général, si public dans la haute noblesse, que je ne voudrais presque pas que ma femme vît une seule des femmes de la société. Cependant, je le répète, je suis loin de répugner à un mariage, et lorsque vous aurez choisi, je dirai volontiers *Amen*...

Je partage le bonheur qui doit régner à Claveson, et envoie à chacun de ses chers habitants les plus tendres caresses.

Arch. de Génelard, à Anglès, Rome, 2 octobre 1810.

Vous m'apprenez, par votre lettre du 24 septembre, que les détails que je vous avais donnés sur la suppression des couvents, le 25 juillet, ont parfaitement rempli votre demande, et vous m'engagez à continuer d'apporter la plus grande attention sur la manière dont se conduisent les religieux et religieuses qui en sont sortis.

Je pense, ainsi que vous, que la crainte de voir suspendre le paiement de leur pension pourra influer beaucoup sur leur soumission au gouvernement, et peut être dans nos mains un frein puissant pour les contenir. Cependant, à quelques exceptions très légères près, je n'ai pas eu, jusqu'à ce jour, besoin d'employer la sévérité, et ils continuent à vivre dans la plus profonde tranquillité. Quelques ecclésiastiques, dévoués au gouvernement, lui rendent ici de grands services par leur exemple et leur influence; j'ai prévenu vos ordres à leur égard, et je n'oublie rien pour engager les autres à mériter les mêmes déférences et la même considération par un pareil dévouement.

Arch. d'Avrilly, à son père, 8 octobre 1810.

J'ai à répondre à plusieurs de vos lettres, mon cher papa, et j'ai à vous prier, en premier lieu, d'excuser un silence bien *digne de pardon* de la part d'un préfet qui gémit et plie sous le poids des affaires. Mes cartons sont (le contraire du tonneau des Danaïdes, chaque jour je les vide, et chaque jour ils sont pleins [1].)

Vous voilà de retour des eaux, mais sans un mieux assez sensible pour nous satisfaire entièrement. J'espère cependant que leur effet se fera sentir à la longue, comme il arrive de beaucoup d'eaux minérales qui n'agissent qu'à l'aide du temps. Le lait d'ânesse est aussi un de ces remèdes innocents qui ne peut que contribuer à vous débarrasser de cette toux incommode. Ayez donc de la persévérance à ce régime, et surtout fermez votre esprit à toutes ces inquiétudes qui échauffent votre sang. De petits malheurs ou de légères pertes n'ont d'importance que celle qu'on leur donne; et il est aussi sage pour l'esprit que bien entendu pour la santé, de savoir les supporter sans altération de son repos. Votre attachement pour vos enfants vous fait souvent grossir les résultats de ces très petits accidents, et vous nuisez par ces inquiétudes à votre santé dont la perte serait le plus grand de tous les malheurs. Je vous prie,

---

1. Mots cités par L. Madelin, *La Rome de Napoléon*, p. 291.

dans ces petites pertes ou dans ces dépenses indispensables, de me regarder comme chargé de combler ces déficits peu importants, et l'état de mes affaires me permet de venir à l'aide des miens pour ces bagatelles.

Voilà donc le dieu d'hymen allumant à Claveson un double flambeau ! Je chanterais volontiers « Evohe », si ma voix ne s'était enrouée à force de parler de budget, de lois et de décrets. Tout ce qu'on me dit de M. d'Hérisson me fait espérer que ce mariage aura un succès heureux. La main adroite d'Hélène saura gouverner cette jeune barque, et malgré les écueils de la mer qu'elle doit parcourir, la conduire à bon port. La barque de Louis et d'Hortense, moins brillamment pavoisée, navigue sur un canal plus tranquille, et le succès de sa course ne peut être douteux. Je ne puis vous dire avec quel plaisir je vois s'établir avantageusement deux sœurs que j'aime avec une tendresse infinie.

Je croyais vous avoir remercié dès longtemps du vin et de l'huile. Le baril de vin blanc de Cassis est encore en mer; mais j'espère qu'il n'ira pas désaltérer John Bull. Je recevrai avec plaisir les 100 bouteilles de Cornas. Je voudrais que vous me fissiez une ou deux caisses de Côte-Rôtie et d'Hermitage, afin de pouvoir parler des vins de mon pays, en donnant l'exemple à côté du précepte. Puisque j'en suis sur les commissions, je désirerais que maman me fît faire une douzaine de chemises de belle percale, avec jabots de mousseline fine. Ces objets sont ici d'un très haut prix. Je la prie aussi de me faire faire au Vigan 12 paires de bas de soie blancs et 4 de noirs. Ma gouvernante m'avertit que ma garde-robe s'use, et il faut songer à la renouveler. Nouvelle commission : je voudrais... une douzaine de bouteilles d'eau de Cologne, et 2 de vinaigre à la Duchesse... Je suis occupé à faire du sirop de raisin qui réussit très bien, et j'espère me passer presque de sucre cette année.

Adieu, mon cher papa; je vous prie de croire à la plus vive tendresse de votre Camille. Mille baisers à maman et à tous les habitants de Claveson.

Arch. de Génelard, à Anglès, Rome, 10 octobre 1810.

Par votre lettre du 2 du courant, vous me demandez des renseignements sur les infanticides qui peuvent se commettre dans le département, et les institutions destinées à les prévenir. Cet objet m'avait déjà été recommandé par votre circulaire du 7 septembre dernier, et j'ai eu l'honneur de vous adresser à ce sujet, le 17 du même mois, une lettre assez détaillée à laquelle je me réfère. Je vous instruisais que ce crime était très rare dans les États Romains, et j'en donnais pour preuve le grand nombre d'enfants trouvés reçus dans les établissements consacrés à les secourir. J'en attribuais la cause aux nombreux édifices dans lesquels les femmes qui pourraient être tentées de détruire leur fruit pouvaient s'en délivrer secrètement, et à l'assurance qu'elles avaient que leur enfant trouverait des secours dans les hospices d'enfants trouvés. Ce dernier motif est d'un grand poids, car je suis persuadé que la crainte de livrer le fruit de leur faiblesse au malheur et à la misère en lui donnant le jour, ne contribue pas moins que la honte à leur faire commettre ce crime atroce.

Un nouvel examen m'a confirmé dans ce que j'ai eu l'honneur de vous écrire à ce sujet; et je n'ai rien à y ajouter.

Arch. de l'État romain, volume 114,
au baron Janet (pour lui seul), Rome, 11 octobre 1810.

M. le baron de Gérando vient de m'envoyer copie d'une lettre de S. Exc. le Ministre de l'intérieur en contenant une autre adressée par vous à S. Exc. le Ministre des finances, sous la date du 28 août, par laquelle vous exprimez le vœu que *pour empêcher des abus graves il soit établi auprès du Conseil municipal et de la mairie un commissaire spécial ferme, laborieux, attentif et d'une sévère probité qui concoure à toutes les dépenses, sans le visa duquel on ne puisse en faire aucune, et qui veille à la conservation des anciens monuments*[1].

Je ne m'arrêterai pas à laver le maire et le Conseil municipal des soupçons que vous jettez sur eux : je leur laisse ce soin. Mais je ne puis passer sous silence ce qu'a d'injurieux pour moi votre proposition au Ministre des finances, et je suis trop franc pour m'adresser à d'autre qu'à vous-même.

Vous ne pouvez ignorer, Monsieur, que comme préfet, je suis ce commissaire spécial, ce surveillant du maire et du Conseil municipal ! Le vœu que vous formez de... mettre un autre que moi pour commissaire, l'énumération des qualités que vous désirez voir réunies dans ce nouvel administrateur, comment puis-je les qualifier? Quel a été votre but, votre plan? Je ne puis croire que vous ayez voulu me dénoncer indirectement. La manière dont j'ai vécu avec vous, les éloges que vous avez bien voulu donner quelquefois à mes efforts, éloignent de moi toute idée d'un désir de me nuire. J'aime à croire aussi que vous, membre d'une autorité supérieure, vous eussiez employé une voie plus noble, si vous aviez jugé que quelques-unes de mes actions ou des défauts de mon caractère me rendissent peu capable de servir Sa Majesté dans le poste qu'Elle-même, sans intrigue, sans sollicitation, sans appui, a daigné me confier.

Quoi qu'il en soit, Monsieur, et quoique j'écarte soigneusement de mon esprit toute idée d'une basse dénonciation faite à un ministre auprès duquel j'ai moins de moyen de me justifier, parce que j'ai moins d'occasion d'en être connu, votre lettre subsiste; elle est entre les mains du Ministre de l'intérieur, mon juge naturel; elle est entre celles de tous les membres de la Consulte; elle est entre les miennes. Je vous demande de vous expliquer sur vos motifs. Quoique, comme membre de la Consulte, vous soyez placé dans un rang plus élevé que moi, *j'ai le droit* d'exiger cette explication comme homme et comme serviteur de l'Empereur. Si vous croyez devoir m'accuser, que ce soit d'une manière précise et ouverte, et je répondrai. Si vous n'avez pas eu le désir de porter atteinte à la confiance que Sa Majesté a daigné m'accorder, veuillez bien le déclarer.

---

1. Les mots en italiques sont très fortement soulignés dans le texte.

J'attends votre réponse avec impatience, afin de prendre mes dispositions en conséquence.

Arch. de l'État romain, volume 114, à Janet,
Rome, 11 octobre 1810.

J'ai reçu les explications que vous avez bien voulu me donner, relativement à votre lettre du 22 août à S. Exc. le Ministre des finances : j'ai l'honneur de vous en remercier.

Comme il paraît que S. Exc. le Ministre des finances a été trompé comme moi sur l'acception des termes que vous employez, je lui ferai part de vos véritables sentiments et des intentions qui, d'après votre lettre de ce jour, vous ont fait écrire celle du 22 août. Je dois au ministre cette marque de mon respect pour les jugements qu'il peut porter de moi, et je me dois de lui fournir tous les moyens de s'éclairer sur ma conduite.

Arch. de Génelard, à Anglès, Rome, 11 octobre 1810.

Par la lettre que vous m'avez fait l'honneur de m'écrire en date du 3, vous m'invitez à ne plus accorder de forçats pour les travaux entrepris par les particuliers, afin de laisser aux individus qui étaient salariés par les couvents une ressource dans leur détresse. Je crois devoir vous faire observer que les forçats, dans ce département, sont actuellement réunis sur trois points : Rome, Civita-Vecchia et Porto-d'Anzo. A Rome, ils sont au nombre de 220; ils ont été employés, jusqu'à ce jour, à des travaux d'enlèvement de terre autour d'un ancien monument [1] que la Consulte a fait déblayer. Ce travail étant actuellement fini, ils restent sans occupations; mais leur donnât-on de nouveau un travail de cette nature, le seul qu'ils puissent entreprendre, ils ne pourraient causer aucun tort aux ouvriers habitués à travailler pour les couvents, puisqu'à Rome il y a toujours manque d'ouvriers pour les travaux de la terre. La classe d'ouvriers qui est sujette à manquer de travail sont les artisans proprement dits, qui trouvaient dans les couvents un travail assuré, soit dans celui des meubles, soit dans d'autres ouvrages à l'usage des religieux des deux sexes. De tels ouvriers ne peuvent avoir les forçats pour concurrents; ainsi il n'y aurait point lieu ici d'appliquer les dispositions de votre lettre.

A Porto-d'Anzo, les forçats, en petit nombre, sont employés uniquement pour la marine.

A Civita-Vecchia, où est le grand dépôt des forçats, une partie, à la vérité, est employée aux salines de Corneto, régies pour le compte d'un particulier.

---

1. Les trois colonnes du Temple de Vespasien (qu'on appelait alors Temple de Jupiter Tonnant), près du *Tabularium* du Capitole.

Je dois vous faire observer que Corneto est, de tous les points du département, celui où la population est la moins proportionnée à l'étendue du sol, et où les bras étrangers sont les plus recherchés. D'ailleurs, l'air des salines est si malsain qu'on trouverait très difficilement des hommes de bonne volonté pour y travailler.

Sur aucun point de mon département, je n'aurai donc à appliquer les dispositions qui font le sujet de votre lettre; mais je dois profiter de cette occasion pour vous faire connaître la situation malheureuse d'une foule d'ouvriers qui trouvaient dans les *180 couvents de Rome* une subsistance assurée.

Ces hommes et leurs familles, privés de cette ressource, ne trouvant aucun travail dans la ville à cause des retranchements que se sont imposés tous les riches, sont livrés à *la plus affreuse misère*. Quoique les secours distribués mensuellement par la Consulte soient de 15,000 francs, comme le nombre des pauvres s'est plus que doublé depuis la suppression des couvents, ces secours sont de beaucoup inférieurs aux besoins. Un moyen plus puissant que des secours serait de donner du travail à ces ouvriers. Nous sommes au commencement de l'hiver, saison qui, quoique peu rigoureuse sous cette latitude, exige cependant une plus grande dépense en vêtements, chauffage et éclairage.

Le blé est au prix de 34 à 35 francs l'hectolitre, ce qui établit le pain à environ 25 centimes la livre, poids de marc. Plus de deux mille familles d'ouvriers se trouvent sans travail; je n'ai pas besoin de m'appesantir sur les suites que peut entraîner ce malheureux état de choses; sans doute, la police remédiera à tous les dangers; mais peut-être jugerez-vous nécessaire de prendre d'avance quelques mesures qui, en extirpant la cause du mal, empêchent d'avoir à punir les délits.

Arch. de Génelard, au Ministre de l'intérieur,
15 octobre 1810.

Une escadre anglaise, composée de deux vaisseaux de ligne, deux frégates et trois bricks, a paru le 13 du courant sur les côtes de ce département, et a jeté l'ancre à deux milles de Porto-d'Anzo. Elle s'est éloignée dans la nuit du 14, et l'on ignore la direction qu'elle a prise. Jusqu'à ce moment, elle ne s'est point remontrée, soit à Porto-d'Anzo, soit sur un autre point du rivage. Cependant, comme elle peut être destinée à croiser dans cette mer, et qu'elle peut facilement, par le moyen de ses chaloupes, gêner le commerce du cabotage, j'ai jugé à propos de le suspendre pour les grains, et de ne plus accorder de licences jusqu'au moment où je serai sûr qu'elle a quitté tout à fait nos eaux.

Cette mesure temporaire m'a été dictée par le désir de soustraire à l'ennemi les bâtiments que l'avidité des spéculateurs pouvait exposer à être pris par les Anglais, et qui pouvait leur fournir ainsi un moyen de s'approvisionner et de prolonger leur croisière. Je craignais ensuite que, sous l'apparence d'un malheur véritable, cette prise des caboteurs ne fût due qu'à une intrigue secrète et à des intelligences avec l'ennemi.

J'espère que ces motifs me justifieront auprès de V. Exc. de n'avoir pas attendu ses ordres ou son approbation pour faire exécuter cette mesure dont les circonstances font sentir la nécessité; j'oserai même la supplier de m'autoriser, à l'avenir, à suspendre ou rouvrir le cabotage, (des grains seulement,) lorsque des circonstances pareilles et urgentes ne permettraient pas d'attendre, sans de graves inconvénients, l'autorisation que j'aurai toujours soin cependant de lui demander. V. Exc. peut être assurée de la discrétion que je mettrai à user de cette permission que je ne demande que parce qu'elle me paraît utile au service général de l'administration et à mon département.

Arch. de Génelard, à Anglès, Rome, 16 octobre 1810.

Les quatre seigneurs romains qui, par mesure de haute police, avaient été envoyés à Paris au mois d'octobre de l'année dernière, et qui, au mois de juin, ont obtenu la permission de retourner dans leurs foyers, sont arrivés successivement dans cette ville dans les mois de juillet et d'août.

Le prince *Altieri*, un d'eux, père d'une nombreuse famille, est fort retiré, et paraît uniquement occupé de l'administration de ses biens. Il passe pour modéré dans ses opinions. Sa femme, fille du prince Xavier de Saxe, est entièrement livrée aux exercices de piété. Son frère Laurent est membre de la Commission des hôpitaux. Toute cette famille mérite la protection du gouvernement, et, quoiqu'elle se tienne encore loin des emplois publics, ne peut qu'inspirer la confiance.

Le prince *Zagarolo*, fils du prince Rospigliosi, a épousé la princesse Colonne. Il fréquente les maisons des fonctionnaires publics, est homme du monde et paraît peu occupé d'affaires politiques. C'est un des hommes qu'il sera utile d'attacher au gouvernement par un emploi à la cour, lorsqu'elle se formera à Rome.

Le marquis *Patrizzi* est un des plus grands propriétaires de l'arrondissement de Rome. Il a épousé une sœur de la princesse Altieri, également dévote et retirée. Je connais peu cette famille, mais je n'ai aucune espèce de motif de croire qu'elle soit opposée au gouvernement. Le marquis vit très retiré. Le marquis *Massimi* a également épousé une princesse de Saxe, celle des trois sœurs la plus répandue dans le monde. Le mari passait, avant le changement du gouvernement, pour partisan du système français; il fréquente les maisons des fonctionnaires, et ne paraît nullement éloigné de se rallier au gouvernement.

En me résumant, je ne pense pas qu'il y ait lieu à porter aucune plainte contre la conduite des quatre seigneurs romains ci-dessus désignés, ni que le gouvernement ait à se repentir de la grâce qu'il leur a accordée.

ANNÉE 1810.

Arch. Nationales, F¹ᵉ 140, doss. 4, à de Gérando,
Rome, 17 octobre 1810.

Vous vous rappelez que l'année dernière, lorsque le roi de Naples vint passer quelques jours dans cette ville, la Commission administrative du Sénat, désirant donner une fête à Sa Majesté, convoqua la noblesse et les principaux banquiers de Rome qui tous applaudirent à ce projet, et promirent de concourir à la dépense. Il est vrai qu'il ne fut pris aucun engagement par écrit; mais il me semble que ce genre d'engagement est suffisant dans une affaire de cette nature. Dans cette même réunion qui eut lieu chez le vice-président de la Commission administrative, MM. le prince de Piombino, le duc Cesarini, le comte de Laraggi et le comte de Marescalchi furent chargés du soin de préparer la fête et de payer les premiers frais. Dès que les comptes des ouvriers eurent été apurés par cette Commission, elle distribua la somme totale entre les membres de la noblesse, les banquiers et les négociants, et les rôles qui constataient la dette de chacun en vertu de cette répartition leur furent envoyés. Un grand nombre de ces rôles ont été soldés; une autre partie reste encore à recouvrer. Cependant, les ouvriers qui avaient reçu les ordres directs des membres de la Commission, lassés d'attendre inutilement le prix de leurs travaux, les ont poursuivis juridiquement, et les tribunaux ont condamné, entre autres, le duc Cesarini à acquitter de ses deniers la somme à laquelle s'élevaient les ouvrages qu'il avait commandés.

Vous trouverez ainsi que moi, Monsieur le baron, dans cette affaire, qu'il est tout à fait inconvenant, d'abord que l'on ait mis les ouvriers employés aux préparatifs de cette fête dans la nécessité de recourir à la justice pour se faire solder de leurs créances, ensuite de mettre à la charge des Commissaires les frais d'une fête qu'ils n'ont point prétendu donner en leur nom, et dont ils ont essuyé toutes les fatigues inséparables de l'emploi qu'on leur avait confié. Comme il n'y a pas eu d'engagement par écrit, on ne peut en poursuivre le paiement devant les tribunaux; mais il me semble que la Consulte doit intervenir, et j'ai l'honneur de vous proposer de lui faire prendre un arrêté par lequel le montant du rôle ci-joint sera rendu exécutoire par moi comme les impositions publiques.

Arch. de Génelard, à Anglès, Rome, 22 octobre 1810.

Vous me demandez un état des forçats libérés, des gens suspects et dangereux, des coutumaces, etc. Je vais me mettre en relation avec le directeur de la police et les chefs de la gendarmerie pour former ce travail, et je vous l'adresserai incessamment.

Quant aux sbires[1] que vous m'engagez à faire conduire à Gênes ou à éloi-

---

1. Cf. sur ces « bandits privilégiés », et sur le mépris dans lequel ils étaient tombés aux yeux du peuple romain, Tournon, *Études*, t. II, p. 407, et L. Madelin, *La Rome de Napoléon*, p. 67-68.

gner des États Romains, je crois devoir vous faire quelques observations. On peut actuellement diviser les sbires en 4 classes : 1° Ceux qui sont à la charge du gouvernement, et réunis en petites escouades, sous la police et les ordres de la gendarmerie; ils sont actuellement au nombre de 49, divisés en 10 escouades. Ces hommes sont les moins mauvais de ceux de leur état, et on continue à les payer régulièrement; en leur donnant une discipline plus sévère, on en pourra retirer de grands services. — 2° Ceux à la charge des communes de plus de 500 âmes; ils sont au nombre de 60, répartis en 8 communes, et y sont employés comme gardes-police. Ces sbires, vivant presque indépendants et seulement sous l'autorité du maire, trop faible pour les réprimer, sont un fléau pour les communes; d'ailleurs, leur solde devient un poids dont elles ont droit de se plaindre, et, pour l'année 1811, je ne pense pas qu'on en puisse faire un article de budget. Il est donc essentiel de pourvoir au sort de ces individus. — 3° Les sbires que j'ai placés comme gardes champêtres, au nombre d'environ 200. Ces hommes sont dangereux, parce qu'ils sont presque indépendants, et qu'ils peuvent faire servir l'autorité que leur accorde la loi à couvrir leurs délits. La surveillance est presque impossible à exercer sur eux, parce qu'ils sont disséminés dans les villages, et que leurs fonctions les obligent à parcourir les bois et les lieux écartés, avec des armes. — 4° Enfin, les sbires sans occupations, repris de justice, errants, etc., les plus dangereux de tous, et qui se grossissent chaque jour de ceux qu'une mauvaise conduite oblige à chasser des 3 premières classes. Leur nombre ne peut se déterminer exactement, mais je le crois de plus de 300.

Les dispositions que vous m'enjoignez de prendre s'appliquent principalement à ces derniers, et je vais me concerter avec le chef de la gendarmerie pour les faire exécuter. Mais je dois observer que ce ne peut être qu'avec infiniment d'adresse, de réserve et de prudence. Si nous ne donnions pas à ces enlèvements une couleur spéciale, on craindrait une mesure générale, et le résultat en serait que tous ceux qui redouteraient d'y être enveloppés se jetteraient dans les bois et formeraient de nouvelles bandes de brigands. D'une autre part, un grand nombre de sbires sont mariés et pères de famille, et cette position mérite des égards. Dès que j'aurai pu former un plan, je vous le soumettrai; mais je crois nécessaire que vous n'en pressiez pas l'exécution.

Même après cette utile expulsion, il nous restera un grand nombre de sbires compris dans les 3 classes ci-dessus distinguées. Il est urgent de prendre un parti, surtout relativement aux deux premières classes; le gouvernement et les communes resteront-ils chargés des sbires? Comme je l'ai annoncé plus haut, il me semble que les communes ne peuvent être contraintes à supporter cette charge. Ce sera donc au gouvernement à prendre sur lui le soin de nourrir ces 120 sbires. En examinant maintenant le parti qu'il en peut tirer, il me semble qu'on pourrait en revenir à un plan du général Radet, présenté par lui à la Consulte, et, je crois aussi, à S. Exc. le Ministre de la police, et qui cons'sistait à les organiser en brigades de police auxiliaire que l'on aurait employées sous les ordres de la gendarmerie, soit dans les montagnes, soit dans les parties marécageuses des bords de la mer. Quel doute que ces hommes en brigades, habillés uniformément, soumis à la surveillance de la gendarmerie et commandés par elle, ne rendissent de grands services, soit dans les montagnes, pour poursuivre les brigands dans les lieux inaccessibles pour tout autre que les gens du pays, soit surtout aux bords de la mer, pour empêcher des débarquements frauduleux? Vous savez que le littoral n'est habitable pendant l'été que par des hommes accoutumés au climat; tout établissement de brigade de gendarmerie y serait inutile et ne pourrait s'y maintenir. Ainsi, aussi longtemps que nous n'aurons pas une force indigène, il sera impossible d'exercer une police active; en « brigadant » ces sbires qui, un jour ou l'autre, finiraient par se livrer au crime, on en tirera parti pour le maintien de la tranquillité. Il y a une cinquième classe de sbires dont il ne peut être question ici, ce sont ceux à la charge de la ville de Rome, que je propose d'organiser en gardes de nuit, en les faisant solder par la commune.

Arch. d'Avrilly, à sa mère, Rome, 26 octobre 1810.

Je ne conçois plus rien à ce qui se passe à Claveson, ma bonne mère; voilà un mois que je n'ai reçu de vos nouvelles. Heureusement Pauline m'a écrit du 10 octobre, et j'ai reçu aussi une lettre d'Hortense; mais l'amour a troublé cette petite tête, et lui a fait oublier de mettre la date. J'attends cependant avec impatience des nouvelles des mariages, je veux dire de ceux d'Hélène et d'Hortense. Je crains que quelqu'une de vos lettres ne se soit égarée à la poste ou à l'estafette. Ce dernier moyen est rapide, mais il n'est pas très sûr.

Je suis en peine de la santé de mon père, de son amaigrissement et de sa toux qui ne paraît pas se calmer. Le froid de Claveson ne lui serait-il pas nuisible? Peut-être devrait-il passer l'hiver en Provence ou en Languedoc.

Les chaleurs ont tout à fait cessé, et nous jouissons de la température la plus douce. La campagne ranimée par les pluies est un tapis de verdure; les arbres ont encore toute leur fraîcheur; en un mot, la nature est dans toute sa pompe, tandis que vous ne voyez plus que des feuilles mortes et des prés jaunis. Je vais beaucoup à la campagne, à Frascati ou à Albano; l'année prochaine, je m'y procurerai une habitation. Le mois d'octobre est, pour les Romains, un carnaval champêtre; ils vont tous à la campagne, riches ou pauvres, les uns dans des palais, les autres au pied d'un arbre et dans les vignes, et ils vivent d'une manière qui rappelle les *saturnales*. Le jeudi et le dimanche, entre autres, la plus grande partie de la population sort par toutes les portes, comme un essaim d'abeilles, et revient le soir chancelante au logis. Ce peuple est gai et vif comme le Provençal, mais seulement au mois d'octobre et au carnaval…

(A midi.) Je reçois votre paquet du 15, ma bonne mère; quelle joie de voir que tout est heureux à Claveson, et qu'on m'y aime un peu! J'ai lu avec le plus vif intérêt les détails que vous me donnez. Le sort de l'aimable Hélène est donc fixé au moment où je vous écris? J'espère que ma modeste offrande sera parvenue à temps, et qu'on voudra l'accueillir avec quelque bonté. Hier, j'ai fait partir une tabatière pour vous, avec une mosaïque assez jolie.

Je vous enverrai directement la pension de Victor, et vous la ferez parvenir. C'est de votre main qu'il doit tout tenir. Je m'occupe à faire arranger l'appartement des Fortia[1]. Ils seront parfaitement logés, avec le Colisée sous leur fenêtre, et un jardin d'orangers. Ces excellents parents me dédommageront un peu de mon absence de Claveson.

Mille tendres compliments à mon père; qu'il soigne sa santé : c'est un bien qui est à nous tous. A-t-il reçu le quina? — J'embrasse tante, sœurs, frères et futurs beaux-frères.

Adieu, mon excellente mère; je vous aime autant que mon cœur peut et sait aimer.

Arch. de Génelard, au général Dumas,
Rome, 3 novembre 1810.

Le département a déjà fourni 320 hommes sur son contingent de 339. Le Conseil de recrutement, dans sa séance extraordinaire de ce jour, en a désigné 11 qui partiront incessamment; ainsi, il ne sera plus dû, en déduction du contingent, que 8 hommes.

J'ai pris toutes les mesures possibles pour exciter les déserteurs à rejoindre, et grâce aux soins des sous-préfets, j'ai été assez heureux pour en rappeler, jusqu'à ce jour, 20 à leur devoir; 12 ont déjà été dirigés sur Orléans, et 8 sont en ce moment prêts à partir. Je suis instruit que plusieurs autres ont promis de se présenter à moi, s'ils peuvent espérer de n'être pas punis de leur désertion. J'ai cru pouvoir leur faire espérer cette grâce, ayant égard à leur repentir et au peu de connaissance qu'ils ont de leur devoir. J'ai cru, d'après ces motifs, devoir suspendre, jusqu'à votre décision, le recouvrement de l'amende, espérant par cette marque d'indulgence rassurer un plus grand nombre de réfractaires. Il m'a semblé que, dans ce pays où il s'agit d'introduire la conscription et d'y habituer les citoyens, il fallait savoir s'écarter à propos de la lettre des lois. Sans doute, ce serait un très grand bien si je pouvais, par ces tempéraments, rappeler les coupables au devoir, et le fruit de cette indulgence se recueillerait, non seulement actuellement, mais dans la future levée. J'espère que vous voudrez bien approuver ma conduite.

Certaines parties du département, comme les arrondissements de Velletri et de Frosinone, continuent à avoir le plus grand nombre de réfractaires. Dans quelques communes, la plupart des jeunes gens, voyant qu'on recherchait des conscrits pour remplacer les déserteurs, se sont réfugiés dans les montagnes. Cet état de choses est extrêmement fâcheux, parce qu'il grossit les troupes de brigands, et jette les familles dans la désolation. C'est pour ne pas pousser à bout ces jeunes gens, que j'ai apporté quelque lenteur à fournir la totalité du contingent, et c'est pour le même motif que je tarde à remplacer les déserteurs. Souvent, je serai forcé de prendre, pour remplacer un

---

1. Parents éloignés de Tournon. — Le marquis Agricol Fortia d'Urban (1756-1843) est l'auteur de très nombreuses œuvres de science morale, naturelle, historique et géographique, formant environ 100 volumes.

homme, un numéro extrêmement élevé, parce que tous les numéros inférieurs auront abandonné les villages. Les moyens de persuasion auprès des parents, les recherches de la gendarmerie, et enfin les rigueurs de la saison, ramèneront peu à peu les fuyards, et je pourrai remplacer mes déserteurs, soit par le retour volontaire de ces coupables, soit par leur arrestation, ou enfin en désignant à leur place des hommes qui, par leur numéro, sont les premiers à marcher dans toutes les opérations.

Je crois avoir pour but de fournir le contingent demandé, mais, dans le même moment, de ne pas indisposer les habitants contre une institution bien étrangère à leurs mœurs et à leurs idées. Cependant, par le premier détachement, je ferai partir des hommes destinés à remplacer les déserteurs.

Arch. de Génelard, à Anglès, Rome, 5 novembre 1810.

J'ai déjà eu l'honneur de vous rendre compte des effets de la prestation de serment par les ex-religieux. Au moment actuel, le nombre de ceux qui ont prêté ce serment est de 220 seulement.

Parmi eux, sont quelques hommes influents, comme le *père Isaïe*, général des pères des *écoles pies*; le père *Polani*, procureur général des *Augustins* et curé d'une des plus grandes paroisses de Rome[1]. Malheureusement, l'influence de ces personnes a été peu sentie dans cette circonstance. Je suis continuellement occupé à rechercher quels hommes, parmi ces ex-moines, exercent de l'influence sur les autres; mais, jusqu'à ce moment, je ne suis pas parvenu à les reconnaître. Plusieurs causes ont neutralisé l'influence des chefs des ordres sur leurs subordonnés, et la plus puissante est la dispersion des membres qui les rend à leur indépendance. La crainte puérile de l'opinion rend également moindre l'influence des hommes instruits et sans préjugés. Il en résulte que chaque religieux s'étale pour ainsi dire et suit aveuglément, ou ses scrupules, ou l'esprit de parti dont il est animé, ou enfin cette crainte absurde de perdre son crédit sur le peuple. Vous ne pouvez imaginer combien ce dernier motif a engagé de moines à refuser le serment.

Je continuerai à faire agir les hommes influents qui ont déjà donné cette preuve d'attachement au gouvernement, et je ferai tous mes efforts pour déterminer ceux qui ne l'ont pas encore fait.

Vous pouvez être assuré des soins que je ne cesse de donner à cette importante affaire; chaque jour mes efforts sont couronnés de succès, et quelques réfractaires ouvrent les yeux à la raison. Il me serait bien agréable de pouvoir mener tous ces hommes à la fidélité de leur souverain.

---

1. Sainte-Marie du Peuple.

Arch. Nationales, F¹ᶜ III, Rome 2, au Ministre de l'intérieur,
Rome, 8 novembre 1810.

J'ai reçu la lettre circulaire que V. Exc. a daigné m'adresser pour me fournir les moyens de répondre aux bruits absurdes que des malveillants se plaisent à répandre. Aucun moyen ne pouvait mieux atteindre le but que vous vous proposez, celui de détruire dès leur origine des inquiétudes qui troublent le repos des familles, et tendent à diminuer la confiance due au gouvernement. V. Exc. peut être certaine de la réserve avec laquelle j'userai des moyens qu'elle met entre mes mains, m'attachant seulement à détruire les bruits qui sont parvenus jusqu'à cette ville éloignée du centre, sans faire connaître les rumeurs que notre éloignement nous a épargnées.

Habitant la deuxième ville de l'empire pour la population et l'étendue, et recevant habituellement chez moi la société la plus nombreuse composée de diverses classes, je puis facilement, grâces aux indications que vous voulez bien me donner, ou étouffer ou prévenir les bruits désavantageux au gouvernement. Vos lettres, Monseigneur, sont constamment fermées à clef, et ne seront vues que de moi seul.

La plupart des rumeurs qui font le sujet de votre circulaire du 25 ne sont pas parvenues jusqu'à nous. Voici les principaux bruits qui excitent ou les craintes ou les espérances :

On parlait depuis plusieurs mois de la guerre prochaine avec la Russie; l'élévation du prince de Ponte-Corvo à la dignité de prince héréditaire de Suède a donné quelque consistance à ces bruits. L'absence totale de seigneurs russes à Rome a fait croire que la guerre ne tarderait pas à s'allumer, et que la crainte de cet événement empêchait les familles russes de se rendre en Italie.

On s'occupe peu des affaires d'Espagne, et on croit assez généralement à la prochaine soumission de ce royaume. Les avis du commerce ont répandu la nouvelle des maladies épidémiques régnantes à Carthagène et à Malaga, et jeté quelque inquiétude dans les esprits.

On répand depuis plusieurs mois que le royaume d'Italie sera réuni à l'empire, et cette nouvelle est une de celles qui est accueillie avec le plus d'intérêt, Rome espérant de se voir le centre de l'Italie, toute soumise au même sceptre. Je dois observer que ce bruit court périodiquement depuis un an, et qu'il paraît venir de Milan. Il y a trois jours que le bruit courut que S. M. l'impératrice avait éprouvé un accident qui pouvait nuire à sa grossesse. Je me hâtai de démentir cette nouvelle qui avait son origine dans le silence gardé à la fête donnée à Fontainebleau sur cette grossesse, après que les journaux avaient pendant plusieurs jours annoncé qu'elle y serait déclarée.

En général, les Romains, très oisifs et très bavards, se repaissent de nouvelles qui ont rapport à leur état présent et à leur état futur. Chaque semaine, on désigne un grand dignitaire pour gouverneur général; tantôt on proroge la Consulte de 6 mois, tantôt on la dissout au 1ᵉʳ janvier. Tous ces bruits ont leur origine dans l'oisiveté, dans le désir de sortir de l'état provisoire où l'on se trouve, et dans des espérances ou des craintes de l'avenir.

Je continuerai à donner à V. Exc. des détails sur toutes les rumeurs qui occupent le public, désirant me conformer ainsi à ses ordres.

Arch. Nationales, F¹⁰ 97, doss. 6, à Miollis,
Rome, 19 novembre 1810.

D'après votre autorisation, j'ai fait fournir aux conscrits du premier détachement que nous fîmes partir, quelques chemises, guêtres et autres effets d'habillement que leur dénuement complet rendait indispensables. Ces effets ont été livrés par le major du 6ᵉ régiment qui m'en adressa un état. Je l'ai transmis à M. de Gerando en le priant d'en faire ordonnancer le paiement par la Consulte. Elle n'a pas jugé devoir le faire, et a renvoyé l'affaire sous prétexte qu'elle ne regarde que le Ministre de la guerre. Cependant, M. le major du 6ᵉ fait observer, avec raison, qu'ils ne sont point chargés d'après les ordonnances du ministre d'équiper en tout ou en partie les conscrits qui sont adressés à un régiment, avant leur arrivée au corps, et il réclame avec la même justice le prix des effets qu'il a fournis, sur la promesse qu'ils lui seraient remboursés. J'ai l'honneur de prier V. Exc. de vouloir bien prendre cette affaire en considération, et de faire ordonner par la Consulte le paiement de ces vêtements que l'on n'avait pu refuser aux conscrits, sans les exposer à succomber presque inévitablement aux fatigues et aux dangers d'une route de près de 400 lieues.

Arch. de Génelard, à Anglès, Rome, 20 novembre 1810.

La lettre que je vous ai écrite le 19 courant pour vous instruire des mesures prises par la Consulte pour occuper les indigents de cette cité, répond en partie à celle que vous m'avez fait l'honneur de m'adresser sur le même sujet, et qui m'est parvenue le même jour. La juste importance que vous mettez à arracher la foule de malheureux, que les nouveaux changements ont laissés sans ressources, à la misère qui les accable et qui pourrait les porter à de coupables excès, m'engage à vous en signaler particulièrement une classe, plus à plaindre peut-être que toutes les autres, et qui mérite d'attirer la sollicitude du gouvernement.

Les ouvriers qui trouvaient dans les couvents du travail, soit à la terre, soit à des objets de cette nature, pourront encore trouver les mêmes ressources, soit chez des particuliers, soit dans les travaux publics dont je vous ai fait connaître l'utilité, et qui peuvent être facilement multipliés suivant les besoins. Mais il existe encore une classe d'artistes qui, employés jadis aux décorations intérieures et extérieures des divers établissements supprimés, élevés par une éducation plus soignée au-dessus des simples ouvriers dont je viens de parler, se voient comme eux sans ressources, sans vouloir descendre à des occupations qu'une certaine noblesse de caractère, ainsi que leur goût, leur font regarder comme au-dessous d'eux. C'est pour cette classe estimable et infortunée que je crois devoir solliciter les bienfaits de S. M., et des travaux utiles à l'État en même temps qu'ils fourniront à ces artistes un salaire honorable. Ces travaux pourraient être l'ameublement et les décorations d'un palais pour S. M., quelques tableaux, quelques ouvrages de gravure et de sculpture, ou autres de cette nature. Ils donneraient, en même temps, l'espoir d'attirer les yeux et l'attention d'un monarque, juge si éclairé des talents, et exciteraient une émulation qui tourne toujours au succès des arts auxquels elle s'applique.

Arch. d'Avrilly, lettre à sa mère, 3 décembre 1810.

Ma chère maman... venons-en à mon affaire [1]. Je vous ai déjà écrit à ce sujet, et j'espère que ma lettre vous sera parvenue. La fortune de Mlle de P[2]. est au-dessus de mes espérances, et les 10.000 francs de rentes donnés aujourd'hui me suffisent. Comme ma maison est montée sur un assez grand pied, j'aurai peu de dépenses à faire de plus. Maintenant, il y a un point plus important, c'est celui du *personnel*. D'une part, l'âge me donne quelque inquiétude; de l'autre, il me semble qu'elle a été élevée à Paris... Voilà des points à examiner avec une sérieuse attention. Rome est un pays excessivement dangereux pour les femmes, non que les hommes y soient plus aimables, mais à cause de l'exemple généralement donné par les femmes. On cherche ici une femme qui n'a pas d'amant, avec autant de soin qu'ailleurs celle qui en a; et ce qu'il y a de pire, c'est que l'amour y est aussi avoué que le mariage. Une jeune personne, que mes occupations m'empêcheraient de suivre dans le monde, s'y perdrait bientôt par la force de l'exemple, et l'habitude d'y voir le vice honoré, si elle n'a pas de principes fermes. Il faut, ce me semble, pour se décider dans ce choix, connaître un peu le lieu dans lequel on doit vivre, du moins les premières années. Une femme qui ferait dans une petite ville le bonheur de son mari, se perdra dans une grande. D'après ces considérations, réglez vos démarches; je vous laisse la maîtresse absolue, et je ferai ce que vous aurez jugé convenable. N'êtes-vous pas autant que moi intéressée à mon bonheur?...

Adieu, ma tendre mère; mille baisers à mon père, ma tante, mes sœurs, Hippolyte, et à vous les assurances de tout l'amour que mérite la meilleure des mères.

Arch. Nationales, F^{te} III, Rome 2, au Ministre de l'intérieur, Rome, 5 décembre 1810.

L'anniversaire du couronnement de Sa Majesté l'empereur et roi a été célébré dans ce département, et principalement à Rome, avec toute la pompe et la dignité que réclamait cette auguste cérémonie.

---

1. Son mariage.
2. De Pancemont. — M. de Pancemont était premier président de la Cour royale de Nîmes.

Outre les divertissements usités donnés au peuple, tels que des distributions de vivres, une course de chevaux, un bal donné dans le premier théâtre de la ville, et une cantate exécutée par les principaux artistes et musiciens de Rome, j'ai distribué au Capitole, en présence de toutes les autorités, les dots que V. Exc. m'avait autorisé à délivrer pour compléter le nombre fixé pour cette cité par le décret du 25 mars, et que j'avais réservées pour cette époque mémorable.

La Consulte avait également fixé à ce jour l'installation de l'Académie de Saint-Luc, à laquelle la munificence de Sa Majesté vient de donner une nouvelle existence et un éclat digne des importantes attributions qu'elle vient de recevoir; malheureusement, ce projet a été contrarié par des circonstances imprévues. Son exécution est remise au 16 de ce mois. La grande population de Rome a pris une part très active à ces diverses cérémonies, et malgré la facilité que de pareilles fêtes offrent à des délits répréhensibles, aucun événement fâcheux n'a troublé la joie publique, aucun excès n'a nécessité l'intervention de la police.

Je transmets à V. Exc. deux exemplaires de la cantate qui a été chantée au théâtre Aliberti; ce morceau très distingué est l'ouvrage de M. Alborghetti, conseiller de préfecture, jeune homme aussi remarquable par ses qualités morales, ses talents étendus et variés que par son zèle dans les fonctions de secrétaire général qu'il remplit depuis 10 mois avec distinction, et son attachement au gouvernement dont il mérite sous tous les rapports d'attirer les regards; je saisis avec plaisir cette occasion de le faire connaître à V. Exc. et de lui témoigner ma satisfaction de l'empressement qu'il met à me seconder dans mes opérations.

Arch. de Génelard, à Anglès, Rome, 10 décembre 1810.

La Commission militaire, séante à Viterbe, a condamné à mort deux des individus accusés d'avoir tenté un soulèvement dans les communes de Marta et de Valentano. J'eusse souhaité que, dans l'énoncé du jugement, on n'eût pas parlé de conspiration; outre le mauvais effet que produit la révélation d'un complot, on trouve moyen, par là, d'attirer la compassion sur des individus qui, qualifiés comme ils doivent l'être, ne produiraient que l'indignation. Je crois d'ailleurs pouvoir appuyer de mes observations l'opinion extrêmement juste que vous énoncez, qu'il n'y avait pas de complot politique, mais seulement le désir d'organiser le brigandage.

Dans le moment actuel, les 3 Commissions militaires ont cessé leurs opérations; les exemples effrayants [1] de justice qu'elles ont donnés n'ont pas eu autant d'influence que je l'espérais sur les esprits des brigands échappés à leurs bras; les troupes sont dissoutes, mais il existe toujours des individus isolés qui commettent des crimes assez fréquents. On ne peut espérer que du

---

1. Cf. sur ces Commissions et leurs « dangereuses rigueurs », L. Madelin, *La Rome de Napoléon*, p. 313 et suiv.

temps, d'une active police, d'une nombreuse gendarmerie, la répression des délits. Les hommes qui s'y livrent aujourd'hui sont trop habitués au vice pour que le jour des châtiments les en puisse éloigner. Le moyen le plus puissant, dans le moment actuel, sera l'éloignement des sbires et autres hommes dangereux par leur immoralité ou le manque de moyens de subsistance.

Je m'occupe, de concert avec le directeur de la police, et la gendarmerie, à dresser la liste de tous ces individus; mais ce travail demande beaucoup de temps et de soins pour être fait dans un département peu connu, dans lequel les passions haineuses et l'esprit de parti sont encore fort exaltés. Vous pouvez être certain du zèle que je mets à réunir tous les renseignements qui me peuvent éclairer sur tous ces hommes, et, aussitôt qu'il me sera possible, je vous transmettrai un projet pour en débarrasser le département.

Arch. de Génelard, à Anglès, Rome, 10 décembre 1810.

Désirant, ainsi que vous me l'avez spécialement recommandé, d'exécuter les ordres de S. M. pour l'enlèvement des ouvrages contraires aux principes de l'église gallicane, avec tout le secret possible, j'ai dû ne pas presser cette opération. D'une autre part, le manque presque général de catalogues dans les bibliothèques oblige à des recherches aussi longues que minutieuses.

Cependant, malgré ces obstacles, j'ai déjà fait enlever, de Rome seulement, plus de 200 exemplaires des ouvrages portés dans la liste que m'a communiquée le directeur de la police. Ils sont déposés dans mon hôtel; je les ferai détruire peu à peu, pour ne pas faire connaître une opération qui ne manquerait pas d'indisposer beaucoup le public, si elle venait à sa connaissance. J'ai désigné des Commissaires pour faire la recherche de ces livres, soit à Rome, soit dans le département; mais je prendrai toutes les mesures pour diminuer la dépense de la recherche et celle du transport. Vous pouvez être assuré, Monsieur, que je m'efforcerai de faire complètement remplir dans le département les intentions de S. M.

Arch. de Génelard, au Ministre des cultes,
Rome, 13 décembre 1810.

V. Exc. a bien voulu me faire connaître, par sa circulaire du 12 octobre dernier, le plan général adopté par S. M. pour l'emploi de la distribution de la somme applicable à chaque département, sur les fonds du dixième des revenus financiers communaux destinés aux besoins du culte. Cette même circulaire me chargeait d'adresser à V. Exc. un travail détaillé sur tout ce qui concernait l'exercice du culte dans mon département, travail que j'ai commencé, mais qui, déjà long et difficile, devient en ce moment, par des circonstances particulières à ce pays, presque impossible à exécuter.

Je prie, en effet, V. Exc. d'observer que ce département, avant sa réunion à l'empire, était divisé en vingt-deux évêchés que S. M. n'a pas cru devoir encore réduire à la proportion gardée dans le reste de l'empire, et dont le nombre n'est pas encore probablement fixé définitivement. Les évêchés encore conservés possèdent, au reste, tous les bâtiments dont les titulaires ont besoin, et sur ce point je ne pense pas que le gouvernement ait à prendre aucune mesure.

Quant aux paroisses, leur nombre est hors de toute proportion avec les besoins. D'après la demande de la Consulte, j'ai fait un plan de réduction. Mais jusqu'à son adoption, il ne sera pas possible de s'occuper de l'objet de votre lettre. Je puis, cependant, ajouter que les paroisses actuelles sont toutes pourvues de presbytères, et que, dans le plan de réduction, j'ai eu égard, en proposant les conservations nécessaires, au bon état des bâtiments existants.

Mais d'un autre côté, il a été encore impossible, jusqu'à ce moment, de connaître les revenus des confréries qui, d'après le règlement général du 30 décembre 1809, sont réunis à ceux de la fabrique. Outre le désordre qui régnait déjà dans cette espèce d'administration, nous avons été arrêtés par l'opposition au gouvernement des prêtres, qui seuls pouvaient fournir des renseignements que l'esprit de parti leur a fait refuser. Et malgré tous les soins que j'ai mis à rassembler des matériaux pour un travail général que je veux faire sur cet objet, je ne puis encore obtenir des résultats satisfaisants.

Me trouvant donc, dans ce moment, dans l'impossibilité de remplir exactement les vues de V. Exc., dont l'exécution est moins importante dans ce pays que dans ceux où les bâtiments servant au culte sont moins nombreux, et ont souvent été détruits, je me fais un devoir d'en préparer les moyens en portant dans les budgets des communes des sommes considérables pour la réparation des églises. Ainsi, dans le budget de la ville de Rome, j'ai porté, pour l'entretien des églises, une somme de 200,000 francs, et une autre de 100,000 francs pour les frais du culte.

D'après ces indications, et comme il est vraisemblable qu'avant quelque temps cette partie éprouvera des changements réclamés par l'uniformité du système adopté pour tout l'empire, je crois devoir prier V. Exc. de me permettre de différer, jusqu'à l'organisation définitive et assurée de tout ce qui regarde le culte dans ce département, l'envoi d'un travail que je ne pourrais lui adresser complet, et qui, le fût-il même, ne tarderait pas à devenir inutile pour les raisons dont j'ai parlé ci-dessus.

Arch. de Génelard, à Anglès, Rome, 13 décembre 1810.

J'ai eu l'honneur de vous rendre compte, à diverses reprises, de la destruction ou de la prise de quelques-uns des brigands qui désolent le département de Rome. J'ai désiré connaître quels étaient encore ceux de ces bandits qui ont échappé aux poursuites de la justice; et si l'état qui m'a été fourni, par le capitaine de gendarmerie des arrondissements de Frosinone, Velletri et Tivoli m'a présenté un nombre considérable de ces individus, j'ai acquis, du moins, l'heureuse certitude que ces brigands, qui jadis se réunissaient en bandes redoutables, sont aujourd'hui divisés, se craignent même les uns les autres par les soupçons qu'on a su jeter entre eux, et sont loin d'avoir cette audace qui semble l'apanage de leur dangereuse profession.

Il résulte de l'état dont j'ai parlé plus haut que, sur ces brigands, 50 au moins sont connus par des meurtres et des crimes nombreux. Les plus fameux sont les deux frères *Calabrais* qui, depuis 10 ans, infestent l'arrondissement de Frosinone; ils ont blessé mortellement un nommé François de Gérolamo, brigand qui les accompagnait et dont ils se défiaient; les mêmes motifs leur ont fait tuer un des deux frères Buono; l'autre se tient caché. Le territoire de Saint-Estienne est ravagé par les deux frères Rossi et Paccolo, évadés des galères, et par un conscrit de Castro.

Bonnani, Polili, Scaturcio et Ciommo, également échappé des galères, se tiennent du côté de Sezze; les deux frères Tomastone, du côté de Supino. On espérait avoir ces derniers par le moyen du nommé Castaldo, qui devait les livrer après avoir gagné leur confiance, et qui paraît avoir adopté lui-même leur genre de vie. Ces deux frères sont brigands depuis 22 ans.

Bruxelles, galérien, et sa bande composée de 4 à 5 personnes restent dans les environs d'Alatri; un de ces brigands a promis de livrer leur chef, Bruxelles. Jean Nobili, Pettrichia, Argante et Nicolas, ces deux derniers, Calabrais, infectent l'arrondissement de Velletri; on les suppose réunis à la bande des frères Luigiotto, composée de 6 à 7 brigands. Diecinove et sa troupe errent du côté des Marais Pontins; Viola et Genovese dans l'arrondissement de Tivoli; ces deux derniers sont d'anciens sbires. Les quatre frères Marcelli rôdent armés dans la commune d'Arsoli; auteurs d'un meurtre, ils n'ont point encore commis de vols.

Tels sont les principaux brigands des arrondissements de Frosinone, Tivoli et Velletri. J'ai demandé les mêmes renseignements sur ceux des autres arrondissements; aussitôt qu'ils me seront parvenus, je m'empresserai de vous les communiquer.

Je crois devoir ne point terminer cette lettre sans vous soumettre une observation importante; c'est que, parmi les brigands qui sont tombés entre les mains de la justice, aucun n'a été pris ou tué par la gendarmerie et à main armée; tous ceux que l'on est parvenu à saisir ont été livrés, soit par d'anciens sbires qui feignaient de partager leur manière de penser, soit par des brigands eux-mêmes gagnés par l'espoir de la récompense qui leur était promise. Cette façon de les combattre a été d'autant plus profitable, qu'elle a semé la division parmi eux, et même les a fait se détruire entre eux; mais, d'un autre côté, elle demande des fonds qui, jusqu'ici, ont été peu à la disposition de la police, et que j'ai déjà sollicités près de S. Exc. le Ministre de la police générale.

Arch. d'Avrilly, à sa mère, Terracine, 14 décembre 1810.

Je vous écris des Marais Pontins que je parcours depuis deux jours. De ma croisée, ma chère maman, je vois à gauche le royaume de Naples, Gaëte et le Vésuve; à droite, les immenses et fameux marais, et devant moi la mer que domine le promontoire de Circée. Rien n'est imposant comme ce tableau ! La montagne est couverte d'orangers, de figuiers, d'oliviers, de jasmins;

quelques palmiers élèvent leur tête au milieu de cette forêt; le temps est doux comme au mois d'avril, et les petits pois sont en fleurs en plein champ; les blés et les prairies sont du plus beau vert. Cependant, je regrette votre neige et votre bise. Ces coins du feu à Claveson ont tant de charme à mes yeux, que tout le plaisir du printemps ne peut me consoler de les avoir perdus pour longtemps. Je viens de faire le tour d'une grande partie de mon département. J'ai vu le pays des Volsques et des Herniques; j'ai vu les traces de leur puissance; l'âme s'agrandit en remontant vers ces siècles reculés...

Arch. de Génelard, au Ministre de l'intérieur,
Rome, 18 décembre 1810.

J'ai remis depuis plusieurs jours, à la Consulte qui doit vous l'adresser, le budget de la ville de Rome avec mes observations sur ses différents articles. Ce budget, que l'établissement récent de ce genre d'administration, les pièces nombreuses qu'il a fallu réunir à l'appui, et les notes explicatives qu'il faut joindre à chaque objet de dépenses et de revenus ont rendu aussi long que difficile à rédiger, ne parviendra probablement à V. Exc., à cause de la revision que la Consulte doit en faire, que dans le mois prochain; il ne pourrra me revenir, revêtu de l'approbation de Sa Majesté, que vers le mois de février, au plus tôt.

Cependant, surtout dans une première année, il est extrêmement important que, dès les premiers jours de janvier, le maire puisse effectuer les paiements pour les dépenses indispensables. Ces dépenses sont, à Rome plus qu'ailleurs, en grand nombre et de la plus grande urgence. Parmi elles, se trouve la solde des travaux qu'une sage politique, autant que l'embellissement de la ville, ont fait exécuter jusqu'à ce moment en différents endroits, pour fournir des secours à la classe nombreuse d'indigents que la saison et le haut prix des grains réduisent à la plus grande misère; travaux dont le paiement ne peut être différé d'un jour, et qui donnent du pain à 800 individus que l'on ne pourrait congédier sans danger.

Le Bureau de bienfaisance et de secours à domicile, qui, chaque mois, distribue aux malheureux des secours qui s'élèvent à 15.000 francs, est encore rangé dans la même classe, et ne peut cesser ses distributions, faute de fonds, sans exciter le plus vif mécontentement, et sans jeter dans le désespoir plus de 1.000 familles qui trouvent dans ces secours leur unique ressource. Les dépenses des hôpitaux sont également de toute nécessité, et ne peuvent être ajournées.

La solde des sbires de la Garde municipale, que l'on ne peut suspendre sans laisser dans la plus grande détresse les malheureux qui n'ont qu'elle pour subsister; le paiement du traitement des employés de la mairie dont l'indigence, mieux voilée par l'extérieur, n'en est pas moins la même pour le fond; celui des commissaires de police, des professeurs de l'université, de la *Sapience*, du *Collège Romain*, et autres établissements d'instruction publique à la charge de la ville, qui, tirant également de leur place leurs moyens de subsistance, ne peuvent voir retarder d'un moment le paiement de leurs modiques appointements sans voir anéantir à la fois leur nourriture journalière; tous ces articles, et quelques autres encore, réclament la faculté d'être acquittés provisoirement, et sans attendre l'autorisation de S. M. que des obstacles imprévus peuvent retarder.

Sans prétendre adresser officiellement à V. Exc. le budget de cette ville qui lui sera transmis par la Consulte avec ses observations et les miennes, ainsi que les pièces à l'appui, j'ai l'honneur de joindre ici, pour donner une première idée des dépenses de la ville de Rome, une copie de son budget, tel qu'il a été présenté par le maire, avec les modifications que je crois devoir proposer. J'y ai marqué d'un signe particulier les articles dont j'ai l'honneur de prier V. Exc. d'autoriser la solde provisoire, et j'y ai joint des notes sur les motifs qui peuvent nécessiter cette mesure. Comme il importe extrêmement que je sois instruit le plus promptement possible de la détermination prise par V. Exc. sur cet objet, je lui adresse ma lettre par l'estafette, et je prends la liberté de solliciter l'envoi de la réponse par la même voie qui présente plus de célérité. Sans l'autorisation que je sollicite instamment, le maire et moi nous nous trouverions dans des embarras qui pourraient compromettre la sûreté publique.

Arch. de Génelard, au Ministre de la police,
Rome, 19 décembre 1810.

Par sa lettre du 27 novembre, V. Exc. m'a fait l'honneur de m'entretenir des subsistances de l'État (Romain). Vous me recommandez d'exercer une active surveillance sur les hommes qui se livrent à des spéculations qui pourraient compromettre l'approvisionnement de ce département, et vous me demandez de vous instruire de l'état des subsistances, relativement aux besoins, jusqu'à la récolte. Je me hâte d'entrer dans quelques détails.

Au commencement de l'année actuelle, les grains de toute la récolte de 1809 et d'une partie de 1808 existaient dans les greniers des propriétaires qui ne trouvaient pas à s'en défaire, même au prix de 14 francs 50 l'hectolitre. Je rendis compte de cet état de choses à S. Exc. le Ministre de l'intérieur, et S. M. daigna ouvrir un débouché à nos blés en permettant leur exportation pour Naples.

Dans le même temps à peu près (en février 1809), la réunion définitive de Rome à l'Empire, sous les rapports commerciaux, opérée par l'enlèvement des douanes entre ce pays et le reste de l'État, donna un nouveau débouché à nos grains. S. Exc. le Ministre de l'intérieur permit à nos négociants d'en profiter, en m'ouvrant un crédit d'extraction, par voie de cabotage, de 100.000 quintaux métriques. Tandis que nos grains s'écoulaient rapidement, des pluies ravageaient nos semences; des nuées de sauterelles détruisaient nos moissons; ces diverses causes qui, en diminuant, d'une part, nos ressources, nous ôtaient l'espoir de les voir se renouveler avec la récolte, élevèrent progressivement le prix des grains. Au mois de juillet, il avait atteint 18 francs l'hectolitre. Déjà, prévoyant la hausse, j'avais obtenu de S. Exc. le Ministre de l'intérieur, que l'exportation pour Naples serait arrêtée. Je pris de nouvelles et plus grandes précautions pour empêcher les abus dans le cabotage; enfin, voyant que les alarmes, venues de Gênes et de Livourne faisaient sans cesse croître le prix du blé, je rendis compte de l'état des choses au ministre, par un rapport du 30 août, et lui proposai de m'autoriser à suspendre l'extraction des grains par voie de cabotage.

J'entretins, peu après, à diverses reprises, M. le Maître des requêtes, chargé du 3º arrondissement, de mes inquiétudes. Je lui transmis, le 17 septembre, un arrêté que j'avais pris pour diminuer autant que possible le cabotage en le soumettant à des précautions rigoureuses; le 19 octobre, je lui fis connaître que j'avais suspendu le délivrement des permis de cabotage, à cause de la présence des forces anglaises sur nos côtes; enfin, je ne cessai de lui remontrer la nécessité de suspendre indéfiniment l'extraction.

Cependant, le crédit de 100.000 quintaux métriques ouvert par le Ministre de l'intérieur s'était épuisé, et S. Exc. me manda, le 8 octobre, qu'elle n'était pas dans l'intention de m'en ouvrir un nouveau. Ainsi, l'extraction fut arrêtée; mais le blé était arrivé au prix de 27 fr. 50 l'hectolitre. Je donnai l'assurance que je ne permettrais plus d'exportation; je fis visiter les magasins sur la côte; je fis sentir aux négociants de blé le danger qu'ils couraient de perdre sur le prix de leurs grains s'ils s'obstinaient à les garder en magasin; j'en engageai quelques-uns à les conduire à Rome, et je parvins, par ces moyens combinés, à empêcher une plus forte hausse. J'avais déjà donné des instructions aux sous-préfets, aux maires et à la gendarmerie, de faire respecter le principe de la libre circulation, mais de surveiller ceux qui, par de grands achats ou des emmagasinements extraordinaires pouvaient donner lieu à des soupçons. J'ai mandé, à diverses reprises, devant moi, ceux des négociants qui s'occupent le plus en grand de ce commerce, pour les avertir de ne pas se laisser séduire par l'espoir de profits qu'un coupable et dangereux accaparement pouvait seul leur produire; enfin, je n'ai pas cessé de veiller attentivement sur les mouvements des subsistances. A Rome spécialement, où les circonstances réduisent tant d'individus à la misère, j'ai pris toutes les précautions possibles pour assurer les subsistances et pour garantir les consommateurs des fraudes des boulangers.

Dans le mois de novembre, je rendis à M. Anglès un compte détaillé de l'état des subsistances. Le résultat en est que le produit de la récolte est de 44.962 hectolitres moindre que les besoins; mais je puis ajouter que les économies que la cherté engage à faire, que l'emploi plus grand des légumes, réduiront ce déficit, et, qu'en dernière analyse, le département de Rome n'éprouvera aucun véritable besoin cette année. Cette assurance est d'autant plus importante que, par sa position, ce département se trouve tout à fait réduit à ses propres ressources. Naples, qui l'avoisine de deux côtés, ne lui en offre aucune. Le Trasimène et la Toscane éprouvent eux-mêmes des besoins que peuvent à peine satisfaire les secours qu'ils tirent du royaume d'Italie. Le département de Rome ne peut donc rien tirer du dehors; il est cependant peuplé de près de 600.000 habitants, il renferme une ville de 138.000; il renferme surtout un grand nombre d'individus pour lesquels il est d'une haute importance de maintenir les blés à un prix modéré; ainsi, sous tous les rapports, il est à désirer que, par la continuation de la fermeture de nos ports aux extractions, nous puissions maintenir les blés au prix élevé, mais supportable, qu'ils ont atteint. Il se fait, en ce moment, une petite extraction par la voie de terre, mais elle ne pourra jamais influer sur les prix.

D'après ce qui précède, V. Exc. pourra juger de l'état du département sous le rapport des subsistances, et m'ordonner telles dispositions qu'elle jugera convenables. Je mets au premier rang de mes devoirs celui d'une continuelle surveillance sur tout ce qui concerne cet objet.

Arch. d'Avrilly, à sa mère, Rome, 27 décembre 1810.

Mon excellente mère, j'ai baigné de larmes votre lettre. Les détails que vous me donnez sur les derniers moments de mon respectable père m'ont touché vivement. Sa belle âme s'est détachée sans effort d'un corps souffrant, pour aller jouir d'une récompense due à tant de bienfaits. Puissent ses enfants être toujours dignes d'un tel père !

Vous louez trop des sentiments bien naturels, et que la reconnaissance m'imposerait, si mon cœur avait besoin de ce stimulant. Je n'ai qu'un désir dans le monde, c'est de contribuer le plus possible à votre bonheur et à celui de mes frères et sœurs. J'ai pensé qu'il était plus convenable que vous restassiez maîtresse de la fortune : du reste, si vous n'y consentez pas, je m'en remets à Hippolyte de tous les arrangements, et signerai sans lire, bien assuré qu'ainsi que moi, il n'a d'autre désir que votre bonheur et le maintien de l'harmonie. Je tiens beaucoup à conserver Claveson, et trouve très sage l'arrangement que vous proposez par suite duquel cette terre resterait indivise entre quelques-uns d'entre nous. Peut-être pourrai-je un jour en réunir toutes les parties, ce qui deviendrait impossible si nous la vendions.

Hélas ! pourquoi ne suis-je pas plus près de vous pour vous offrir un asile dans ces premiers temps où le séjour de Claveson doit vous être si pénible ? Vous parlez cependant de venir me voir, sans être effrayée par les Alpes et par l'Apennin. Puis-je espérer un tel bonheur ? J'irai au-devant de vous le plus loin possible, pour vous serrer plus tôt dans mes bras, pour pleurer plus tôt avec vous, et pour vous rendre le voyage moins pénible.

Je vous répète que je ferai relativement à Mlle de P. tout ce que vous jugerez convenable. Tâchez d'avoir sur elle des détails certains ; il faut que je puisse au moins fixer mes idées sur celle avec laquelle j'aurai à passer ma vie. L'amie d'Alix pourra vous faire une description assez détaillée pour que je puisse juger au moins par aperçu de ce qui m'attend. J'éprouve de la répugnance à m'occuper d'un pareil sujet dans le temps où je suis occupé d'idées bien opposées. Mais je sens, comme vous le dites, le besoin de songer à un établissement qui sera utile à ma famille.

Je trouve quelque douceur à m'occuper de la mémoire de mon père. J'ai fait faire un service, et ordonné qu'il serait dit 400 messes. J'ai fait quelques aumônes à son intention, faible tribut de regret et d'amour. On travaille à une pierre tumulaire dont j'ai donné le dessin. Elle devra être placée contre le mur de l'église. Hélas ! qu'il est triste d'avoir à chercher des consolations dans une aussi pénible occupation !

J'ai reçu des lettres de tous nos parents et amis, remplies de marques d'affection et d'intérêt. Sa mémoire sera à jamais honorée de tous ceux qui l'ont connu : puissent ses enfants l'honorer encore par leur conduite !

Ma santé est très bonne : le temps est froid; je sors presque tous les matins à cheval; je dirige les travaux du Forum. Je parcours les établissements publics, et cherche dans les occupations utiles un moyen de tranquilliser mon âme...

Arch. d'Avrilly, à sa mère, Rome, 29 décembre 1810.

Ma tendre, mon excellente mère, vous vous oubliez vous-même pour ne vous occuper que de moi. Hélas ! ma santé est bonne; mais je souffre de me voir si loin de vous, de ne pouvoir mêler ma douleur à la vôtre. Ce coup m'a frappé au moment où je m'y attendais le moins. J'espérais que cette maladie durerait encore longtemps, et je ne me figurais jamais une terminaison aussi rapide et aussi terrible ! Triste sort que le mien ! Je n'ai pu même recueillir la dernière bénédiction de mon père. J'ai du moins la consolation de penser qu'il ne me l'aurait pas refusée ! J'espère, en ma vie, ne lui avoir pas donné un sujet grave de plainte. Eh ! combien davantage je me trouverais malheureux, si je pouvais craindre de lui avoir causé des chagrins ! J'envie à mes frères et à mes sœurs le bonheur d'être auprès de vous, de vous soigner. Je n'ai cependant pas demandé de congé; je sens trop le besoin que ma famille a de moi pour faire une démarche dont les suites pourraient nuire à mon avancement. Il faut toute la force de cette pensée pour m'avoir retenu dans ce moment cruel.

J'ai déjà donné des ordres pour faire sculpter un monument simple à notre père. Vous le ferez placer dans l'église de Saint-Julien, où sont enterrés ses ancêtres. Il suffira de dire combien il fut vertueux pour faire vivre sa mémoire !

Je vous prie de faire venir un dessinateur de Tournon, et de faire calquer le portrait que j'avais fait. Je le ferai peindre en grand. Si vous avez un autre portrait de lui, vous m'en enverrez aussi le calque. Je suis sûr, d'ailleurs, que je le peindrai ressemblant. Envoyez-moi dans le même temps le calque de votre portrait pour que j'en fasse faire un pour moi. Vous en ferez un paquet à l'adresse de M. Villardeaux, directeur des postes à Rome, et vous l'enverrez à M. le directeur de Lyon.

J'ai éprouvé de la part de mon excellent ami de Gerando toutes les consolations de l'amitié. Le gouverneur et tous mes amis m'ont aussi comblé de marques d'intérêt. Je vous le répète, ne soyez pas en peine, ma santé est bonne; je sors presque chaque jour pour promener; je vois quelques amis, et j'ai soin de moi pour être bon à quelque chose à tous ces orphelins. C'est ainsi que je veux honorer la mémoire de mon père.

J'écris à Hippolyte relativement aux affaires d'intérêt. Vous étiez dans la pensée de mon père sa légataire, et s'il eût fait des dispositions, elles eussent été en votre faveur. Je vous regarde comme ayant l'usufruit de toute sa fortune, et j'espère que tous mes frères vous regarderont comme telle.

7

Adieu, ma bonne mère, conservez-vous; soignez-vous pour un fils qui n'a plus que vous au monde à aimer !

Arch. du Verger, à son frère Hippolyte,
Rome, 29 décembre 1810.

Mon cher frère, la perte de notre père à laquelle j'étais loin d'être préparé, m'a accablé de douleur. Depuis huit jours que j'en suis instruit, je ne suis capable de rien que de m'occuper de ce pénible sentiment. Depuis 6 ans, j'avais à peine vu quelques mois cet excellent père; mais le souvenir de ses bontés, de sa tendresse, était aussi vif en moi que si je ne me fusse jamais un instant séparé de lui. Enfin, il faut plier la tête sous la main de la Providence qui dispose de nous à son gré ! Les sentiments religieux dont tu es pénétré sont d'un bien grand secours dans d'aussi terribles moments; aujourd'hui, plus que jamais, j'éprouve le regret que mon genre de vie et mes arides occupations m'aient empêché d'embrasser *fortement* des sentiments qui sont tous dans mon cœur. Espérons qu'un jour viendra qui me rendra aussi à moi-même.

J'applaudis de tout mon cœur à ton idée de céder le château et ses dépendances à notre mère. Je t'envoie une procuration, la plus ample qu'on ait pu faire; mon intention est que tu en uses pour assurer à maman les plus grands avantages possibles. Mon père l'eût, à coup sûr, faite héritière de tout, s'il en avait eu le temps; c'est à nous à suppléer à ce qu'il n'a pas fait et à seconder ses intentions. Elle doit être tutrice des trois mineurs, et les majeurs auront tous, j'espère, un seul et même vœu. Que notre union honore la mémoire de notre père ! Il en jouira du ciel qu'il habite. Fais, je te prie, tout ce que tu pourras pour assurer à ma mère un sort heureux et indépendant; je ne toucherai à ce qui me pourra revenir que lorsqu'elle aura tout ce qu'il lui faut. Sans doute, il faut empêcher que Claveson ne se vende; c'est un lieu qui m'est bien cher...

ANNÉE 1811

Arch. de Génelard, au baron Quinette,
Rome, 2 janvier 1811.

S. Exc. le Ministre de l'intérieur vient de me faire part de votre nomination à la direction générale des communes et des hôpitaux. S. Exc. me fait connaître que je dois correspondre à l'avenir avec vous sur cet objet, et me donne des instructions sur la nature des relations qui vont s'ouvrir entre vous et moi. Permettez, M. le conseiller d'État, que je me félicite de voir réunies entre les mains d'un magistrat, qui a pendant si longtemps administré, avec tant de succès, un vaste département, toutes les branches de la comptabilité communale. La rapidité dans la décision sera le moindre des avantages que les communes peuvent espérer. Vous pouvez être certain du zèle et de l'exactitude avec lesquels je correspondrai avec vous. Préfet d'un département nouvellement réuni à l'empire, j'ai, plus qu'aucun de mes collègues, de grandes difficultés à surmonter. J'ai dû, dans l'année qui vient de s'écouler, jeter toutes les bases du système communal; il n'existait pas de budgets; de simples états de dépenses et de recettes réglaient la comptabilité; la volonté de chaque gouverneur de commune les changeait ou les accroissait; les revenus communaux étaient fondés sur une infinité de taxes, presque toujours administrées par des hommes trop puissants ou trop protégés pour qu'il fût possible de leur faire rendre des comptes. Enfin, le plus complet désordre régnait dans cette branche importante de l'administration.

Les établissements de bienfaisance étaient dirigés par les évêques et les curés, et, non seulement je n'ai trouvé aucune trace d'administration, mais la jalousie de ces ecclésiastiques les a empêchés de me donner les plus simples renseignements. J'ai dû tout créer dans cette branche, et je vous prépare un travail détaillé. Les établissements d'enfants trouvés sont au nombre de trois. Le même désordre régnait dans les hôpitaux; mais j'ai été assez heureux pour y réformer beaucoup d'abus. Je vous adresserai, par le prochain courrier, un rapport très détaillé sur ces établissements, et un projet de budget.

Arch. de Génelard, au Ministre des cultes,
Rome, 16 janvier 1811.

J'ai reçu la lettre que V. Exc. m'a fait l'honneur de m'écrire en date du 8 du courant. Aucun des curés réfractaires de ce département n'a prêté le serment depuis le moment où toute cette classe d'ecclésiastiques en fut requise. Si quelques-uns d'entre eux se présentent pour remplir ce devoir, je me conformerai à la décision de S. M. que vous m'avez transmise. Je crois devoir prier V. Exc. de me faire connaître si cette décision est applicable aux chanoines qui reviendraient également à leur devoir, et si, par le seul fait de la prestation du serment, ils ne doivent pas rentrer dans la jouissance de leurs prébendes. Il me semble que le décret impérial du 1er septembre ne leur est pas applicable, et qu'il y a plutôt lieu à agir à leur égard comme à l'égard des religieux qui sont admis à la pension, quelle que soit l'époque à laquelle ils se disposent à prêter le serment.

Il est hors de doute qu'en laissant cette porte ouverte au repentir, on ne ramène tous ceux qui n'ont refusé le serment que par faiblesse ou par l'espoir de voir le gouvernement se désister de sa demande. La preuve en est qu'au 13 octobre, le nombre des ex-religieux assermentés n'était que de 174, tandis qu'il est aujourd'hui de 298; sur ce nombre, 2 seulement se sont rétractés.

C'est en appliquant ces principes, et en m'appuyant de ces motifs, que je viens d'ordonner la levée des séquestres mis sur les prébendes des chanoines Jean-Baptiste Grispoli et Bernardin Frale, de la cathédrale d'Orte, qui après avoir refusé le serment et avoir été conduits à Pignerol, y ont prêté le serment, et sont retournés à Viterbe. J'espère que V. Exc. approuvera ma conduite; j'ai la conviction qu'en continuant d'agir ainsi, nous ramènerons plus promptement les esprits que par une sévérité peu politique.

Arch. de Génelard, à Anglès, Rome, 16 janvier 1811.

Je viens d'être informé qu'une petite imprimerie dirigée par le supérieur de Montefiascone, qui n'a point, malgré mes intimations, obéi aux dispositions du décret du 5 février, imprimait des prières pour la messe de la fête dite : de la *Chaire Romaine*.

Comme cet imprimeur n'avait point fait la déclaration prescrite par M. le directeur de la librairie, comme, d'une autre part, il m'a paru que diverses prières réunies dans cette messe pouvaient donner lieu, dans les circonstances actuelles, à des applications fâcheuses, j'ai ordonné l'enlèvement de toutes les épreuves qui, heureusement, n'étaient point encore distribuées, ainsi que du manuscrit. J'ai cru devoir faire mettre la presse sous le scellé, jusqu'à ce qu'il en fût autrement ordonné. J'ai l'honneur de vous adresser un exemplaire de cet imprimé, afin que vous veuillez bien me faire connaître vos intentions. Je prends des informations sur ceux qui ont ordonné cette impression, et je tâcherai de pénétrer leurs vues. Je suis cependant convaincu qu'elles n'ont point été criminelles, et c'est moins pour punir un délit que par précaution, que l'on doit empêcher la publication de cet imprimé.

Arch. de Génelard, à Anglès, Rome, 26 janvier 1811.

J'ai eu l'honneur de vous faire connaître, à diverses reprises, l'opinion, fondée sur les faits, dans laquelle j'étais que l'on ne parviendrait à purger les départements romains des brigands qui les infestent, qu'en ménageant adroitement des intelligences qui les livrassent entre nos mains par adresse, puisque la force ouverte semblait inutile; mais ces intelligences ne pouvaient être ménagées qu'avec des fonds alloués *ad hoc*. Je vois, par la lettre que vous m'avez adressée sous la date du 18 de courant, que S. Exc. le Ministre de la police générale a daigné adopter cette idée et mettre à la disposition de la police, pour cet objet, une somme de *600* francs. En remerciant S. Exc. des nouveaux moyens qu'elle met à notre disposition, je dois cependant vous faire observer que j'employai, dans l'année qui vient d'expirer, une somme de *4.000* francs, produit de la délivrance des permis des ports d'armes, qu'un arrêté de la Consulte avait consacré à ces mêmes objets, et que cette dépense, dont j'ai rendu compte, ne paraît pas être moins considérable cette année, si l'on veut obtenir les mêmes résultats. En effet, les brigands, qui s'enrichissent par des vols continuels, trouvent, dans ce même pillage, des ressources pour payer plus généreusement leurs espions que la modicité de la somme dont nous pouvons disposer nous permettra de payer ceux que nous pourrions mettre en avant; et, par conséquent, ils seront mieux servis que la police chargée de les poursuivre. J'ai cru devoir vous soumettre ces mêmes observations qui pourront ne pas vous paraître dénuées de tout fondement. Je donnerai cependant tous mes soins à ce que l'on emploie le plus avantageusement possible la somme que S. Exc. le Ministre de la police veut bien mettre à notre disposition.

Arch. de Génelard, à Anglès, Rome, 26 janvier 1811.

En vous instruisant, le 10 décembre dernier, que les Commissions militaires avaient terminé leurs opérations, j'eus l'honneur de vous faire connaître que les exemples qu'elles s'étaient attachées à faire des brigands qui étaient soumis à leurs jugements n'avaient pas eu tout l'effet qu'on en pouvait attendre, parce qu'il existait, parmi ceux qu'elles n'avaient pu atteindre, des hommes endurcis dans le crime et qui, d'ailleurs, ne trouvaient que dans la continuation de leurs brigandages des ressources pour vivre, et l'impunité temporaire de leurs premiers forfaits. La méfiance qu'on était parvenu à jeter parmi eux, en les armant les uns contre les autres par l'espoir du pardon et des récompenses, nous avait mieux servis; plusieurs des principaux chefs ont été tués, quelques autres ont été livrés par des intelligences adroitement ménagées, et j'ai déjà eu l'honneur de vous faire observer que c'était le seul moyen de les détruire, puisque aucun de ceux qui, jusqu'alors, étaient tombés entre les mains de la justice ou avaient été pris, ne l'avaient été par la gendarmerie et à force ouverte. Mais ces moyens réclamaient des fonds alloués pour ce sujet, et, jusqu'à ce moment, la police avait été privée de ces ressources nécessaires; vous voulez bien m'annoncer que S. Exc. a daigné y pourvoir; cette mesure est, sans contredit, celle qui contribuera le plus à la destruction des brigands.

J'avais eu également l'honneur de vous écrire à diverses reprises pour attirer votre attention sur la situation des sbires que la misère et d'anciennes inclinations pourraient très facilement ranger au nombre des individus dont la police doit surveiller et punir la conduite. Vous me faites connaître qu'un décret de S. M. fournit les moyens de se débarrasser de ces hommes dangereux, en les incorporant dans le bataillon colonial de l'île de Corse, et vous m'invitez à ne point différer de mettre cette mesure à exécution. Elle peut, en effet, nous fournir les moyens d'en écarter quelques-uns dont l'âge et la conduite peuvent comporter cet engagement. J'ai également, d'accord avec M. le directeur de la police, désigné ceux d'entre eux qui, en vertu des arrêtés de la Consulte, pourraient être éloignés comme n'étant point habitants de ce département, et qu'il était plus facile de surveiller dans leurs arrondissements respectifs. Cependant, je dois faire remarquer qu'il existe, parmi les sbires, des individus qui sont dans un âge avancé, d'autres enfin qui ont rendu et rendent encore d'importants services à la police, par la connaissance qu'ils ont du pays et la facilité avec laquelle ils peuvent lier connaissance avec leurs anciens compagnons et les livrer à la justice. Ces trois classes d'individus forment autant d'exceptions à la mesure générale que vous proposez d'adopter, et, réunies, elles forment aussi un grand nombre de personnes au secours desquelles il est besoin de venir. Je m'occupe en ce moment, avec M. le directeur de la police, du travail général que je vous ai annoncé sur cet objet important; comme il nécessite de grandes recherches et beaucoup d'observations, je ne puis le terminer avec la célérité que j'aurais désirée. Aussitôt cependant qu'il le sera, je m'empresserai de vous le transmettre, en vous priant de demander à S. Exc. le Ministre de la police générale une décision définitive à ce sujet.

Arch. Nationales, F⁷ 889 1.
Confidentielle, à Anglès, Rome, 5 février 1811.

M. le prince Chigi, d'une des premières familles de Rome, est parti pour Paris où sa femme est appelée pour faire son service auprès de S. M. l'impératrice, comme dame du Palais. Ce seigneur, dont la fortune est d'environ 50.000 francs de rentes, est une des personnes les plus considérées de la ville, soit par son caractère personnel, soit par ses talents et ses connaissances. Il s'est conduit, depuis le moment où le gouvernement a changé, avec beaucoup de sagesse, a accepté l'emploi de conseiller municipal et de président de la Commission administrative des hospices, et donné dans diverses occasions des marques d'amour du bien public et de prudence. Ses idées religieuses, ou plutôt la crainte de l'opinion, l'ont tenu éloigné d'emplois qui l'auraient lié d'une manière plus positive à l'ordre de choses établi; il est cependant essentiel, pour achever de réunir la noblesse, et pour donner au peuple et à la classe moyenne le bon exemple d'un seigneur généralement respecté, attaché au gouvernement, de profiter du séjour du prince Chigi à Paris, pour lui faire conférer un emploi qui donne la preuve sans réplique de son attachement à Sa Majesté. Il est à désirer que cet emploi soit de nature à ne pas le tenir éloigné de Rome, parce que cet éloignement ferait perdre le bon effet que j'attends de son exemple, et parce que, en éloignant de Rome une famille riche, mais peu rangée, on détruit sa fortune et on prive une foule de personnes des secours qu'elles en reçoivent. Je citerai à l'appui de cette assertion tout ce que produit à Rome l'éloignement des familles Borghèse et Corsini, actuellement domiciliées à Paris. Il serait donc à désirer, je le répète, que M. le prince Chigi obtînt un titre qui lui permît de résider à Rome au moins la plus grande partie du temps. Le bon effet que j'attends de l'exemple que donnerait le seigneur le plus influent de Rome m'engage, Monsieur, à entrer dans des détails qui pourront ne pas vous paraître inconvenants, puisqu'ils vous donnent les moyens de diriger vers le bien l'esprit des habitants de cette ville

---

Arch. Nationales, F¹. 8891, doss. 6209.
Confidentielle, au Ministre de l'intérieur, Rome, 7 février 1811.

Je me vois forcé de faire connaître à V. Exc. des soupçons qui se sont élevés sur la conduite d'un fonctionnaire de ce département, de malversations en matière de conscription. Le rang de ce fonctionnaire, celui que tient sa famille, la considération dont jouit son père, membre de la Légion d'honneur et adjoint au maire de Rome, me rendent extrêmement pénible le devoir que je vais remplir.

Au mois d'avril 1810, la classe de la conscription de 1809 fut appelée; je chargeai, ainsi que m'y autorise l'art. 4 du décret impérial du 8 nivôse an XIII, le conseiller de préfecture Gabrielli, fils du prince et neveu du cardinal de ce nom, de faire les fonctions de sous-préfet dans l'arrondissement du chef-lieu pour toutes les opérations qui concernaient cette levée. Ce fonctionnaire s'acquitta de cette opération avec zèle et activité, et jusqu'à ce jour je croyais ne lui devoir que des éloges. Malheureusement, cet état de choses a changé. Des soupçons s'étant élevés contre lui relativement à un conscrit qu'il aurait soustrait à la conscription, j'ai soumis tous les papiers relatifs à la conscription à un sévère examen; j'ai recueilli tous les indices, écouté les témoignages qui ont pu m'éclairer, et il semble résulter du rapprochement de diverses circonstances une grave présomption que M. Marius Gabrielli aurait cherché à soustraire le conscrit Benaglia du 5ᵉ canton de Rome, ayant tiré le n° 102, en le faisant passer pour mort, et qu'il aurait gardé entre ses mains une somme de 130 écus déposés chez lui par le père de ce conscrit pour payer un remplaçant.

De telles présomptions sont trop graves pour que je ne me hâte pas d'en rendre compte à V. Exc., en même temps que j'en fais rapport à M. le gouverneur général. J'ai demandé à ce dernier ses ordres relativement à M. Gabrielli, qui est actuellement sous-préfet de Tivoli. Je continuerai cependant de réunir tous les indices qui peuvent m'éclairer sur un délit aussi grave et je vous en rendrai compte. J'en écris à S. Exc. le Ministre de l'intérieur et à M. le directeur général de la conscription. Je crois devoir agir avec beaucoup de prudence et de mystère, puisqu'il s'agit d'un fonctionnaire public appartenant à une famille respectable et justement considérée. Dans un pays nouvellement réuni, il est encore plus qu'ailleurs important d'éloigner tout ce qui peut déconsidérer des fonctionnaires publics. Mais comme ces considérations ne sont que secondaires, vous pouvez être assuré, Monseigneur, de la sévérité avec laquelle je suivrai tous les fils de cette affaire et préparerai son instruction.

Arch. de Génelard, au Ministre de la police,
Rome, 9 février 1811.

Le transport des prêtres réfractaires à Civita-Vecchia, pour être embarqués pour la Corse, occasionnant une dépense extraordinaire pour laquelle aucuns fonds n'avaient été affectés, S. Exc. le gouverneur général vient de me donner ordre de l'acquitter sur les fonds provenant des passeports par la lettre suivante : « Je vous prie de faire passer à M. Bertin, commissaire général de « police à Civita-Vecchia, sur la somme provenant des passeports et permis « de ports d'armes, restant à votre disposition, les fonds qu'il réclame pour « la nourriture des prêtres envoyés à Civita-Vecchia pour y être embarqués, « à raison de 20 sols par jour pour ceux dont l'indigence sera certifiée. » J'ai cru devoir obtempérer à cet ordre en m'empressant de le faire connaître à V. Exc., en la priant de m'instruire si elle approuve cette mesure ; j'aurai soin de lui présenter les pièces à l'appui de cette dépense, et de l'informer de la somme à laquelle elle pourra s'élever.

Arch. de Génelard, à Anglès, Rome, 13 février 1811.

Depuis le moment où S. M. a exigé le serment des religieux, tous mes efforts ont tendu à décider ceux d'entre eux que des scrupules arrêtaient de remplir ces devoirs. Peu de jours se passent sans que je parvienne, par les voies de la persuasion, à décider quelques ex-religieux à prêter le serment. Je n'ai pas besoin de faire sentir combien il est important pour l'esprit public que le nombre de ces prêtres fidèles s'augmente. Un des arguments les plus forts que je puisse employer est celui de la certitude du paiement exact de la pension accordée par l'empereur, et l'exemple qu'ils en ont eu, jusqu'au 31 décembre, a donné beaucoup de force à mes exhortations. Mais, depuis cette époque, le paiement des pensions ayant été renvoyé à la fin du trimestre, une vive inquiétude s'est répandue parmi les ecclésiastiques pensionnés ; les malveillants en ont profité pour répandre qu'elles étaient supprimées, et plusieurs religieux ont chancelé. La compassion qu'inspire ces religieux, sans aucune autre ressource, produit le plus mauvais effet; il est impossible qu'ils attendent la fin du trimestre; je crois devoir, Monsieur, par des motifs d'ordre public, vous prier d'obtenir du ministre que ces pensions seront acquittées chaque mois ou, tout au moins, tous les deux mois.

Arch. Nationales, F⁷ 8891, au Ministre de la police,
Rome, 18 février 1811.

J'ai différé jusqu'à ce moment de faire connaître à V. Exc. les soupçons qui s'étaient élevés sur la conduite de M. Gabrielli, conseiller de préfecture chargé par moi de faire les fonctions de sous-préfet de l'arrondissement de Rome pour la levée de la conscription; je désirais acquérir sur un délit de cette importance des renseignements plus certains que je n'ai malheureusement pas eu beaucoup de peine à rassembler, et qui me donnent aujourd'hui une présomption assez forte pour m'engager à faire à V. Exc. un rapport détaillé de cette affaire[1].

Le conscrit Benaglia, que le conseiller de préfecture Gabrielli est accusé d'avoir voulu soustraire à la conscription, fut désigné par le Conseil de recrutement le 27 juillet pour partir, et remis par ce même Conseil entre les mains du capitaine de recrutement chargé d'organiser les convois pour les départs. Il paraît que ce conscrit obtint du capitaine un permis de rester chez ses parents sous promesse de fournir un remplaçant; il paraît aussi que ce conscrit ne fut point appelé à l'époque des divers départs, quoiqu'il n'eût point fourni le remplaçant promis. Le décès du capitaine de recrutement qui a eu lieu le mois d'octobre dernier, empêche d'avoir des renseignements positifs sur ce qui s'est passé, et je ne puis l'induire que d'une note marginale mise au contrôle tenu par le capitaine portant à côté du nom de Benaglia les mots : « en permission ».

Ce fut peu de jours après que le conscrit Benaglia, dont la famille était connue de M. Gabrielli, s'adressa à ce fonctionnaire pour lui demander les moyens de se procurer un remplaçant. M. Gabrielli répondit qu'il se chargerait de trouver ce remplaçant moyennant une somme de 130 écus ; le père du conscrit se rendit peu de jours après chez M. Gabrielli, et lui compta en effet cette somme.

---

1. Tournon résume ainsi cette affaire, dans ses *Mémoires* : « Je le mandai (Gabrielli) ; il avoua tout, et j'exigeai sa démission immédiate. A l'instant, je fais venir son père, je lui apprends le crime de son fils, je lui montre le châtiment qui l'attend, et je lui donne le conseil de partir le jour même pour Paris, étouffer cette affaire dont je lui promets de ne rendre compte qu'après son départ. En même temps, je lui remets des lettres de recommandation. Il me remercie et part. Nous parvînmes ainsi à empêcher les poursuites. Le malheureux quitta Rome, et depuis il a épousé la fille aînée de Lucien Bonaparte. Sans doute il s'est corrigé. »

M. Gabrielli ne nie point ce fait, mais il assure que n'ayant pu trouver un remplaçant, il avait conservé cet argent comme en dépôt pour l'employer aussitôt que le remplaçant aurait été trouvé. Il s'élève relativement à ce premier fait un juste soupçon contre M. Gabrielli, puisque, comme faisant les fonctions de sous-préfet de l'arrondissement, il devait être instruit que le conscrit Benaglia était appelé à marcher ou à fournir un remplaçant, et que les délais accordés ne pouvaient dépasser un terme fort court. Il est d'ailleurs contre tout sentiment de convenance qu'un fonctionnaire chargé des opérations de la conscription reçoive, même en dépôt, une somme quelconque pour l'employer à fournir un remplaçant à un conscrit. Ce premier fait, quelque couleur que M. Gabrielli puisse y donner, me paraît de nature à lui faire perdre la confiance du gouvernement; car, en admettant que l'argent ait été déposé entre ses mains pour l'achat d'un remplaçant, ce dépôt même prouve que M. Gabrielli n'ignorait pas que le conscrit Benaglia, appelé à marcher, n'avait pas satisfait à ce devoir; il se rendait donc par là complice de la non-exécution d'une loi que son devoir était de faire exécuter.

J'ai découvert de plus, dans le contrôle tenu par M. Gabrielli, des ratures à l'article du conscrit Benaglia, et en marge la note : *donné pour mort par le commissaire de police*. Cette note n'est pas de la main de M. Gabrielli, mais elle a été faite pendant que le contrôle était en sa possession. L'ayant interrogé sur ses motifs, il m'a répondu que, voyant qu'avec la somme que le père de Benaglia destinait à l'achat d'un remplaçant, il lui était impossible de se le procurer, il avait cru, pour se donner le temps de trouver un remplaçant et empêcher que le conscrit Benaglia ne fût inquiété, devoir laisser porter cette note marginale, mais qu'il n'avait jamais entendu par là soustraire Benaglia à son devoir.

Sans décider jusqu'à quel point l'excuse donnée par M. Gabrielli est admissible, il est évident qu'il a manqué à tous ses devoirs en laissant inscrire une note contraire à la vérité, qui aurait pu induire en erreur sur l'existence de Benaglia et empêcher son départ, du moins pendant quelque temps. Mais cette note n'a produit aucun effet, puisque le conscrit Benaglia n'a point été réclamé par le capitaine de recrutement sur le contrôle duquel il était porté comme en permission. Cette note même ne pouvait jamais rien produire en faveur du conscrit Benaglia, puisqu'il était constaté par le contrôle du capitaine, et par le procès-verbal du Conseil, que cet individu était vivant et appelé à marcher. On pourrait donc trouver une excuse dans l'absurdité même du moyen employé, qui ne pouvait, dans aucun cas, avoir l'effet qu'on pouvait supposer être dans l'intention de M. Gabrielli d'obtenir.

En examinant toute cette affaire d'une manière légale, on voit, d'une part, M. Gabrielli recevant une somme pour être employée au payement d'un remplaçant d'un conscrit; on voit de l'autre qu'il a cherché à induire en erreur l'autorité supérieure sur l'existence de ce même conscrit, et, par conséquent, à rendre inutile l'emploi de la somme à lui confiée. Du rapprochement de ces deux faits, il naît un soupçon si grave contre M. Gabrielli, qu'il ne peut plus y avoir lieu à lui laisser la confiance que le gouvernement lui avait témoignée en l'appelant à des fonctions administratives; mais, en considérant l'extrême modicité de la somme comparativement à la grande fortune dont jouit M. Gabrielli; en considérant, d'une autre part, que la note mise en marge du contrôle était si évidemment fausse, et que cette fausseté était si facile à reconnaître, on ne peut croire qu'elle ait été l'effet que de la plus inepte et de la plus grossière imprudence. Sans doute, celui qui en a été coupable ne mérite plus la confiance du gouvernement, mais cette même inepție peut lui servir en quelque sorte d'excuse.

En rend[ant] compte à V. Exc. de cette malheureuse affaire, d'autant plus affligeante qu'elle se passe dans un pays nouvellement réuni, et en lui exprimant mon opinion, je ne prétends point préjuger la sienne; mais, tout en reconnaissant le délit et en étant indigné profondément, je ne dois point dissimuler que M. Gabrielli appartient à une famille très considérable qui a donné des preuves de dévouement au gouvernement. Je dois dire que son père vieillard respectable, est un des seigneurs de Rome dont la conduite mérite le plus d'estime, et qu'il est un des premiers qui ait donné l'exemple de l'attachement au nouveau système. Une instruction devant les tribunaux ne donnerait peut-être pas une conviction suffisante pour punir le coupable, mais elle couvrirait de honte une famille qui mérite quelques égards.

J'ose vous soumettre ces réflexions qui naissent, non du désir de sauver un coupable, mais de celui d'empêcher le mauvais effet que produirait sur l'esprit public la honte d'une famille qui a donné l'exemple du dévouement.

Arch. de Génelard, à Anglès, Rome, 18 février 1811.

Il vient de se passer divers événements qui prouvent que le brigandage a repris, depuis quelques jours, plus d'audace. Une voiture a été pillée à 15 milles de Rome, sur la route de Civita-Vecchia, par cinq hommes armés. Deux chasseurs à cheval du 9e régiment, revenant d'escorter un courrier, ont été assaillis de cinq coups de fusil sur la voie Appienne, au milieu des Marais Pontins. Ces faits et divers autres antérieurs dont je vous ai rendu compte, ont attiré toute mon attention. Il paraît résulter des renseignements que j'ai pris, que plusieurs brigands, chassés du royaume de Naples, sont venus grossir nos bandes, et ont réveillé ceux que la crainte des Commissions militaires avait réduits à être tranquilles.

Pour rendre la sûreté à la route de Naples et aux autres parties de l'arrondissement de Velletri, je me suis concerté avec M. le général commandant le département, et j'ai donné des ordres au sous-préfet et au capitaine de gendarmerie de réunir plusieurs brigades, d'y adjoindre, comme explorateurs, des sbires et des gardes champêtres, et de faire une fouille générale des Marais Pontins. Pendant ce temps, l'infanterie, divisée en petits détachements, occupera les passages par lesquels les brigands pourraient chercher à regagner les montagnes. J'ai mis 400 francs, sur les 600 que S. Exc. le ministre m'a promis, à la disposition du sous-préfet et du capitaine de gendarmerie, pour payer les espions, sans lesquels il n'y a aucun résultat heureux à espérer. On peut se flatter de quelques succès par cette combinaison de moyens; mais ce succès ne sera que précaire, car, dans les dispositions actuelles, on ne peut espérer, de longtemps, voir le germe du brigandage extirpé; outre qu'il reste encore dans les montagnes un certain nombre de condamnés contumaces, d'échappés de galères, etc., il se fait un recrutement continuel par les hommes qui, du royaume de Naples, se réfugient dans le département. Quelques sbires et conscrits réfractaires, vivement poursuivis, grossissent aussi les bandes. Les arrestations que l'on peut faire compensent à peine cet accroissement; pour le réduire autant que possible, il faut recourir à la mesure, par vous ordonnée, de l'expulsion des sbires étrangers. Depuis longtemps je travaille à l'effectuer, de concert avec la gendarmerie; mais je n'ai pu encore en venir à bout, à cause de la nécessité de ne pas divulguer ce plan avant qu'il puisse être exécuté instantanément. Nous nous débarrasserons par là d'une cinquantaine de mauvais sujets qui, tôt ou tard, grossiraient les bandes de brigands. A ce moyen, il faudra joindre une plus active surveillance sur les individus arrivant du royaume de Naples, surveillance à laquelle les agents des douanes pourraient être employés, placés sur la ligne, mais d'autant plus difficile à exercer que les besoins de la culture exigent que, chaque année, plusieurs milliers de paysans viennent de ce pays. Pendant que, par ces moyens généraux, on empêchera les bandes de se recruter, il faudra ne rien négliger pour les poursuivre, non à force ouverte, mais par ruse.

On doit marcher à ce but par tous les moyens, sans regarder à la dépense; et ce ne sera que lorsqu'on voudra assigner des sommes suffisantes que l'on pourra parvenir à détruire le brigandage. Je vous ai souvent tenu ce langage, Monsieur, et je le répète encore, car c'est celui de la vérité et de l'expérience.

Dès que j'aurai des nouvelles de la chasse que l'on donne en ce moment, je vous en rendrai compte.

Arch. de Génelard, à Anglès, Rome, 20 février 1811.

Je m'empresse de vous rendre compte d'un événement très fâcheux qui eut lieu, le 19 du courant, à trois milles de Velletri (une lieue), et qui attire toute l'attention de la gendarmerie et de la police.

Deux gendarmes ont rencontré, à un endroit dit Casella del Guardiano, un détachement de 10 à 12 hommes, ayant à leur tête un caporal, tous habillés de pantalons de toile blanche, vestes bleues, schakos et armés militairement. L'un des deux gendarmes leur demanda où ils allaient; aussitôt, ce détachement croisa ses baïonnettes, et fit feu sur les deux gendarmes, dont l'un reçut une balle dans la main gauche, et une autre qui lui traversa le corps et enlève tout espoir de le sauver; l'autre eut son cheval tué sous lui, et tira vainement, sa carabine ayant manqué, sur ces déserteurs qui s'étaient mis à fuir aussitôt après cette décharge.

D'après quelques renseignements pris, on est tenté de croire que ces militaires sont des déserteurs d'un détachement qui allait rejoindre le 14e régiment de ligne à Corfou, et parmi lequel on avait découvert, à Velletri, un projet de désertion, qui en avait fait déjà mettre huit aux arrêts, et qui aura pu être réalisé, dans la route de Velletri à Terracine, où ils se rendaient. Quels qu'ils soient, il n'en est pas moins important de les saisir et de détruire un noyau de brigandage que pourraient grossir les déserteurs et les mauvais sujets de ce département. Toutes les brigades de gendarmerie ont eu, en conséquence, l'ordre de faire des recherches et de parcourir les routes qu'ils pourraient suivre; le commandant de ce département, le général La Salcette, va mettre également à la disposition de la police quelques détachements de chasseurs qui coopéreront avec la gendarmerie et les sbires; enfin toutes les mesures sont prises pour opérer la prompte arrestation de ces déserteurs. J'aurai l'honneur de vous informer des résultats que ces recherches auront obtenus.

Arch. Nationales, F¹¹ II, 1ʳᵉ liasse, au baron Quinotte,
Rome, 25 février 1811.

L'administration des hôpitaux de mon département était dans le plus grand désordre; leurs revenus, au lieu d'être employés pour secours des pauvres, n'étaient en général que le patrimoine des administrateurs. C'est pour cela que je ne suis pas encore parvenu à introduire une parfaite administration, ni même à obtenir les renseignements nécessaires. Je m'occupe avec le plus grand soin à les réunir, et à exciter le zèle des Commissions administratives; mais il faudra encore du temps pour les pénétrer de leurs devoirs et leur en donner connaissance.

Je rédige, à mesure que je reçois des renseignements complets, des budgets qui vous donneront une idée exacte de l'état des établissements. Déjà je vous ai adressé celui des Enfants trouvés; je vous transmets aujourd'hui celui de l'hôpital des fous. Vous verrez, Monsieur le conseiller, qu'il se trouve dans une situation très fâcheuse, et qu'il n'a pas les moyens d'existence, si on ne lui rend promptement les intérêts des *Lieux de Monts*[1], les créances dues par des couvents supprimés, et la subvention annuelle du gouvernement. Ainsi, je ne saurais assez vous prier de prendre en considération l'état de cet hôpital, qui est le seul qui existe dans mon département pour ce genre de maladie.

Arch. de Génelard, à Anglès, Rome, 28 février 1811.

Vous voulez bien me faire connaître, par la lettre que vous m'avez fait l'honneur de m'adresser le 20 du courant, que les diverses observations que je vous avais soumises, à différentes reprises, sur la nécessité de procurer du travail aux nombreux artistes que les nouveaux changements plongeaient

---

1. Les *Lieux de Monts* (Luoghi di Monte) étaient les actions du Mont-de-Piété de Rome. Elles avaient une valeur capitale très variable dont les intérêts étaient originairement de 16 p. 100, et dont la masse chargeait l'État pontifical d'une somme annuelle de 3,234.085 écus (11,952,354 francs). Cet intérêt démesuré avait été réduit par Pie VI à 5 p. 100, et, provisoirement, par Pie VII à 2 p. 100.

dans la misère, ainsi qu'aux pauvres de cette cité, non moins dignes de fixer l'attention de la police et de recevoir des moyens d'existence à la place de ceux qui leur avaient été ravis, avaient été mises par S. Exc. le Ministre de la police sous les yeux de S. M., et avaient été l'objet d'une communication au Ministre de l'intérieur. Ce dernier m'a demandé, en effet, sur les moyens d'employer utilement les artistes, des renseignements que je me suis empressé de lui transmettre. Il a bien voulu, également, mettre à ma disposition 25.000 francs qui avaient été votés au budget de Rome pour les travaux de charité, et qui permettent de continuer les travaux du *Forum Romanum*, et d'occuper ainsi 700 malheureux qui restaient sans ressources, jusqu'au moment où les travaux ordinaires des terres pourront leur fournir d'autres moyens d'existence. Mais je ne lui ai point dissimulé que les travaux de jardinage et de culture étaient peu propres à occuper cette classe indigente qui n'en a aucun usage, et qu'il était indispensable d'allouer une somme assez considérable pour entretenir, à des travaux d'embellissement de la ville et d'utilité, 400 malheureux, toute l'année. Le conseiller d'État, directeur général de la comptabilité des communes, a bien voulu me répondre que cette affaire serait l'objet d'une attention particulière, et qu'il sentait la nécessité d'adopter cette mesure.

On doit donc espérer que, grâce à l'intérêt que L. Exc. les Ministres de l'intérieur et de la police veulent bien mettre aux observations que j'avais cru devoir leur présenter sur la triste situation de la foule d'indigents qui se trouvent à Rome, cette situation sera améliorée, et, par conséquent, en les arrachant aux excès et peut-être aux crimes auxquels l'extrême misère pouvait les porter, rendra plus facile la surveillance que la police était obligée d'exercer.

Arch. de Génelard, au Ministre des cultes.
Rome, 7 mars 1811.

Je me hâte de répondre à la lettre que V. Exc. a daigné m'écrire, sous la date du 20 février, pour me demander des renseignements sur les confréries, et me faire connaître son intention d'en réunir les biens aux fabriques des paroisses, aux termes de l'art. 36 du règlement général des fabriques du 30 décembre 1809. Les mesures à prendre sont de deux sortes : 1° empêcher que les confréries n'abusent de leurs propriétés mobilières et immobilières; 2° en mettre les fabriques en possession.

L'arrêté de la Consulte du 15 juillet 1809 a pourvu au premier point, en défendant aux établissements de main-morte d'aliéner leurs biens, de quelque nature qu'ils soient. La mise en possession des fabriques des paroisses est une opération extrêmement difficile, à cause du très grand nombre des confréries et des obstacles qu'on rencontrera pour cette opération. Je travaille, depuis un an, à me procurer un état exact des biens des confréries, mais je n'ai pu, jusqu'à ce moment, y réussir complètement, les chefs de ces établissements ayant un intérêt direct à empêcher l'administration de connaître leurs ressources, et se refusant à donner les moindres éclaircissements. Ces difficultés s'accroîtront encore quand ces individus apprendront qu'ils sont au moment de perdre une administration qui n'est pas sans avantage pour eux.

Je prie V. Exc. de vouloir bien peser ces observations, et m'accorder un certain délai pour lui fournir les renseignements qu'elle désire; je ne publierai pas, en attendant, la mesure qui doit être prise contre les confréries pour ne pas en effrayer les nombreux membres; je me flatte qu'elle sentira les motifs de mon observation, et qu'elle me donnera ses ordres si elle ne la trouvait pas fondée.

Arch. de Génelard, à Anglès, Rome, 9 mars 1811.

Le sous-préfet de l'arrondissement de Velletri et le capitaine de gendarmerie, instruits que deux chanoines de Velletri avaient, suivant le bruit public, rétracté leur serment, et que cette rétractation devait se trouver chez un curé adjoint à la cathédrale, ont fait subir à ce dernier un interrogatoire d'où il résulterait que presque tous les curés et chanoines assermentés auraient rétracté leur serment; et cette déclaration semble appuyée par l'opinion publique qui paraît, en effet, avoir reçu, de cette conduite, une impression fâcheuse. Cependant, les recherches que l'on a faites pour découvrir les rétractations des deux chanoines soupçonnés ont été inutiles, et, non contents de nier le fait, ceux-ci offrent, par un écrit signé d'eux, de prêter de nouveau, si on l'exige, le serment de fidélité à S. M.

D'un autre côté, ces deux chanoines, d'après des renseignements pris par le sous-préfet, paraissent jouir d'une bonne réputation et au-dessus du soupçon élevé contre eux par la jalousie du curé ajoint, Pianetti, qui, en faisant partir ces deux hommes dont l'un est archiprêtre et l'autre lui succède de droit, obtiendrait une dignité qui flatte son ambition, quoiqu'il n'en paraisse pas trop digne par sa conduite qui est celle d'un mauvais sujet.

Dans l'arrondissement de Frosinone, 12 religieux, séculiers et prêtres, ont également excité l'attention et les soupçons du sous-préfet qui a demandé leur éloignement des communes où leur influence peut être dangereuse. J'ai instruit S. Exc. le lieutenant du gouverneur général de ces divers faits, afin qu'il prît les mesures qu'il croira convenables pour maintenir, sous ce rapport, la tranquillité publique et la fidélité des autres ecclésiastiques. J'aurai l'honneur de vous faire connaître les ordres qu'il croira devoir donner, et leur exécution.

Arch. de Génelard, à Anglès, 11 mars 1811.

J'ai eu l'honneur de vous faire part, le 4 du courant, des soupçons qui s'étaient élevés sur un débarquement secret des Anglais dans l'arrondissement de Velletri. Les renseignements postérieurs que j'ai pris confirment, en effet, ce débarquement composé de 8 à 10 hommes, mis à terre par une embarcation des corsaires qui croisent sur la partie de la côte du cap Circé. Ces individus se sont contentés de tuer quelques bœufs qui passaient sur la côte, en ont emporté une partie, et se sont rembarqués, sans avoir de communication avec aucun hab... ... ni s'approcher de la tour de Fogliano, peu distante du lieu de leur embarquement.

Une bande de brigands, composée de 10 à 12 personnes, s'est montrée également le même jour dans l'arrondissement de Frosinone, du côté de Fuliano. Ces brigands ont fait feu sur un sbire qui passait et qui leur est échappé sans blessure. Un autre sbire, qu'ils ont ensuite arrêté, a été relâché par eux, sans avoir été maltraité.

Le 9 du courant, 10 contumaces armés de sabres, pistolets et fusils, sont entrés dans le village de Campo-Morto, peu distant de Velletri. Ils se dirigèrent d'abord chez le fermier Gaetano Truzzi, lui enlevèrent son linge, deux cents écus romains, sa montre avec les clefs en or, les boucles d'oreilles de la femme d'un de ses serviteurs, 50 piastres à un autre. Après avoir pris une assez grande quantité de pains et d'autres provisions, ils se dirigèrent vers une autre ferme, dépouillèrent également ceux qui s'y trouvaient, enlevèrent quelques chevaux et continuèrent leur route du côté de Cisterne. Ce vol eut lieu vers les six heures du soir, quelque temps après que le capitaine de gendarmerie, en tournée, était passé dans la même ferme. La brigade de gendarmerie, informée trop tard, pour les saisir sur le fait, s'est mise à leur poursuite. Je ne suis point encore instruit du résultat de ces recherches; aussitôt que j'aurai reçu de nouveaux renseignements sur cette affaire, je m'empresserai de vous les communiquer.

Arch. de Génelard, au général Dumas, Rome, 11 mars 1811.

Par la lettre que vous me faites l'honneur de m'écrire, en date du 26 février, en réponse à ma réclamation du 13 du même mois, vous me faites connaître que le contingent assigné aux départements de Rome et du Trasimène ne pouvait être changé; vous ajoutez que ce contingent a été basé sur celui de l'année dernière, contre lequel je n'avais pas réclamé. Je crois devoir vous faire observer, Monsieur, que, par ma lettre du 28 décembre de l'année dernière, je réclamais contre la répartition du contingent total faite entre les deux départements; je le fis à l'époque où, une nouvelle conscription étant imminente, je pouvais supposer que mes réclamations auraient quelque influence sur la répartition à faire. Si je ne réclamai pas, l'année dernière, à l'époque où la conscription me fut connue, c'est que je n'avais point encore des notions assez positives sur la population des deux départements; c'est que, l'année dernière, le département n'avait point à fournir à l'inscription maritime ni aux canonniers gardes-côtes. Si je me permets ces observations, Monsieur le directeur général, c'est moins pour vous faire revenir sur une résolution prise, que pour me justifier d'un silence que je n'aurais pu garder sans manquer à mes devoirs envers mes administrés.

Je reconnais, et je n'ai pas manqué de le faire sentir aux habitants de ce département, combien le contingent qui lui est assigné est faible relativement à celui assigné aux autres départements de l'empire. J'ose me flatter que cette dette, que S. M. a bien voulu alléger, sera payée avec autant d'exactitude que la première. Je ne négligerai aucun moyen de concilier l'opinion publique avec une mesure si diamétralement opposée aux habitudes de ce département.

Arch. de Génelard, au Ministre des cultes, Rome, 14 mars 1811.

Ainsi que j'avais déjà eu l'honneur d'en rendre compte à V. Exc., les prières pour la grossesse de S. M. l'impératrice se font en toutes les églises de Rome et du département avec la plus grande exactitude.

Il fut convenu, avec le pro-vice-gérant *Athanase*[1], que j'écrirais de nouveau à tous les curés et Chapitres pour leur renouveler l'ordre de réciter, avec plus de régularité et d'uniformité que par le passé, la prière pour S. M. A ce moyen direct, employé par l'autorité administrative, le pro-vice-gérant joignit ses ordres et ses exhortations pour les curés et les chanoines de Rome. Le but a été ainsi atteint, si ce n'est complètement, du moins la plus grande partie, et la prière *Salvum fac* est récitée uniformément dans la plupart des églises. Je fais prendre de soigneuses informations sur les prêtres qui ne remplissent pas ce devoir, et je les ferai connaître à M. le lieutenant du gouverneur général, afin qu'il ordonne les mesures convenables. Déjà, ayant été informé que les Chapitres de Saint-Pierre et de Sainte-Marie-Majeure n'obéissaient pas, j'ai proposé à M. le lieutenant de faire arrêter ces hommes turbulents. Cet acte d'une juste sévérité a produit un bon effet, et contribuera beaucoup à amener les membres du clergé à l'obéissance.

Je ne manquerai pas de rendre compte à V. Exc. des mesures qui seront prises à l'avenir pour la complète exécution de vos ordres. En continuant de marcher avec fermeté vers le bien, nous parviendrons, sans secousse et à

---

1. Délégué apostolique et vice-évêque de Rome. — Avant de partir, le pape Pie VII avait délégué son pouvoir apostolique à divers cardinaux qui, tour à tour, furent exilés. De la sorte, le pouvoir tomba « de cascade en cascade », selon le mot de Tournon, entre les mains d'Atanasio, prélat « très inférieur ». Il est dit de lui, dans le grand rapport inédit (de Hédouville?) (*Arch. Nationales*, F¹⁰ 102, cité) : « Atanasio est un homme faible, doux, borné et prudent, fort embarrassé, cherchant à tout concilier. Chargé un soir de le prévenir sur l'affaire du serment des curés, après deux heures de discussion, il convint avec moi, devant plusieurs ecclésiastiques, qu'on devait et pouvait prêter le serment. Le lendemain, il accourut en larmes me dire qu'il avait eu tort, qu'il reconnaissait bien qu'on ne pouvait raisonnablement rien opposer aux motifs que je lui avais développés, mais que les décisions du pape, qu'il ne lui était pas possible de discuter, prononçaient le contraire, qu'il garderait donc le silence. Le pauvre homme serait charmé qu'on lui apportât une bulle supposée qui autorisât le serment, pourvu qu'elle eût bien tous les cachets et les sceaux, et qu'elle le mît à son aise. Il voit tous les curés assermentés, se concerte avec eux. Il vit entre la peur des censures et la déportation, et voudrait le bien de tous. Je crois qu'un habile homme le dominerait facilement. »

coup sûr, à vaincre la résistance que cherchent en vain à faire quelques membres du clergé. Je regarde comme un très grand pas de fait d'être parvenus à faire réciter uniformément les prières pour Leurs Majestés. Sans doute, il est déplorable d'avoir à regarder comme un pas fait vers l'amélioration de l'esprit public l'accomplissement d'un devoir aussi sacré que celui de faire des prières pour notre auguste souverain. Mais, en considérant qu'il est question ici d'un clergé qui, par maxime, par intérêt, par habitude, est éloigné des principes dont s'honorent les ecclésiastiques des autres parties de l'empire, on peut se féliciter d'être arrivé à ce point sans moyens violents.

Comme la plus grande opposition a eu lieu dans les chapitres métropolitains, MM. les chanoines Vergani, Martorelli et Mauri ont eu l'occasion de donner des preuves de leur zèle et de leur dévouement.

Arch. d'Avrilly, à sa mère, Rome, 14 mars 1811.

Ma tendre mère, je vous réponds deux mots en courant, étant accablé d'affaires à cause de la conscription. Votre lettre du 2 mars a été la bien reçue, étant attendue depuis bien des jours. Je vous ai déjà écrit que je consentais à *m'engager pour le mariage projeté*, en me réservant, et à Mlle de P., l'entrevue. La condition est égale, et il me semble qu'elle ne peut être plus raisonnable. Écrivez donc dans ce sens, et promettez tout ce qu'on peut promettre avant de s'être vus. J'approuve fort votre sujet de proposer une entrevue entre vous et Mad. de P. Quand vous pourrez me parler d'après ce que vous aurez vous-même observé, je ne ferai plus aucune difficulté. Vous pourriez proposer aussi d'envoyer mutuellement les portraits. Que peut-on faire autre chose, quand on est à 400 lieues? Je vous remercie de tous vos détails sur Claveson et ses habitants. C'est là que je réside en esprit.

Je vous embrasse et vous aime de toute mon âme. Mille tendresses à mes sœurs, et à Hippolyte, etc. Adieu, soignez-vous et aimez-moi.

Arch. de Génelard, au Ministre des cultes, Rome, 14 mars 1811.

Je me hâte de répondre à la lettre que V. Exc. m'a fait l'honneur de m'écrire, en date du 6 mars, pour me demander des renseignements sur cinq prêtres de Rome qui ont prêté le serment dans les mains de M. le préfet du Taro. Je regarde comme extrêmement important que les curés et les chanoines qui ont prêté le serment postérieurement à leur éloignement de Rome y soient renvoyés le plus promptement possible pour y reprendre leurs fonctions. Le retour de ces hommes, ramenés au devoir et à l'obéissance, produit un excellent effet sur l'opinion, et nous donne les moyens de faire occuper peu à peu, par des prêtres assermentés, la totalité des curés de Rome. Je regarde comme un des puissants moyens de réconcilier les habitants de cette ville avec les vues du gouvernement de ne laisser à la tête des curés que des hommes sages et ayant donné l'exemple de la soumission. Mais, autant il est à désirer que nous atteignions ce but, autant il s'y rencontre de difficultés, surtout dans la ville de Rome, à cause du petit nombre de prêtres assermentés jouissant de la confiance du public. Ce serait s'éloigner de ce but, et non l'atteindre, que de placer à la tête des cures des hommes qui ne jouiraient pas de l'estime publique; or, les anciens curés jouissent de toute cette confiance; il est donc très heureux qu'on puisse les replacer dans leurs postes, et je suis convaincu qu'ils y seconderont les vues du gouvernement. Si j'osais même énoncer mes désirs, ce serait que les administrateurs du pays où sont exilés les curés et chanoines de Rome cherchassent tous les moyens de les ramener à leur devoir, et contribuassent ainsi à repeupler ce département d'hommes qui, par la confiance dont ils jouissent, peuvent servir les vues de S. M.

Je joins ici une note relative aux cinq curés et chanoines, énonciative des motifs sur lesquels je me suis fondé pour prier V. Exc. de proposer à S. M. d'autoriser les curés Soldatelli, Manzoli, Alequini et Simonetti et le chanoine Spaziani à rentrer dans leurs cures, et dans sa prébende. J'enverrai à V. Exc. la note qu'elle demande sur les ecclésiastiques qui, même en prêtant le serment, ne doivent pas être réintégrés dans leurs fonctions. Je me concerte pour cet objet avec M. le comte Miollis.

Arch. de Génelard, à Anglès, Rome, 16 mars 1811.

Les mesures prises contre ceux qui ont refusé de réciter les prières pour S. M. ont eu un résultat favorable. Le Chapitre de Sainte-Marie-Majeure s'est soumis en totalité et donne l'exemple. Le général Miollis a, d'après cette conduite, fait remettre en liberté les membres de ce Chapitre arrêtés.

A Saint-Pierre, les prières se font chaque jour; mais le vicaire qui avait été arrêté ayant refusé d'ordonner à son Chapitre d'y assister, quoique le vice-président le lui eût transmis, vient d'être conduit à Civita-Vecchia. Cet exemple suffira, sans doute, pour faire rentrer les Chapitres dans le devoir.

A Saint-Jean de Latran, les prières se font chaque jour; il en est de même des collégiales et paroisses, et l'uniformité s'établit de plus en plus. On ne peut être trop satisfait de ce résultat, très important, mais peu espérable. L'exemple que donne le clergé romain influera beaucoup dans le département; malgré l'espèce de fermentation que les prières ont excitée, la ville n'a pas laissé un moment de jouir de la plus grande tranquillité.

Arch. de Génelard, au Ministre de la police, Rome, 19 mars 1811.

Par sa lettre du 4 mars, V. Exc. se plaint d'être informée trop tard des événements qui ont lieu dans mon département, et m'ordonne de faire connaître aux sous-préfets et aux maires que son intention est qu'ils correspondent directement avec Elle. Je m'empresse de donner des ordres positifs pour que ces fonctionnaires remplissent exactement ses intentions.

V. Exc. me permettra de lui faire observer, relativement à la lenteur de mes opérations avec Elle, que je n'ai jamais perdu un moment pour instruire M. le Maître des Requêtes Anglès de tous les événements qui pouvaient avoir quelque intérêt. Mes registres de correspondance font foi de mon exactitude, et je puis assurer qu'il n'y a pas eu, dans mon département, un fait important dont je ne l'aie instruit, me servant toujours de l'estafette pour que les nouvelles lui arrivent plus rapidement. Dans les occasions importantes, comme dans l'affaire du prince Gabrielli, j'ai écrit directement à V. Exc.; mais je n'ai pas pensé que je dusse le faire pour les affaires de la correspondance ordinaire. Veuillez bien me faire connaître sur ce point votre intention, et je m'y conformerai exactement.

Malgré la nécessité d'un travail extraordinaire pour achever l'organisation administrative de ce pays, je n'ai jamais cessé de m'occuper avec le plus grand zèle de tout ce qui concerne la police, et je crois pouvoir assurer que je ne suis en arrière sur aucun point.

Arch. de Génelard, à Anglès, Rome, 30 mars 1811.

J'ai reçu la lettre que vous m'avez fait l'honneur de m'écrire pour me faire connaître votre désir de voir les jeunes Romains se présenter à l'école de marine de Toulon. Déjà, j'avais fait connaître, par la voie des journaux, le décret du 27 septembre; mais, jusqu'à ce jour, je n'ai reçu aucune demande d'admission. Je renouvelle la publication du décret, et j'y ajoute une invitation aux jeunes gens et aux pères de famille, leur faisant connaître les avantages de leur empressement et les inconvénients qui pourraient résulter, pour eux, d'un éloignement marqué pour un service auquel S. M. attache la plus haute importance.

Je vous rendrai compte du succès de cette nouvelle invitation, mais je crains que les anciennes habitudes des habitants de ce département et leur éloignement pour le militaire ne contrarient les vues de l'empereur, du moins dans les premiers temps.

Arch. de Génelard, à Anglès, Rieti, 30 mars 1811.

Le brigand Pulcinello, fameux par ses crimes, et qui avait, il y a trois mois, échappé des prisons de Velletri, a été arrêté par la gendarmerie du royaume de Naples, et vient d'être conduit dans les prisons de cette ville. Demain il partira pour Rome.

Je parcours, depuis 3 jours, cet arrondissement pour y opérer la levée de la conscription. Je ne puis que vous rendre le compte le plus satisfaisant de l'esprit des habitants et de la tranquillité qui y règne. Deux évêques, ceux de Rieti et de Narni, et la plus grande partie du clergé, ont prêté le serment, ce qui produit un excellent effet pour la tranquillité publique. On ne connaît dans le pays aucune bande de brigands, et les crimes y sont rares. La gendarmerie est bonne et commandée par un lieutenant, M. Le Brun, homme de mérite. Le sous-préfet, M. César Borgia, quoique en place depuis peu, montre du zèle et de la connaissance de ses devoirs. Les maires sont, en général, animés d'un bon esprit; on compte parmi eux plusieurs grands propriétaires, et chaque jour, j'épure les premiers choix. Les agents de l'enregistrement sont, en général, mal choisis; dans ce seul arrondissement, deux d'entre eux, les receveurs de Rieti et de Narni sont arrêtés pour malversations. Je n'ai pas recueilli de plaintes contre les agents des douanes ni contre ceux des forêts; quoique cet arrondissement ait une longue frontière du côté du royaume de Naples, je me suis assuré qu'il ne s'y faisait pas de contrebande.

Les subsistances sont assurées jusqu'à la récolte, et probablement il y aura quelques grains de reste. La nouvelle récolte, qui donnait les plus belles espérances, commence à souffrir beaucoup d'une extrême sécheresse. Après cet arrondissement, je visiterai celui de Viterbe et je vous rendrai également compte de mes observations.

Arch. Nationales, F¹ᵉ III, Rome 2, au Ministre de l'Intérieur, Rieti, 30 mars 1811.

J'ai reçu, pendant ma tournée pour la conscription, la circulaire par laquelle V. Exc. m'a fait l'honneur de m'annoncer l'heureux accouchement de Sa Majesté l'impératrice et la naissance du roi de Rome. Déjà cette nouvelle nous était parvenue par le télégraphe, et avait répandu la joie la plus vive parmi les habitants de cette grande ville. Les préparatifs pour des réjouissances dignes de cet événement ne s'accordaient pas avec l'impatience générale; M. le maire, pour la satisfaire, ordonna qu'il y aurait illumination générale et spectacle *gratis*. Au moment où le canon du fort Saint-Ange annonça cet heureux événement, les cloches de toutes les églises y répondirent, et le peuple se répandit dans les rues, et donna tous les signes de la plus grande joie.

Je me suis hâté de faire connaître la naissance du roi de Rome à tous les maires, et je ne doute pas que cette nouvelle, si heureuse pour tous les Français, mais plus spécialement pour les habitants de Rome, ne soit accueillie avec le plus vif empressement. A Rieti, où je me trouve, un *Te Deum* solennel a été chanté, et le Saint-Sacrement exposé par Mgr l'évêque. J'ai assisté à la cérémonie avec toutes les autorités, et le soir, la ville a été illuminée.

Dans toutes les villes, et principalement à Rome, on fait des préparatifs pour les réjouissances, en attendant le moment où il sera permis à la joie publique d'éclater d'une manière plus convenable. Déjà, j'ai demandé à M. le conseiller d'État, chargé de la comptabilité des communes, l'autorisation d'employer une somme de 25,000 francs pour les premiers préparatifs des fêtes.

J'éprouve une grande satisfaction à pouvoir être auprès de vous, Monseigneur, l'interprète des sentiments qui ont animé mes administrés dans cette grande occasion.

Arch. de Génelard, au général Dumas, Rieti, 2 avril 1811.

Le Conseil de recrutement de Rome vient de terminer ses opérations dans l'arrondissement de Rieti. Je me hâte de vous faire connaître le complet succès que j'ai obtenu dans cette levée. Dans les 9 cantons qui composent cet arrondissement, tous les maires se sont transportés au lieu du rendez-vous en conduisant avec eux tous leurs conscrits. Le meilleur ordre a constamment régné, et le nombre des conscrits qui ne se sont pas présentés sans raisons légitimes n'est, dans l'arrondissement, que de 5, contre lesquels j'ai pris sur-le-champ des mesures, afin de les ranger à leur devoir. Je dois cet heureux succès au zèle et à l'activité des autorités constituées, et principalement de M. César Borgia, nouveau sous-préfet de Rieti, qui a donné dans cette occasion des preuves d'une grande intelligence et d'un parfait dévouement. Je le dois aussi au parti que j'ai pris de parcourir le plus grand nombre de cantons, afin d'éviter aux maires et aux conscrits de s'éloigner de leurs habitations. Sur les 9 cantons de l'arrondissement, le Conseil en a visité 5, ayant appelé sur ces points les conscrits des 4 autres.

Persuadé de l'extrême importance de se rapprocher toujours le plus possible du séjour des conscrits, pour leur éviter un déplacement qui détourne un grand nombre d'hommes de se rendre à l'appel, je continuerai de visiter, avec le Conseil de recrutement, la plus grande partie des cantons. A la vérité, cette marche retardera le départ de la totalité du contingent, mais elle assurera la régularité des opérations, écartera tout arbitraire, garantira les conscrits qui ont tiré des numéros élevés d'être appelés pour ceux qui ont des numéros plus bas; enfin, elle servira à concilier de plus en plus l'opinion publique avec l'institution de la conscription. Si le départ de la totalité du contingent éprouve, par cette marche, quelque retard, il sera de peu de jours, et, en attendant, les départs partiels s'effectueront. Déjà les hommes levés de l'arrondissement de Rieti sont en route et dirigés sur Viterbe où ils se réuniront avec les conscrits de ce dernier arrondissement, et je formerai un premier détachement qui partira le 10. Peu de jours après, un détachement composé de conscrits de l'arrondissement de Rome se mettra en route, et ainsi successivement.

J'aurai l'honneur de vous rendre compte du résultat des opérations que le Conseil de recrutement commencera demain pour l'arrondissement de Viterbe.

Arch. Nationales, F^{te} III, Rome 2, au Ministre de l'intérieur, Viterbe, 3 avril 1811.

A peine eus-je reçu la dépêche par laquelle V. Exc. a daigné me donner connaissance de l'accouchement de S. M. l'impératrice et la naissance du roi de Rome, que j'écrivis au maire de cette ville pour lui annoncer ce grand événement, et pour l'engager à convoquer le Conseil municipal, afin de lui en donner solennellement connaissance. Ce Conseil se réunit le lendemain,

2 avril, et prit par acclamation la délibération ci-jointe. L'absence d'un grand nombre de membres n'a pas permis de rendre cette délibération plus régulière; mais l'assentiment des membres absents est d'avance parfaitement certain.

Je me hâte d'adresser à V. Exc. le vœu du Conseil municipal, me joignant à lui pour solliciter la faveur que la députation votée soit admise, et pour qu'il soit permis à la ville de Rome d'offrir à Sa Majesté l'impératrice un gage de son respect et de sa vive reconnaissance. Je vous prie également de vouloir bien me faire connaître votre intention relativement au départ de la députation, composée des personnes les plus distinguées de la ville. Nous espérons que Sa Majesté daignera accorder à une cité qu'elle comble de la plus haute faveur, la permission de témoigner sa vive reconnaissance, son respect profond et ses sentiments d'amour envers Sa Majesté et envers son auguste fils. Cette marque de bonté mettra le comble à la joie dont la naissance du roi de Rome a rempli les Romains.

Arch. de Génelard, à Anglès, Viterbe, 9 avril 1811.

Vous voulez bien m'instruire, par votre lettre du 22 du mois dernier, que les observations que je vous avais soumises sur la situation des sbires ont attiré l'attention de S. Exc. le Ministre de la police générale, et l'ont engagé à écrire, à ce sujet, au Ministre de l'intérieur. Ce dernier, sur l'avis de la Consulte, a proposé à S. M. de maintenir dans les budgets des villes où se trouvent les sbires une allocation provisoire pour leur salaire, jusqu'à ce qu'on ait pu parvenir à les employer autrement.

Cette mesure aurait, en effet, ainsi que vous le remarquez, l'avantage de couvrir ma responsabilité relativement aux sommes que j'ai dû faire avancer à ces individus, à titre de secours, et de leur enlever l'idée, que pouvait leur suggérer le besoin, de chercher dans le brigandage quelques moyens de subsistance. Mais je ne dois point vous dissimuler que cette mesure impose une forte charge aux communes dont les revenus ne sont déjà point proportionnés aux besoins, et qu'elle ne peut être regardée que comme provisoire. D'un autre côté, ce n'est qu'avec la plus grande prudence qu'on peut confier à ces individus des fonctions d'agents de police et de gardes champêtres; ces places ne sont que trop propres à seconder les inclinations vicieuses des sbires, et plusieurs d'entre eux, que l'on avait nommés gardes champêtres, ont déjà excité l'attention de la police, et nécessité leur arrestation.

Je m'occupe, de concert avec le directeur de police, à exécuter vos ordres relativement à l'expulsion de ce département de tous les sbires étrangers. Déjà, un certain nombre des plus mauvais sujets ont été arrêtés. Mais nous avons dû mettre beaucoup de prudence et de discrétion dans cette opération, pour ne pas donner l'éveil et effrayer même ceux de ces individus que leur conduite engage à conserver; un grand nombre d'entre eux, d'ailleurs, étaient employés, et le sont encore, à une expédition tentée pour la destruction des brigands de l'arrondissement de Velletri. Il a fallu les ménager, dans un moment où leurs services étaient utiles, et où leur fuite pouvait être très dangereuse. Cependant, cette expulsion se continue toujours doucement par les soins du capitaine de gendarmerie qui y fait servir la tournée qu'il est obligé de faire dans le département.

Je m'empresserai de vous faire part de l'exécution de cette importante mesure, quand elle sera totalement terminée.

Arch. d'Avrilly, à sa mère, Velletri, 2 avril 1811.

Je n'ai pas hésité, ma tendre mère, à suivre votre conseil, et je viens d'adresser à M. de Fortia une lettre pour Mme de Pancemont, dans laquelle je lui témoigne mon désir d'être agréé par elle et sa fille. J'ai prié Fortia, qui est sur les lieux, de préparer les articles, ne voulant demander de congé que lorsque les affaires d'intérêt seront terminées. Je pense que vous approuvez cette marche. Comme dans vos premières lettres, vous m'avez assuré que Mlle de Pancemont partagerait avec ses frères, et qu'on lui donnait au moment de son mariage 10.000 francs de rente, j'ai écrit à mon cousin de baser les négociations sur ce point-là. J'ai ajouté que je désirais recevoir à la signature du contrat 40.000 francs en diminution de la portion à prendre sur les biens du père. Je ne sais si ces prétentions vous paraîtront déraisonnables; mais vous sentez que dans ma position, je dois désirer de trouver une augmentation de revenus, ma dépense devant nécessairement croître. Je désire aussi ne pas m'endetter pour les dépenses de mon mariage, et je préférerais, si la famille ne voulait pas accéder à ma demande, proposer de diminuer les 10.000 de rente que doit avoir au mariage Mlle de Pancemont, et de me donner en compensation les 40.000 francs comptant, ou dans le délai d'un an. J'ai dit à Fortia que je souhaitais me marier avec la communauté de biens, croyant que ce système est plus favorable à la paix et à l'union du mariage. Cependant, je ne tiens pas irrévocablement à ces conditions, et j'en passerai par ce que vous voudrez. Tout mon but est de m'assurer la compensation de la dépense que mon nouvel état m'occasionnera, et de laisser à mes enfants une existence indépendante. Si je ne puis réunir ces conditions, j'y renonce. Ma position actuelle est assez agréable pour que je ne veuille changer qu'avec de justes motifs, et je fais, quoi qu'il arrive, un acte de raison en me mariant. Quand nous serons d'accord sur tous les points, je demanderai un congé, et j'irai soit à Paris, soit à Lyon. Je préférerais que l'entretien se fît dans ce dernier lieu, pour que vous puissiez vous y trouver. Dans tous les cas, si l'entrevue avait lieu à Paris, après y avoir passé huit jours, je proposerais de venir faire le mariage en Charolais, où vous pourriez vous rendre. Tout cela devrait se faire avec beaucoup de rapidité, car mon absence de Rome ne pourrait excéder six semaines. Comme mon retour de ... être très rapide, je pourrais l'arranger avec les Fortia, pour qu'ils amenassent ... ma femme d'une manière plus commode.

Voilà tous mes plans, ma bonne mère; je souhaite qu'ils vous paraissent sages et qu'ils remplissent vos vues. Voilà une lettre pour M. de Pancemont. Envoyez-la, si vous la trouvez bien. Celle pour Madame était plus longue[1].

---

1. Ces deux lettres sont aux *Archives de Génelard*.

mais dans les mêmes termes. Vous pouvez entrer plus directement en matière avec lui; j'ai dû me borner à des choses générales.

Adieu, ma tendre mère; je vous écris de Velletri où je suis venu pour la conscription. Je ne retournerai à Rome que dans huit jours. Adieu, je vous aime de toutes les puissances de mon âme.

Arch. Nationales, F¹ᶜ III, Rome 2, au Ministre de l'intérieur,
Rome, 3 mai 1811.

Je réponds à la lettre que V. Exc. m'a fait l'honneur de m'écrire, en date du 17 du mois dernier, et qui ne m'est parvenue que le 30, à mon retour de ma tournée pour la levée de la conscription.

Dans l'incertitude du jour fixé pour les fêtes pour la naissance de S. M. le Roi de Rome, j'avais depuis longtemps donné les ordres à tous les maires de se préparer à célébrer dignement un jour aussi mémorable. Au moment où j'apprends que le 2 juin est fixé pour cette solennité, je me hâte d'envoyer la circulaire incluse à MM. les sous-préfets et les maires.

Déjà, par ma dépêche du 15 avril, j'ai eu l'honneur d'adresser à V. Exc. un programme des fêtes qui doivent être célébrées à Rome. Je vous adresserai successivement ceux des villes de second ordre. Je pense que dans chacune des 26 villes dont les budgets sont approuvés par Sa Majesté, il sera convenable de marier une orpheline, et j'y emploierai les fonds accordés pour les rosières. A Rome, il sera marié 10 jeunes filles.

Le Conseil municipal de Rome a ressenti une vive joie de voir son chef et deux de ses membres appelés à se rendre à Paris. Déjà, à la première nouvelle de la naissance du roi de Rome, le Conseil avait nommé une députation composée du maire et de six conseillers municipaux choisis parmi les hommes les plus recommandables et les plus considérables; on trouverait difficilement à en choisir dans son sein deux autres qui, autant que les six désignés, méritassent une aussi insigne faveur; enfin, cette députation a été acceptée par Sa Majesté, et elle est au moment de partir. Ainsi, cette députation du maire et de six conseillers remplira plus complètement les vues de V. Exc., soit qu'elle soit admise en totalité à assister au baptême, soit que deux de ses membres seulement participent à cet honneur. Si les autres cités reçoivent la faveur d'envoyer deux représentants à cette auguste cérémonie, Rome, seconde ville de l'Empire, Rome qui donne son nom au Prince dont la naissance a rempli l'Empire de joie, peut espérer d'obtenir le droit d'envoyer un plus grand nombre de députés porter ses hommages et ses respects à l'Empereur et à son fils. D'après ces motifs, j'ai pensé que les vues de Sa Majesté étaient remplies à l'avance par la députation déjà acceptée par Elle, et qui se trouvait présidée par le maire, et composée des six membres du Conseil municipal les plus dignes de jouir de cet honneur.

Comme plusieurs de ces députés sont déjà à Paris, les seuls qui s'y rendent actuellement sont le duc Braschi, maire, le prince Buoncompagni Ludovisi, 1ᵉʳ adjoint, et le prince Giustiniani, conseiller municipal. Je pense donc que c'est à eux que doit être accordée l'indemnité. La somme nécessaire pour acquitter cette dépense peut être prise sur les 140,000 francs votés pour dépenses imprévues, dans le budget de Rome.

La ville n'a point encore reçu d'armoiries. Le maire demande qu'il lui soit accordé la faveur de conserver les anciennes qui sont une louve allaitant deux enfants, et une légende avec les 4 initiales S. P. Q. R. La livrée de la ville est rouge et jaune, mais d'une forme antique et bizarre; le maire a une autre livrée bleu barbeau et or, très fraîche et très magnifique, dont il compte se servir. Quand Sa Majesté aura fixé les armes de la ville, on pourra faire une nouvelle livrée.

Arch. de Génelard, au Ministre de l'intérieur, Rome, 4 mai 1811.

Venant de visiter, dans le même temps, les arrondissements de Velletri et de Frosinone, je réunirai dans ce rapport les observations que j'ai faites dans cette partie du département.

Dans les deux arrondissements, la levée de la conscription s'est faite avec le meilleur ordre. Dans l'arrondissement de Velletri, il n'y a presque aucun réfractaire; j'ai eu le regret d'en trouver un certain nombre dans quelques communes de l'arrondissement de Frosinone. J'ai pris les mesures les plus fortes pour rappeler à leur devoir ces réfractaires qui, au reste, sont très peu nombreux, en comparaison du nombre de ceux qui se sont fidèlement présentés. Les registres de l'état civil sont tenus avec ordre dans toutes les communes; j'ai fait connaître de nouveau aux curés l'obligation où ils sont de ne donner les sacrements que lorsqu'ils ont la certitude que le vœu de la loi a été rempli. Ceux de l'année dernière sont déposés dans les greffes des tribunaux. On achève de former les registres civiques, et tous les budgets des communes qui ont un revenu moindre de 10,000 francs sont depuis longtemps entre les mains des maires. De ceux soumis à l'approbation de S. M., celui seulement de Veroli est retourné. Les sous-préfets sont occupés à examiner les comptes rendus de 1810.

Les octrois des communes d'Albano, Genzano, Velletri, Terracine, Frosinone, Ferentino et Anagni sont affermés d'une manière très avantageuse aux communes. Dans les villes de Sezze et de Veroli, l'octroi n'est point encore définitivement affermé, l'adjudication ayant élevé sur l'exécution du bail des difficultés qui ne sont point encore aplanies. Dans les villes d'Alatri et de Core, on n'a pu jusqu'ici trouver d'adjudicataire, et le maire administre l'octroi; j'ai donné des ordres pour qu'on établît de nouvelles enchères. Dans les communes de second ordre, il n'a point été possible d'affermer l'octroi; je me suis aperçu que son administration coûtait considérablement et rendait très peu; je me suis déterminé à adopter l'octroi par abonnement, j'espère, au moyen de ce mode simple, et pour lequel les habitants n'ont aucune répugnance, parvenir à assurer aux communes un revenu d'une facile perception. Mais cette opération exige un long travail; quand il sera terminé, j'en rendrai un compte détaillé à V. Exc.

J'ai visité, avec beaucoup de soin, les routes de Rome à Naples, par Frosinone. La première, dans quelques parties, est dans un état extrêmement désastreux; la seconde est très mauvaise dans sa totalité. J'en ai rendu compte à M. le directeur général des Ponts et chaussées; j'ai passé les adjudications des travaux, et je n'attends que l'approbation et des fonds pour les faire commencer. Les maires, dans les deux arrondissements, ont fait des travaux considérables aux communes; je dois citer comme ayant montré le plus de zèle ceux de Veroli, d'Alatri, d'Anagni, d'Arnara et de Pofi. J'ai visité les travaux des Marais Pontins; on s'occupe avec beaucoup d'activité de l'élargissement du fleuve Amazeno. Ce travail est de la plus haute importance, et il est vivement à désirer qu'il soit accordé des fonds pour le terminer, et pour continuer les autres travaux de desséchement.

La prison de Velletri a été beaucoup améliorée par les travaux faits l'année dernière; mais outre que ces travaux ne sont point encore soldés, ainsi que j'en ai rendu compte à V. Exc., il en est encore d'assez importants à faire pour achever l'entière restauration de cette maison de détention; le principal est la construction d'un préau dont cette maison manque, ce qui expose les prisonniers, faute d'air et d'exercice, à de fréquentes maladies. La prison de Frosinone est en bon état et suffisamment vaste; elle n'a besoin que de simple entretien. J'ai trouvé les deux prisons bien tenues, et les fournitures faites aux prisonniers de bonne qualité. Dans la prison de Velletri, le nombre de prisonniers était de 105; dans celle de Frosinone de 113. Les malades étaient peu nombreux comparativement au nombre des détenus. Les prisons de canton sont généralement en bon état; la comptabilité y est bien réglée; je me suis occupé de terminer le casernement de la gendarmerie; la plupart des brigades sont logées dans des bâtiments nationaux, ainsi que dans les arrondissements de Velletri et de Viterbe; les lits appartiennent presque en totalité aux communes.

Les hôpitaux principaux dans ces deux arrondissements sont ceux de Velletri, Veroli et Anagni; ils sont, les uns et les autres, bien administrés par des Commissions fort actives. Je n'ai pu cependant parvenir encore totalement à leur faire adopter nos formes de comptabilité. Les autres hôpitaux n'ont que quelques rentes incertaines; on ne peut en employer les produits qu'en secours à domicile.

Dans les arrondissements de Velletri et de Frosinone, il existe une quantité de grains suffisante pour attendre la récolte; l'arrondissement de Frosinone a même un excédent qui se transporte à Rome. La récolte pendante donne les plus belles espérances, et les pluies qui sont survenues à la fin d'avril nous donnent la certitude qu'elle sera extrêmement abondante, tant en grains qu'en légumes et en fourrages. Les vignes et les oliviers n'ont point souffert de l'hiver assez rigoureux, et l'on peut espérer un produit abondant. Le commerce de l'arrondissement de Velletri consiste en exportations de grains, maïs, légumes, vins, bestiaux. Dans aucune partie du département, les impositions ne se paient plus régulièrement que dans ces deux arrondissements.

Ces deux arrondissements sont infestés, depuis un grand nombre d'années, de bandes de voleurs qu'il n'a pas été possible, jusqu'à ce jour, de détruire en totalité; cependant, la tranquillité publique n'en est point troublée, et toutes les mesures sont prises pour poursuivre à outrance ces restes de bandes, formées sous un gouvernement faible; et l'on peut espérer qu'elles seront bientôt totalement anéanties.

Le nouveau sous-préfet de Velletri, arrivant dans un arrondissement dont diverses circonstances avaient retardé l'organisation, travaille avec une grande activité à la terminer, et donne des preuves continuelles de zèle et d'intelligence. Je dois également des éloges à M. Taurelli, sous-préfet de Frosinone. Les maires montrent aussi de l'activité et du zèle dans l'exercice de leurs fonctions, et se forment chaque jour davantage à la nouvelle administration.

Arch. Nationales, F¹ᶜ III, Rome 2, au Ministre de l'intérieur, Rome, 10 mai 1811.

En me hâtant de répondre à la lettre que V. Exc. m'a fait l'honneur de m'écrire pour me demander des renseignements sur les membres de la députation de Rome, je vais, autant qu'il est en moi, satisfaire à sa demande.

Le duc Braschi, maire de Rome, président de la députation, est généralement aimé et estimé par la droiture et l'élévation de son caractère. On ne lui accorde pas beaucoup d'esprit, ni de fermeté; il manque aussi d'habitude des affaires; mais ses opinions sont très bonnes; il est plein du désir du bien, et peu de Romains sont aussi franchement attachés au gouvernement. Le duc Braschi [1] a fait pendant la révolution de Rome des pertes immenses, et les biens qui lui restent sont chargés de dettes. Il avait espéré d'obtenir la dignité de sénateur; depuis, Sa Majesté a daigné lui accorder le payement d'une créance d'environ 90.000 francs qu'il avait sur le gouvernement. Il a des prétentions pour une somme beaucoup plus forte, et se trouve en ce moment par-devant le Conseil de liquidation. Le payement de cette créance serait l'unique moyen de rétablir la fortune de cette famille, et c'est là le but auquel le duc vise. Un emploi honorifique, qui ne l'éloignerait pas de Rome où il a toutes ses terres, paraît aussi l'objet de ses désirs.

Le prince Buoncompagni Ludovisi a fait des pertes qu'il évalue à 300.000 francs de rente, ayant été privé de la principauté de Piombino et du duché de Sora. Il réclame depuis longtemps une indemnité. Cependant il est encore fort riche, réparant par son habileté dans les affaires et par son économie les pertes qu'il a souffertes. C'est un homme parfaitement probe, rempli de zèle et de désir d'être utile; depuis la réunion de Rome, il s'est dévoué à tous les emplois auxquels il a été nommé, et on ne peut que louer sa conduite sage et son activité. On lui reproche une trop grande économie qui nuit à la considération dont il devrait jouir; mais on ne peut lui refuser beaucoup d'estime. Après l'affaire de ses indemnités, qui est le but ordinaire de ses démarches, ce qui lui serait le plus agréable serait une décoration ou un emploi honorifique qui ne l'éloignerait pas de Rome où il a tous ses intérêts.

---

1. Tournon, dans ses *Mémoires inédits*, donne d'intéressants détails sur ces chefs de la noblesse romaine d'alors, Braschi, Buoncompagni, Gabrielli, Sforza Cesarini, Chigi, Colonna, Doria, Patrizzi, etc., et sur les financiers Torlonia et Marconi.

Le prince Chigi est le seigneur de Rome qui jouit le plus pleinement de la considération publique, et il est, dans le même temps, fort aimé du peuple. Sa fortune est considérable, mais mal en ordre, et il a 9 enfants. Il a toujours rempli avec zèle et honneur les emplois municipaux qui lui ont été donnés; mais cependant évitant de se mettre en avant, moins par éloignement pour l'ordre établi que par suite de préjugés. Son épouse est, actuellement, dame du palais, et il y a tout lieu de croire qu'un homme aussi sage que M. Chigi est tout disposé à faire ce qui conviendra au gouvernement. Je regarde comme essentiel de ne pas le tenir éloigné de Rome, mais comme également essentiel de l'y renvoyer avec une décoration ou un emploi honorable qui ne laisse aucun doute sur son attachement au gouvernement. Son caractère, son esprit et ses connaissances le rendent d'ailleurs très digne des bontés de Sa Majesté.

Le prince Sciarra Colonna est d'une branche peu riche de la plus grande maison d'Italie. Il soutient un grand procès dont le gain lui donnera une fortune considérable, mais dont la perte couronnera sa ruine. Il a peu d'esprit et d'usage du monde, mais est estimé comme très honnête homme, et considéré à raison du nom qu'il porte. Il s'est montré attaché au gouvernement dès le changement. Un emploi lucratif qui exigerait un talent ordinaire, ou une décoration, me semblent ce qui pourrait lui convenir.

Le prince Giustiniani habite presque constamment Paris. Sa fortune est très délabrée par suite de divers malheurs. On s'accorde généralement à le considérer comme un homme fort estimable et tout à fait dévoué au gouvernement. Un emploi lucratif, soit à Rome, soit dans l'intérieur, serait l'objet de son ambition.

M. François Barberini, fils aîné du prince de ce nom, est homme d'esprit, instruit et habile dans les affaires. On estime beaucoup son caractère. Dans ses opinions politiques il suit les traces de son beau-frère, le prince Chigi, étant comme lui sage et bien intentionné, mais un peu trop soumis aux préjugés religieux. Les affaires fort dérangées de M. Barberini l'obligeant de rester à Rome, il ne peut être dans ses vues d'obtenir autre chose qu'un emploi honorifique.

———

Arch. de Génelard, à Anglès, Rome, 11 mai 1911.

J'ai l'honneur de répondre aux diverses demandes que vous me faites par votre lettre du 19 avril, relative au paiement des pensions ecclésiastiques et des portions congrues.

Les ordres de S. M. et les mesures prises par le Ministre des finances ont reçu leur parfaite exécution, et les paiements se font très exactement. Je ne doute point que le paiement de ces pensions aux époques fixées, et l'assurance d'un sort, ne détermine successivement ces religieux à donner au gouvernement la preuve d'obéissance qu'il leur demande; chaque jour voit quelque nouveau prosélyte.

J'ai l'honneur de vous transmettre, ci-joint, l'état numératif des serments prêtés, du 1er mars au 30 avril dernier. Je n'ai aucune connaissance que les familles des réfractaires jouissent des revenus des cures abandonnées; les évêques ont nommé des vicaires, et ceux-ci ont droit de toucher les revenus des places qu'ils occupent. S'ils ne le font pas, ou qu'ils les distribuent aux familles des réfractaires, c'est une condescendance de leur part; mais elle me paraît peu présumable en des individus qui ont des besoins réels.

Je m'occupe constamment d'améliorer le sort des curés et des desservants, persuadé que ce spectacle de leur bien-être contribuera, plus que toute autre chose, à ramener les réfractaires; mais les usages de ces contrées sont si différents de ceux de l'ancienne France, et les ressources des fabriques si difficiles à créer, l'esprit du peuple comme du clergé est encore tellement contraire à des innovations dans ce qui regarde le service du culte, que je suis obligé de mettre la plus grande prudence et, par conséquent, une grande lenteur dans l'exécution des ordres de S. M. à cet égard. Il faut d'ailleurs attendre qu'il ait été définitivement statué sur la fixation des paroisses et succursales. On s'occupe de ce travail délicat et important.

Arch. de Génelard, au Ministre des cultes, Rome, 11 mai 1811.

Je vais rendre compte à V. Exc. de ma tournée dans l'arrondissement de Tivoli et dans l'ancien diocèse de ce nom. Le clergé a généralement prêté le serment; le grand vicaire paraît bien intentionné et a de l'influence sur son clergé. J'ai obtenu de lui la déclaration dont je vous envoie copie, rédigée en forme de lettre adressée à l'évêque d'Anagni; je n'ai pu obtenir rien de plus positif par la raison que ce grand vicaire est bien instruit que l'évêque d'Anagni refuse de prendre l'administration du diocèse supprimé. J'espère que cet acte, quoique imparfait dans sa forme, vous paraîtra satisfaisant.

Dans le diocèse de Palestrina, le clergé a également prêté le serment; mais le grand vicaire n'a pas voulu consentir à reconnaître l'évêque d'Anagni, et même il paraît qu'un assez grand nombre de prêtres de cet ancien diocèse est animé d'un esprit inquiet. J'ai pris des mesures pour les observer attentivement.

Dans l'ancienne abbaye de Subiaco qui comprend 17 villages, la presque totalité du clergé a refusé le serment; ceux qui les ont remplacés partagent leurs opinions, et, sans s'opposer cependant aux ordres du gouvernement, entretiennent parmi le peuple une inquiétude fâcheuse. Il est difficile d'indiquer un remède à ce mal, n'ayant point un nombre suffisant de prêtres assermentés pour remplacer ceux dont le déplacement serait à souhaiter.

Je dois, à cette occasion, faire observer à V. Exc. que les décrets impériaux de réunion des diocèses supprimés à ceux conservés ne parlent point des trois abbayes de Farfa, de San Salvador Maggiore, et de Subiaco, qui formaient comme de petits diocèses séparés dont les abbés avaient tous les droits épiscopaux. J'ai pensé, et j'ai assuré aux divers grands vicaires, que ces petits diocèses étaient réunis, les deux premiers à l'évêché de Rieti, et le troisième à celui d'Anagni; mais il serait peut-être utile que V. Exc. donnât, à ce sujet, une déclaration positive que je communiquerai aux intéressés.

Arch. Nationales, F¹ 8891, doss. 6209.
Confidentielle, à Anglès, Rome, 1... mai 1811.

J'ai l'honneur de répondre à la lettre par laquelle vous voulez bien m'avertir de veiller attentivement sur mon bureau de la conscription, et sur celui de la mairie chargé du même travail. J'attache un trop vif intérêt à ne pas laisser planer le moindre soupçon sur les personnes qui travaillent sous mes ordres, pour ne pas entrer dans quelques détails, et repousser des inculpations qui me paraissent calomnieuses.

Je vous ai déjà entretenu de mon chef de bureau, M. Noffreti. Depuis ce moment, je n'ai cessé de veiller sur sa conduite; je l'ai fait surveiller, et je me suis assuré qu'il menait une vie très régulière, ne faisait pas la moindre dépense, et ne donnait lieu à aucune plainte.

A ces preuves, j'en ai voulu joindre de plus positives; j'ai prié M. le directeur général de la police de faire soigneusement rechercher s'il y a des plaintes portées contre les bureaux de la préfecture au sujet de la conscription. Ce matin même, à l'occasion d'une réunion des commissaires de police chez moi, je leur ai demandé, en présence de M. le directeur général, s'ils avaient quelques indices de corruption dans l'affaire de la conscription, et tous m'ont répondu qu'ils n'avaient reçu aucune plainte; je leur ai recommandé la plus grande vigilance, et de rendre compte sur-le-champ à M. le directeur général de ce qu'ils pourraient apprendre.

Maintenant, en discutant la possibilité de la corruption, je ne crois pas pouvoir l'admettre, d'après le système que le Conseil de recrutement a adopté. La totalité des conscrits a été examinée par nous; c'est nous seuls qui avons prononcé sur chacun; le chef de bureau n'a fait que rédiger le procès-verbal, qui après chaque séance a été soigneusement relu et examiné; nous n'avons jamais permis qu'il fît la moindre observation, et je dois dire que, par caractère, il en est lui-même tout à fait éloigné. Cet employé n'aurait donc pu que vendre des promesses et des espérances fondées sur un prétendu crédit. Mais ce genre de tromperie est de tous le plus vite découvert, car ses résultats ne peuvent être masqués même un moment. Il faudrait d'ailleurs supposer un accord entre le chef de bureau et le capitaine de recrutement, et celui de ce département me paraît jusqu'à ce jour au-dessus de tout soupçon. De cette grande difficulté de tromper, à cause de la surveillance exercée par le Conseil et de la conduite tenue par le chef de bureau, conduite qui lui a mérité les éloges de tous ses membres, je dois conclure que, jusqu'à des preuves contraires, il n'y a pas lieu à l'accuser de corruption. Je suis loin de le défendre, et je serais son premier accusateur si j'avais le moindre indice; mais d'une autre part, je dois vous dire ma pensée sur cet employé qui me paraît victime d'une calomnie. Si vous avez recueilli quelque renseignement, je vous serai obligé de me le transmettre pour me mettre sur la voie; j'ai fait la même demande au directeur général de police, et j'espère, grâces à ces moyens réunis, découvrir si l'accusation est fondée, ou si elle n'est que le fruit de la haine contre tout ce qui sert l'ordre établi, haine malheureusement trop commune.

Quant aux bureaux de la mairie, je ne puis en rendre un compte aussi détaillé, mais je puis vous assurer que l'opération entière de la conscription pour ce qui concerne la formation des listes, a été faite par les commissaires de police, sous la surveillance du maire; que ces listes ont été imprimées et affichées pendant un mois; que chaque commissaire a dû ouvrir un registre pour y insérer les plaintes, dénonciations, indices, etc.; que le public a été constamment informé de tout ce qui s'est fait par voie d'affiche. Je sais bien que, malgré tous ces moyens, il peut se trouver des hommes qui abusent encore de leurs places et qui vendent un crédit qu'ils n'ont pas. Mais comme je l'ai dit plus haut, ces fripons sont promptement reconnus, et jusqu'à ce jour je n'ai pas reçu de plainte qui me les signalât. Je ne cesse d'appeler toute l'attention de la police sur les individus qui, par leurs places, sont dans le cas de s'occuper de la conscription, et il ne tiendra pas à moi, quel que soit leur rang, qu'ils ne soient découverts et livrés aux tribunaux. Je dois ajouter en faveur de M. Noffretti que, dans l'affaire de M. Gabrielli, il n'a pas même été nommé, et que cependant, s'il eût voulu voler, il en avait une occasion bien favorable, lorsque le conseiller de préfecture donnait l'exemple de la plus mauvaise conduite.

Arch. Nationales, F^ie III, Rome 2, au Ministre de l'intérieur,
Rome, 18 mai 1811.

A mon retour d'une tournée dans l'arrondissement de Tivoli, je crois devoir rendre compte à V. Exc. des observations que j'ai faites sur cette partie du département. La conscription, qui était l'objet principal de ma tournée, s'est levée avec un succès complet. Le nombre des retardataires n'a été que de 8. Les maires ont montré beaucoup de zèle, et puissamment contribué à exciter le courage et l'obéissance des conscrits. J'ai trouvé dans cet arrondissement les registres de l'état civil généralement fort en règle. Les habitants qui, dans les premiers moments où cette institution fut établie y voyaient un empiètement sur les droits de l'Église et refusaient de s'y soumettre, en reconnaissent maintenant tous les avantages, et s'empressent de se présenter à l'officier public. Les registres civiques sont terminés dans la plupart des communes.

L'arrondissement de Tivoli n'est composé que d'une masse de montagnes très élevées et très arides, séparées entre elles par la vallée de l'Aniene. Les villages sont très petits et placés sur les sommités des rochers. Cette disposition des lieux rend l'administration de cet arrondissement fort difficile. La petitesse des villages, ou plutôt des hameaux, a rendu impossible l'établissement des octrois. Pour assurer un revenu à ces communes, je me suis occupé à y établir l'octroi par abonnement; mais j'ai rencontré plusieurs difficultés que j'espère vaincre successivement. L'octroi n'est établi régulièrement que dans la seule commune de Tivoli. Malgré tous mes efforts, je n'ai pu l'affermer jusqu'à ce jour; ses produits n'atteignent pas, malgré la plus exacte surveillance, la somme portée dans le budget; mais on peut espérer qu'à la vendange le déficit se comblera. A Subiaco et Palestrina, l'octroi est établi; mais ses produits sont si faibles à cause des facilités que les localités donnent aux fraudeurs, que j'ai dû assembler les Conseils municipaux pour délibérer sur les moyens de remplacer l'octroi en régie par l'octroi par abonnement. Tous les budgets, celui de Tivoli excepté, sont entre les mains des maires. Les conseils municipaux sont occupés de l'examen des comptes de l'exercice passé. Il n'y a dans l'arrondissement de Tivoli qu'une route de 2ᵉ classe conduisant de Rome à Aquila, royaume de Naples, et passant par Tivoli, Vicovaro et Arsoli. Jusqu'à Tivoli, elle est en état de viabilité, et diverses réparations lui ont été faites. De Tivoli à la frontière, elle est à peu près impraticable.

Le pont de Tivoli sur l'Anienc, au point même où commence la cascade, est en péril d'être emporté, et la nécessité de le reconstruire à neuf dans une autre situation est depuis longtemps reconnue. L'ingénieur en chef s'occupe de la rédaction des projets, plans et devis. Les prisons de Tivoli sont placées dans le local le plus malsain et le plus incommode. La Consulte, convaincue de la nécessité d'une translation, accorda le couvent de Saint-François pour y construire des prisons et une caserne pour la gendarmerie. Une partie des travaux a été faite en 1810; le reste est suspendu faute de fonds; j'en rends un compte particulier à V. Exc. dans un rapport sur les prisons. La comptabilité de ces établissements est bien réglée, et les comptes réguliers fournis exactement. Les dépôts de sûreté des cantons sont tous établis dans des locaux suffisamment grands.

Le seul hôpital qui mérite ce nom est celui de Tivoli qui est fort bien administré par les ex-religieux appellés *Benfratelli*. La Commission mérite des éloges. Dans les autres communes, il y a des établissements plutôt de secours à domicile, que des hôpitaux susceptibles de recevoir des malades.

L'excessive sécheresse du printemps a nui aux récoltes dans cet arrondissement dont le sol est sec et léger. Malgré cette intempérie, très extraordinaire dans ce climat, la récolte en grains sera au-dessus d'une année ordinaire. Il n'en sera pas de même des légumes, soudes et autres plantes semées en mars. Les vignes ne donnent pas de grandes espérances; les oliviers, qui sont l'arbre le plus généralement cultivé, annoncent une récolte abondante. L'esprit public est généralement bon dans cet arrondissement. Il n'est point comme celui de Frosinone infesté par les voleurs, et le peuple témoigne de l'attachement au gouvernement.

Je dois des éloges à M. le conseiller de préfecture Giraud qui a rempli pendant trois mois les fonctions de sous-préfet, et je prie V. Exc. de lui accorder en gratification les appointements de la place dont il faisait l'*interim*.

Arch. d'Avrilly, à sa mère, Rome, 20 mai 1811.

Ma tendre mère, votre lettre du 10 est la première de ma vie qui m'ait fait éprouver quelque peine. Vous paraissez y mettre en doute mon désir de faire une chose que je sais vous être agréable, et vous croyez voir dans ma conduite quelque inconséquence. Je me flatte que vous aurez reçu une dernière lettre dans laquelle je vous annonçais avoir envoyé à Fortia ma demande de congé, et que maintenant tous vos doutes sont éclaircis. Mais comme je tiens, plus qu'à aucune autre chose, d'obtenir votre approbation, écoutez, je vous prie, ma justification. Dès le premier moment où il fut question de mon mariage, je vous mandais que j'étais content de la fortune qu'on promettait à Mlle de Pancemont. Je n'ai pas cessé d'être parfaitement satisfait sous ce rapport; mais comme il s'est maintenant agi d'en venir à rédiger un contrat, j'ai cru qu'il n'y avait aucune inconvenance à présenter mes vues sur les détails de cette rédaction. Je n'ai pas prétendu faire de nouvelles conditions, mais énoncer, article par article, ce que je n'avais pu comprendre dans le premier moment que sous une formule générale de satisfaction. Je n'ai pas demandé un accroissement de dot; j'ai seulement exprimé le désir qu'une partie de celle promise fût payée comptant. Cela pouvait très naturellement entrer même dans les vues de la famille, quitte à elle à céder un capital, ou même à refuser cette proposition. Je ne vois, je l'avoue, dans ma demande, que la chose la plus simple et la plus conforme aux convenances. Au reste, comme déjà vous m'aviez fait entrevoir que vous n'approuviez pas cette demande, j'avais chargé Fortia de ne pas insister, et je vous le répète ici. J'ai le désir bien sincère de voir cette affaire réussir, et vous me verrez prêt à écarter tous les obstacles. D'après ma demande de congé, je suis tout à fait lié, et même ne nous convinssions-nous pas, il me semble difficile de rompre. N'est-il pas juste que la famille Pancemont se lie aussi? C'est pour cela que j'insiste sur la signature des articles, ou du moins sur une parole positive, sauf cependant des deux parts à la retirer, si nos figures ne se conviennent pas, car pour nos humeurs et nos caractères, il n'en peut être question. J'ai écrit dans ce sens à Fortia. Proposez-le directement à M. de P.; en tout cas, Eugène pourrait aller à Nîmes, et traiter de vive voix. Arrangez aussi avec lui l'époque de mon voyage, car comme vous le sentez, mon absence de Rome ne pourra être longue, et je ne pourrai l'attendre à Paris. Au reste, je suis tout à fait entre vos mains. Agissez comme vous le jugerez convenable; qui, plus que vous, veut mon bonheur? Qui mieux que vous sait ce qui peut me le procurer?

La lettre de M. de P. est très aimable, et tout à fait positive. — Comment avez-vous pu écrire ces lignes : « *Je ne te verrai donc point?* » Ma tendre mère, pouvez-vous croire que je passerai les Alpes sans courir dans vos bras? Je vous l'ai déjà mandé, en allant je ne pourrai passer à Claveson, parce que je serai pressé, et que ce crochet m'allonge de plusieurs jours. Mais je vous ai déjà priée de venir à Lyon, et au retour j'irai passer huit jours avec vous. J'espère bien que le mariage se fera en Charolais, et que je vous y aurai pour appui en allant à l'autel. Mme de Drée, mon excellente amie, m'a déjà offert de nous y recevoir.

L'idée que vous viendrez passer un hiver à Rome et que vous m'y amènerez ma femme, me comble de joie. Vous amènerez aussi Élisa, votre fidèle compagne. Notre doux climat, nos beaux sites, nos magnifiques débris feront du bien à votre santé et à votre âme, et j'aurai contribué en quelque chose à votre bien-être.

Je jouis bien du bonheur de nos jeunes ménages. La douce Hortence est bien comme la vigne : puisse le ciel la préserver !... Adieu, ma tendre mère, je vous embrasse et vous aime de tout mon cœur. Si je connaissais une expression plus forte, je l'employerais.

Arch. Nationales, F⁷ 8893, doss. 7634, à Anglès,
Rome, 22 mai 1811.

Je vous ai informé par mon rapport d'hier de la découverte d'un complot de quelques misérables de la commune de Supino, arrondissement de Frosinone. Supino est une commune de 2.672 habitants, située au pied de la chaîne Lepini qui sépare le Marais Pontin de la vallée de Sacco, et qui est le repaire ordinaire des brigands et voleurs qui infestent depuis des siècles cette contrée. Il y a à Supino un juge de paix brave homme, et un maire à qui on ne peut reprocher que de manquer d'activité. Les habitants vivent des travaux de la campagne, sont excessivement grossiers, livrés à l'ivrognerie, et de tous temps portés au brigandage. On compte plusieurs Supinais dans les bandes de voleurs actuelles, et je vous ai déjà parlé de cette commune dans mon rapport daté de Frosinone. Il a eu plusieurs retardataires; il paraît que quelques mauvais sujets avaient espéré ou d'exciter des désordres, ou de profiter du trouble pour voler. Il paraît qu'ils avaient fait quelques tentatives pour séduire divers individus. Du moins, un de ces individus a dénoncé ce complot au juge de paix et au sous-préfet; ce dernier s'est hâté d'envoyer un détachement de troupe de ligne à Supino où se trouvaient déjà 15 hommes du 14ᵉ régiment. À leur arrivée, plusieurs habitants ont pris la fuite et avec eux un prêtre nommé Joseph Bernola et Alexandre Marchioni, frère du maire et ancien capitaine de la garde civique. Ces individus ont été accusés par un habitant de la commune d'avoir fait un complot pour égorger le maire et les soldats qui se trouvaient à Supino. Deux des accusés arrêtés ont fait des révélations qui paraissent donner quelque apparence à cette accusation. Cependant, il n'y a aucun acte qui puisse être mis à charge des accusés, et s'il y a eu dessein de leur part, il n'a été suivi d'aucun exécution ou préparatif d'exécution. Le prêtre Bernola est un assez mauvais sujet. Alexandre Marchioni est également un homme d'une réputation suspecte et passant pour turbulent. Cependant il avait, dès les premiers temps, donné des marques d'attachement au gouvernement.

D'après les renseignements que j'ai pu obtenir, il paraît qu'il n'y a point eu dans ces individus de projet formé, mais qu'ils ont cherché à exciter du trouble pour satisfaire une haine particulière; on croit que Marchioni, brouillé avec son frère, a voulu en prendre vengeance. Au reste, ceci n'est qu'une conjecture qui ne se vérifierait qu'avec la connaissance des interrogatoires. Dans tous les cas, les mesures les plus promptes ont été prises, et il ne peut y avoir aucune espèce d'inquiétude. Le lieutenant de gendarmerie s'est rendu sur les lieux; on y a réuni 30 hommes, et on poursuit vigoureusement les fugitifs. Leurs aveux nous éclairciront cette affaire à qui dans ses premiers rapports le capitaine de gendarmerie avait donné plus d'importance qu'elle doit avoir.

Arch. de Génelard, au Ministre des cultes, Rome, 25 mai 1811.

La Consulte, en ordonnant la formation, dans le couvent de Saint-François de Paule aux Monts, d'une maison destinée à recevoir les prêtres infirmes réfractaires, ou auxquels leur faiblesse d'esprit aurait empêché de demander le serment, ne fixa ni la forme d'administration de cet établissement, ni les ressources qui lui étaient nécessaires pour subsister. Il résulte de cet oubli que cette maison de détention n'a point encore une organisation intérieure bien réglée, quant à ce qui regarde les employés indispensables et le traitement qui leur doit être assigné, et n'a point de revenus assurés et alloués sur aucune espèce de fonds; elle n'a, jusqu'à ce moment, touché qu'une somme de 1.984 fr. 85 que je lui ai fait payer par le maire de Rome, en raison de ses pressants besoins, et une autre somme de 3.000 francs prise, à titre de prêt, sur la caisse des établissements étrangers. La seule raison qui se soit donc opposée à la formation de cet établissement est le défaut de fonds indispensables, et je ne vois aucune manière d'y apporter remède. Cette dépense n'est point départementale, et portée comme telle dans le budget; elle n'est point municipale, et aucune somme n'est allouée pour cet objet dans le budget de Rome; je ne puis, ainsi que me le demandait V. Exc., lui désigner les fonds sur lesquels pouvait être soldée la dépense de cette maison; je lui ferai seulement observer qu'elle me paraît devoir concerner la police plutôt que tout autre ministère.

Je joins ici un tableau de cet établissement tel qu'il devrait être organisé, et des dépenses annuelles à raison de 50 individus qu'il peut contenir; elles seraient de 7.687 fr. 12 pour les frais de l'établissement, et de 38.889 fr. 11 pour l'entretien.

En ce moment, le nombre des détenus n'est que de 18, et les dépenses, sans y comprendre une foule d'articles portés dans le tableau que j'ai l'honneur de transmettre ci-joint à V. Exc., se sont élevées, depuis le 7 mars jusqu'au 15 du courant, à 2.938 fr. 74.

Je prie V. Exc. de ne point perdre de vue que cet établissement très utile ne subsiste que par des secours temporaires et extraordinaires, et qu'il est urgent de fixer définitivement à quel ministère il appartiendra et les fonds qui lui sont indispensables.

Arch. de Génelard, au Ministre des cultes,
Rome, 25 mai 1811.

Je réponds à la lettre que V. Exc. m'a fait l'honneur de m'écrire relativement aux ex-religieuses qui se sont retirées dans d'anciens monastères loués à des particuliers. Le nombre de ces maisons est de huit, dont l'une est une fabrique de talc, préparé par les religieuses elles-mêmes pour leur propre compte. Dans les sept autres, ces dames de divers ordres sont vêtues d'une manière variée, n'ont ni grilles, ni aucun signe extérieur qui rappelle leur ancien état. J'ai donné des ordres pour boucher toute communication entre la maison et l'église, et même plusieurs sont fermées. Ces dames vont faire les prières comme les autres fidèles. Je veillerai attentivement à ce que vos instructions soient suivies. Mais je puis vous assurer que, hors les couvents conservés, rien ne rappelle à Rome la vie monastique, et qu'il est sans inconvénients et même désirable que ces ex-religieuses se réunissant en petit nombre pour vivre suivant leurs usages, n'apportent pas dans leurs familles des regrets et un mécontentement à chaque instant du jour. A Paris, les traces de l'état religieux ne sont pas mieux effacées qu'à Rome.

Arch. Nationales, F⁷ 6531, doss. 4, à Anglès,
Rome, 26 mai 1811.

Ainsi qu'il était facile de le prévoir, l'audace des brigands s'est accrue au renouvellement de l'été, parce qu'ils ont trouvé dans les montagnes couvertes de forêts un asile sûr qu'ils quittent pour commettre leurs vols dans la plaine. On a constamment observé cette marche : en hiver, c'est la plaine qui est infestée; mais les voleurs sont alors moins entreprenants parce qu'ils manquent de retraite, et ils cherchent plutôt à se faire oublier. En été, ils se cachent facilement sur les montagnes couvertes de forêts. Ils trouvent aussi des ressources dans les nombreux bergers qui gardent leurs troupeaux dans les pâturages d'été. Ce sont ces motifs qui, maintenant, nous font voir les brigands réunis dans la partie d'Alatri, tandis qu'on n'en entend plus parler dans les Marais Pontins ni dans toute la plaine. C'est aussi cette continuelle transmigration qui semble les multiplier, et qui en grossit le nombre en apparence.

Je vous ai instruit du vol fait à main armée à Sonnino, dans la maison de campagne du sieur Pellegrini; depuis, quelques voleurs sont entrés en plein jour dans le hameau de Pisterzo, situé sur la cime d'un rocher, au milieu des montagnes. Deux jours après, ils se montrèrent dans les environs d'Alatri, au nombre, dit-on, de 24. Le détachement du 14ᵉ qui s'y trouve a marché contre eux, les a joints et leur a tiré quelques coups de fusil. Les voleurs, dans leur fuite, ont laissé divers effets d'habillement. Il serait à désirer qu'ils se réunissent souvent ainsi, car on aurait bien plus de facilité à les saisir. Nous ne savons rien encore de positif sur l'affaire de Supino; dès que j'aurai pu découvrir quelque chose, je vous en rendrai compte, ne voulant pas vous entretenir de bruits vagues qui se succèdent à chaque instant.

Dans le royaume de Naples les brigands paraissent avoir repris de l'activité, ce qui encourage ceux de ce pays, qui, comme vous le savez, ont à leur tête deux Calabrais. M. le directeur général de police avait envoyé un des commissaires de police de Rome, nommé Rotali, pour parcourir le pays infesté, et chercher les moyens de détruire les brigands; cette mission n'a pas été heureuse. Rotali ne connaissant pas les localités, et n'inspirant pas assez de confiance aux habitants, M. le lieutenant du gouverneur général vient de donner la même mission à M. Nicolas, chef d'escadron de gendarmerie. L'expérience de cet officier, le zèle avec lequel il sera secondé par la gendarmerie me font espérer beaucoup de succès. Pour y coopérer autant qu'il est en moi, j'ai donné des instructions aux sous-préfets et aux maires, afin qu'ils aient à l'aider de tous leurs moyens, et comme je suis convaincu que ce n'est qu'avec des ressources en argent que l'on pourra mettre fin au brigandage, j'ai mis à la disposition de M. Nicolas une somme de 1,000 francs.

Je dois le répéter, l'accroissement du brigandage à l'époque actuelle n'est point une chose extraordinaire. Chaque année, la même époque est signalée par de pareils excès; il n'y a parmi ces misérables aucune espèce de concert; ils n'ont et ne sont capables d'avoir aucune vue politique, et l'esprit de rapine est le seul qui les anime. Je suis donc intimement convaincu qu'il n'y a aucune espèce de crainte à avoir, et qu'il ne faut traiter ces hommes que comme de véritables voleurs.

Dans un rapport, j'ai énoncé mon opinion sur les moyens à employer, en rendant les communes responsables des délits commis par leurs habitants. C'est à vous à juger si cette opinion est saine et si vous pouvez l'adopter. Le second moyen aussi indiqué est la formation de petites colonnes de sbires. Je m'en réfère sur le développement de ces idées à ce même rapport.

Arch. d'Avrilly, à sa mère, Rome, 3 juin 1811.

Ma tendre mère, je réponds à votre lettre du 24 mai, reçue hier au soir. Je vous ai déjà mandé que j'avais adressé à Fortia une demande de congé motivée sur un prochain mariage. Je savais que je ne pouvais l'obtenir que sur ce motif. Je disais à Fortia que je désirais, avant que de remettre cette demande qui devient un véritablement engagement vis-à-vis de l'Empereur, que, de son côté, la famille de P. fût engagée, afin que si Mlle de P. et moi nous convenions, tout ce qui regarde l'intérêt se trouvât réglé d'avance. C'est pour cela que j'insistais pour la signature préliminaire des articles. Mais puisque vous y trouvez de l'inconvénient, j'écris à F. de remettre ma demande au ministre sans autre formalité. Aussitôt que j'aurai obtenu une réponse, je partirai, vous prévenant à l'avance du jour de mon passage à Lyon.

Je viens de relire les lettres de Fortia et j'en reçois une de De Gerando, en date du 26; voilà comment ils s'expriment sur Mlle de P. : « Elle a beaucoup de fraîcheur, l'air de la santé, la taille avantageuse et la figure agréable. » — De Gerando me mande : « Tout en elle a l'air naturel, sans prétention, sans affectation. Elle est agréable, bien faite dans une taille médiocre, sans être belle ni précisément très jolie. » — Mme de Drée me disait : « Elle est petite, mais l'air de la santé et sa figure est beaucoup mieux que mal; ses père et mère sont aussi de bonne santé. » — Il me semble que de tous ces traits réunis on peut se faire non l'idée d'une jolie personne, mais d'une personne non désagréable, ce qui est tout ce que j'attends. J'ai seulement vu avec peine qu'on ne parle pas des dents qui sont l'objet le plus essentiel. Au reste, je le répète, le sort en est jeté, car je sens bien qu'en allant à Paris avec un congé accordé pour un mariage, je ne puis retourner sans l'avoir conclu. Tout pesé et bien examiné, je me résous et je pars dans l'intention d'épouser Mlle de P., à moins de quelque répugnance que je ne pourrais vaincre, mais qui n'est nullement possible. Quant aux affaires d'intérêt, je me mettrai entièrement à la discrétion de M. de P. Je vous prie de lui écrire que j'ai demandé un congé, qu'aussitôt que je l'aurai obtenu, je partirai; que probablement j'arriverai à Paris vers le 1er juillet; qu'il me sera impossible d'y rester plus de trois semaines, voulant en passer deux à Claveson; qu'ainsi, il me fasse savoir si lui-même pourra être à Paris du 1er au 20 juillet; que si je suis agréé par sa fille, je le laisserai absolument maître de régler le contrat, m'en remettant totalement à lui; que dans le même cas, je souhaiterais que, dès que tout sera convenu, nous partions pour le Beaujolais pour y faire le mariage, après lequel je me rendrai à Claveson avec ma femme pour reprendre la route de Rome. Vous lui ferez sentir que, demandant un congé sous le prétexte d'un mariage, j'ai contracté une sorte d'engagement envers l'Empereur, qu'ainsi, j'ai donné par là à la famille de P. la plus forte preuve de mon désir de conclure; que bien convaincu de la noblesse de ses sentiments, je n'ai pas craint de me remettre ainsi à sa discrétion.

Vous donnerez à tout cela une forme, et comme mère, vous pourrez donner un développement qui ne conviendrait pas à ma plume. J'écris dans le même sens à Fortia et à De Gerando qui traite cette affaire comme si elle lui était propre.

Vous voyez bien, ma tendre mère, que de mon côté j'entre pleinement dans vos vues, et que j'entre à pleines voiles dans le port que votre tendresse m'a préparé.

Adieu, ma tendre, mon excellente mère; je me sens heureux de l'idée qu'avant peu de semaines je serai dans vos bras. Mille choses à tous les chers habitants de Claveson.

Arch. de Génelard, à Anglès, Rome, 4 juin 1811.

S. M. a écrit à tous les évêques de ce département de chanter un *Te Deum* solennel le 9 de juin[1]. J'ai la certitude que dans tous les anciens diocèses qui ont conservé leur évêque cet ordre sera parfaitement exécuté; mais, dans les diocèses supprimés dont aucun évêque n'a, jusqu'à ce jour, voulu prendre l'administration, et où le plus grand nombre des prêtres a refusé le serment, je crains que nous ne puissions obtenir du clergé restant que le *Te Deum* soit chanté. Les villes dans lesquelles le clergé montre les moins bonnes dispositions sont: Frascati, Marino, Albano, La Riccia, Genzano, Pagliano, Valmontone et Palestrina. J'en ai rendu compte depuis plusieurs jours à M. le lieutenant du gouverneur général, en lui proposant de prendre d'avance des mesures vigoureuses pour n'avoir point à punir, le jour de la cérémonie, un clergé mal intentionné.

A Rome, la difficulté était encore plus grande, à cause de l'esprit d'opposition dont le clergé de cette ville est généralement animé. Cependant, j'ai

---

1. A l'occasion des fêtes du baptême du Roi de Rome.

été assez heureux pour obtenir du vice-gérant qui remplit les fonctions d'évêque de Rome, un ordre positif à tous les curés de chanter le *Te Deum*, le 9 juin. Je me suis assuré que le plus grand nombre d'entre eux, du moins, obéirait à cet ordre. J'ai également pris des mesures pour que, dans les grands Chapitres et dans les collégiales, les prières ordonnées fussent récitées. Les autorités constituées y assisteront dans l'église de Saint-Pierre. Ainsi, Monsieur, en dernier résultat, il n'y aura, très probablement, qu'un petit nombre de communes dont le clergé se montrera désobéissant. J'attends que M. le gouverneur me fasse connaître quelles mesures il croit devoir prendre contre ceux de ces prêtres qui paraissent décidés à ne point obéir, et dont il vaudrait mieux prévenir le refus que d'avoir à les punir. Je vous rendrai compte de ce qui se sera passé.

Le sieur Zingarelli, maître de chapelle de Saint-Pierre, vient de donner sa démission de cet emploi; il est malheureusement trop facile de voir que cet artiste a voulu s'éviter d'assister et de coopérer à la cérémonie du 9. On ne peut que vivement regretter qu'un homme d'autant de mérite ait d'aussi ridicules préjugés. J'ignore les mesures que M. le lieutenant du gouverneur général croira devoir prendre à son égard.

Arch. de Génelard, à Anglès, Rome, 8 juin 1811.

J'ai l'honneur de vous rendre compte de divers actes de brigandage qui se multiplient dans ce département.

Le 19, le sieur Angelucci, Dominique-Antoine, a été tué sur le territoire d'Alatri. Le 30, le nommé Évangéliste, Antoine, de Capranica, a été trouvé mort de trois blessures d'armes à feu, à deux milles de Gallicano. Les auteurs de ces assassinats sont inconnus. Le 2 du courant, des brigands dont on ignore le nom et le nombre, ont enlevé, dans la ferme de Procolo, territoire de Pagliano, le comte Armis, propriétaire, et l'ont conduit sur la montagne de Piglio, avec son domestique, qu'ils ont envoyé ensuite chercher 500 piastres pour la rançon du comte qu'ils tiennent encore en otage.

Le 30 mai, 25 brigands s'approchèrent de Ceccano, volèrent les personnes qu'ils rencontrèrent, en déclarant qu'ils allaient entrer dans la commune, ce qui fit fuir tous les habitants. Le barigel Capucci qui s'y trouvait voulut essayer de réunir quelques jeunes gens pour aller à leur rencontre; il fut lui-même obligé de se cacher; mais les brigands n'entrèrent point.

Le 27 mai, trois personnes armées violèrent quatre filles de Ferentino; le lendemain, ils en firent autant dans le même bois d'Anagni. 20 à 25 brigands, entre Anagni et Valmontone, la veille de la foire, arrêtèrent divers marchands qui y allaient, et volèrent tout leur argent comptant. Le 28, trois brigands arrêtèrent, sur la route de Nettuno à Campo Morte, Notari Dominique, et lui volèrent 135 piastres.

Trois habitants de Giuliano blessèrent, le 31 mai, les nommés Petriccia et Longazia, et mortellement Ciavaglia; ils sont allés ensuite se réunir aux brigands. Ce sont trois bandits à ajouter encore à cette commune.

La bande des frères Calabrais devient formidable; elle roule impunément, et a l'air de ne rien craindre. Elle se compose de 25 personnes; elle a adopté une espèce d'uniforme : des vestes de velours rayé bleu avec des revers rouges, des chapeaux ronds galonnés en or et en argent, etc.

Je ne vous entretiens point ici des petits vols partiels qui se font journellement, et qui m'entraîneraient dans d'immenses détails; cependant, je crois devoir vous instruire qu'on en a commis un sur la route de Civita-Vecchia. Les auteurs étaient au nombre de 8; parmi eux se trouvait un individu parlant parfaitement français, ce qui ferait soupçonner que cette bande était composée de déserteurs.

M. Nicolas, chef d'escadron de la gendarmerie, chargé de poursuivre les brigands, et dont je vous avais annoncé le départ pour Velletri, est dans cette ville sans avoir rien entrepris encore, faute d'argent. Il s'est adressé à M. le lieutenant du gouverneur général, qui m'a lui-même demandé si je pouvais disposer de quelques fonds pour cet objet. J'avais déjà avancé, sur mes propres fonds, à M. le lieutenant de gendarmerie à Frosinone, une somme de 1,000 francs. Je n'ai pas cru devoir me mettre davantage à découvert. Je ne puis cependant vous dissimuler, ce qui est trop prouvé par les faits, que le brigandage se multiplie dans tout le département de Rome; qu'il est urgent d'y apporter remède, et que le seul moyen d'en venir à bout est celui dont je n'ai cessé de vous entretenir : celui de mettre à la disposition de la police, non une somme qui peut à peine payer quelques espions, mais des fonds assez considérables pour suivre un plan en grand, et détruire ces brigands par ruse et par adresse, puisqu'il est, je le répète, impossible de les réduire de vive force. Il est cependant à craindre qu'une plus longue impunité les engage à résister à cette dernière voie, comme ils ont fait dernièrement près de Veroli où, au nombre de 12, ils se battirent contre trois gendarmes et deux sbires qui les forcèrent pourtant à se sauver.

Arch. Nationales, F¹ᶜ III, Rome 2, au Ministre de l'intérieur, Rome, 10 juin 1811.

J'ai l'honneur de rendre compte à V. Exc. des fêtes qui ont eu lieu à Rome jusqu'à ce moment, pour célébrer la naissance de Sa Majesté le Roi de Rome. Le 8, au soir, la flottille de Civita-Vecchia qui avait remonté le Tibre, et dont les divers bâtiments étaient pavoisés, annonça par des décharges d'artillerie le commencement des fêtes. A la nuit, tout le Capitole, le Forum, le Colisée furent illuminés et entourés d'une foule immense de spectateurs, qui, grâce aux travaux exécutés dans cette belle partie de Rome, pouvaient jouir de tout l'effet de ces antiques monuments, sortis des ruines qui les environnaient, et rendus plus brillants par le goût qui avait présidé à leur illumination. Le Colisée surtout attirait les regards par sa masse prodigieuse, et la hardiesse avec laquelle on en avait dessiné en traits de feu les formes majestueuses et la belle architecture. Les arcs de Septime, de Constantin, les temples d'Antonin et Faustine, de la Concorde, de la Paix, les colonnes de Jupiter Stator, etc., éclairés avec le même discernement, offraient un coup d'œil que peut présenter la seule ville de Rome.

Le 9, au matin, toutes les autorités réunies se sont rendues à Saint-Pierre pour y entendre le *Te Deum*; l'affluence des spectateurs, la beauté de la musique, la grandeur et la majesté du temple donnaient à cette cérémonie une pompe digne de son objet.

M. le lieutenant du gouverneur général a réuni dans un dîner les principales autorités et les premières dames de la ville. La course des chevaux, au Corso, a suivi, et bientôt le peuple immense qui remplissait cette promenade et les maisons magnifiques qui la bordent, s'est rendu sur la place de Saint-Pierre pour y jouir de l'illumination du dôme et de toute sa colonnade. Le feu d'artifice connu sous le nom de girandole a été ensuite tiré au monument d'Adrien ou fort Saint-Ange, et une représentation au théâtre, illuminé comme la veille, a terminé cette belle journée. Un ciel pur, un temps calme ont favorisé ces diverses illuminations, et ajouté à la beauté de ces divers spectacles.

Le matin, le maire et les comités de bienfaisance avaient fait la distribution des 50,000 francs dont Sa Majesté a ordonné la remise aux indigents de cette ville, de la manière dont je rends compte à V. Exc. dans un rapport particulier. Les larmes de joie des malheureux, ainsi que les vœux de la reconnaissance pour le nouveau Roi des Romains et son auguste père, se sont mêlés aux transports de la joie universelle dont aucun accident n'a troublé le cours, grâce aux dispositions qui avaient été prises par le maire et par la police. M. l'intendant du trésor, le préfet, le Conseil municipal, l'intendant du domaine de la couronne, le Conseil de commerce se proposent de donner successivement diverses autres fêtes dont je ferai connaître également les détails à V. Exc.

Arch. de Génelard, au baron Quinette,
Rome, 10 juin 1811.

Vous m'avez fait l'honneur de m'adresser le décret de S. M. du 12 mai, portant que la ville de Rome était autorisée à dépenser, pour les fêtes, 74,000 francs, dont 50,000 à distribuer aux ouvriers. J'espérais recevoir à temps des instructions sur la manière de faire cette distribution; mais, n'en ayant reçu d'aucune espèce, et ne voulant pas laisser passer le moment des fêtes sans remplir les intentions bienfaisantes de S. M., je me suis décidé à réunir la municipalité et tous les membres des comités de bienfaisance, et nous avons arrêté un plan de distribution de la manière suivante :

Rome n'ayant jamais été une ville de manufactures, ce n'est pas la classe des ouvriers sans travail qui est dans le besoin, mais ce sont plutôt les familles qui, ayant vécu sous l'ancien gouvernement avec une certaine aisance, se trouvent aujourd'hui privées de ressources, sans avoir cette habitude du travail qui leur assurerait des moyens d'existence. A cette classe malheureuse, il faut joindre celle des artistes, très nombreux à Rome, la plupart sans occupation.

Ces deux premières classes d'indigents ont besoin de secours ; mais elles ont encore plus besoin qu'ils leur soient offerts avec cette délicatesse qui ne blesse pas une juste fierté. Nous avons cherché, avec les membres de la Commission, les moyens de les secourir sans les offenser; il a été résolu ce qui suit : 1° De distribuer, sous le nom de *dot*, une somme de 100 francs aux familles tombées d'un état aisé dans l'indigence; on en a choisi 150. Comme dans ce pays on était accoutumé, même dans les familles au-dessus du besoin, de recevoir des *dots* du gouvernement pour marier les filles, on n'attache à ce don aucune idée humiliante.

2° On a choisi 60 artistes, auxquels le maire a ordonné soit un dessin, soit un bas-relief en terre, en ayant soin que ce travail ne coûtât aucun frais à l'artiste, et n'employât que son temps. Les sujets à traiter sont *ad libitum*, mais ils doivent être pris dans la vie de S. M., et destinés à retracer une de ses grandes actions. On a payé d'avance deux cents francs à chacun de ces artistes, et par ce moyen, on est parvenu à secourir d'une manière sensible des hommes malheureux, sans leur rien faire éprouver d'humiliant.

J'espère, M. le baron, que vous approuverez cette méthode qui me semble remplir parfaitement les vues de S. M. Les autres classes d'indigents ont été réparties ainsi qu'il suit : en proportion du nombre d'enfants et des besoins de chaque famille, 200 de la première classe ont reçu 50 francs, 200 de la seconde ont reçu 25 francs. Le reste a été distribué en sommes de 10 francs. J'ai chargé la municipalité et les membres des comités de bienfaisance de la rédaction des listes et de la distribution des deniers. Hier, le maire ayant réuni les 60 artistes malheureux dont j'ai parlé plus haut leur remit à chacun la somme de 200 francs. Dans le même temps, on distribua 12 dots de 500 francs chacune, et 150 de 100 francs. Dans tous les comités de bienfaisance, on payait aux individus porteurs de billets les sommes de 50, de 25 et de 10 francs qui leur étaient destinées. Cette distribution se fit avec le plus grand ordre, et a excité la plus vive reconnaissance. Toute la ville a vu avec une extrême satisfaction d'aussi grands bienfaits se répandre dans les familles qui le méritaient le mieux. Aussitôt que les comptes me seront parvenus, j'aurai l'honneur de vous en donner plus de détails. J'eusse désiré que vous-même eussiez réglé la marche à suivre en cette occasion; mais j'espère que vous approuverez celle, qu'au défaut de vos instructions, nous avons cru devoir adopter.

Arch. de Génelard, au Ministre des finances,
Rome, 22 juin 1811.

Pour mettre V. Exc. plus en état de connaître la position de ce département, en ce qui concerne les receveurs municipaux des villes dont les budgets sont soumis à l'approbation de S. M., je crois devoir vous faire connaître tout ce qui a été fait jusqu'à ce jour pour organiser cette partie importante du service public. La Consulte publia, dès 1809, les diverses lois relatives à la comptabilité des communes, mais les budgets n'ayant été approuvés par elle que dans le second trimestre de 1810, les maires et les receveurs municipaux n'eurent d'autres règles que les anciennes tabelles, extrêmement irrégulières; le systême de comptabilité ancienne fut suivi, c'est-à-dire que ce n'était point les receveurs qui étaient responsables, mais les maires dont ces percepteurs n'étaient que les agents directs. La rapidité avec laquelle la Consulte organisait l'État romain l'empêchait, et m'empêchait moi-même, de donner plus de soins à cette partie. Les receveurs municipaux étaient autrefois nommés par les communes elles-mêmes. La Consulte en nomma un petit nombre; les autres restèrent en place, sans cependant être confirmés. Ainsi, pendant 1810, il n'exista point dans la comptabilité des communes cette régularité désirable; mais la célérité de l'organisation ne permettait pas de l'introduire; il suffisait d'empêcher les abus et les malversations.

Je sentis combien il était nécessaire de suivre, en 1811, une marche plus régulière, et j'adressai, le 8 décembre, une instruction aux maires et aux receveurs ou percepteurs pour les diriger dans leurs opérations respectives. Je leur adressai, en même temps, les registres de recettes et de dépenses, et des modèles d'ordonnance à délivrer par les maires aux termes des budgets. Je joins ici un exemplaire de chacune de ces pièces; elles sont en italien, toute ma correspondance dans l'intérieur du département devant nécessairement être dans cette langue.

Depuis, j'ai encore donné des instructions détaillées à MM. les sous-préfets. Je leur ai enjoint de vérifier fréquemment les caisses, et moi-même, dans mes diverses tournées, je me suis constamment occupé de donner aux receveurs les instructions nécessaires, et d'examiner soigneusement leur caisse et leurs écritures.

Malgré tous ces efforts, je ne peux garantir à V. Exc. qu'il y ait encore dans la tenue des livres des receveurs, un petit nombre excepté, la régularité désirable en ce genre de service. Il serait fort à désirer que V. Exc. adressât les modèles de registres qu'elle annonce par sa circulaire. Plusieurs receveurs me paraissent incapables de continuer leurs fonctions, et je prépare à ce sujet un travail détaillé que j'aurai l'honneur de vous adresser le plus tôt possible. En attendant, je pense qu'il n'y a point lieu à proposer encore à S. M. la confirmation des receveurs municipaux portés sur l'état que je vous ai transmis. Il me semble plus prudent que j'aie pu recueillir sur ces receveurs des renseignements bien positifs, et que V. Exc. ait fixé les cautionnements à fournir en numéraire.

Arch. d'Avrilly, à sa mère, 23 juin 1811.

Ma bonne et tendre mère, ainsi que je vous l'ai mandé, j'ai depuis longtemps envoyé ma demande de congé, et de Gerando l'a remise dès les premiers jours du mois. Maintenant, il m'écrit que M. de Pancemont n'ayant pu obtenir la permission de venir à Paris, sa femme, qui ne veut rien conclure en son absence, pense que je ne dois pas venir encore. J'ai donc écrit à De Gerando de faire en sorte d'obtenir que le congé ne me soit accordé que lorsque M. de Pancemont aura le sien. Vous savez que telle a toujours été mon opinion; au reste, je pense que ce ne sera qu'un retard peu considérable. M. de Gerando me parle aussi de la santé de Mlle de P. comme étant languissante. C'est un point si essentiel que je vous prie de prendre de nouvelles informations. Je n'ai pu, malgré tant d'observateurs, avoir une description exacte de cette jeune personne, ni savoir si elle est maigre ou grasse, blonde ou brune ! De Gerando et Fortia, l'un *metaphisicien*, l'autre *celtique*, sont bien les plus mauvais négociateurs de ce genre que je connaisse. Une autre fois, je choisirai mieux ! Malgré l'ennui que me donne cet état prolongé d'incertitude, je me porte bien et j'engraisse à vue d'œil. Vous serez étonnée, quand vous me verrez, de mes joues rondes et de mes deux mentons.

J'ai donné, il y a deux jours, une fête pour la naissance du Roi de Rome. Il y avait 400 personnes. Belle illumination au dehors, dans les cours, les escaliers, cantate allégorique, bal, souper; tout a été fort bien, et l'on a beaucoup loué l'ordre et l'abondance qui ont régné dans tous les détails. La musique, faite exprès par un des premiers compositeurs d'Italie, et chantée par les plus belles voix, a été fort goûtée.

Adieu, ma tendre mère, je crains de manquer le courrier, et je n'ai que le temps de vous embrasser bien tendrement. Mille choses à tout ce qui est autour de vous. Me voilà au jour de ma naissance : 33 ans ! c'est un poids dont je commence à m'apercevoir ; mais il me reste encore assez de chaleur pour aimer celle à laquelle je dois le jour.

(*Même lettre* : 24 juin.)

L'estafette m'apporte la nouvelle que l'empereur m'a accordé un congé, et De Gerando et Fortia me pressent de partir. J'ai beaucoup hésité à cause de ce que je vous ai marqué au commencement de ma lettre. Cependant je me décide, et je pars le 27. Si je ne crois pas que Mlle de Pancemont puisse me convenir, je romprai tout et reviendrai. J'espère que vous partagerez cette détermination. Je serai à Lyon le 5 au plus tard. Je vous prie de vous y trouver le 4. Je descendrai au Palais Royal, et j'espère vous y trouver établie. Combien le cœur me bat, en pensant que je serai en peu de jours dans vos bras !... Je ne vous écrirai pas de la route, et si j'arrivais un jour plus tard ne soyez pas en peine.

Adieu, mille tendresses à toute la famille, et à vous, la plus entière affection et amour filial.

Arch. de Génelard, à Anglès, Rome, 26 juin 1811.

M. le comte Miollis m'a fait l'honneur, hier, de m'appeler auprès de lui pour me demander mon avis sur les mesures à prendre pour l'extirpation des brigands. J'ai opiné pour l'application de la loi du 10 vendémiaire an IV, aux communes de Giuliano, Rocca-Gorga, Supino, Monte-Fortino et quelques autres des arrondissements de Velletri et de Frosinone, pour la formation des escouades de sbires, pour l'arrestation provisoire et le dépôt dans les châteaux de Paliano et Sermonetta de tous les parents, amis et adhérents connus des brigands, pour l'établissement d'une commission militaire à Frosinone, et pour la prompte exécution d'une battue générale. Ces divers avis ont été approuvés par MM. le gouverneur général, le directeur général de police et le capitaine de gendarmerie Borgia. Le gouverneur a chargé M. de Norvins de la mise à exécution de ces mesures et de la destruction des bandes de voleurs. Il m'a seulement chargé de donner aux sous-préfets et aux maires des instructions nouvelles, afin qu'ils eussent à coopérer de tout leur pouvoir à la destruction totale des bandes.

Je me suis hâté de rédiger l'instruction ci-jointe, adressée aux sous-préfets, et la circulaire, dont je joins également copie, adressée aux maires. Je ne doute pas du zèle avec lequel ces fonctionnaires vont coopérer aux opérations que dirigera M. le directeur général de police, et je suis intimement convaincu qu'avec la somme accordée, avec le secours des sbires régulièrement organisés et payés, avec enfin la terreur salutaire que répandra dans les communes la publication de la loi de responsabilité, on parviendra à extirper le brigandage. Jusqu'à ce jour, ces moyens avaient manqué, et il est évident que la gendarmerie seule était insuffisante. Déjà les opérations préliminaires, conduites par M. Nicolas, avec une grande prudence, ont tranquillisé les communes et effrayé les voleurs qui se sont réfugiés dans l'Apennin. Au reste, les crimes atroces commis par ces brigands, les pillages, des insultes de tout genre auxquelles ils se livrent, les ont rendus et les rendent chaque jour davantage l'horreur des habitants, et éloignent toute idée de connivence, à moins qu'elle ne soit produite par la terreur qu'ils inspirent. Cela prouve qu'ils n'ont aucune pensée d'exciter un mouvement politique, et qu'ils ne cherchent qu'à prolonger leur affreuse existence.

Je le répète, nous touchons au moment où ces bandes seront à jamais détruites, et il ne faut pour cela qu'employer les moyens mis à la disposition du gouverneur général. Il faut maintenant les bien mettre en usage, et surtout ne pas en précipiter les effets; personne n'est plus propre à ce service que M. le major Nicolas qui jouit de la pleine confiance de toutes les autorités.

Arch. du château de Barante, à Barante,
Paris, août 1811.

J'attendais, pour vous écrire, mon cher ami, le moment où je pourrais vous annoncer mon mariage avec Mlle de Pancemont. Mille occupations ont retardé encore ce moment, et c'est à la veille de mon départ que je trouve le temps de me rappeler à votre amitié, et de vous parler de la mienne. J'appris, avec chagrin, à mon arrivée, que vous étiez parti peu auparavant; mais je sus en même temps que bientôt un événement très agréable vous ramènerait à Paris. Mme de la Briche, M. et Mme Molé m'ont appris vos projets, et m'ont parlé de vous avec tout l'intérêt que vous inspirez à ceux qui vous connaissent; j'ai vu chez eux celle[1] qui sera la compagne de votre vie, et j'ai trouvé qu'il vous serait assez facile d'en faire la traversée heureusement et doucement

---

1. Césarine de Houdetot.

avec un pareil pilote. Vous êtes, mon cher, un fortuné mortel ! Au reste, il n'est personne qui ne vous pardonne votre bonheur, car vous en êtes parfaitement digne. Moi, plus que personne, non seulement je vous pardonne, mais je m'en réjouis sincèrement. J'emmène dans ma Ville éternelle une amie douce et bonne qui animera toutes ces ruines, et me consolera de régner sur des morts. Vous, hâtez-vous d'embellir votre jeune cité [1] pour la rendre digne de votre compagne, ou plutôt allez dans quelque ville qui vous offre un théâtre plus fait pour elle et pour vous. Vous n'aurez enfin jamais autant de bonheur que vous en souhaite votre bien sincère ami.

Arch. Nationales, F¹¹ E, 4360 Rome, à Fontanes,
Paris, 29 août 1811.

J'ai l'honneur d'adresser à V. Exc. un tableau des établissements d'instruction publique existant à Rome [2]. J'y ai compris les académies et tout ce qui se rattache à l'étude des lettres et des arts. Ce travail aura l'unique mérite de vous présenter, d'un coup d'œil, l'ensemble du système, et de vous mettre ainsi plus à même de le juger. De bons éléments sont rassemblés à Rome; vous saurez les coordonner, et leur donner vers le bien une impulsion commune. Apporter de l'ordre et de l'harmonie dans un établissement, c'est faire plus que de le créer. Je me trouverai heureux, si je puis concourir en quelque chose au succès de vos vues, et vous donner par mon empressement à suivre vos instructions, une preuve de la haute et respectueuse estime que je vous avais vouée, avant d'avoir l'honneur de vous connaître [3].

---

1. Nantes, où de Barante était alors préfet.
2. Ce tableau, donné sous forme de *rapport*, se trouve dans le carton. C'est un document *très précieux* et *tout inédit*, qui donne un aperçu complet de l'état de l'instruction publique dans les départements de Rome et du Trasimène, au moment de la prise de possession par les Français, comme aussi du plan d'organisation nouvelle que ces derniers avaient conçu, à ce point de vue. — Il est divisé en 2 volumes. Le premier comprend 114 pages, dont 78 pour le département de Rome. Le second commence à la page 115 et se termine à la page 221; de 115 jusqu'à 180, il ne comprend que le département de Rome. A partir de la page 215, on trouve des copies de lettres des préfets du Trasimène et de Rome, et des maires de Rome et de Pérouse. Le rapport est signé : *Ferri de St Constant*, recteur provisoire de l'académie de Rome (10 avril 1812).
Ces 2 volumes comprennent les divisions suivantes :
1°) Ressort de l'académie de Rome, sa population, son étendue.
2°) Caractère des habitants; leurs dispositions pour les lettres et les sciences.
3°) État des principes de l'instruction publique sous le gouvernement papal.
4°) Dénomination et nature des établissements d'instruction publique.
5°) Plan d'organisation de l'instruction publique dans les départements de Rome et du Trasimène.
Ces indications sommaires en disent assez tout l'intérêt.
3. A cette lettre est joint un tableau des personnes les plus distinguées

Arch. du château du Verger, à sa mère, Paris, 31 août 1811.

Ma chère maman, je fus hier au soir chez Mme de Pancemont, et la trouvai, ainsi que sa fille, encore émue des lettres que vous leur avez écrites. Elles me les donnèrent à lire, et j'en fus aussi touché qu'elles. Les expressions trop flatteuses dont vous vous servez pour moi m'ont embarrassé, car j'espère peu pouvoir soutenir cette réputation que vous me faites. Mme de Pancemont vous répondra, je crois, aujourd'hui, ainsi que sa fille.

Je les vois chaque jour plusieurs heures, et mon avis sur cette dernière n'a pas varié : elle est parfaitement douce, naturelle, simple dans ses manières; elle aime avec tendresse sa mère, ses frères, mais sans que sa sensibilité paraisse exaltée. Elle s'occupe continuellement et avec plaisir, dessine bien, joue passablement du piano. Sa figure est agréable, ses traits réguliers, le visage rond, la bouche petite, les yeux châtains; elle est ordinairement pâle, mais s'anime quelquefois; son sourire a beaucoup de charme. Sa taille est de 5 pieds 10 pouces, extrêmement fine. Toute sa tournure a de la grâce et de la légèreté; mais elle est d'une maigreur extrême, ce qui lui ôte beaucoup d'agrément, et la fait paraître trop délicate...

J'ai acheté les cadeaux. Ils consistent en un collier de diamants de 12.500 francs, en un seul rang de chatons fort beaux; des pendants d'oreilles de diamants de 5.000 francs, un peigne de 3.500, une parure de grenat et perles, et 3 parures de mosaïque revenant à environ 2.400 francs; 2 schals de cachemire, et un écarlate de 3.000 francs; un voile de dentelles, une garniture d'Angleterre, un nécessaire d'ouvrage en vermeil et nacre, 2 robes de tulle brodées, des éventails, gants, etc. Tout a été trouvé fort bien[1]. Le tout me coûte 33 à 34 mille francs. C'est un peu cher, mais il fallait à ma femme des diamants qui ne fussent pas déplacés à côté de ceux des princesses romaines, et autant faire cette dépense tout de suite.

D'après cela, vous sentez que les 40.000 francs seront vite mangés; je vous prie, en conséquence, de m'en trouver 10 ou 15.000 pour un an seulement. Je pourrai les rembourser avec le produit de la vente de mes meubles que je cède au gouvernement.

M. de Pancemont ne peut partir qu'au 1er septembre, et il ne serait à Paris que le 8. Nous venons de convenir avec sa femme qu'aussitôt que sa procuration qu'il annonce sera arrivée, nous dresserons le contrat, et nous marierons. Ainsi, j'espère que tout se terminera le 28 ou le 29.

Nous partirons le lendemain pour Génelard, — terre de M. de P. en Charolais. Nous l'y attendrons, et après avoir passé trois jours avec lui, toute la caravane partira pour Claveson. J'y passerai le plus longtemps qu'il me

---

des États Romains, avec des notes sur leurs talents, et le parti qu'on peut tirer de leurs services. (Document curieux.)

1. Ces derniers détails sont d'une lettre similaire où Tournon ajoute : « J'ai choisi des choses solides qui serviraient toute la vie, et j'ai épargné les frais considérables de la corbeille et autres bagatelles coûteuses qui n'auraient fait que l'embarrasser. »

sera possible, et quand je prendrai la route de Rome, Adèle et sa mère retourneront en Charolais. Elles en repartiront le 15 octobre pour venir me joindre, et j'espère que vous serez du voyage [1].

---

1. Ce séjour à Paris fut pour Tournon, au point de vue politique, l'occasion de désenchantements. — On connaît la terrible scène que lui fit l'empereur au château de Compiègne, lors de la signature du contrat, affirmant qu'à tous les révoltés de Rome, prêtres et avocats qui refusaient le serment, *il ne devait que la mort!* (Cf. *Mémoires inédits* de Tournon, et L. Madelin, *La Rome de Napoléon*, p. 510, 511). Savary, à son tour, lui témoigna aigreur et mécontentement. Notre préfet le raconte ainsi : « Le duc de Rovigo paraissait prévenu contre moi. Un jour, il me fit appeler chez lui, et me tint un long discours sur la police, sur ses moyens; il avait pour but de me bien pénétrer de son habileté. Ensuite, venant aux spécialités, il me parla de Rome, de sa noblesse, du peu d'affection qu'elle devait avoir pour nous; et il termina sa longue tirade — car il était singulièrement bavard — par me dire : « Envoyez à votre choix « quatre ou cinq de vos grands seigneurs, et je les garderai ici quelques années « à la suite de la Cour; cela les formera. » — C'est ainsi que le duc de Rovigo, aujourd'hui bon libéral, entendait la liberté en 1811. Et cet ordre, ou ce conseil, il me le donnait avec une désinvolture vraiment stupéfiante. Ce brave homme jouait avec la liberté des (autres) comme avec celle des chiens.

« Le duc de Rovigo avait, pour agents principaux, Desmarets, l'élève de Fouché, le plus habile des interrogateurs, comme le plus vil des hommes, et Foudras qui aspirait à l'égaler. Celui-ci faisait de la statistique morale, et il tenait registre des existences et des fortunes. On trouvait dans ses bureaux un compte ouvert à chaque héritier, chaque héritière, et soigneusement enregistrés, âge, sexe, rang et surtout fortune. C'était comme un magasin dans lequel on puisait des femmes pour les militaires favorisés, des maris pour leurs filles. J'avais négligé d'envoyer mon contingent, et M. Foudras m'en fit des reproches.

« Ces rapports avec la police m'apprirent bien des choses qui me laissèrent une grande horreur de cette institution, fille de la haute civilisation. Livrée aux Savary, aux Desmarets, aux Foudras, c'est bien le plus horrible instrument d'oppression qu'on puisse imaginer. Les dures paroles de l'empereur, la proposition de Savary, et beaucoup d'autres choses me montrèrent les ressorts du gouvernement impérial sous un point de vue nouveau pour moi, et qui détruisit beaucoup des illusions que j'avais prises à l'étranger, où la gloire militaire et la prépondérance du nom français avaient quelque chose d'enivrant. Un Français à l'étranger était alors comme le Romain qui voyait tous les fronts s'incliner, en disant : « *Sum civis romanus!* » Mais quand je vis comment le gouvernement s'exerçait en France, mon enchantement diminua beaucoup; mes relations avec MM. Pasquier, Mounier, Anglès et autres membres de l'administration qui avaient conservé leur droiture, en me montrant le fond de beaucoup de choses, ne contribuèrent pas peu à détruire mon admiration naïve. »

Heureusement, les autres ministres, et en particulier celui de l'Intérieur, calmèrent les inquiétudes de Tournon. Il l'avoue ingénument : « De Montalivet m'accueillit avec une grande bienveillance; il me gardait des heures entières avec lui à causer de Rome. Un jour, à un grand dîner, il me fit asseoir à côté de lui, en disant à ses voisins : « *Voilà mon plus jeune et mon meilleur préfet.* » J'avoue que je n'étais pas insensible à ces louanges, et à l'accueil qu'on me faisait partout. Ce titre de *Préfet de Rome*, qu'on me donnait en m'an-

Arch. de Génelard, à Anglès, 9 septembre 1811[1].

J'ai l'honneur de répondre à la lettre du 9 août dernier[1], par laquelle vous me demandez des renseignements sur l'exécution du décret impérial du 18 juin 1810, qui a supprimé plusieurs évêchés de ce département, et les a réunis aux diocèses conservés. Cette mesure a été le sujet de longues conférences avec MM. les évêques assermentés qui ont fait d'abord des remontrances, fondées soit sur les règlements canoniques, soit sur l'opinion publique. Tous, cependant, ont fini par se conformer aux intentions de S. M., et ont consenti à prendre l'administration des diocèses restés sans pasteur.

Un second travail, non moins important, était d'amener les vicaires généraux à reconnaître ces mêmes évêques conservés pour leurs chefs légitimes; et ce but, après de longs pourparlers, a été également atteint. Le grand vicaire de Viterbe et celui de Civita-Vecchia ont reconnu, par écrit, le cardinal-archevêque de Montefiascone; ceux de Velletri et d'Alatri ont reconnu également l'évêque d'Anagni. Leur exemple a été suivi par les vicaires de Terracine, Sezze et Piperno, d'Ostie, de Tivoli et de Subiaco, réunis au même évêché. L'évêque de Civita Castellana a été reconnu par le vicaire de Sutri; celui de Rieti par celui de la Sabine. Les vicaires généraux d'Albano et de Frascati l'ont refusé, et par suite de mesures de police, ont été déportés. L'évêque d'Anagni est invité de nommer à ces deux places vacantes. Le vicaire de Palestrina ne s'est point encore également déterminé.

Pour opérer l'exécution parfaite de ce décret, il resterait de plus à ranger sous l'autorité des évêques conservés les abbayes connues sous le nom de *Nullius*, c'est-à-dire dont l'abbé exerçait les fonctions épiscopales, et ne dépendait que du pape; cette opération est plus délicate et plus difficile, parce que, à l'opinion publique, se joint l'orgueil du clergé et du peuple, de tout temps fier de ce titre de *Nullius*, regardé comme une faveur et une prérogative particulière. C'est l'objet d'une correspondance particulière avec les évêques dans le diocèse desquels elles se trouvent. L'évêque de Rieti a déjà répondu et ne paraît pas, malgré son dévouement connu au gouvernement, entrer dans les vues du décret. Aux raisons ci-dessus alléguées, il joint encore l'obstacle qu'oppose à la prise de possession de l'abbaye de S. Salvatore la présence de Mgr Lanti, l'ancien abbé, dont les vicaires exercent la juridiction, et qui ne peuvent reconnaître pour supérieur un autre évêque sans encourir, ainsi que cet évêque lui-même, la haine du clergé et du peuple, prompts à les regarder comme fauteurs d'un schisme.

Je rends compte, aujourd'hui même, au Ministre des cultes, de ces obstacles, en lui demandant ses ordres sur cette délicate affaire; je vous instruirai de ses résultats.

---

nonçant, attirait sur moi tous les regards, me plaçait tout à fait à part des autres préfets mes collègues, et tout se réunissait pour

Chatouiller de mon cœur l'orgueilleuse faiblesse!

1. Cette lettre et la suivante, qui ne portent pas le lieu d'envoi, ont été écrites vraisemblablement par Tournon durant son retour de Paris à Rome, par Génelard et Claveson, après son mariage.

Arch. de Génelard, à Anglès, 18 septembre 1811.

Votre lettre du 23 juillet dernier me demande des renseignements sur le Dépôt de mendicité de ce département, et me transmet un tableau que vous m'invitez à remplir et à vous renvoyer. Comme ce Dépôt n'est point encore organisé, je ne puis remplir complètement vos vues à ce sujet; je vais cependant répondre à quelques-unes des questions que vous m'aviez proposées, et qui sont indépendantes de l'organisation complète du Dépôt.

D'après un arrêté de la Consulte du 23 novembre, qui ordonna la formation de cet établissement au palais de Saint-Jean de Latran, on commença, en 1810, les travaux qui y étaient nécessaires. Ils se montaient à 12.000 francs, lorsque la Consulte fut dissoute. L'approbation du Ministre de l'intérieur pour leur continuation devint alors nécessaire, et on lui rendit compte, dans le mois de février, de tout ce qui avait été fait à ce sujet. On lui soumit, en même temps, l'observation que le palais de Saint-Jean de Latran, qui pouvait contenir 600 mendiants, était insuffisant pour en renfermer mille, surtout en adoptant les divisions voulues par les règlements. On proposa d'y joindre comme succursale le couvent de Sainte-Croix-de-Jérusalem, voisin de Saint-Jean, et qui pourrait contenir, sans aucunes dépenses, 400 femmes. Le ministre a approuvé cette disposition qui séparait les deux sexes, et doit incessamment renvoyer, approuvés, les plans et devis des travaux qui lui ont été transmis.

Les sommes proposées pour faire face aux dépenses de l'établissement se composent de fonds des communes s'élevant à 187.000 francs, et de 100.000 francs demandés à S. M. sur les fonds généraux de mendicité. Total 287.000 francs. Les dépenses ne peuvent se calculer que d'une manière approximative. Le vestiaire, sur le pied de celui de France, qui est de 200 francs par mendiant, coûterait 200.000 francs. Le reste de cette somme de 287.000 fr. serait employé en réparations, et son insuffisance couverte par le vingtième des revenus communaux qui n'a point été en entier employé en 1811.

Les mendiants du département de Rome peuvent s'élever à 2.000, dont 1.500 de Rome, sans y comprendre les pauvres honteux réduits provisoirement à la misère, et un grand nombre de familles tombées dans l'indigence, par suite des changements religieux et politiques. D'un autre côté, la manufacture établie aux Thermes[1] pour employer le coton semé dans le département, fournira du travail à 2.000 personnes; les travaux des embellissements de Rome donneront de l'occupation à 2.000 autres individus. Ces ressources enlèveront donc aux Dépôts de mendicité un grand nombre de mendiants qui peuplent cette cité. La nécessité de ces établissements n'en est cependant pas moins sentie, et les instances de S. Exc. le Ministre de la police générale pour leur prompte organisation, en appuyant, près de S. M., les propositions du Ministre de l'intérieur, ne peuvent que procurer à ce département un bienfait signalé, et assurer à la fois sa prospérité et sa tranquillité[2].

---

1. Thermes de Dioclétien.
2. Aux *Archives de Génelard*, on trouve plusieurs lettres de Tournon, très longues et très détaillées, sur les Dépôts de mendicité de Rome.

Arch. d'Avrilly, à sa mère, Rome, 25 septembre au matin, 1811.

Mon excellente mère, vous aurez reçu une lettre de moi d'Alexandrie; en voici une autre de Rome où je suis arrivé depuis une heure, sans être fatigué le moins du monde. Ma santé se raffermit au milieu du mouvement et de la peine physique.

Mon voyage a été triste; je vous quittais, vous et tant de gens que j'aime; j'étais seul, et je venais d'apprendre le charme d'une double existence! Mais l'idée que dans peu de semaines je vous reverrais et celle que vous m'avez donnée pour placer à côté de vous dans mon cœur, m'a soutenu; les affaires que je trouve ici accumulées me distrairont, et j'arriverai ainsi au moment si désiré de notre réunion. Je sens le besoin de me former un intérieur qui, depuis bien des années, m'a toujours manqué; aussi pouvez-vous être certaine que je mettrai tous mes soins à me dévouer à ma femme, et à lui prouver que je n'existe que pour elle. Je connais assez son caractère pour espérer qu'elle ne me refusera pas son affection, quand elle sera bien sûre d'avoir toute la mienne. Vos soins, pendant que vous serez avec nous, contribueront certainement à nous réunir encore davantage.

Mille tendresses à tout ce qui vous entoure. Je leur écrirai successivement dès que j'aurai un moment.

Adieu, ma tendre mère, personne ne peut vous aimer autant que votre Camille.

Arch. de Génelard, à Anglès, Rome, 28 septembre 1811.

J'ai l'honneur de répondre à la lettre du 23 août dernier par laquelle vous me demandez des renseignements sur les *Bénéfices laïques* que le pape était dans l'usage de conférer à quelques particuliers.

Il existait deux sortes de bénéfices qui se rapportent à votre demande. Les premiers étaient la suite d'une donation d'un bien quelconque, faite par un particulier à un laïque ou à un prêtre, sous la condition de dire telle ou telle prière, ou un certain nombre de messes. Ces bénéfices, connus sous le nom de *Capellani*, étaient à la nomination de la famille du donataire ou autre désigné par lui, et pouvaient être même possédés par un laïque en faisant acquitter les messes par un prêtre. Sous ce rapport donc, ces bénéfices étaient laïques; mais, en ce cas, ne dérivaient nullement du pape; ils étaient très nombreux.

Il pouvait arriver qu'un individu qui se destinait à la carrière ecclésiastique, étudiant comme tel et pourvu par un moyen quelconque de bénéfices peu considérables, fût engagé ou contraint par les circonstances à se marier, et par conséquent, obligé d'abandonner les bénéfices dont il jouissait comme aspirant à l'état ecclésiastique. Dans ce cas, par une faveur particulière, le pape a quelquefois dérogé à cet usage, et laissé au titulaire la jouissance de son bénéfice, en changeant ses premières obligations en celle de dire un rosaire ou telle autre prière. Cette faveur, par exemple, a été accordée au poète Monti, attaché à la maison Braschi, et à quelques autres qui ont abandonné les ordres pour se marier; mais je dois observer que ce nombre est infiniment peu considérable, et, à l'exception du poëte ci-dessus nommé, du sieur Palombi et deux ou trois autres, il n'existe point, dans le département, de bénéfices du genre de ceux qui font l'objet de votre lettre.

---

*Arch. de Mme la marquise de Patrizzi, à Rome,
au marquis Jean de Patrizzi, Rome, 2 octobre 1811.*

Je suis obligé de vous rappeler que MM. vos fils ont été nommés élèves de l'école de la Flèche, et qu'ils doivent être rendus le plus tôt possible. Vous m'obligeriez en me faisant connaître l'époque de leur départ.

(Comme le marquis ne donnait aucune réponse à ce rappel à l'ordre, Tournon lui écrivit de nouveau le 7 du même mois.)

J'ai déjà eu l'honneur de vous écrire pour vous prier de passer à la préfecture, où j'avais à vous parler d'une affaire qui vous concerne. Je vous renouvelle cette invitation en vous engageant à passer demain dans la journée, et à vouloir bien m'accuser réception de cette lettre[1].

---

*Arch. Nationales, F⁷ 8895, au Ministre de la police,
Rieti, 4 octobre 1811.*

Ayant appris qu'un complot avait été découvert à Rieti, je me suis hâté de m'y transporter après avoir rendu compte à M. le maître des requêtes chargé du 3ᵉ arrondissement des premiers renseignements que j'avais pu

---

1. Le marquis Jean Patrizzi refusa énergiquement de livrer ses fils, et fut expédié à la prison de Civitta-Vecchia, puis à celle de Turin, enfin, à celle de Fenestrelle, pendant que Mme Patrizzi, « sa pauvre femme, née princesse de Saxe, ange de piété, accompagnait tristement ses enfants, pour tâcher de les préserver du souffle de la contagion de l'impiété française ». (*Mémoires inédits de Tournon.*)

M. L. Madelin (*La Rome de Napoléon*, p. 482, 483) me paraît commettre, à propos de cet incident, une double inexactitude. D'abord, il semble bien que le marquis Jean de Patrizzi n'était pas tout à fait, comme il l'écrit, « aux trois quarts au moins imbécile ». La lecture de ses *Mémoires* et de ses *Lettres*, les témoignages de ceux qui le virent de près, comme Tournon (*Mémoires inédits*) et le cardinal Pacca (t. I, p. 279), les amis qu'il sut se créer, le courage de sa résistance, les honneurs dont Pie VII l'environna, à son retour en 1814, en le nommant sénateur de Rome, etc., font paraître au moins exagérée une telle affirmation. — Cf. sur ce sujet les très intéressants *Mémoires de famille* qu'a publiés Mme la marquise Madeleine Patrizzi, Rome 1911.

En second lieu, le futur cardinal Patrizzi (*Constantin*, né à Sienne) n'est jamais venu à la Flèche, comme le dit L. Madelin. Il resta à Rome avec ses grands-parents. Ce furent ses deux frères *Filippo* et *Xaverio* (non *Severio*) qu'on envoya en France.

recueillir, et lui avoir transmis la note des arrêtés. A mon arrivée, j'ai interrogé moi-même les principaux accusés, et je vais faire connaître à V. Exc. le résultat tant de cet interrogatoire que des précédents.

Deux jeunes gens détenus, l'un nommé De Sanctis, fils d'un marchand de bestiaux de Borghetto, bourg du royaume de Naples, et ancien chef de masse en 1799, étudiant depuis un an au séminaire de Rieti, âgé de 21 ans, effronté au dernier point, d'un caractère résolu, mais sans esprit ni suite dans les idées, l'autre nommé Bernardini, âgé de 18 ans, fils du greffier de l'évêque de Rieti, également étudiant, sans esprit, instruction, ni caractère, se coupant facilement dans ses réponses, et paraissant incapable de suivre la moindre affaire, m'ont déclaré que, dans les premiers mois de l'été, le nommé Melchiori Massei, maçon à Rieti, âgé de 56 ans, père de trois enfants, réputé mauvais sujet, leur avait annoncé son projet d'exciter une révolte à Rieti; qu'il leur avait dit qu'il avait 700 balles et un sac de poudre; qu'il se procurerait facilement des armes, et trouverait un grand nombre d'amis.

Les deux jeunes gens diffèrent en quelques points sur ce premier aveu de Massei, mais ils sont parfaitement d'accord sur la proposition qu'il leur fit et sur ses principales circonstances; leurs déclarations sont même remplies de détails semblables qui leur donnent la plus grande apparence de vérité. Ils avouent, en second lieu, qu'ils acceptèrent la proposition et promirent de s'unir à lui. Ils avouent encore que depuis ce jour ils parlèrent à quatre diverses personnes dont deux du royaume de Naples pour les engager à prendre parti; qu'une d'elles refusa; que les autres promirent de favoriser la révolte. De Sanctis, après avoir tout nié, intimidé par mes menaces, a fini par avouer qu'il cherchait à se procurer le plus grand nombre de complices. Bernardini n'en est pas convenu aussi franchement, mais n'a pas nié d'avoir eu connaissance de toutes les démarches de De Sanctis. L'un et l'autre avouent avoir parlé du projet de révolte à un cordonnier du royaume de Naples, l'avoir chargé d'en parler à un abbé Lupi de ce même pays, en disant : « *L'abbé Lupi sera aussi des nôtres.* »

Ces deux jeunes gens avouent avoir eu diverses conférences avec les personnes qu'ils avaient engagées; avoir fixé le jour, d'abord au 22 septembre, ensuite au 25 du même mois, ils conviennent que le projet consistait à égorger les gendarmes, à se présenter aux prisons revêtus de leurs habits, s'en faire ouvrir les portes, et élargir tous les détenus; à s'emparer des armes de la Garde nationale déposées chez le maire, des diverses caisses publiques, et à assassiner tous les fonctionnaires publics. Ils comptaient appeler ensuite le peuple à la révolte, et en cas de non-succès, se réfugier dans le royaume de Naples.

Tous les accusés sont d'accord sur ces circonstances, excepté Melchiori Massei désigné par De Sanctis et par Bernardini comme premier auteur du projet. Cet homme, qui paraît profondément méchant, d'un caractère extrêmement ferme et résolu, a constamment résisté aux menaces et aux promesses; confronté avec ses deux accusateurs, qui étaient parfaitement d'accord dans les plus petites circonstances de leurs dépositions, il a toujours répondu : « *Je ne sais rien; je suis innocent de tout.* » La physionomie cependant démentait cette innocence, et en l'interrogeant j'ai acquis la conviction morale qu'il était coupable.

Les autres accusés ne parlent pas de lui; mais cependant ils ne nient pas qu'il ne fût du complot. Ils s'accordent à tout rejeter sur De Sanctis qui semble avoir employé beaucoup d'activité pour se faire des partisans. Ils avouent presque tous, au reste, le consentement qu'ils ont donné à l'exécution du complot, et les conférences qu'ils ont eues; ils ne nient pas que le jour n'en ait été choisi dans les derniers du mois de septembre, pour profiter du mécontentement causé par la conscription. Ainsi, Monseigneur, l'existence d'un complot, et la culpabilité des accusés est hors de doute, et résulte de leurs aveux. Mais je rechercherai dans mes interrogatoires à connaître l'origine d'un projet aussi atroce, et ses véritables auteurs. Ainsi que je l'ai déjà dit, tous les accusés, Massei excepté, qui nie même l'existence d'un complot, disent que De Sanctis leur en a fait l'aveu, et les a engagés à y prendre part; que De Sanctis a parlé des secours qu'il attendait du royaume de Naples. Cet accusé avoue qu'il a dit que l'abbé Lupi, Napolitain, serait avec lui; mais il rejette la première proposition sur le maçon Massei, nie d'avoir promis les secours des Napolitains, et accuse au contraire ses complices d'avoir promis des partisans, tant dans la ville même de Rieti, que dans quelques villages de l'arrondissement, où ils avaient des relations.

Il me paraît hors de doute que Massei ou De Sanctis soient les auteurs du projet; mais il est difficile de penser que l'un ou l'autre n'aient obéi à quelque impulsion étrangère. Cependant, le caractère de Massei pourrait faire croire qu'il a eu cette pensée sans y avoir été porté que par sa haine contre le gouvernement, et que l'ayant communiquée à De Sanctis, celui-ci a reçu des instructions et des encouragements soit de son père, ancien brigand napolitain, soit de l'abbé Lupi, dont on a trouvé une lettre énigmatique qui en suppose de précédentes. Aucun des détenus n'a accusé d'autres personnes que celles arrêtées, et il n'y a aucune variation sur le nombre des complices. Nul n'a accusé le père de Bernardini, ni le greffier de l'évêque; son fils a dit, au contraire, qu'il l'aurait chassé, s'il avait su ce projet.

Les moyens d'exécution étaient loin de répondre à la grandeur de l'entreprise. Les accusés sont au nombre de 12, et aucun d'eux ne nomme d'autres personnes; ils disent seulement qu'ils espéraient trouver des partisans aussitôt que le coup serait fait, soit dans les habitants de Rieti, soit dans ceux de quelques villages, soit enfin parmi les Napolitains du voisinage. Les comploteurs n'avaient aucunes armes; Massei seul, suivant la déposition de De Sanctis, avait des balles et de la poudre; mais il le nie, et on n'a rien trouvé chez lui. Ils n'avaient aucun argent, ayant fait le projet de se cotiser pour se procurer dix écus pour avoir de la poudre; enfin, jamais projet ne fut conçu avec de plus faibles moyens d'exécution. Dans toute la conduite de l'affaire, on ne voit aucun plan, aucune suite; tout se borne à quelques discours tenus entre deux ou trois des complices, le plus souvent au bord de la rivière où ils allaient se baigner. Tous appartiennent, De Sanctis et Bernardini exceptés, à la dernière classe du peuple, maçons, cordonniers, ouvriers en terre. Ils devaient exécuter leur projet dans une ville de 10,000 âmes, bien fermée de murs, dont les habitants ont généralement l'esprit tranquille et obéissant, où une Garde nationale en activité et une bonne brigade suffisaient pour les accabler au moment même de l'exécution. Ils n'avaient calculé en rien les suites de cette affaire, ne pensant qu'à se retirer dans le royaume de Naples, dont la frontière est à demi-lieue, aussitôt qu'ils auraient pillé les caisses. Je ne puis donc voir dans ce complot que le comble de l'absurdité, et ses auteurs, soit qu'ils appartiennent au royaume de Naples, soit qu'ils fassent partie des accusés eux-mêmes, paraissent n'avoir eu aucune idée des difficultés et des moyens de faire réussir une entreprise de cette nature.

Il me reste à faire connaître à V. Exc. la manière dont le projet a été connu. Dès les premiers mois de l'été, le nommé De Sanctis, qui, comme séminariste tonsuré porte le nom et l'habit d'abbé, proposa au cordonnier Sébastianelli d'être du complot. Celui-ci accepta, mais confia le secret à un soldat de la Garde nationale et à son beau-frère; ceux-ci l'engagèrent à tout révéler; mais il fut ensuite convenu entre eux qu'ils attendraient plus tard. Sébastianelli assista à toutes les conférences, ou plutôt aux propos qui se tinrent entre 2 ou 3 des complices, et il accuse de tout De Sanctis. Enfin, le 18 septembre, il vint trouver le brigadier de gendarmerie Rainieri, le sous-préfet et le lieutenant de gendarmerie étant absents, pour la levée de la conscription, et il lui avoua tout. Rainieri l'engagea à continuer ses observations et à lui en rendre compte. Deux jours après, Sebastianelli revint assurant que le moment était choisi pour le 22, et qu'il n'y avait plus de temps à perdre. Le sous-préfet averti revint en toute hâte, interrogea Sebastianelli et un autre dénonciateur, et ordonna les arrestations qui eurent lieu le 23 en plein jour par la gendarmerie, les employés des douanes et la Garde nationale. Un seul individu, ouvrier en verre, du royaume de Naples, s'échappa. La ville resta parfaitement tranquille, et deux jours après seulement une compagnie du 14e régiment, envoyée de Rome, vint y tenir garnison. Depuis le jour de l'arrestation, on n'a eu connaissance qu'aucun individu de la ville ait pris la fuite.

M. le sous-préfet César Borgia, le lieutenant de gendarmerie Le Brun et le brigadier Rainieri ont montré dans cette occasion beaucoup d'intelligence et de résolution. Si le sous-préfet ne se fût pas décidé à enlever tous les accusés à la fois et en plein jour, ils s'échappaient tous. On peut reprocher au commissaire de police de n'avoir pas exercé assez de surveillance pour être instruit d'un projet qui, depuis plusieurs mois, était connu de personnes, par leur âge et leur caractère, peu capables de secret.

J'ai engagé M. le procureur impérial à suivre l'instruction de l'affaire en attendant qu'il soit décidé à quel tribunal elle sera portée, et pour profiter de l'émotion des accusés; je lui ai remis tous les interrogatoires. Tous les gens honnêtes de la ville sont venus me témoigner leur horreur de ce complot aussi atroce qu'absurde.

Je rendrai compte des suites de la procédure aussitôt que j'en serai instruit.

P.-S. — M. le colonel Siry qui fait partie du Conseil de recrutement a assisté aux interrogatoires et partage mon opinion sur la nature de ce complot. J'ai engagé M. l'intendant de l'Aquila, province voisine napolitaine, à faire arrêter le père de De Sanctis et l'abbé Lupi.

Arch. de Génelard, à Anglès, Rome, 8 octobre 1811.

J'ai l'honneur de vous rendre compte d'un très fâcheux événement arrivé à La Manziana, canton de Bracciano, arrondissement de Rome. Le 6 du courant, M. de Angelis, maire de La Manziana, se trouvait, à 6 heures du soir, sur la place de la commune, à parler avec son frère; un inconnu, la figure couverte par de longs cheveux, se présente tout à coup à eux, renverse le frère du maire d'un coup violent, et veut décharger sur le maire un pistolet, qui rate. Furieux de ce contretemps, l'assassin tire un couteau, saisit le maire et le perce de 15 coups, dont quatre sont assez dangereux. Les personnes qui étaient sur la place, au nombre d'une cinquantaine, accourent aux cris; mais l'assassin prend la fuite, et, grâce à ses armes qu'il présente à ceux qui veulent l'arrêter et qui sont encore surpris d'une pareille hardiesse, il se sauve, suivi seulement de 3 personnes plus intrépides que les autres. Elles-mêmes cependant, parvenues à un bois où se réfugia l'assassin, durent également, sans défense et sans armes, se retirer à l'aspect des pistolets du meurtrier qui, s'adressant à l'un d'eux, l'invita à ne pas le suivre et à ne pas le mettre dans la nécessité de le tuer, ce qu'il pouvait, mais ne voulait pas faire.

Le gouverneur général, instruit de cet événement, a fait sur-le-champ marcher 40 hommes à La Manziana, et assujetti la commune à la loi de la responsabilité. J'ai moi-même sollicité le premier cette mesure contre les communes qui avaient favorisé, soit ouvertement, soit par une coupable inaction, les attentats de bandits connus; mais je ne puis regarder, et je l'ai fait connaître au général Miollis, la commune de Manziana comme étant dans ce cas. Cet assassinat, dont tout le monde, en tout lieu, peut être la victime, qu'il n'appartient, par conséquent, à personne de prévoir ni d'empêcher, ne me paraît point constituer une commune entière (qui ne l'a, évidemment, nullement favorisé) coupable de ce même crime, regardé par le lieutenant du gouverneur général lui-même comme l'effet d'une vengeance particulière. Il me semble que s'il importe de déployer toute la sévérité de cette loi terrible contre les communes reconnues coupables, il importe non moins de ne pas la déployer inutilement en mettant les tribunaux chargés de l'appliquer dans la situation de ne point trouver de délit, et d'affaiblir ainsi la terreur salutaire qu'elle inspire.

Je n'ai point encore reçu de réponse aux observations que j'ai cru devoir adresser au comte Miollis en lui rappelant qu'il est nécessaire d'augmenter, par tous les moyens possibles, la confiance dans un gouvernement qui, s'il punit sans réserve les crimes et les mal intentionnés, sait, en même temps, excuser le malheur et l'impuissance évidente.

Arch. de Génelard, au Ministre de la police,
Rome, 9 octobre 1811.

Je viens de parcourir l'arrondissement de Rieti et une partie de celui de Viterbe pour lever la conscription, et je m'empresse de rendre compte à V. Exc. des observations que j'ai faites sur la situation de cete partie de mon département.

La conscription s'est levée, dans l'arrondissement de Rieti, avec une régularité et un ordre parfaits. Tous les maires se sont empressés de conduire eux-mêmes leurs conscrits, et j'ai eu la satisfaction de ne compter, sur 640 conscrits appelés à se présenter devant le Conseil, que 2 retardataires; 136 conscrits que devait fournir cet arrondissement se sont mis en marche sur-le-champ pour rejoindre leurs corps respectifs.

Le Conseil de recrutement, pour aller au-devant de toutes les difficultés, s'est transporté dans tous les cantons, et, par sa présence et ses exhortations, a beaucoup contribué à amener tous les conscrits à leur devoir. M. le sous-préfet Borgia mérite les plus grands éloges. — L'esprit public de cet arrondissement est généralement bon. Le complot découvert à Rieti et dont j'ai rendu compte à V. Exc. ne prouve rien contre l'esprit des habitants, puisqu'il a été formé par un petit nombre de misérables excités par des étrangers. Le clergé est tranquille; les deux évêques de Rieti et de Narni, qui ont prêté le serment, le tiennent dans l'obéissance. — Il n'existe, dans tout l'arrondissement, aucune trace de brigandage, et il n'y en a jamais existé. L'esprit calme des habitants, la population nombreuse, le genre de culture qui les occupe sans cesse dans leurs champs, se sont opposés à ce que des malfaiteurs s'y établissent. Quelques vols commis près de Narni et près de Corrèse, l'ont été par des étrangers, et d'immenses forêts qui s'étendent sur ces deux points les ont favorisés. J'ai fait couper les bois le long des routes, et recommandé la plus grande surveillance aux gendarmes; et depuis plusieurs mois, on n'a entendu parler d'aucun délit. Cet état de choses très satisfaisant prouve évidemment, Monseigneur, ce que j'ai déjà annoncé à V. Exc. que, si le département de Rome jouit de moins de tranquillité que celui du Trasimène, on ne peut en accuser que des circonstances particulières, car dans toutes les parties de ce présent pays où les localités, l'esprit des habitants, et toutes les circonstances sont semblables à celles du département voisin, la même tranquillité y règne.

Dans les huit cantons de l'arrondissement de Viterbe, où j'ai déjà levé la conscription, j'ai eu un succès presque égal. Le nombre des retardataires est infiniment petit, et j'espère qu'ils se présenteront au jour fixé pour le départ. L'esprit public, dans l'arrondissement de Viterbe, n'est pas aussi bon que dans celui de Rieti; les habitants sont plus vifs, moins civilisés, portés à l'arrogance, et il y a eu, en tous temps, de vives rixes parmi eux. Le clergé étant généralement réfractaire, et beaucoup de prêtres ayant été déportés, ils ont laissé après eux quelques mécontentements, et un esprit d'inquiétude qui demande à être surveillé. Cependant, le peuple est parfaitement tranquille et obéissant. Depuis le complot découvert à Valentano, il y a un an, l'arrondissement a été constamment calme; il n'est troublé, depuis longtemps, par aucune bande de brigands, et, si ce n'est dans les forêts, il n'y en a jamais eu. Cependant, quelques vols ont été commis à diverses reprises sur la route de Viterbe, dans une forêt immense. Mais, depuis qu'un poste de soldats de police y est établi, et que j'ai fait couper les arbres le long de la route, on n'a plus rien à y craindre.

Ainsi, Monseigneur, dans les 3 arrondissements qui touchent au Trasimène, qui ont avec ce pays des rapports de mœurs, d'habitudes et de localités, la tranquillité est aussi parfaite que dans ce pays. — J'espère, dans mes rapports subséquents, prouver à V. Exc. que la seule partie de mon département qui puisse donner des inquiétudes est celle qui borde le royaume de Naples.

Arch. de Génelard, au Ministre des cultes, 10 octobre 1811.

Ayant parcouru, pour la levée de la conscription, les arrondissements de Rieti et de Viterbe, je crois devoir faire part à V. Exc. des observations que j'ai faites sur l'esprit qui anime le clergé.

J'ai remarqué, en général, une sensible amélioration depuis ma dernière tournée faite en avril de cette année. Le peuple ne fait plus de distinction entre les prêtres assermentés et ceux qui ne le sont pas, et ces premiers ont regagné sa confiance. Les ex-religieux répandus dans diverses communes se montrent généralement obéissants, quoique le plus grand nombre d'entre eux, par des calculs d'intérêt, et par espoir d'obtenir des secours de la commisération, ait refusé de prêter le serment. Enfin, il y a dans la conduite des membres du clergé plus de prudence, et dans les dispositions du peuple à leur égard beaucoup plus d'indifférence que lorsque je vous en rendis compte en avril. La mauvaise conduite de quelques ex-religieux n'a pas peu contribué à détacher le peuple de leurs intérêts. Dans l'arrondissement de Rieti, le clergé assermenté est en plus grand nombre, proportion gardée, que dans celui de Viterbe; d'ailleurs, l'exemple et l'autorité des deux évêques de Narni et de Rieti influent extrêmement sur les prêtres. Ces deux prélats continuent à montrer beaucoup de dévouement au gouvernement; l'âge avancé de celui de Rieti rend son influence moins grande, mais son clergé est généralement animé d'un bon esprit. Celui de Narni a beaucoup plus de caractère et de talent.

Les prières pour S. M. sont régulièrement récitées dans les églises de cet arrondissement, et des mesures sont prises pour s'opposer à toute négligence dans l'accomplissement de ce devoir. L'ancien diocèse de Magliano, réuni à Rieti, est administré par le grand vicaire, choisi par cet évêque, avec beaucoup de sagesse. Je n'ai recueilli aucune plainte contre cette portion du clergé.

Dans l'arrondissement de Viterbe, un grand nombre de prêtres déportés a laissé des germes de mécontentement, et une correspondance, à laquelle il est difficile de s'opposer entièrement, entretient, parmi les prêtres non encore appelés au serment, un esprit peu satisfaisant. Cependant, l'obéissance de ce clergé, effet de la crainte plus que de l'attachement à ses devoirs, laisse peu à désirer. Dans le plus grand nombre des églises, les prières pour l'Empereur sont régulièrement récitées, et je recherche soigneusement les prêtres qui ne se conforment pas à cet ordre. — L'évêque de Civita-Castellana est le seul prélat qui réside dans cet arrondissement; il est parfaitement dévoué, et emploie tous ses soins à faire valoir son clergé. J'ai voulu l'engager à prendre une part directe à l'administration des diocèses de Sutri, Nepi et de l'abbaye *Nullius* de Saint-Oreste; mais il m'a opposé les obstacles qu'il rencontre de la part des vicaires généraux. J'aurais cherché à gagner ceux-ci, si je n'avais pas pensé qu'il serait plus prudent d'attendre le résultat des négociations avec le pape. Je me guiderai d'après les ordres que V. Exc. voudra bien me transmettre.

Dans quelques communes comme Toscanella et Corneto, divers prêtres qui donnaient de l'inquiétude ont été successivement envoyés en Corse; les autres sont attentivement surveillés. Le Chapitre supprimé de Viterbe a constamment donné l'exemple de la soumission, et sa conduite exerce une grande influence sur tout le clergé; il est dirigé avec sagesse et fermeté par

Mgr Menicozzi dont j'ai souvent entretenu V. Exc.; ce vicaire général, qui a fait tous les actes de soumission à son nouvel évêque, qui contribue éminemment au maintien des bonnes dispositions du clergé de sa ville, se trouve réduit, par la perte des appointements que lui payait l'évêque de Viterbe, à un état extrêmement malheureux. Déjà, par l'ordre de V. Exc., il vous a transmis la note des appointements dont il jouissait; j'ose vous prier instamment de vouloir bien fixer un traitement convenable à un ecclésiastique qui mérite toute la bienveillance du gouvernement.

Arch. de Génelard, à Anglès, Rome, 15 octobre 1811.

J'ai l'honneur de vous informer que le 12 du courant trois brigands ont enlevé et rançonné le curé de Patrica, exigeant, pour lui rendre la liberté, 2,000 écus romains qu'ils réduisirent ensuite à 60 écus ou 320 francs. Pendant qu'ils traversaient la forêt, ils rencontrèrent deux gardes champêtres de Patrica, les saisirent, les lièrent, et, après les avoir fait confesser par le curé, les massacrèrent. Le curé n'a éprouvé aucun mauvais traitement.

Le 13 au soir, une bande de brigands dont on ignore la force, venant du royaume de Naples, se présenta dans un hameau de la commune de Veroli, situé dans les bois, à trois milles de cette petite ville. On apprit que les bandits avaient été accueillis par les habitants, et on entendit le son de la cloche qui les appelait à se réunir. Sur-le-champ, le maire, riche propriétaire, le capitaine du 14e, avec quelques voltigeurs et le maréchal des logis avec la brigade de gendarmerie à pied se réunirent, appelèrent à eux tous les habitants aisés, les armèrent et marchèrent avec eux vers le hameau, en laissant un certain nombre pour veiller à la tranquillité de la ville.

Pour ne pas s'exposer à manquer l'arrestation des brigands en les attaquant la nuit, tout le détachement bivouaqua à peu de distance du hameau, et au point du jour, il pénétra de tous côtés. On trouva devant la porte de l'église environ 40 personnes, partie brigands, partie habitants du lieu; vingt d'entre eux étaient armés. A peine virent-ils la troupe, qu'ils firent feu sur elle et s'enfuirent. Le détachement les poursuivit; un brigand fut tué; deux blessés s'échappèrent, gagnant les montagnes de Sora; les autres s'enfuirent aussi du même côté. Le sous-préfet a pris sur-le-champ des mesures pour faire arrêter les habitants qui ont pris part au rassemblement; il a fait enlever la cloche de l'église, et j'ai approuvé cette mesure. Je vais faire appliquer à ce hameau la loi de vendémiaire sur la responsabilité des communes.

Cet événement montre l'inconvénient du voisinage de Naples. Les habitants de Veroli et leur maire, M. Bisletti, méritent des éloges.

Arch. de Génelard, au Ministre de l'intérieur,
Rome, 19 octobre 1811.

Par sa lettre du 25 septembre, V. Exc. m'a transmis une proposition faite par M. Bocchini, commissaire du gouvernement pour le transport des monuments de la villa Borghèse, d'enlever, dans les diverses églises de Rome, environ 300 colonnes de marbre, granit ou porphyre, et vous me faites l'honneur de me demander mon avis sur cette proposition. J'ai observé attentivement la note transmise par M. Bocchini, et je me suis assuré, par l'inspection des lieux, que l'enlèvement des colonnes dont il parle détruirait douze ou quinze des églises les plus précieuses de Rome. En effet, je trouve portées dans sa liste les églises de Saint-Martin-des-Monts, Sainte-Agnès, Sainte-Constance, Sainte-Prudenziane, toutes églises bâties par Constantin, et aussi précieuses par les monuments qu'elles contiennent que par leur ancienneté.

Dans la liste de M. Bocchini, figurent ensuite les églises de Saint-Pierre-aux-Liens, des Saints-Martyrs-Jean-et-Paul, Sainte-Anastasie, Saint-Chrysogone, Saint-Laurent, Saint-Sabin, Sainte-Bibiane, Sainte-Praxède, Saint-Merri, Sainte-Prispe, Saint-Alexis et Sainte-Sabine. Toutes, sans exception, sont considérées comme les monuments les plus précieux de Rome. Elles sont remplies de sculptures, de mosaïques d'une haute antiquité, et leur destruction serait aussi regrettée par les amis des arts et des antiquités, qu'elle offenserait les habitants de Rome, habitués à venir vénérer ces églises. Cependant, cette destruction serait la suite immédiate de l'enlèvement des colonnes proposée par M. Bocchini. Je ne puis donc voir dans sa proposition que les suites de son extrême désir de continuer à servir le gouvernement, en dirigeant le nouveau transport qu'il projette de faire. Je ne pense pas que V. Exc. veuille ordonner la destruction de vingt monuments précieux, dans une ville qu'elle met tous ses soins à embellir.

J'ai écrit à M. Bocchini pour savoir s'il restait à Rome quelque caisse contenant des monuments de la villa Borghèse. Je me ferai un devoir d'en surveiller le départ, ainsi que vous me le prescrivez.

Arch. de Génelard, à Anglès, Rome, 2 octobre 1811.

Suivant les ordres renfermés dans votre lettre du 16 mars dernier, j'ai fait remettre à deux reprises dans les journaux de ce département une notice détaillée sur les écoles de marine établies à Brest et à Toulon, et sur les avantages que ces établissements offraient aux jeunes gens qui se destinaient à cette carrière. J'ai moi-même parlé, et fait parler, par MM. les sous-préfets et les principaux maires, aux familles dont quelques membres pouvaient embrasser ce parti; malheureusement, le peu de goût que les jeunes gens montrent pour une carrière qui était totalement inconnue dans un pays sans marine, s'est opposé invinciblement à mes sollicitations et à mes encouragements. — La nomination des enfants des principales familles aux écoles militaires de

Saint-Germain, de Saint-Cyr et à La Flèche; celle de plusieurs auditeurs et d'un grand nombre de sous-lieutenants ont ensuite attiré l'attention, enlevé à la fois ceux des jeunes gens qui auraient pu prendre ce parti, et refroidi un peuple naturellement peu porté par son ancien système de gouvernement au génie militaire. Je n'ai donc reçu, jusqu'à ce moment, aucune demande d'admission aux écoles de marine. Ce peu de succès que j'ai obtenu jusqu'à ce jour ne m'empêchera point, cependant, de continuer à seconder sous ce rapport les vues du gouvernement, et de chercher à disposer les familles à profiter des avantages de ces établissements.

J'aurai l'honneur de vous informer exactement des demandes qui pourraient m'être adressées par la suite.

Arch. de Génelard, au Ministre de la police,
Rome, 21 octobre 1811.

J'ai rendu compte à M. Anglès d'un attroupement populaire, excité par quelques malfaiteurs du royaume de Naples, dans un hameau de la commune de Veroli, arrondissement de Frosinone. M'étant sur-le-champ transporté sur les lieux, je crois devoir instruire directement V. Exc. de cet événement qui paraît se lier à des événements du même genre qui se sont passés dans le royaume voisin.

Depuis quelques jours, les espions de la gendarmerie annonçaient qu'une bande de brigands napolitains qui occupe ordinairement les montagnes des environs de Sora, menaçait de se porter sur Veroli. Le 12 au soir, un exprès envoyé par le curé de ce hameau, nommé Santa-Francesca et situé sur l'extrême frontière, annonça au maréchal des logis de gendarmerie que les brigands napolitains étaient entrés dans ce hameau, et que beaucoup de paysans s'étaient réunis à eux; qu'ils parlaient de se porter sur Veroli, situé à 2 milles, pour saccager cette ville, que le tocsin sonnait pour appeler les habitants aux armes. Le commandant d'un détachement du 14e léger, le maire, riche propriétaire, et tous les citoyens les plus aisés se réunirent, s'armèrent et passèrent la nuit à faire des patrouilles. Le matin, un fort détachement se porta sur Santa-Francesca, et, au moment où il passait devant l'église, une décharge l'accueillit. Les brigands et les paysans qui s'étaient joints à eux s'enfuirent de divers côtés; on les poursuivit, on tira sur eux; des traces de sang prouvèrent que ce n'était pas sans effet; mais tous les brigands échappèrent à la faveur de la forêt et de la montagne voisine.

Le village de Santa-Francesca, peuplé de 1,500 âmes, fut plusieurs jours presque inhabité; mais les fugitifs, croyant que le gouvernement leur pardonnait, se fiant même aux bruits d'amnistie qui furent répandus, sont revenus successivement à leurs travaux. Hier au soir, les dispositions ayant été prises en secret, on a arrêté à la fois 13 individus signalés comme suspects. Il résulte de leur interrogatoire que plusieurs d'entre eux se sont unis aux brigands, pendant le peu de temps qu'ils ont passé dans le village. C'est maintenant à la Commission ministérielle à prononcer sur leur sort.

J'ai jugé nécessaire de faire un grand exemple de ce hameau qui, dans tous les temps, a été peuplé d'hommes inquiets. J'ai, en premier lieu, ordonné que les cloches fussent enlevées et portées au chef-lieu; en deuxième lieu, j'ai cru devoir proposer l'application de la loi du 10 vendémiaire an IV, et j'ai adressé le procès-verbal de l'événement à M. le procureur impérial près le tribunal de Frosinone. — Je rendrai compte à V. Exc. du résultat de cette démarche, je crois d'avance pouvoir l'assurer qu'elle produira le meilleur effet; il est indispensable de prouver aux habitants de toutes les classes que leur repos dépend de l'activité avec laquelle ils s'opposeront aux brigands, et que toute négligence de leur part les expose aux reproches de connivence et aux mêmes peines. J'espère que ma conduite dans cette occasion obtiendra son approbation.

Le maire de Veroli, Bisletti, la grande majorité des habitants riches et le chapelain de Santa-Francesca méritent des éloges. Ce dernier surtout a rendu un très grand service en venant prévenir, au péril de sa vie, le maréchal des logis de gendarmerie, du rassemblement qui se formait. Je l'ai recommandé à son évêque pour un canonicat ou tout autre bénéfice.

Cet événement, qui pouvait avoir des suites fâcheuses, prouve combien le voisinage du royaume de Naples est dangereux pour cet arrondissement, et explique en partie la continuation du brigandage, par les relations qui existent continuellement entre les bandes des deux pays limitrophes.

Arch. de Génelard, au Ministre de l'intérieur,
Rome, 27 octobre 1811.

Je regrette que V. Exc. ait été induite en erreur par un faux exposé, relativement à un arrêté que j'aurais pris pour fixer le prix de la journée des ouvriers travaillant aux embellissements de Rome [1]. Je regrette surtout que l'on ait osé avancer à V. Exc. que les travaux publics autres que ceux d'embellissement avaient manqué d'ouvriers depuis cette époque. Les reproches que vous m'adressez à ce sujet exigent de moi une justification que je puiserai dans les faits.

Le prix de la journée des ouvriers travaillant aux embellissements de Rome a été fixé par un arrêté de moi, en date du 4 août, revêtu, le 7, du même mois, de l'approbation de V. Exc. Cet arrêté porte: Art. 1er, que les travaux seront faits à la tâche, et que le prix de la tâche sera réglé de manière à ce que les bons ouvriers gagnent 1 fr. 25 et la soupe. Il est évident que ce prix est loin d'être au-dessus de celui des ouvriers ordinaires, puisque, d'après la composition des brigades, le salaire moyen que gagnent les hommes que nous employons ne s'est pas élevé, jusqu'à ce jour, au-dessus de 0 fr. 80. Ce ne sera

---

1. Janet l'avait dénoncé au Ministre de l'intérieur comme ayant relevé le salaire des ouvriers de 1 franc et la soupe, qu'il était au début, à 1 fr. 25 et la dite soupe ! — Cf. *Archives Nationales*, F¹¹, 1568ᵇ, lettre du ministre.

que lorsqu'ils se seront habitués au travail, que quelques-uns d'entre eux gagneront 1 fr. 25 par jour. Ainsi, l'arrêté dont on se plaint est approuvé.

En deuxième lieu, le prix fixé est un maximum qui n'a pas encore été atteint, et qui ne le sera même que par quelques très bons ouvriers. Ce maximum même est inférieur à ce que gagnent les ouvriers ordinaires travaillant aux vignes et aux champs; aussi, les travailleurs aux embellissements appartiennent tous à la classe des ouvriers mécaniques, anciens domestiques et autres individus sans emploi, et jamais on n'y admet les ouvriers de la campagne.

On se plaint que, depuis mon arrêté, les autres travaux publics restent sans ouvriers. Or, je puis vous assurer qu'il ne se fait à Rome aucuns autres travaux publics que ceux d'embellissement. A la vérité, M. l'intendant de la couronne fait faire quelques fouilles auxquelles il emploie 150 ouvriers; mais je ne l'ai jamais entendu se plaindre d'en manquer; comme nous, il les paye à la tâche, et à peu près dans la même proportion; ainsi, il ne peut y avoir de rivalité. Au reste, comme membre de la Commission des embellissements, il n'ignore pas que la fixation du prix de la journée a été faite par V. Exc., et il a pris part à toutes les délibérations pour mettre votre arrêté à exécution.

Je supplie V. Exc. d'être persuadée que je connais trop bien mes devoirs, pour me permettre jamais de prendre, sans son approbation, des mesures de la nature de celle que l'on me reproche sans aucun fondement.

Arch. de Génelard, au comte Dumas, Rome, 27 octobre 1811.

Le Conseil de recrutement vient de terminer ses opérations dans les arrondissements de Frosinone et de Velletri. Les difficultés que j'avais rencontrées l'année dernière m'avaient fait prendre des précautions extraordinaires. Pour m'assurer que tous les conscrits se présenteraient, j'avais fait réimprimer et afficher les lois qui punissent les réfractaires; les sous-préfets et les maires avaient eu ordre de réunir les parents des conscrits, et de les engager, par tous les moyens possibles, à faire représenter leurs enfants; j'avais écrit aux évêques, aux curés, pour les engager à prêcher sur les devoirs des conscrits, et à employer toute leur influence pour les porter à les remplir.

Ce fut après ces précautions que je commençai les opérations; une force imposante accompagnait le Conseil. Les premiers cantons se présentèrent avec exactitude; mais dans celui de Paliano, arrondissement de Velletri, les conscrits de deux villages situés dans la montagne refusèrent tous de se rendre à l'ordre qui leur avait été donné. Je fis, sur-le-champ, partir le sous-préfet avec un détachement, lui ordonnant d'arrêter les parents des retardataires, et de mettre son détachement en garnison chez eux. Cette mesure, promptement exécutée, produisit le meilleur effet : tous les retardataires se présentèrent avant l'expiration des 24 heures, et ceux qui ont été jugés en état de marcher ont déjà été dirigés sur leurs corps. Cet exemple a été très salutaire. — Dans tous les autres cantons, les conscrits se sont parfaitement présentés, et le nombre des retardataires est très peu considérable. Pour assurer davantage leur rentrée, j'ai pris des conscrits avec des numéros plus élevés comme otages, jusqu'au moment où les retardataires seront eux-mêmes arrêtés. Ce genre de mesure est indispensable dans ces deux arrondissements dont l'esprit est généralement mauvais, et où les bandes de brigands assurent aux réfractaires un refuge contre les poursuites.

Le Conseil part demain pour l'arrondissement de Tivoli où il terminera le 29 sa séance ordinaire.

Arch. de Génelard, au Ministre des cultes,
Rome, 30 octobre 1811.

Je continue à rendre compte à V. Exc. des observations que, dans le cours de ma tournée, j'ai recueillies sur l'esprit et la conduite du clergé. L'arrondissement de Frosinone, dans lequel résident les évêques d'Anagni et de Ferentino, est un de ceux où le clergé est le plus sincèrement soumis. Les prêtres assermentés y sont en majorité, et le peuple ne leur témoigne aucune aversion. Je puis dire que même cette disposition favorable au serment des prêtres s'est beaucoup accrue depuis 6 mois. L'évêque d'Anagni persiste dans ses sentiments de dévouement, et il emploie sagement son influence. D'après ma demande, il en a fait dernièrement un usage heureux dans une commune dont les conscrits avaient refusé de se présenter devant le Conseil de recrutement, et ses exhortations ont beaucoup secondé les mesures de rigueur que je prenais.

Les vicaires généraux de Velletri, de Tivoli et d'Alatri continuent à prendre ses ordres dans toutes les affaires importantes. Celui de Subiaco, sans avoir encore fait sa soumission, est cependant en relation intime avec lui. Enfin, dans ma tournée, j'ai obtenu du Vicaire général de Sezze, Piperno, Terracina, un acte de soumission, et j'ai établi des relations entre lui et l'évêque d'Anagni. Il ne reste que les Vicaires de Palestrina, Frascati et Albano qui n'aient pas reconnu l'évêque pour leur chef spirituel. Je vais m'occuper de nouvelles tentatives auprès d'eux. Si elles sont inutiles, comme je le crains, j'en rendrai compte à V. Exc.

Ces relations entre les Vicaires généraux des évêchés supprimés et le nouvel évêque ont le grand avantage d'accoutumer le peuple à la réunion opérée par les ordres de S. M., et faciliteront la complète destruction des anciens diocèses. Le vieil évêque de Ferentino continue à montrer les meilleures dispositions et une vigueur qu'on attendrait peu d'un vieillard de 80 ans.

La mort de l'évêque de Veroli a laissé ce diocèse entre les mains du Vicaire général Bisletti, homme tout à fait dévoué.

Dans l'arrondissement de Velletri, l'esprit des prêtres est moins bon que dans celui de Frosinone, principalement dans les cantons de Paliano, Valmontano, Frascati et Albano. Presque aucun des prêtres de ce canton n'a prêté le serment, et ceux qui remplacent les déportés ont hérité de leurs mauvaises intentions. L'impossibilité de trouver des sujets pour les remplacer oblige, en quelque sorte, à souffrir des hommes qui méritent peu de confiance.

J'ai été satisfait des prêtres de l'arrondissement de Tivoli qui montrent beaucoup d'obéissance. L'année dernière j'avais eu des inquiétudes sur ceux de Subiaco; mais depuis les relations ouvertes entre leur Vicaire général et l'évêque d'Anagni, ils se conduisent avec beaucoup plus de prudence.

Dans tout le département, j'ai recueilli des plaintes contre les ex-religieux qui ont refusé de prêter le serment; ils sont, la plupart, à charge à quelque famille, et, par leurs propos, établissent une espèce de lutte entre les prêtres assermentés et les réfractaires. Je crains que le mal qu'ils causent ne s'accroisse à mesure que la pitié publique se refroidira pour eux. Restant alors sans ressources, privés de tous droits à la pension, ils deviendront vraiment dangereux, dans le désespoir auquel ils seront livrés. Je croirais prudent de prendre d'avance quelques mesures pour diminuer le nombre de ces religieux, plus à craindre depuis qu'on les a dispersés dans leurs communes respectives. Je les surveille avec toute l'exactitude que le permet leur nombre et leur dissémination.

En me résumant, je crois pouvoir assurer V. Exc. que, dans les arrondissements du midi comme dans ceux du nord, l'esprit des prêtres s'est beaucoup amélioré depuis six mois; que le peuple a presque entièrement oublié les premières impressions défavorables contre les assermentés; qu'il fréquente indifféremment les églises desservies par les uns et par les autres; et qu'enfin, le refus du serment n'est plus considéré que comme une affaire d'opinion, et non comme la suite d'un principe religieux. A Rome, d'où ces malheureuses opinions sont parties, le peuple devient chaque jour plus indifférent; les églises que desservent les prêtres assermentés sont également remplies, et on ne fait plus aucune différence entre les prêtres des deux opinions. Je dis le peuple, car il n'est que trop vrai qu'il existe encore, parmi les classes qui devraient être plus instruites, des préjugés que le temps seul peut dissiper.

Telles sont les observations que j'ai faites en parcourant le département. Elles prouveront à V. Exc. que le système d'une fermeté modérée qu'elle a adopté nous a déjà fait approcher beaucoup du but. Je crois devoir adresser à V. Exc. une lettre que l'évêque d'Anagni m'a prié de faire parvenir à Sa Sainteté.

Arch. de Génelard, à Anglès, Rome, 8 novembre 1811.

Le 31 octobre, à 5 heures du soir, la bande des frères Calabrais, à laquelle s'étaient unis les deux frères Tommasone, de Supino, et forte en tout de 8 hommes, arrêta près du pont dit della Sgurgola, arrondissement de Frosinone, les sieurs Nicolas Tomei et Louis Ponzi, huissiers du tribunal de première instance de cette ville, où ils retournaient. Les brigands, armés de fusils, de pistolets, de couteaux, les conduisirent à 3 milles de là, près des montagnes, en les chargeant d'injures et de menaces; puis ils discutèrent entre eux sur le genre de mort qu'ils leur feraient subir. Les frères Tommasone témoignaient à leur égard les intentions les plus cruelles. Mais un des frères Calabrais, chef de la troupe, ayant appris que les deux huissiers se rendaient à Frosinone, s'opposa à ce qu'ils fussent tués, et les mit en liberté en leur ordonnant, sous peine de mort, d'aller trouver les autorités de Frosinone, de leur faire le rapport de ce qui leur était arrivé, et de leur dire que les brigands n'avaient besoin ni d'argent ni de vivres; qu'ils n'avaient aucune animosité contre le gouvernement ni contre les Français, mais contre les maires, les employés, et contre les espions qui les persécutaient. Ensuite, il leur offrit du pain et du vin, leur fit rendre leurs chevaux, et les laissa partir après les avoir embrassés.

Le 27 octobre, à un demi-mille de Terracina, trois brigands armés de fusils et de couteaux arrêtèrent le nommé Joseph Assorati avec sa mère, et leur prirent une montre et une paire de boucles en or. Ils les conduisirent ensuite à la montagne, et exigèrent qu'ils fissent venir de Terracina 500 écus, trois pièces de velours, trente livres de poudre, trente livres de balles et trois fusils. Deux brigands descendirent de la montagne pour envoyer à Terracina l'ordre de fournir l'argent et les objets demandés. Ils rencontrèrent le nommé François Simoni qu'ils blessèrent mortellement. Ayant trouvé une autre personne, ils la chargèrent de leur commission, et lui demandèrent des détails sur les suites de l'arrestation qu'ils avaient faite d'une voiture sur la route appelée l'*Epitassio*. Ayant appris qu'ils avaient blessé un courrier et un gendarme, ils dirent qu'à l'avenir ils tireraient à tuer les chevaux, afin que les voyageurs fussent forcés de rester sur le chemin. Ils s'entretinrent d'une sortie faite contre eux par les habitants de Terracina, et dans laquelle fut tué un de leurs camarades, de la bande de Vallecorsa, qu'ils avaient reçu parmi eux pour le cacher. Ils témoignèrent l'intention d'assassiner un des barigels de Terracina, parce qu'une fois il avait lié trop étroitement un de leurs chefs. — Enfin, leur messager partit, et revint avec l'argent demandé et un fusil. Non contents de cela, ils lui prirent son habit et son chapeau.

Le 28 octobre, trois brigands armés arrêtèrent 5 personnes dans la forêt de Colleferro, et leur volèrent des capotes de drap, une paire de bas de laine, une bourse de peau et un écu d'Espagne[1]. Ils leur laissèrent 5 pièces de 2 paolo[2], parce que, dirent-ils, ils ne voulaient que des espèces en or.

Arch. de Génelard, au Ministre de l'intérieur,
Rome, 10 décembre 1811.

D'après les ordres de V. Exc., contenus dans sa lettre du 16 novembre, je me suis hâté de chercher une maison particulière pour y placer ma famille et mes bureaux, jusqu'à l'époque où l'hôtel de la préfecture serait préparé[3]. Je n'ai pu trouver aucun local dans lequel je pusse placer mes bureaux, et me loger moi-même d'une manière convenable. J'ai seulement trouvé un appar-

---

1. La piastre d'Espagne avait cours légal dans les États de l'Église, et valait, comme l'écu pontifical, 5,35 de la monnaie française.
2. Monnaie d'argent égale au dixième de l'écu.
3. Sterne, architecte des palais impériaux, avait projeté de réunir le palais de la Consulta, qu'occupait Tournon, au Quirinal, en vue d'en faire une vaste demeure pour l'Empereur.

tement dans le palais Altieri, dans lequel ma famille pourrait être établie; mais je n'ai pas voulu le louer à cause du prix exorbitant de 1.000 francs par mois qu'on me demande. Je suis donc obligé de chercher un autre local d'un prix plus raisonnable. Il est extrêmement difficile de trouver un logement à Rome; les vastes palais de la noblesse sont presque en ruines, et dans les maisons des particuliers, il est impossible que je puisse être logé d'une manière convenable, et surtout que je puisse recevoir une société nombreuse; mais, pour obéir à V. Exc., je ferai tout ce qui sera possible pour trouver un logement, quel qu'il soit. Il n'existe point ici de maison disponible qui puisse réunir ma famille et mes bureaux; je suis donc obligé de vous prier de vouloir bien m'autoriser, ainsi que je vous l'ai demandé par ma lettre du 28 novembre, à les placer dans la partie de *Monte-Citorio* qu'occupe le tribunal de commerce qui, sans inconvénient, peut être mis dans un autre local. V. Exc. sait que la Cour impériale occupe une partie du palais de Monte-Citorio, en attendant que la chancellerie qui lui est destinée soit préparée; cette partie se réduit au premier étage et à la moitié du second pour le greffe. Le rez-de-chaussée est occupé en partie par la régie des sels et tabacs qui va l'évacuer, l'autre par quelques archives de l'ancien gouvernement qui doivent aussi être transportées aux archives générales. Au second étage, sont placés, comme je l'ai dit plus haut, le tribunal de commerce d'une part, et de l'autre, le greffe de la Cour impériale. Le tribunal occupe précisément la partie du bâtiment où je suis dans l'intention de placer mes bureaux, en y ajoutant quelques pièces où se trouvent des archives de l'ancien gouvernement.

Comme il y aurait de très graves inconvénients à placer, dans ce moment, mes bureaux dans une maison particulière pour, ensuite, les transporter dans le local qu'ils doivent définitivement occuper, qu'il résulterait, de ce double déménagement, des dépenses, une grande perte de temps et, probablement, la perte de beaucoup de papiers, je crois devoir supplier de nouveau V. Exc. de vouloir bien m'autoriser par une lettre : 1º à faire placer le tribunal de commerce dans un autre local, et je propose le bâtiment du gouvernement dit « Il Governo », où se trouve actuellement le tribunal de première instance et dans lequel on peut, convenablement et sans frais, placer le tribunal de commerce; — 2º à occuper, *tout de suite*, la partie de Monte-Citorio qui n'est pas nécessaire à la Cour impériale, c'est-à-dire le rez-de-chaussée en entier et le second étage, en réservant dans ce dernier un local suffisant pour y laisser, jusqu'à la transfération de la cour, son greffe et ses archives.

Je me hâterai, aussitôt que j'aurai cette autorisation, de transporter mes bureaux et mes archives dans ce local. Je prie de nouveau V. Exc. de me faire connaître ses intentions relativement aux travaux de la chancellerie, qui seront exécutés en deux mois, si elle l'ordonne. — Je la prie aussi de m'accorder la somme de 9.000 francs pour les frais de transfèrement tant de mes meubles que de mes bureaux.

Je vous prie de m'excuser si je reviens aussi souvent sur cette affaire; mais il est, pour moi et pour le bien de mon administration, du plus grand intérêt de voir mes bureaux bien placés, et de ne pas perdre un temps précieux dans un double transfèrement. Je supplie V. Exc. de daigner me répondre par l'estafette, afin que je puisse faire à l'intendant de la couronne la remise du palais que j'occupe encore.

Arch. de Génelard, au Ministre de l'intérieur,
Rome, 15 décembre 1811.

A Rome, l'anniversaire du couronnement a été célébré avec la plus grande pompe. Un *Te Deum* solennel a été chanté dans l'église de Saint-Pierre par un clergé très nombreux, en présence de toutes les autorités. Le dimanche suivant, il y a eu des courses de chevaux et un bal au palais de la mairie; M. le lieutenant du gouverneur général ayant donné une fête le jour même de l'anniversaire, le maire fut obligé de renvoyer à huitaine celle que la ville voulait donner. Dans les 5 chefs-lieux d'arrondissement et à Civita-Vecchia, la municipalité a célébré, aussi bien que le permettaient les localités, une fête qui rappelle deux jours si chers aux Français. Les autorités se sont transportées en cortège aux églises principales, et y ont assisté au *Te Deum*; des discours analogues à la circonstance ont été récités par les curés ou chanoines.

Le soir, des jeux populaires, des bals ont terminé la journée; on a généralement aussi fait des distributions de comestibles et répandu des aumônes. Dans les petites villes, bourgs et villages, la fête n'a pu être célébrée avec autant d'éclat, mais en général, on a fait tout ce que les circonstances permettaient; l'épuisement des fonds destinés aux fêtes publiques occasionnés par la solennisation de celle du 9 juin s'est opposé aux démonstrations coûteuses.

Dans quelques communes, cependant, la fête n'a pas été célébrée d'une manière convenable; à Piperno, arrondissement de Velletri, la maladie du maire, de l'adjoint et de presque tous les membres du corps municipal a empêché la célébration. Cette petite ville, située sur les Marais Pontins, est encore affligée d'une épidémie fiévreuse. — A Capranica, l'absence du maire et la maladie de l'adjoint ont également empêché la célébration de la fête; lorsque le maire et l'adjoint sont absents, aucun membre du Conseil ne veut prendre leur place; mes invitations à ce sujet ont toujours été inutiles. Il serait à désirer que V. Exc. s'expliquât sur celui des membres d'un Conseil municipal, nommé à la même époque, qui doit remplacer l'adjoint. En résumé, la célébration de la fête a fait remarquer un nouveau zèle dans les autorités.

Arch. Nationales, F¹ˢ II, 1ʳᵉ liasse, au baron Quinette,
Rome, 20 décembre 1811.

J'ai eu l'honneur de vous écrire, en date du 18 novembre, pour vous faire connaître les difficultés que j'éprouvais à trouver les 67 enfants que les hospices de ce département doivent fournir aux pupilles de la Garde. Je vous rendais compte que le Conseil de recrutement n'avait admis jusqu'à ce moment que 15 enfants. Je vous proposais de prendre le complément dans les enfants déjà sortis des hospices.

Depuis ce moment, sans croire devoir attendre votre réponse, et m'étant pénétré des intentions du gouvernement, je suis parvenu à réunir et à mettre en route, le 8 décembre, 34 jeunes gens ayant toutes les qualités requises, et pris parmi les enfants trouvés ou les enfants abandonnés. Je les ai fait vêtir d'une manière uniforme, et aussi chaudement qu'il a été possible, afin qu'ils pussent résister aux froids qui les attendent au passage des Alpes. J'ai obtenu de M. le gouverneur général le nombre de voitures, les enfants n'étant pas, la plupart, en état de supporter une longue marche pendant cette saison.

Je m'occupe avec la plus grande activité à former le complément des 67 enfants que le département devait fournir; mais l'état de rachitisme dans lequel la plupart des enfants élevés dans les hospices ou abandonnés se trouvent, en rend la plus grande partie inhabile à tout service militaire. J'éprouve un véritable regret de n'avoir pu effectuer au jour désigné le départ de la totalité du contingent; mais il est évident que dans l'état de santé des habitants de ce pays, surtout de la classe assez pauvre pour abandonner ses enfants, on ne peut espérer de trouver un aussi grand nombre d'enfants susceptibles de faire partie du corps auquel Sa Majesté les destine. J'aurai l'honneur de vous informer du moment où je pourrai effectuer le second départ.

Arch. de Génelard, à Anglès, Rome, 22 décembre 1811.

J'ai à vous rendre compte de plusieurs crimes qui prouvent combien est grande l'audace des brigands.

Hier, à onze heures du soir, à une lieue de Rome, une voiture où se trouvaient MM. Pellenc, père et fils, a été attaquée par 7 hommes armés. Deux coups de pistolet ont été tirés par M. Pellenc fils, et les voleurs, effrayés, ont pris la fuite, après avoir tiré deux coups, dont l'un, chargé à plomb, a blessé légèrement ce jeune homme à la tête.

Il paraît, d'après les renseignements recueillis, que ces misérables sont sortis de Rome, et leur pusillanimité prouve qu'ils en étaient à leur premier coup.

Le même jour, 21, le courrier venant de Naples, escorté par 2 gendarmes napolitains, a été arrêté entre Fondi et Terracina, sur l'extrême frontière, par 15 brigands. Les deux gendarmes ont été tués, et le courrier dépouillé de tous ses effets. La valise contenant les lettres a été ouverte, et les lettres laissées sur la route. On a volé seulement une boîte, adressée à S. M. la reine de Naples, dont j'ignore le contenu. Il résulte du procès-verbal que les gendarmes qui étaient sur le devant de la voiture, tandis qu'ils auraient dû être à cheval, ont tiré deux coups de carabines, mais qu'ils ont été tués à l'instant par une décharge de plusieurs coups de fusil. Le courrier et le postillon ont été extrêmement maltraités. Le courrier a déposé que les brigands parlaient l'idiome calabrais, et qu'il croit qu'ils appartiennent à cette province napolitaine. Ce crime a été commis dans un lieu situé entre la mer et la montagne où, à diverses époques, d'autres arrestations ont eu lieu. A quelques pas est une tour dans laquelle il avait été ordonné par M. le général Miollis de placer un poste qui devait faire des patrouilles entre Terracine et la frontière. Il paraît que ce poste n'a pas été établi, ou qu'il n'a pas fait son devoir. Le maire de Terracine a sur-le-champ fait armer les habitants qui ont été avec la troupe à la poursuite des brigands, mais sans succès. Les lettres ont été ramassées et rendues au courrier.

Le même maire m'annonce que, d'après un ordre de M. le général Heyligers, les troupes avaient défense de sortir, de 10 jours, de leurs cantonnements, pour ne pas gêner les mouvements d'une troupe de faux brigands. Mais de pareilles ruses, connues de tout le monde, ne produisent aucun effet. La montagne de Terracine est moitié sur le territoire de l'empire, moitié sur celui de Naples; elle est impraticable dans la plus grande partie, et couverte de bois; elle s'étend de la mer jusque très avant dans les terres. Il n'est pas très étonnant qu'elle soit le repaire des brigands des deux pays; je pense qu'il serait utile de la fouiller dans toute son étendue en la cernant, chose praticable parce qu'elle est entourée par une rivière non guéable, dont il suffirait d'occuper les ponts. Mais comme toutes les opérations sont exclusivement confiées à M. le général Heyligers qui n'a, avec moi, aucune espèce de relations, je ne puis ici qu'indiquer ce moyen.

Arch. de Génelard, au Ministre de la police,
Rome, 24 décembre 1811.

Je viens de réunir auprès de moi MM. les sous-préfets des cinq arrondissements de mon département, et j'ai concerté avec eux les mesures les plus propres à employer par l'administration pour coopérer à la destruction des brigands. Tous les sous-préfets sont pleinement d'avis que le seul système utile est l'emploi de la gendarmerie, des soldats de police et des habitants; ils pensent que, comme il est très urgent de détruire les bandes pendant les mois d'hiver, on pourrait, pour ce temps seulement, former dans les arrondissements de Velletri et de Frosinone, les seuls qui soient troublés par ces scélérats, une ou deux compagnies de chasseurs, propriétaires, choisis parmi les hommes qui connaissent le mieux les localités, qui ont l'habitude des armes, et qui, par leurs propriétés, donnent un gage suffisant de leur amour de l'ordre. — Ces individus seraient nommés par les sous-préfets, et commandés par des propriétaires également du choix des mêmes fonctionnaires. Ils seraient employés conjointement avec la gendarmerie et les soldats de police, mais séparément, et seraient entièrement sous les ordres de l'officier supérieur chargé de la répression du brigandage.

Comme le service de cette troupe serait continuel, périlleux et fatigant, les sous-préfets proposent de la solder, les officiers, à raison de 4 francs par jour; les sous-officiers, de 2 francs, et les soldats, de 1 fr. 25. Ainsi, en supposant une compagnie de 100 hommes :

Officiers, 3, coûteraient par jour.	12 francs.
Sous-officiers, 12.	24 —
Soldats, 80.	100 —
Total, par jour.	136 —
Total, par mois.	4.080 francs.

Cette dépense serait supportée par les communes, et levée sous le titre et dans la forme de la taxe de remplacement. Je ne puis, Monseigneur, qu'applaudir à ce projet, persuadé que le concours d'une telle troupe sera extrêmement utile, et fera bien plus rapidement parvenir à la destruction des bandes que l'emploi de la troupe de ligne, dont les officiers et leurs soldats ignorent la langue et les localités. Il faudrait tenir la main à ce que ces chasseurs reçussent exactement leur paye, et à ce que les récompenses qu'ils auraient méritées par des arrestations importantes ne fussent pas accordées à d'autres. Je ne puis vous cacher qu'on se plaint de ce que la gendarmerie s'est quelquefois attribué des opérations qui avaient été faites par les sbires et les habitants, et que le découragement de ceux-ci a eu pour origine quelques injustices qu'ils supposent leur avoir été faites. Si V. Exc. approuve la formation d'une compagnie de chasseurs propriétaires dans les arrondissements de Velletri et de Frosinone, je la prie de me donner ses ordres sans délai, la saison actuelle étant la plus favorable à ce genre d'opérations.

Il a été convenu, en outre, avec les sous-préfets, qu'ils feraient exercer une surveillance encore plus active sur les gens suspects; qu'ils feraient faire par les propriétaires des déclarations de tous les hommes à leur service, obligeant ceux qui ne seraient pas en règle à se présenter devant les autorités; qu'ils feraient surveiller les marchands de poudre à tirer, et les armuriers; qu'ils défendraient aux uns et aux autres de vendre des munitions ou de ne raccommoder des armes, qu'avec une autorisation des autorités locales. Ces marchands et ouvriers devront aussi tenir des registres des quantités de poudre vendues et des armes raccommodées. J'ai écrit une nouvelle lettre aux maires pour leur rappeler tous leurs devoirs, et je leur ai donné les instructions les plus amples.

Tels sont, Monseigneur, les moyens que j'ai cru devoir employer pour faire concourir à la destruction des brigands les fonctionnaires de l'ordre administratif. V. Exc. sait que je ne puis rien de plus, les mesures directes étant prises par S. Exc. M. le lieutenant du gouverneur général. — J'ose espérer que ces mesures et le concours de l'administration termineront enfin cette indigne lutte entre le gouvernement et une poignée de misérables.

ANNÉE 1812

Arch. Nationales, F¹⁷E 4360, au Ministre de l'intérieur,
Rome, 11 janvier 1812.

Le décret du 27 juillet 1811 porte qu'il sera établi à Rome une académie et deux lycées. Le bâtiment dit *La Sapience* y est désigné pour chef-lieu de l'académie; le *Collège Romain* et le local appelé *le Jésus* pour lycées.

Je me suis empressé d'examiner plus attentivement ces locaux, et il résulte de cet examen que le Collège du Jésus fournira un vaste et commode local pour un lycée; que le Collège Romain serait également commode, mais que la Sapience n'est pas assez vaste pour l'établissement de l'académie. Je crois devoir entrer dans quelques détails sur le Collège Romain et sur l'Université de Sapience, afin de mettre V. Exc. à portée de juger des avantages ou des inconvénient de l'échange proposé.

Il existait à Rome deux universités : *la Sapience*, fondée par Léon X, et l'Université Grégorienne, plus connue sous le nom de *Collège Romain*, fondée par Grégoire XIII, en faveur des jésuites. La Sapience était composée de quatre facultés : théologie, droit, médecine et philosophie ou arts. Elle ne conférait guère de grades que dans les facultés de médecine et de droit, les autres étant peu suivies. L'Université Grégorienne n'avait que deux facultés : la théologie et la philosophie ou les arts, quoique les jésuites eussent aussi demandé les autres facultés; elle était en même temps collège, et attirait toute la jeunesse de Rome. C'est ce grand concours qui est cause qu'elle est plus connue sous le nom de *Collège Romain*. Clément XIV y plaça le séminaire. Dans les deux facultés qu'elle possédait, cette université conférait beaucoup de grades.

La Sapience est placée entre le marché de Saint-Eustache et la place Navone où se tient aussi un très grand marché; par conséquent, dans le quartier le plus bruyant de Rome. La précaution de tendre des chaînes dans une des rues adjacentes, celle de Sediari, pendant les heures de classe, pour empêcher le passage des voitures, est une précaution insuffisante, puisque ces mêmes voitures circulent dans les autres rues qui sont, comme la première, toutes garnies de boutiques. Le bruit qui en résulte trouble d'autant plus les classes qu'elles sont toutes placées sur les rues, et non sur la cour.

Le bâtiment de la Sapience présente dans son intérieur une cour en carré long, entourée de portiques qui se répètent au premier étage; l'un des bouts de ce carré est occupé par l'église qui ne consiste qu'en une rotonde. L'autre bout n'a de profondeur que le portique, et il n'y a, par conséquent, de parties habitables que dans les deux ailes. Les pièces du rez-de-chaussée, à cause de l'obscurité produite par le trop grand rapprochement des rues, ne peuvent pas servir pour les classes. Une seule est employée pour le cours d'anatomie; mais on fait toujours les démonstrations aux lumières. Le reste du rez-de-chaussée est loué pour des boutiques, des écuries, et des magasins de fourrage.

Au premier étage, se trouvent, dans une aile, cinq classes de diverses grandeurs, et un local pour les archives; dans l'autre aile, une autre classe, une grande salle et la bibliothèque. Au second, d'un côté, diverses pièces employées par le cabinet d'histoire naturelle et de chimie qui servent aussi de classes. L'autre côté n'offre point de local, les pièces du premier étage s'élevant jusqu'à la toiture. Ainsi, dans la Sapience, il n'y a que huit classes, nombre insuffisant et qui oblige de faire les cours à des heures différentes. Dans le plan de cet édifice, on n'a ménagé ni logement, ni la possibilité d'en faire; il n'y a que quelques chambres éparses occupées par le bibliothécaire et par le concierge. La Sapience, sous le rapport de la solidité, offre des vices essentiels de construction. Plusieurs parties sont étayées depuis nombre d'années, et surtout depuis que la voûte entière d'une classe s'est écroulée, un moment après la sortie des élèves.

L'Université Grégorienne ou *Collège Romain* est entourée de deux places et de rues où il n'y a que des palais et de grandes maisons. Quoiqu'au centre de Rome, on n'y éprouve point, comme à la Sapience, les inconvénients du bruit, et rien ne trouble le calme et le silence nécessaire aux études. Cet édifice, bâti à grands frais par Grégoire XIII, l'emporte sur presque tous ceux de Rome pour la solidité, l'étendue et la magnificence. Il est construit sur une surface de 360 toises carrées, c'est-à-dire deux fois plus grande que celle de Sapience. L'élévation de cet édifice est proportionnée à son étendue, et il a, dans une grande partie, trois étages, outre le rez-de-chaussée. L'architecture simple et grave de cet édifice annonce l'objet auquel il est destiné.

La principale entrée conduit dans une cour vaste, entourée de portiques qui se répètent à l'étage supérieur. Tout le rez-de-chaussée est entouré par douze classes voûtées, très vastes, quoique d'inégales grandeurs, et bien éclairées. Le premier renferme trois autres grandes classes, plusieurs salles dont trois servent aux congrégations, et qui seraient très propres aux Actes des facultés, à former la classe du Conseil de l'académie, les archives et le secrétariat.

Le second étage de cette partie de l'édifice est occupé par la bibliothèque et le musée. Les autres parties du bâtiment, éclairées dans l'intérieur par des cours, consistent en divers appartements et beaucoup de chambres de différentes grandeurs. On pourrait y loger le recteur de l'académie, les inspecteurs, le secrétaire, les doyens des facultés, les conservateurs, le concierge et autres. L'administration de l'académie et l'expédition des affaires exigent la présence perpétuelle de ces officiers.

Si l'on compare le Collège Romain à la Sapience, sous le rapport des établissements scientifiques qu'il renferme, le Collège Romain à la même supériorité. — À la Sapience il y a :

1° Une bibliothèque fondée par Alexandre VII; mais comme elle n'a jamais eu de fonds pour faire de nouvelles acquisitions, elle est restée à peu près au même état où elle se trouvait, lors de sa fondation, et ne contient aucun ouvrage sur les sciences qui ont fait tant de progrès depuis un siècle;

2° Un cabinet de physique qui n'en mérite guère le nom, puisqu'il n'offre qu'un petit nombre d'instruments;

3° Un cabinet de minéralogie acquis nouvellement, et qui ne peut tenir lieu d'un cabinet d'histoire naturelle;

4° Près de cette collection de minéralogie, c'est-à-dire au second étage, on a placé une salle destinée à un laboratoire de chimie, encore dépourvu des instruments nécessaires. L'accès de ces deux derniers cabinets est très difficile.

Le Collège Romain réunit tous les établissements nécessaires à une académie composée de toutes les facultés :

1° Une des plus belles bibliothèques de Rome, deux fois plus nombreuse que celle de Sapience, qui renferme la plupart des ouvrages scientifiques modernes, particulièrement la collection des académies;

2° Un cabinet d'histoire naturelle considérable, et qui serait encore enrichi et complété par la réunion des objets de minéralogie qui se trouvent à la Sapience;

3° Le cabinet de médailles antiques qui fait aussi partie du même musée, et qui est indispensable pour l'académie d'une ville où l'étude de l'archéologie est plus nécessaire que partout ailleurs, et où il existe déjà, dans la Sapience, une chaire établie pour cette science;

4° Un observatoire suffisamment fourni d'instruments astronomiques, en activité depuis nombre d'années, et qui, par l'habileté de ses directeurs, rivalise avec les établissements de ce genre les plus célèbres de l'Italie et des pays étrangers.

Telle est la description exacte des deux édifices de la Sapience et du Collège Romain. Cet examen conduit à penser que la Sapience n'a pas l'étendue nécessaire pour établir l'académie d'une ville aussi considérable que Rome et que la munificence de S. M. comble sans cesse de bienfaits. Deux partis se présentent donc : ou placer l'académie dans un autre local que la Sapience, ou donner à cette même académie le Collège Romain, et placer ailleurs le deuxième lycée. Le premier parti me paraît plus facile que le second, parce qu'on trouvera plusieurs locaux susceptibles de recevoir l'académie, mais étroits pour un lycée. Mais il en résultera un inconvénient non prévu dans le décret, qui est que les deux lycées se toucheront presque, ce qui sera d'une extrême incommodité pour les jeunes gens des autres parties de la ville.

La deuxième partie offre une autre difficulté. Il existe à Rome peu de locaux suffisamment vastes pour servir de lycée. On avait proposé pour le second lycée la Chiesa Nuova qui aurait eu l'avantage de la localité pour les externes; mais ce local n'a pas paru d'une grandeur suffisante. On avait aussi eu en vue le Collège Germanique qui présentait un local suffisamment vaste et un emplacement commode; mais un décret récent vient de mettre ce local à la disposition de l'académie de Saint-Luc.

Plusieurs autres bâtiments ont été visités. Aucun n'a paru à M. le recteur de l'académie plus propre à l'établissement d'un lycée que la Propagande. On sait que ce vaste et bel édifice renfermait un pensionnat nombreux. On y trouve de grandes classes, plusieurs pièces très vastes, propres à faire des dortoirs et des salles d'étude, et un grand nombre d'appartements et de chambres qui pourraient servir de logements au proviseur et aux professeurs astreints à la vie commune. On y trouve aussi une belle bibliothèque, une vaste chapelle qui n'a aucune communication extérieure, et deux cours qui, sans être très grandes, suffiraient aux besoins de l'établissement. On conjecture que la Propagande, si elle est conservée, sera transférée dans la capitale de l'empire, et dans le cas où elle devrait rester à Rome, on pourrait en réunir les élèves à ceux du séminaire qu'on suppose devoir être transféré du Collège Romain au couvent des Missions, près de Monte-Citorio.

Ainsi, dans le cas où V. Exc. approuverait le transfert de l'académie dans un local autre que la Sapience, évidemment trop étroit, on pourrait la placer à la Propagande. Mais si elle voulait placer la même université au Collège Romain, la Propagande offrirait un beau local pour y placer le second lycée.

Sous les rapports économiques, le premier parti sera le moins coûteux, car il faudra bien moins de dépenses pour faire de la Propagande un chef-lieu d'académie qu'un lycée. Quand je connaîtrai la décision de V. Exc., je lui soumettrai les plans et les devis des réparations à faire aux divers locaux.

Outre ces deux lycées, on se propose d'établir plusieurs collèges en faveur des quartiers qui se trouveront trop éloignés des lycées. Rome n'ayant point d'institutions ni de pensions particulières, et les écoles dites *Regionarie* étant réduites à de simples écoles primaires, il est d'une nécessité indispensable d'y avoir des collèges de première et de deuxième classe, où il y aurait pensionnat et cours publics. Dans une conférence qui eut lieu entre M. le maire, ses adjoints et le recteur de l'académie, on désigna comme locaux convenables :

La *Chiesa Nuova*, *S. Caliste in transtevere*, la *Madona de Monti*, et le *Nazzareno*; mais ce dernier serait trop près d'un lycée, si la Propagande doit en contenir un. On pourrait aisément le remplacer par quelque local plus convenable. Je proposerai aussi un autre emploi de la Chiesa Nuova.

Dans la même conférence, on observa que les écoles primaires devant servir aux enfants de la dernière classe du peuple, il serait à désirer que l'instruction y fût gratuite, sinon en totalité, du moins en très grande partie; mais on ne peut parvenir à ce but qu'en assurant un traitement aux instituteurs, et en assignant un local pour ces écoles, comme on le fait dans beaucoup de communes des départements français. On désigna huit locaux comme pouvant servir aux principales écoles dont on désirerait pouvoir, avec le temps, confier la direction aux frères ignorantins :

Pour le quartier del Borgo, *S. Lorenzo in Borgo*;
Pour le Ponte, *S. Salvatore in Lauro*;
Pour Transtevere, *la Scala*;
Pour Campitelli, *la Casa di Campitelli*;
Pour Campo Marzo, *le Clementino*;
Pour le Popolo, *le Collegio greco*;
Pour le Monti, *S. Martino a Monti*, et *S. Urbano*.

Je soumets ces idées à V. Exc., en la priant de vouloir bien me faire connaître sa décision.

Arch. Nationales, F¹ 8894, à Anglès, 22 janvier 1812[1].

J'ai reçu hier au soir votre lettre, mon cher ami, et je me hâte d'y répondre. Je vous parlerai avec toute la franchise de mon caractère, et avec le dévouement que vous me connaissez aux intérêts de l'empereur et à votre amitié. Je vous parlerai sans la moindre passion, et avec cette confiance que vous m'inspirez depuis si longtemps. Déjà, dans ce long rapport que je vous ai adressé dans le mois d'octobre sur l'affaire Sabatucci, je vous ai fait connaître mon opinion sur la manière de procéder de la Consulte et du Conseil de liquidation en matière de finances. Maintenant, pour répondre à vos questions, je vais entrer dans de nouveaux détails en suivant dans mes réponses la marche que vous me tracez.

Dette de l'État Romain. — Ce ne fut point au tiers que la dette de l'État fut réduite par Pie VII, à son retour de l'exil, mais aux deux cinquièmes, de manière qu'un *Lieu-de-Mont* qui avait une valeur originale de 100 écus et donnait 5 écus de rente n'en produisait plus que deux. (Notez bien que beaucoup de ces *Lieux* ne rendaient pas le 5 0/0. Mais la réduction fut générale.) Lorsque le gouvernement français remplaça le pape, il adopta la réduction aux deux cinquièmes; mais il fit ce que le pape ne faisait presque plus, c'est-à-dire, il paya les intérêts. Cet état de choses dura les six derniers mois de 1809 et tout 1810.

En 1811, commença la liquidation de la dette et son remboursement par la vente des biens de l'État. J'ai dit que le pape avait réduit les intérêts aux deux cinquièmes; mais comme vous l'observez fort bien, il n'avait pas prononcé la réduction du capital. Il y a plus : cette réduction calculée sur celle des intérêts devait lui être proportionnelle; ainsi 100.000 francs en *Lieux-de-mont* (en admettant la nécessité d'une réduction) auraient dû être réduits à 40.000. Cependant, par une opération que je ne puis encore comprendre, il fut décidé que 100.000 seraient réduits à 24.000.

Il y avait maintenant deux partis à prendre : ou payer l'intérêt de cette somme réduite, ce qui aurait donné, par 100.000 l. originaires, réduits à 24.000, 1.200 l. par an; ou rembourser en biens, en soumettant ceux-ci à une vente publique. Ce dernier fut le parti adopté. D'abord, on établit que les biens seraient vendus à 20 fois leur prix de ferme, et ce principe fut consacré par le décret du 5 août; mais peu après, sous divers prétextes plus plausibles que réels, on fit décider que, lorsque la Commission chargée de la vente qui agit sous l'autorité immédiate de M. Janet trouverait que le prix de 20 fois la rente était peu avantageux, elle pourrait prendre l'estime cadastrale et la *doubler* pour former la première mise à prix. Ce dernier parti a cependant été reconnu vicieux, car pour une des provinces, le Patrimoine (aujourd'hui l'arrondissement de Viterbe), on a fait décider qu'il ne prendrait que la simple estime cadastrale ou le prix de ferme; mais la double estime est encore

---

1. Louis Madelin a publié une vingtaine de lignes de cette importante lettre (Cf. *La Rome de Napoléon*, p. 491). — Je mets la citation entre parenthèses.

adoptée dans les autres provinces. On sent facilement que cette faculté laissée à la Commission, qui au fond n'est composée que d'un seul homme, de choisir à son gré le moyen d'empirer la condition du créancier-acheteur, ne pouvait produire que très mauvais effet.

Les ventes commencèrent. D'abord peu d'acheteurs se présentent; peu après, ils s'y portèrent en foule; les biens furent vendus; des hommes étrangers à Rome se mirent sur les rangs; les prix des biens payés en papiers sans valeur, s'élevèrent beaucoup au-dessus des estimes les plus forcées. D'une autre part, une foule de petits créanciers qui ne pouvaient acquérir des *biens*, ou qui ne pouvaient se faire jour à travers les agioteurs, mettaient leurs créances sur le plan; ceux-ci les marchandaient, les achetaient à vil prix, et poussaient avec d'autant plus d'ardeur aux enchères. C'est ainsi que, dans le cours de 1811, des biens domaniaux estimés 15 millions, ont été vendus 23.000.000. Ainsi, malgré des estimes capricieuses, la vente a produit un profit d'environ 33 0/0 !

Dans le mois de décembre passé, M. Janet, voyant que la vente des maisons était presque arrêtée, faute de concurrents, a imaginé et il a exécuté ce qui suit : à chaque lot de terres, il joint un lot de maisons qui en forme la cinquième ou sixième partie, et l'acheteur ne peut acquérir l'un sans l'autre. Par ce moyen toutes les maisons se vendront ! J'ignore si un décret autorise ce mode de vente.

Il ne semble pas, des renseignements que j'ai pris, que l'on ait employé les moyens dont vous me parlez pour faire hausser les prix des biens. Je suis cependant instruit que quelques hommes ont fait des offres dans le seul but d'obtenir ensuite un prix de leur silence. Il paraît que la Commission n'a jamais souffert ces abus lorsqu'elle les a connus. On vous a induit en erreur lorsqu'on vous a dit que des couvents et des églises avaient été vendus : aucun de ces sortes de locaux n'a encore été mis en vente; mais on va y procéder très prochainement.

Je vais maintenant considérer les effets de ce système de liquidation sur les créanciers de l'État Romain qui ont vu, à côté d'eux, les créanciers toscans recevoir le remboursement *intégral* de leurs créances. (Je prendrai par exemple le prince Ruspoli : il jouissait de 12.000 écus romains de rente provenant de 4.000 *luoghi*, formant un capital de 400.000 écus, soit 2.150.000 livres. Par suite de la réduction opérée en 1810, ce capital n'a plus été que de 96.000 écus, dont le revenu eût été, au 5 0/0, de 4.800 écus. En supposant que ce capital restant soit employé en achat de biens, il est constant que Ruspoli, à cause de l'accroissement du prix des enchères, ne pourra acquérir de biens ayant une valeur supérieure à 60.000 écus et donnant un revenu de 1.500 écus environ. Ainsi, plus de 2.150.000 livres ne donnent à leur propriétaire qu'un bien de 350.000 livres, et 60.000 livres de rente se réduisent à 8.000. Ainsi la réduction n'est pas des deux tiers comme en France, mais des sept huitièmes. Il y a plus : Si M. Ruspoli, au lieu d'acheter des biens (ce qui n'est pas facile aux petits créanciers), veut vendre ses créances sur la place, il n'aura que 6,75 pour 100. Ainsi les 400.000 écus de M. Ruspoli réduits à 96.000 par la dernière opération ne vaudront en argent comptant, au taux de la place, que 26.800 écus, c'est-à-dire que 400 seront réduits à 26 ou à *un seizième* de la valeur primordiale). — En d'autres termes, la banqueroute est de 93 1/4 0/0 pour qui vend sa créance sur place; elle est de 80 0/0 pour qui achète des biens. Il résulte de ceci que l'agioteur qui, avec 6.700 francs en numéraire, achète pour 24.000 francs de papier, valeur réduite, représentant une valeur primordiale de 100.000 francs, peut devenir acquéreur d'un bien qui lui rapportera 5 à 600 francs, c'est-à-dire du 10 0/0 de son capital, tandis que le créancier qui emploiera ses papiers aura pour une somme de 24.000 francs un bien de valeur égale; tandis que l'un placera au 10 ou au 12, l'autre obtiendra à peine le 3. Ainsi, tout accroît la mauvaise position du créancier. (Il résulte de cet état de choses que les petits créanciers vendent leurs créances à vil prix, pour avoir de quoi vivre quelques mois, et qu'après ce secours épuisé, ils seront livrés aux horreurs de la misère; que les grands créanciers vendront leurs immenses capitaux représentés par une très petite quantité de terres et de maisons qui leur seront à charge [1].) — Ainsi, (le remboursement de l'État Romain est une des sources les plus funestes des malheurs des habitants de ce pays) [2].

Telle est, mon ami, toute l'effrayante vérité. Je n'accuse personne; je connais la droiture et les bonnes intentions de M. Janet; mais les résultats du système suivi sont tels que je vous les dépeins.

J'ignore quels remèdes on peut appliquer; au moins, devrait-on abandonner aux créanciers la totalité du scandaleux bénéfice fait sur les rentes qui s'élève déjà à 8 millions sur 23. Cet acte de munificence relèverait l'esprit public, prouverait que l'empereur dédaigne de vains profits, et est trop grand, trop bon pour vouloir profiter de la folie de ses sujets qui, à l'envi, courent à leur ruine en poussant les enchères. Il est digne de vous de faire adopter un aussi noble projet. Au reste, toutes les opérations qui se font ont été approuvées par l'autorité supérieure, et dans l'application d'un principe funeste, il paraît que l'on apporte toute la régularité possible.

Serment des employés du Mont-de-Piété. — Vous avez deviné parfaitement juste en pensant que le général Miollis, en me prescrivant de demander aux employés du Mont-de-Piété le serment constitutionnel, n'a voulu que gagner les devants, et précéder l'ordre qu'il s'attendait à recevoir. — Je n'ai aucune raison de croire qu'il ait reçu d'ordre à ce sujet du ministre, et toute sa marche dans cette affaire prouve qu'il craignait de se compromettre par trop de lenteur à prendre des mesures rigoureuses. Il est prouvé que si l'on eût attendu quelques jours, plusieurs des réfractaires se seraient rendus.

Séquestre sur les biens de M. Patrizzi. — Au reste, ce n'est pas le seul cas où le général Miollis ait dépassé les ordres de rigueur, afin de prouver sa propre rigueur. Il m'écrivit, il y a un mois, de faire mettre sans délai le séquestre sur les biens de M. Jean Patrizzi. Je lui répondis sur-le-champ, l'avertissant que M. Jean Patrizzi avait son père et sa mère vivants, que probablement les biens seraient indivis, et lui demandant des instructions. Il me répondit en me renouvelant l'ordre de faire mettre les scellés sur toutes les propriétés de M. Jean P., sans me donner aucune des explications demandées. Je prends un arrêté conforme à sa lettre et le transmets au directeur des

---

1. Cité par L. Madelin, p. 491.
2. *Id.*, p. 485.

domaines. Celui-ci, au bout de deux jours, m'envoie un certificat prouvant que tous les biens sont à son père. — Je transmets cette pièce à M. Miollis; il nous fait appeler, le directeur des domaines et moi, et ordonne en ma présence à ce dernier de mettre le séquestre sur tous les biens de la famille P. Le directeur demande un ordre par écrit; il le lui refuse obstinément, et enfin après une longue scène, le directeur consent à mettre le scellé, ce qui est exécuté[1]. Ainsi, tandis que Mme Patrizzi est en route pour mener son fils à la Flèche, que son mari est à Fénestrelles, les biens du père sont séquestrés, quoique l'ordre ne parle que de Jean Patrizzi. Je vous supplie de faire ordonner la levée d'un séquestre aussi injuste, et aussi peu conforme aux ordres du ministre.

Elèves des écoles militaires. — Je connais toutes les erreurs de la liste de nomination des sous-lieutenants et des élèves; mais cette liste a été extraite par le général Miollis lui-même sur un état général fourni par moi; c'est de sa main qu'il a marqué les 8 fils de M. Torlonia, les 4 fils de M. Ruspoli, les 4 fils de M. Algioti, les 2 fils de M. Vincentini[2]. J'ai la liste originale en mes mains avec ses propres annotations. Je ne puis donc que déplorer la manière dont cette affaire a été entreprise; elle n'a pas été mieux conduite, mais heureusement je n'y ai eu aucune part. Quant à la liste de ceux qui peuvent payer la pension ou même le voyage, je l'ai fournie depuis longtemps à M. le général Miollis.

Brigandage. — Je ne vous dirai rien du brigandage; il continue à peu près comme il y a trois mois. (On arrête, on fusille, mais les véritables brigands échappent)[3] toujours. Il règne peu de concert dans les opérations. Le général Heyligers traite cette affaire comme une campagne : il se méfie de tout le monde, et même de Borgia qui m'a écrit pour s'en plaindre. Les crimes sont toujours fréquents, et ce qu'il y a de pire, les habitants sont dans la terreur. C'est dans de telles circonstances que j'ai à faire ma quatrième levée de conscription, depuis 18 mois. — Je n'épargnerai rien, à coup sûr, mais je ne sais si je pourrai réussir.

Adieu, mon cher ami, je vous ai parlé avec la plus entière confiance : c'est la plus sûre marque de mon éternelle et bien tendre amitié[4].

---

1. Citées par L. Madelin, *La Rome de Napoléon*, p. 491.
2. *Id.*, p. 485.
3. *Id.*, p. 469.
4. On voit d'après cette lettre si claire et si documentée comment la liquidation de la dette de l'État pontifical aboutit à une véritable banqueroute, qui acheva d'exaspérer les Romains. — Cela n'empêcha pas Hédouville d'écrire confidentiellement à l'empereur : « Les mesures prises par V. M. pour le remboursement de la dette publique sont un *véritable bienfait pour le pays*. Elles auront une heureuse influence sur l'agriculture; elles auront même, sous le rapport politique, un effet salutaire en liant les nouveaux propriétaires au gouvernement de V. M.! » (*Arch. Nationales*, F⁷ 102.) — Cela montre comment Napoléon était parfois renseigné par ses hommes de confiance !

Arch. Nationales, F' 8894, à Anglès, Rome, 23 janvier 1812.

Dans ma lettre d'hier, 22, je vous ai fait connaître le résultat du mode de liquidation et toute la suite des opérations relatives au remboursement de la dette. De nouveaux renseignements pris auprès des personnes les plus instruites en ces matières m'ont confirmé l'exactitude de tous mes calculs. Hier encore, un terrain à Albano, estimé 50,000, a été porté par les enchères à 120.000 ! — Ainsi, celui qui en est devenu possesseur a employé, pour un bien qui ne lui rapportera pas plus de 2.000 francs, un capital originairement de 500.000 francs ! Jugez, d'après cette perte, dans quel état doivent être les fortunes des Romains, qui presque toutes se composaient de créances sur l'État.

Vous remarquez avec beaucoup de justesse que l'esprit public s'est plutôt gâté qu'il ne s'est amélioré, depuis deux ans et demi. Cependant, cette observation générale demande quelques restrictions. Sous les rapports d'obéissance au souverain, d'oubli des préjugés, l'esprit public a considérablement gagné; le serment dû au prince est devenu pour la presque totalité des habitants *un devoir*, d'un *péché mortel* qu'il était; les prêtres assermentés ont cessé d'être l'objet de la haine, les réfractaires celui de la vénération; le pape est presque oublié. Tous les vœux, toutes les espérances se tournent vers l'empereur; les places sont recherchées; enfin, sous les rapports d'amalgamation d'une nation avec l'autre, l'esprit public, non seulement a gagné, mais il s'est complètement formé. Mais voici, selon moi, en quoi l'esprit public a perdu. A l'époque du changement, si, d'une part, on regrettait l'ancien ordre de choses, de l'autre, cependant, on avait un vaste champ d'espérances ouvert devant soi; chacun voyait le désordre de l'État pontifical, et en pressentait la ruine. On avait perdu l'espoir d'être liquidé de ses créances; les impôts s'accroissaient chaque jour; les charges militaires, et un singulier état de choses dans lequel un général étranger gouvernait sous les yeux et en sens inverse du souverain rendait la position des Romains vraiment insupportable. On accueillit donc le nouveau gouvernement avec répugnance à cause des préjugés religieux, mais avec confiance en sa force comme protecteur, en sa justice comme administrateur. On étudia sa conduite en Toscane, à Gênes, en Piémont, et on espéra un traitement aussi favorable.

Quel a été le résultat des opérations financières (car je ne parle que de celles-là, les seules qui touchent directement la masse, et dont les erreurs aient un effet général)? — Vous avez vu, dans mon premier rapport, les résultats d'une liquidation dont l'exemple de la Toscane avait fait augurer mieux. Mais d'autres opérations moins importantes ont produit un mécontentement égal. L'évacuation des couvents a été faite avec une précipitation qui a exclu toute décence, et donné lieu à des désordres; les vases sacrés ont été enlevés d'un grand nombre d'églises et portés à la monnaie; les meubles des mêmes églises vendus à l'encan au grand scandale des habitants, les biens de plusieurs hôpitaux ou conservatoires, comme de tous les collèges, ont été séquestrés et vendus, et le décret qui les conserve dans la Belgique et dans le département du Rhin n'a été publié qu'après que tout cela a été vendu ! Ces opérations de finances, utiles elles-mêmes, sans inconvénients dans d'autres pays, ont produit un mécontentement général dans celui-ci; l'instruction publique en a été complètement désorganisée et l'on peut dire qu'elle n'existe plus dans ce pays; enfin, plusieurs établissements de bienfaisance ont souffert des pertes qui leur font diminuer les secours qu'ils donnaient au peuple.

D'autres faits particuliers ont contribué encore à corrompre l'opinion. Les mesures rigoureuses prises contre Sabatucci et contre une foule d'autres débiteurs de l'État, ont effrayé et fait élever des plaintes qui, quelque mal fondées qu'on les suppose, ont eu une grande influence sur l'esprit public. Les prêtres assermentés n'ont pas reçu les secours qu'ils espéraient; les évêques, auxquels un décret assigne un supplément de traitement qui élève celui-ci à 20,000 francs, ne sont plus payés depuis 7 mois. Enfin les curés assermentés auxquels on a enlevé leurs dîmes, ne reçoivent point encore la congrue qui devait remplacer ce revenu. Telle est la série des faits qui ont influé sur l'opinion, détruit les espérances et semé le germe d'un mécontentement général. Mais je dois ajouter que ce sentiment n'atteint pas l'empereur, et que, si l'on se plaint, on n'accuse que ceux qui ont exécuté ou conseillé les dispositions prises.

Sans doute, quelques mesures de haute police ont mécontenté; sans doute, la déportation de 1,200 prêtres, l'exil en Corse de plus de 50; celui des *Curiales*, des employés du Mont-de-Piété, la nomination des élèves des écoles militaires, et leur départ pressé avec trop de rigueur, ont affligé beaucoup de familles; mais ces sortes de mécontentement passent ou s'affaiblissent; ce qui reste dans toute sa force et qui en acquiert chaque jour une nouvelle, c'est la perte des biens, résultat des opérations fiscales trop promptes et trop rigoureusement exécutées.

Pour contre-balancer les effets d'aussi puissantes causes, il ne faut pas moins que le caractère patient du Romain, son respect pour l'autorité, et les avantages réels que lui apporte un mode d'administration plus simple et plus ferme, et des lois civiles et criminelles plus justes, plus équitablement appliquées. Il n'est personne qui n'approuve hautement le système suivi tant par les tribunaux que par l'administration, et qui ne sente toute la différence qui existe entre un gouvernement faible et corrompu, et un gouvernement juste et fort.

Si j'osais maintenant présenter quelques vues sur les moyens de guérir une partie des plaies, elles seraient les suivantes :

1°) Améliorer la position des créanciers de l'État, soit en leur distribuant les profits que la chaleur des enchères fait faire sur la vente des biens nationaux, profits qui, sur 50.000 millions, s'élèvent à 15 ou 16, soit par tout autre moyen. Ces profits (si on peut appeler ainsi le produit de la folie des créanciers romains qui s'arrachent et se disputent leurs propres entrailles), ces profits ne peuvent être mieux employés qu'à cet usage.

2°) Faire payer exactement, et par trimestre, toutes les pensions civiles et religieuses.

3°) Faire payer les congrues de tous les curés.

4°) Faire payer le supplément dû aux évêques.

5°) Indemniser les établissements d'instruction publique et de bienfaisance des pertes qu'ils ont faites par suite de la vente de leurs biens au profit des domaines, et de la liquidation de leurs créances sur l'État.

6°) Introduire, dans le système d'administration des domaines, des vues plus libérales et plus en harmonie avec la position de ce département. — Voilà bien des choses; mais soyez certain que si on ne remédie pas à tous ces maux, ce pays se perdra chaque jour davantage. Il y a dans *Rome un germe de mort* que l'on a couvé depuis deux ans au lieu de l'étouffer. Que l'on y prenne garde; mais il peut se développer tellement par la nature même des choses, que cette *vieille reine du monde ne soit bientôt réduite à ne pleurer que sur des ruines.* — Celles qui ont deux mille ans de date sont belles, mais les ruines d'hier seraient horribles. Ces travaux d'embellissements qui donnent du pain à 1.500 personnes et répandent par mois 50.000 francs sont, dans ce moment-ci, la ressource de beaucoup de familles jadis aisées. Il est essentiel qu'ils n'éprouvent aucune interruption.

Comme je vous l'ai dit hier, je suis loin d'accuser qui que ce soit; chacun a cru bien faire, et il n'est aucun des chefs de l'administration qui ne soit irréprochable. C'est le système suivi, adopté peut-être sans d'assez mûres réflexions et sans en calculer toutes les conséquences, qui me paraît mauvais.

Je vous ai parlé avec la plus entière confiance; j'espère que tout ceci sera entre nous. Vous me trouverez toujours prêt à vous dire ma pensée en tout, sans passion ni flatterie. Faites de ce fatras l'usage que vous voudrez, et jetez-le ensuite au feu.

Arch. Nationales, F¹ᶜ III, Rome 2,
à S. Exc. seule, Ministre de l'intérieur, Rome, 5 mars 1812.

Je réponds à la lettre que V. Exc. m'a fait l'honneur de m'écrire pour me demander des renseignements confidentiels sur les membres du collège électoral qui ont été désignés pour porter à S. M. les vœux du département. Les opérations du Conseil de recrutement me tenaient éloigné de Rome le jour où le collège s'ouvrit, et je ne pus y arriver que le soir; mais les opérations étaient à peu près terminées. Les députés choisis sont MM. Marconi, prince Altieri, duc de Sora, comte Lavaggi et Torlonia cadet. J'ai placé les noms suivant l'ordre de l'élection, afin que V. Exc. puisse juger auquel d'entre eux appartient la présidence; mais je me permettrai plus bas quelques observations à ce sujet.

M. Louis Marconi est né dans la dernière classe du peuple, dans la Marche d'Ancône. Il n'a reçu aucune éducation; mais une certaine aptitude aux affaires et aux calculs lui fit trouver à Rome un petit emploi; il s'attacha ensuite à un prélat, et passa en qualité d'homme d'affaires au service du cardinal Chiaramonti. Il se procura dans cet emploi quelques fonds et quelque crédit, et s'en servit en 1800 pour fournir au cardinal les moyens de se rendre au Conclave assemblé à Venise. L'exaltation à la papauté du cardinal Chiaramonti fut l'époque où commença la fortune d'un homme qui avait été assez heureux pour lui rendre un service important. M. Marconi fut chargé de diverses fournitures, et devint ensuite fermier général de presque tous les impôts. La rapidité de sa fortune prouva la faveur du souverain, et, à l'époque où Rome devint partie de l'empire, M. Marconi se trouva possesseur d'une fortune très considérable en capitaux. On l'évalue généralement à 3 millions. Il vient d'acheter la terre de Monte-Rotondo; il a fait meubler sa maison avec un faste extraordinaire; sa vaisselle, ses équipages, les diamants de sa femme, sont les plus magnifiques de Rome; enfin il affiche un luxe qui contraste singulièrement avec sa position passée. On peut facilement juger qu'un pareil étalage d'une fortune aussi rapidement acquise n'a pas attiré beaucoup de considération à M. Marconi. Mais cette même fortune et de très bonnes qualités, de la générosité, de l'amour pour son pays, lui ont fait de nombreux amis, et l'ont fait comprendre parmi les électeurs députés au pied du trône. Il a même obtenu le plus grand nombre de voix, et par cela même paraît devoir être président de la députation. L'opinion politique de M. Marconi est tout à fait bonne, et il s'est constamment montré favorable aux vues du gouvernement; il a accepté et exercé avec zèle les places qui lui ont été confiées. Des honneurs sont le but de l'ambition de cet électeur. Déjà, il a sollicité le titre de comte et l'établissement d'un majorat, quoiqu'il n'ait pas d'enfants.

Dans mon opinion, M. Marconi n'est point indigne de l'honneur qui lui a été comparti; mais on verrait avec peine qu'il fût mis à la tête de la députation, et qu'il fût chargé de complimenter Sa Majesté; il ne jouit point à un assez haut degré de la considération publique, et d'une autre part, son manque total d'éducation et son peu d'esprit le rendent très peu propre à représenter auprès de l'empereur la seconde ville de l'empire; je pense qu'il serait indispensable de donner à un autre député la présidence, en laissant le deuxième rang à M. Marconi.

Le prince Altieri, d'une des plus grandes familles de Rome, dont la femme est une des filles du prince Xavier de Saxe, est le second député. Son frère Laurent est déjà membre du Corps législatif. Le prince Altieri jouit de beaucoup de considération; il est doué d'un esprit sage et d'un caractère modéré. Ses opinions politiques n'ont jamais eu rien de répréhensible, quoiqu'on puisse croire que la perte presque totale de son existence et celle d'une partie de sa fortune soient des motifs assez puissants pour lui faire regretter l'ancien gouvernement. M. Altieri est constamment occupé de l'éducation de ses enfants et de la direction de sa fortune, toute en biens-fonds; il vit par conséquent fort retiré. Depuis que ses enfants ont été nommés l'un page, l'autre élève dans une école militaire, il habite Paris, où il les a conduits lui-même. Je crois que le prince Altieri n'a pas d'ambition personnelle; son âge et ses habitudes s'y opposent. Ses enfants sont trop jeunes pour qu'on puisse s'occuper d'eux; j'ignore s'il s'est occupé d'obtenir un titre, au lieu de celui qu'il avait sous l'ancien gouvernement; mais je sais que sa femme revendique des droits sur les biens non vendus de son père, le prince Xavier. Il me semble que plus que personne le prince Altieri mériterait d'être mis à la tête de la députation. Il a de l'usage du monde, une tournure et des manières nobles, et assez de fortune pour représenter avec dignité.

Le duc de Sora, troisième député, est de la maison Buoncompagni Ludovisi; il possédait autrefois la principauté de Piombino, et en portait le titre; depuis deux ans, il porte le nom de Sora, fief de sa famille dans le royaume de Naples. L'année dernière il fut député par le Conseil général, et il obtint l'emploi de payeur de la couronne, à Rome. Le duc de Sora possède une fortune très considérable en capitaux; il est le propriétaire de Rome le plus riche en statues, camées et autres objets d'art d'une immense valeur. Son extrême économie lui a beaucoup nui dans l'opinion publique, et il est loin de jouir de la considération qui semble attachée à sa naissance et à sa fortune. Ce seigneur, à raison de ses prétentions à une indemnité pour la principauté de Piombino, s'est montré dès le principe du changement tout à fait dévoué au nouveau gouvernement. Il a rempli avec zèle toutes les places qui lui ont été confiées. Il a, à plusieurs reprises, tenté de se faire accorder une indemnité, et il n'a pas perdu ce projet de vue. Je crois que c'est sa seule ambition. Il regarderait comme un malheur toute place qui le tiendrait éloigné de Rome où sont tous ses intérêts; la place qu'il occupe n'a même été recherchée par lui que comme lui donnant l'assurance que sa résidence ne serait jamais changée. Le duc de Sora, sans avoir beaucoup d'esprit, a suffisamment de finesse et de connaissance des affaires; son caractère est modéré et sa conduite parfaitement sage.

M. le comte Lavaggi est Génois; il était à Rome il y a plus de 30 ans, comme directeur de la poste de Gênes. Il s'y livra avec succès à un commerce de banque, et acquit assez rapidement une grande fortune. Sa réputation a toujours été intacte, et il a joui constamment de la considération de tous ceux qui l'ont connu. Depuis trois ans, il a cessé tout commerce, ou du moins son nom ne paraît plus dans les opérations qu'il peut faire. Le pape donna à M. Lavaggi le titre de comte. Les opinions politiques de ce banquier sont parfaitement sages et modérées; il a depuis le changement donné des preuves de son attachement au gouvernement, et je ne puis donner trop d'éloges à toute sa conduite. — M. Lavaggi est trop âgé pour désirer un emploi qui le tire de ses habitudes; mais il désire un titre, et serait très flatté de toutes les marques de distinction que S. M. daignerait lui accorder.

M. Joseph Torlonia appartient à une famille de la dernière classe du peuple. Son frère aîné commença sa fortune en exerçant un petit commerce, et en peu d'années il acquit plus de 6 millions. Joseph profita de ses succès, et il possède environ 25 mille francs de rente. La grande fortune de M. Torlonia aîné lui valut des honneurs, et lui attira, si ce n'est la considération publique, du moins une cour nombreuse, et lui donna une existence très brillante. Son frère vécut plus obscurément, et sa conduite fut constamment assez bonne. Il a peu d'esprit et une tournure ridicule que l'éducation n'a pas corrigée, ayant, ainsi que son frère, passé sa première jeunesse dans le fond d'une boutique.

Les opinions politiques de M. Joseph Torlonia sont nulles; il n'a jusqu'à ce jour été appelé à aucun emploi public. Son ambition serait probablement un titre ou la décoration; mais le peu de considération dont il jouit ferait peut-être voir avec peine qu'une récompense éclatante lui fût décernée. En général, on a regretté que les vues des électeurs se soient fixées sur lui.

J'ai répondu avec la plus grande franchise, Monseigneur, aux questions que vous m'avez adressées, et je vous transmettrai postérieurement des renseignements sur tous les candidats au Sénat et au Corps législatif.

Arch. du château d'Avrilly, à sa mère, Rome, 11 mars 1812

Ma tendre, mon excellente mère ! Voilà six jours que je n'ai pas eu le bonheur de vous embrasser[1], et quand vous recevrez cette lettre, vous serez à 200 lieues de moi ! Combien ce moment d'une aussi longue séparation m'a coûté ! Il me semblait que je n'avais pas assez profité de votre séjour pour vous voir, pour vous donner des marques de mon attachement ; il me semblait que je ne vous avais pas assez exprimé ma reconnaissance pour vos bontés et votre tendresse. Maintenant que je vous ai perdue, je regrette encore davantage les moments que je n'ai pas employés à vous dire combien je vous aime. Excellente mère, quel courage vous avez ! puisse-t-il vous soutenir jusqu'au bout ! — Votre cœur est bien le chef-d'œuvre de la nature : quitter une vie douce et agréable, affronter l'hiver, faire 400 lieues pour remplir ce que vous croyez un devoir, c'est là une de ces actions qui exige plus de force dans l'âme que n'en montrent les héros. J'ai reçu votre billet de Terni et votre lettre de Foligno ; le bon Catucci m'a aussi écrit qu'il vous avait accompagnée, et que vous arriveriez le soir à Macerata. Vous aurez alors passé les montagnes, et jusqu'à Suse mon cœur sera tranquille. Que je vous sais gré de votre exactitude ! C'est maintenant le seul bien que vous puissiez me faire.

J'ai lu vos lettres à mon Adèle ; elle en a été touchée jusqu'aux larmes. On ne peut avoir plus de juste et raisonnable sensibilité. Elle vous aime tendrement, je vous assure, et il ne se passe pas une heure qu'elle ne me parle de vous. Mme de Pancemont sent bien tout le vide que laisse votre absence ; sa bonté est toujours parfaite pour moi ; elle vous dit mille choses. Les Fortia m'ont chargé de vous parler d'eux et de tout leur attachement. Enfin, vous êtes regrettée par toute la maison. Le bon d'Agincourt est venu savoir de vos nouvelles, et veut que je vous dise combien il vous est attaché. Mme de Custine, Alborghetti, enfin tout ce qui vous a connu, me témoigne pour vous un respect, une estime dont je suis plus fier que de quoi que ce soit au monde. Vous n'avez fait que passer à Rome, mais vous y avez laissé des traces ineffaçables. Puissiez-vous y revenir un jour jouir encore dans les bras de votre fils de cette juste considération que vous avez su vous acquérir.

Ma santé est très bonne et meilleure qu'à votre départ ; j'ai même réengraissé. Je vais commencer le lait d'ânesse, quoique je n'en aie aucun besoin. Enfin, ma santé ne peut vous donner aucune sorte d'inquiétude. Adèle est bien ; je vous en donnerai souvent des nouvelles. Je ne pense pas pouvoir vous écrire avant Valence, mais n'en soyez pas en peine.

Adieu, ma bonne mère, conservez-vous, soignez votre santé, pensez à un fils qui vous aime plus qu'aucune chose au monde. Adieu, adieu !...

---

1. Elle venait de quitter Rome après y avoir passé l'hiver.

ANNÉE 1812.

Arch. d'Avrilly, à sa mère, Rome, 21 mars 1812.

Mon excellente mère, je n'ai reçu qu'aujourd'hui votre lettre de Bologne, et ce retard m'avait mis dans une inquiétude inexprimable; j'attends maintenant avec impatience la nouvelle de votre arrivée à Turin. Quelle terrible chose que l'éloignement ! Quand vous recevrez cette lettre, vous serez auprès de votre fille, et vous aurez oublié tous les ennuis et toutes les peines du voyage. Ce que je vous dis de mon inquiétude vous paraîtra étrange; nous, cependant, nous avons compté vos pas : ce Taro, ce Pô et toutes ces rivières entre Milan et Turin nous ont fait trembler; et puis ce terrible Mont Cenis ! Mon Dieu ! quel courage est le vôtre, et combien Hélène et moi vous devons de reconnaissance pour ce double et si pénible voyage !

Vous aurez eu de mes nouvelles à Turin; je ne vous ai point écrit à Valence, parce que j'ai calculé que ma lettre arriverait après votre départ. J'espère que vous n'aurez pas été en peine. Nous nous portons tous très bien, Adèle... cette excellente femme, me rend chaque jour plus heureux, et je bénis le ciel de me l'avoir donnée [1]. Ma belle-mère est fort bien. Il est décidé qu'elle restera jusqu'à l'automne. On ne peut avoir plus de bonté et d'égalité dans le caractère. Elle vous remercie beaucoup des choses aimables que vous lui dites, et vous offre mille empressés compliments. Les Fortia se joignent à elle. Le bon d'Agincourt vient tous les jours savoir de vos nouvelles. Mme de Custine,

---

1. On ne peut concevoir plus heureux ménage que celui de Tournon. Il chante son bonheur dans presque toutes ses lettres de famille. Il dit en particulier, dans celle du 6 novembre 1812, à sa mère : « Ma pauvre Adèle a été bien triste et bien ennuyée pendant mon absence (tournée de conscription). Vous savez qu'elle ne trouve aucune distraction dans le monde, et que sa fille seule peut l'occuper. Aussi, je souffre beaucoup à laisser seule cette chère femme. Je ne puis vous dire combien son caractère a gagné depuis six mois. Il s'est développé en elle une raison parfaite avec la tendresse la plus expressive, et la gaîté naïve d'un enfant... Vous jugez que je suis parfaitement heureux. — Notre fille que nous nous arrachons est grasse et fraîche; elle sourit déjà, et semble nous connaître... Vous n'avez pas de peine à croire que nous l'aimons à la folie. »

De son côté, la femme du préfet écrivait à sa belle-mère des lettres charmantes, telle celle-ci : « Ma chère maman, nous avons souhaité avant-hier la fête à notre cher Camille. Elle n'était pas complète, puisque vous y manquiez. Je ne puis vous dire combien je vous ai regrettée dans un jour où j'aurais voulu avoir, auprès du bon Camille, tout ce qu'il a de plus cher au monde. Je lui ai donné un bouquet pour vous. Il était si attendri qu'il pouvait à peine parler. Heureusement que les oppressions causées par le plaisir ne font jamais de mal. Il se porte parfaitement, est gai, engraisse; enfin, au dire de tout le monde, il n'a jamais joui d'une meilleure santé. Je suis dans un état de contentement difficile à décrire de toutes ces choses qui me font croire qu'il ne regrette point son ancien état de garçon, et je suis bien heureuse de penser qu'il l'est peut-être aussi... Mais, c'est assez parlé de moi et de mon Alix; revenons à Camille qui est le meilleur mari du monde. Tous les jours, il me mène faire une promenade, a la complaisance de marcher aussi doucement que je le veux; le fait toujours de la meilleure grâce du monde, sans avoir jamais l'air de s'ennuyer; et

les princes Mecklembourg, Powniatowski, le général Miollis, M. de Saint-Vallier, d'Apath, Landi, enfin tout ce qui vous a connue me parle sans cesse de vous. Vous avez laissé ici la trace la plus douce, et je jouis maintenant de vos succès.

Adieu, ma bonne mère, je sens vivement votre absence, et je ne m'en consolerais pas si je ne pensais au bonheur que vous portez à notre Hélène. Vous ne pouvez faire un pas que vous ne rendiez bien heureux celui que vous visitez, mais bien malheureux celui que vous quittez.

Adieu encore, aimez bien un fils qui vous aime plus qu'aucune chose au monde.

Arch. Nationales, F¹¹E 4360, au Ministre de l'intérieur,
Rome, 27 mars 1812.

Dans ma lettre du 21 janvier, j'avais eu l'honneur de proposer à V. Exc., pour un des deux lycées accordés à la ville de Rome, les bâtiments de la Propagande. Mais S. M. l'empereur ayant disposé de ce beau local en faveur de la couronne, il devient nécessaire d'en désigner un nouveau pour l'académie. Celui qui, après bien des recherches, paraît le plus convenable et le mieux placé, est le ci-devant *Collège Nazaréen*, qui est aujourd'hui consacré à l'instruction publique. Mais comme d'après les décrets, les lycées doivent être susceptibles de recevoir 300 élèves pensionnaires, et de loger le proviseur, le censeur et les professeurs, ce local serait insuffisant, si on n'y joignait le couvent de *Saint-André delle Fratte*, qui n'en est séparé que par une cour, et qui a sur cette cour une entrée commune pour les deux bâtiments. M. le recteur de l'académie et moi nous avons visité ce local; il nous a paru très commode et très convenable. La distribution des bâtiments, et leur séparation par une cour et par un mur mitoyen, faciliterait le maintien de l'ordre et de la discipline. Les élèves et les classes seraient au ci-devant Collège Nazaréen, et on placerait au couvent delle Fratte les professeurs et les employés du lycée, ainsi que l'infirmerie, la lingerie, le vestiaire, et les magasins pour les approvisionnements. Les externes entreraient par l'allée commune, qui conduit à la cour du Collège Nazaréen, et ne communiqueraient avec les pensionnaires que dans l'intérieur des classes. La réunion de ces deux bâtiments offre encore le grand avantage de ne pas exiger beaucoup de dépenses pour être mis en état de former un lycée.

Si V. Exc. approuve ce plan, qui me paraît assez bien entendu, je la supplie de vouloir bien solliciter de S. M. l'Empereur, en faveur de l'académie de

---

lorsque nous sommes rentrés, si nous n'avons pas de visites, il me lit des comédies. Je n'entreprendrai pas de faire son éloge : vous savez aussi bien que moi tout ce qu'il vaut...

« Adieu, mon indulgente maman; soyez assurée de toute la tendresse de votre dévouée belle-fille. » (*Arch. d'Avrilly*, juin, 1812.)

Rome, la concession d'un local si convenable pour un lycée, et le seul, peut-être, qu'on puisse désormais proposer.

Arch. Nationales, F⁷ 8891, doss. 6322, à Anglès,
Rome, 28 mars 1812.

Je me hâte de répondre aux inculpations dirigées contre M. Alborghetti, conseiller de préfecture, que vous m'avez fait l'honneur de me communiquer. Ces inculpations sont relatives : 1º à sa conduite, relativement au gouvernement républicain; 2º à sa conduite, pendant qu'il a fait les fonctions de secrétaire général, en l'absence de M. Piranesi; 3º à sa conduite privée.

Je ne puis répondre, d'une manière positive, aux accusations de la première espèce; je sais seulement que M. Alborghetti a été employé pendant la République, qu'il est ensuite rentré dans l'obscurité, et qu'il était placé, à l'époque du changement de gouvernement, auprès du prince Spada, aujourd'hui sénateur, en qualité de secrétaire. M. Alborghetti a vendu quelques biens dans la marche d'Ancône, qui étaient son patrimoine. Il a épousé Mlle Raffini, fille d'un riche manufacturier dont il a reçu une dot assez considérable; il vit très simplement, n'a ni voiture, ni chevaux, ni domestiques, et ne paraît faire aucune dépense.

Je réponds aux inculpations de la seconde classe. Il est absolument faux qu'il ait été loué un couvent de Scolopi[1] au Sr Alborghetti. Il y a, à Rome, trois couvents de religieux de cet ordre, lesquels ne sont point encore loués, servant de maison d'éducation. J'ai feuilleté mes registres de vente et location, et n'y ai rien trouvé qui pût avoir trait à cette accusation. Il est vrai que le Sr Montaudon a été déclaré adjudicataire définitif de la ferme de l'enlèvement des boues, quoiqu'il y eût une offre du dixième en moins faite par le Sr Beldasseri; le rapport ci-joint prouve jusqu'à l'évidence la fausseté de l'accusation. L'adjudication fut faite en ma présence, de celle du maire et du directeur de police Olivetti. Un arrêté de la Consulte est intervenu; comment admettre qu'il y ait eu séduction, et quel intérêt aurait-on eu à l'employer envers M. Alborghetti qui n'avait aucun moyen d'admettre ou de refuser l'offre du dixième? Je crus moi-même l'affaire si douteuse que j'en référai à la Consulte qui prononça, et avec pleine connaissance de cause. Sa décision fut parfaitement fondée en raison; mais quoi qu'il en soit, M. Alborghetti n'entre pour rien dans le refus qui fut fait d'admettre une offre tardive; mais au contraire, en sa qualité de secrétaire général, il reçut l'offre du dixième, et l'enregistra. Je puis ajouter que le marché du Sr Montaudon est si désavantageux, que son cessionnaire Trozzi cherche à le faire résilier.

Je ne puis rien répondre de positif à l'accusation d'avoir reçu de l'argent pour l'entreprise de l'éclairage; je puis seulement affirmer que c'est moi, et

---

1. Religieux qui s'adonnaient à l'enseignement. Leurs principaux collèges étaient, à Rome, ceux appelés *Saint Pantaléon* et *Nazaréen*.

non lui, qui ai présidé aux enchères, que le maire de Rome y a été présent, et que le marché passé est tellement désavantageux à l'entrepreneur, qu'il demande la résiliation. Pourquoi aurait-on cherché à suborner M. Alborghetti qui était sans influence sur cette opération?

Je ne puis également pas répondre catégoriquement au reproche d'avoir reçu de l'argent pour faire rester dans les couvents les prêtres non assermentés, et d'avoir opprimé, d'intelligence avec le maire, les ecclésiastiques soumis, nommés gardiens par M. le gouverneur général. D'abord il est faux que M. le gouverneur général ait jamais nommé de gardiens de couvents; il est faux également que ces ecclésiastiques aient été opprimés par qui que ce soit. Les gardiens des couvents ont été nommés par le directeur des domaines, pour en conserver les effets appartenant au domaine. M. Alborghetti n'a jamais eu à s'en occuper. Moi-même, lorsque des prêtres se sont adressés à moi, je les ai renvoyés au directeur des domaines. Au reste, ce ne sont pas des ex-religieux, qui vivent d'une pension de 4 à 500 francs, qui subornent les agents de l'administration pour obtenir d'eux des emplois de 2 à 300 francs par an. Il est absurde de supposer que des hommes aussi pauvres emploient leurs modiques moyens à payer des protecteurs, et qu'un fonctionnaire s'avilisse assez pour vendre sa protection à aussi bas prix.

Toute la dénonciation me paraît un tissu d'absurdités, et celui qui en est l'auteur est aussi mal instruit que maladroit. M. Alb. a exercé 9 mois l'emploi de secrétaire général, et je n'ai eu aucun reproche à lui faire. J'ai veillé cependant attentivement sur sa conduite, comme sur celle de toutes les personnes qui me sont subordonnées; je suis persuadé de son honnêteté; son éducation, les relations de famille et d'amitié en donnent le gage. Il est d'un caractère doux et modeste; il s'occupe de son emploi et de belles-lettres; il vit simplement; mais toutes ces qualités ne défendent pas contre la calomnie. Je prendrai, si vous l'exigez, de nouveaux renseignements sur sa conduite pendant la République.

Arch. Nationales, F¹³ 1646, au Ministre de l'intérieur,
Rome, 20 avril 1812.

J'ai l'honneur d'adresser à V. Exc. le compte des dépenses des maisons d'arrêt et de détention du département pendant le 1er trimestre de 1812; les employés des prisons ayant dû suivre un nouveau modèle, ont apporté quelques retards dans la confection de leurs comptes sur lesquels le mien devait être basé. A l'avenir, ce travail vous parviendra avec la plus grande exactitude. J'espère que cet état vous paraîtra régulier; j'ai mis dans la colonne *observations*, toutes les explications qui peuvent vous être nécessaires.

V. Exc. verra par ce tableau que, loin de diminuer, le nombre des prisonniers s'accroît chaque jour; il était de 1.497 au 1er du trimestre, et au dernier jour il est de 1.600. Le plus grand nombre de ces prisonniers est à la disposition de la police. Sans pouvoir pour réduire le nombre des détenus, j'ai dû tourner tous mes efforts pour diminuer le prix de la journée. Elle ne dépasse pas

51 centimes, toutes dépenses comprises. Ce prix ne doit pas paraître excessif, à une époque où les grains et les légumes sont à un prix très élevé, et dans un pays où il règne habituellement des maladies qui tiennent à l'hôpital un grand nombre de détenus.

Arch. de Génelard, à Hédouville, Rome, 18 mai 1812.

La population de la ville de Rome a varié presque autant de fois que d'années se sont écoulées depuis sa fondation, et, sans remonter aux temps anciens sur lesquels il nous reste seulement d'incertaines lumières, nous savons qu'au retour de Grégoire XI d'Avignon, en 1372, cette ville ne comptait que 22,000 habitants. Nous savons qu'après avoir successivement, sous les règnes brillants de Jules II et de Léon X, acquis une population considérable, elle la vit réduite à 33,000 âmes, après le sac que lui fit éprouver le connétable de Bourbon. Depuis, le nombre d'habitants, qu'aucune guerre ne troubla plus, s'accrut rapidement, et, sous le pontificat de Pie VI, on a compté dans cette ville 170,000 âmes.

La guerre que termina le traité de Tolentino commença la dépopulation, en éloignant de Rome tous ceux qui avaient leurs possessions dans les Légations cédées alors à la République Cisalpine. Le renversement du trône pontifical et l'établissement de la République, bientôt après, la chute de ce gouvernement; la guerre avec les Napolitains, le désordre de l'administration, la famine enfin, furent des causes qui, séparément ou toutes ensemble, agirent avec une incroyable rapidité, et réduisirent, en cinq ans, la population de Rome à 135,000 individus.

Pendant le petit nombre d'années où le pape suivit les conseils d'une sage politique, ses États prospérèrent, et la ville de Rome reprit une partie de son ancien éclat; mais, lorsque aveuglé par de fausses idées, il abandonna la France qui le protégeait, et que, perdant les provinces de la Marche, il vit s'établir dans sa capitale une autorité autre que la sienne, l'émigration recommença. Tous les cardinaux et prélats étrangers et une foule de familles quittèrent une ville qui cessait d'être un centre d'activité, et un foyer d'où partaient les honneurs et les richesses. Rome fut réunie à la France, et ce grand changement ne détruisit pas les causes de la dépopulation.

A mon entrée dans l'administration, je voulus fixer par un recensement la population de Rome à cette époque. J'en chargeai les curés, et le résultat de leurs travaux réunis fut que la ville comptait 137,000 habitants. Ce calcul parut en général exagéré, et on pourrait admettre que cette population ne dépassait pas 132,000. Depuis, la destruction des ordres monastiques, celle de tous les établissements qui tenaient au pape comme chef de l'Église, le renvoi de tous les cardinaux, de presque tous les prélats, de beaucoup de prêtres, la diminution opérée dans les maisons des gens riches, la levée de 4 conscriptions, ont accru la dépopulation d'une manière effrayante. Dès la fin de 1811, j'ordonnai un recensement. Il fut fait avec tout le soin possible, et ne donna à la ville que 108,000 habitants. Ce résultat m'a paru incroyable, et j'ai ordonné une contre-opération qui va actuellement s'exécuter; en attendant, pour avoir une idée approximative de la vérité, j'ai consulté les registres de la consommation du blé; j'ai trouvé qu'en 1811, on avait introduit à Rome 96.000 rubbi[1] de grains, qu'environ 90.000 ont été consommés. Or, on sait que la consommation moyenne est de 3/4 de *rubbi* par tête; ainsi, 90.000 *rubbi* supposeraient 120.000 consommateurs. Il est vrai que, dans ce calcul, ne sont pas compris les troupes et les étrangers; ainsi, en les déduisant, on peut établir la population à 115 ou 118.000 âmes[2]. D'une autre part, le nombre des naissances a été, en 1809, de 5.186, celui des morts de 4.821. En 1810, nous avons eu 5.091 naissances et 3.224 morts. De tous ces faits réunis, on peut tirer la conclusion que la population, dans 2 ans, a diminué d'environ 12 à 15.000 individus, c'est-à-dire d'un neuvième.

On sait que la ville de Rome a une étendue de 16 milles romains[3], qui font plus de 6 lieues de France, mais que la ville proprement dite est comme agglomérée dans un angle de cette vaste enceinte. Tout le reste de l'espace est cultivé en vignes, et quelques maisons ornent seulement cette campagne fermée. Le mauvais air, qui a produit et qui maintient la dépopulation du territoire de Rome, agit également sur l'espace compris entre les murs; il n'est repoussé que par les habitations et par les effets réunis des foyers, de la respiration humaine et de l'activité que la population donne à l'air; car il est passé ici en axiome que *la salubrité de l'air est en raison directe de la population des quartiers*, tandis que, dans les autres villes, la maxime contraire est tenue pour certaine. Il résulte de cette disposition locale, qu'à mesure que la zone extérieure d'habitations diminue d'épaisseur par l'abandon de quelques maisons, le mauvais air s'empare, pour ainsi dire, de l'espace qu'on lui laisse libre. Il est également prouvé que, si une population considérable se place dans un point de mauvais air, cet élément perd son insalubrité; je puis en citer pour exemple la prison du Saint-Office. La dépopulation dont j'ai décrit les progrès a agi plus particulièrement sur les zones extérieures d'habitations, car le centre s'est continuellement regarni, au moyen des individus qui, faute d'un logement dans l'intérieur, habitaient les quartiers éloignés. Aussi, dans le recensement, ce sont les quartiers dits des Monts, de Transtevere et du Bourg, qui ont perdu toute la différence entre les populations, aux deux époques; aussi, compte-t-on dans ces 3 quartiers plus de 600 maisons absolument abandonnées et tombant en ruines. Une foule d'autres désordres naissent de cet état de choses. Les propriétaires de ces maisons ne possédant rien, la police est sans action pour les forcer à rebâtir; d'une autre part, la démolition totale de ces maisons ouvrirait dans la ville une foule de vides qui, laissant sans appui les maisons circonvoisines, accéléreraient leur abandon et leur chute. A mesure que

---

1. Le rubbio était à la fois une mesure de capacité et une mesure de surface. Le rubbio (surface) valait 4.866 toises ou 18.484 mètres carrés. Le rubbio (capacité) était égal à 2 hectolitres 944.
2. Dans ses *Études statistiques sur Rome*, Tournon donne à son chef-lieu préfectoral 123.023 habitants pour l'année 1810 (p. 275). — Les remarques qu'il fait sur les variations de la population de Rome depuis sa fondation jusqu'à 1830 sont curieuses.
3. Le mille romain valait exactement 1,489 mètres 1/2.

ces habitations deviennent désertes, le mauvais air fait des progrès, et les quartiers qui étaient, peu auparavant, situés dans l'intérieur, devenant quartiers partie de la circonférence, sont à leur tour en proie aux maladies. Les choses sont arrivées à un point, que l'on peut, sans être taxé d'exagération, calculer l'époque où toute la partie de Rome sur la rive droite du Tibre sera déserte !

La diminution du nombre d'habitants entraîne la diminution de la consommation, et, par suite, celle des ressources industrielles de ceux qui restent; et la misère qui en résulte accroît chaque jour la dépopulation; cercle vicieux effrayant à parcourir par la pensée. Je n'ai pas besoin de m'étendre sur les pertes que les Romains ont éprouvées; je dois seulement en dire les résultats avec franchise. Les grandes fortunes sont presque toutes ébranlées; les fortunes moyennes détruites, et les hommes qui ne vivaient que d'industrie sont à l'aumône. Le registre des bureaux de bienfaisance contient les demandes de *13.000 familles!* Tous les anciens employés du gouvernement de l'Église ou des grandes familles, la plupart des avocats, procureurs et autres légistes, les artistes du deuxième rang, les anciens domestiques, etc., sont dans cette classe. On voit des peintres, des hommes de loi, des marchands aux travaux du Forum, gagnant, la pioche à la main, 16 sous par jour !

Le mal est assez connu; quel en est le remède, est une question plus consolante, mais plus difficile à traiter. S. M. peut seule sauver de la ruine la seconde ville de son empire. Pendant l'année écoulée, les travaux entrepris au palais impérial, la réparation générale de toutes les églises, la restauration des monuments antiques, la formation de deux grandes promenades, et d'autres travaux exécutés par les ordres de l'empereur, ont ramené la vie dans toutes les classes, et rétabli une circulation de numéraire sans laquelle elles eussent été livrées à la misère. Mais les travaux du palais touchent à leur fin; les réparations des églises seront bientôt terminées et se borneront à un entretien peu coûteux; il ne restera que les travaux pour les embellissements qui n'occupent que les plus basses classes. Les artistes, les ouvriers resteront sans travail, et l'émigration qui avait cessé recommencera. Mais les familles qui vivaient de leurs emplois sont sans aucunes ressources, et, de longtemps, n'en pourront trouver dans leur industrie. Tous ces maux sont grands; mais Rome est soumise au sceptre de l'empereur, et ne peut voir sa condition s'empirer sous lui. Cette pensée aplanit toutes les difficultés, écarte tous les obstacles.

Arch. Nationales, F¹⁹E 4360; à Fontanes, Rome, 1ᵉʳ juin 1812.

Je réponds à la lettre que V. Exc. m'a fait l'honneur de m'écrire en date du 16 mai. Je sais trop l'importance de l'établissement d'un système régulier d'instruction publique, et j'ai trop de désir de faire quelque chose qui vous soit agréable, pour ne pas mettre le plus grand empressement à vous seconder, dans l'exécution des mesures que vous jugez à propos de prendre.

L'établissement des lycées doit précéder toute autre institution; ainsi, je m'empresserai de faire voter au Conseil municipal les sommes nécessaires pour les dépenses du premier établissement de deux lycées; mais je rencontre dès ce premier pas une difficulté. Le décret du 27 juillet 1811 porte que les bâtiments dits *de Jésus* et du *Collège Romain* seront destinés à former les lycées. Mais d'après les réclamations de M. Ferri de Saint-Constant, et d'après ma propre conviction, j'ai soumis, le 27 mars 1812, à S. Exc. le Ministre de l'intérieur, un projet tendant à placer le chef-lieu de l'académie dans le local du *Collège Romain*, au lieu de celui de la *Sapience*, porté dans le décret, et à destiner au deuxième lycée le local du *Collège Nazaréen*; en y réunissant le couvent de *Saint-André delle Fratte*; j'attends encore la décision de S. Exc. Ainsi, jusqu'à ce moment, je ne pourrai faire lever le plan de ces locaux, ni faire rédiger les devis.

En attendant, je vais m'occuper de l'établissement du lycée *au Jésus*, et faire voter les fonds nécessaires par le Conseil municipal; j'aurai soin de vous adresser toutes les pièces relatives à cette affaire.

Arch. Nationales, F¹⁵ II, 1ʳᵉ liasse, au baron Quinette,
Rome, 1ᵉʳ juin 1812.

Je me hâte de répondre à la lettre que vous m'avez fait l'honneur de m'écrire en date du 18 mai, relativement aux hospices de Rome. Je ne puis que vous témoigner ma reconnaissance des soins que vous avez pris pour tirer la Commission administrative de la position véritablement terrible dans laquelle elle se trouvait. Déjà, l'emprunt de 60.000 francs que vous avez autorisé a produit le meilleur effet, et l'annonce que vous me donnez de la décision de S. Exc. d'accorder, pour 1812, 450.000 francs au lieu de 330.000 qui furent accordés en 1811, achève de rendre la confiance et de rétablir l'ordre dans ces importants établissements.

Depuis mon entrée dans l'administration de ce département, je n'ai cessé de m'occuper des établissements de bienfaisance de Rome[1]; je ne m'en suis pas rapporté à la Commission administrative, ni à la surveillance du maire; je me suis fréquemment transporté dans les hôpitaux, ai examiné leur comptabilité, introduit un meilleur mode de tenue de livres; je réunis plusieurs fois par mois la Commission administrative, et me fais rendre compte de tout ce qui a été fait pour parvenir à établir un meilleur système et la plus grande économie possible. Malgré tous ces soins, je suis loin d'être arrivé au but de mes efforts; les désordres qui existaient dans les hôpitaux sont impossibles à décrire; ils paraissaient institués moins pour les indigents malades que pour les personnes qui étaient à la tête des établissements. Une congrégation de

---

1. Cette partie de l'administration de Tournon (hospices et bienfaisance), à Rome comme à Bordeaux, est l'une des plus intéressantes. Je l'étudierai en détail dans mon ouvrage complet sur lui. — Après avoir trouvé là un incroyable désordre, et s'être même heurté à une très prochaine ruine financière, il fit tant, qu'à la fin de 1813, il pouvait dire que tous les établissements de bienfaisance de Rome se trouvaient « dans un état satisfaisant ».

chanoines du Saint-Esprit était à leur tête, et semblait, surtout dans ces dernières années, avoir pris à tâche de jeter le trouble dans toutes les branches de l'administration qui leur avait été confiée. Au mois de juin 1810, ces chanoines furent envoyés en exil pour refus du serment, et ils laissèrent tous leurs papiers en désordre. La Commission administrative entra alors en fonctions. La première année fut employée à prendre connaissance de la situation économique des établissements, et à s'instruire des principes de l'administration; ce ne fut que la deuxième année que nous pûmes nous livrer à des plans d'amélioration. Ma première pensée fut de procurer une économie sur le pain par la formation d'un four central; et ce projet, promptement exécuté, eut l'effet le plus avantageux. Je m'occupai ensuite à régler les dépenses de la pharmacie, objet de la plus grande importance dans un pays où le kina est employé à très grandes doses. Cette réforme a rencontré les plus grandes difficultés; j'ai eu à lutter contre les préjugés et contre l'intérêt particulier; mais à force d'insistance, je suis parvenu à faire rédiger un formulaire de prescriptions le plus simple possible, et à établir une pharmacie centrale, avec un ordre de comptabilité, en matière et en deniers, dont on n'avait pas d'idée dans ce pays.

La réduction du nombre d'établissements de bienfaisance a été aussi constamment l'objet de mes soins. Déjà, par suite de l'arrêté de la Consulte du 4 juin 1810, les hospices ont été réduits à 8, et les conservatoires à 7. Mais la réduction la plus importante à opérer est celle des hôpitaux[1]; j'en ai exprimé le vœu dans mes observations sur les budgets de Rome pour 1811 et 1812. Mais elles ne pourront s'opérer que lorsque l'administration de la guerre aura évacué la partie de l'hôpital du Saint-Esprit qu'elle occupe.

Dans le moment actuel, je m'occupe encore de deux objets d'une haute importance, la nomination d'un receveur pour tous les hôpitaux, hospices et conservatoires, et la réduction du nombre des employés. Jusqu'à ce moment, chaque nature d'établissements avait eu son receveur particulier; tous mes efforts pour trouver un bon comptable auquel la perception de tous les revenus pût être confiée avaient été inutiles; enfin, je suis au moment de parvenir à ce but, et je vous rendrai compte incessamment de tout ce qui s'est passé, en soumettant cette nomination provisoire à votre sanction.

Si, malgré tous les soins que je prends, je n'ai pu parvenir à mettre encore ces précieux établissements sur le pied où ils devraient être, j'espère, Monsieur le Conseiller d'État, que vous n'en accuserez que les circonstances qui, depuis deux ans, ont marqué chaque mois par de nouvelles pertes de revenu. Je ne puis que me louer du zèle, de la droiture et de la complaisance des Commissions administratives, surtout de celle des hôpitaux.

Je vais recueillir, avec la plus grande célérité possible, les renseignements qui font l'objet de votre dépêche, afin de vous mettre à même de réaliser vos intentions bienfaisantes.

---

1. Tournon appelle *hôpitaux* les grands établissements destinés aux malades (*San Spirito, Sanctissima Trinita, Santa Maria, San Rocco*, etc.), et *hospices* les lieux de refuge pour enfants pauvres, vieillards, femmes abandonnées (*Saint-Michel*, etc.).

Arch. Nationales, F¹¹E 4360, au Ministre de l'intérieur,
Rome, 10 juin 1812.

J'eus l'honneur, par ma lettre du 27 mars, de soumettre à V. Exc. mes observations et celles de M. le recteur de l'académie de Rome, relatives à l'établissement de deux lycées accordés à cette ville. Le Collège Romain ayant été reconnu le meilleur local convenable pour y placer l'académie, il était nécessaire d'en proposer un nouveau pour le second lycée. Après bien des recherches, on a trouvé que le Collège Nazaréen réuni au couvent de Saint-André Delle Fratte pouvait parfaitement convenir à cet établissement. Dans ma lettre précitée, je développais tous les motifs qui concouraient à l'appui de cette demande, et tous les avantages qui résulteraient de la concession de ce local, entre autres celui de ne pas exiger beaucoup de dépenses pour être mis en état de former un lycée.

Maintenant qu'il s'agit, d'après les instructions de S. Exc. le Grand Maître de l'Université, de lever les plans des édifices destinés pour les lycées, de faire les devis estimatifs des constructions et réparations à faire, et de préparer tout le travail pour la formation de ces établissements, il est indispensable de connaître les locaux qui sont la base de ces opérations.

C'est par ces raisons que j'ai l'honneur de renouveler à V. Exc. mes prières les plus instantes pour qu'elle veuille bien solliciter une décision de S. M. pour la concession à l'académie de Rome du Collège Nazaréen réuni au couvent de Saint-André Delle Fratte, qui est le local le plus convenable pour le second lycée, et le seul peut-être qu'on puisse désormais proposer.

En attendant vos ordres à ce sujet, je vais m'occuper des travaux préparatoires pour le local du *Jésus*, qui ne donne lieu à aucune difficulté ni incertitude.

Arch. d'Avrilly, à sa mère, Rome, 18 juin 1812.

Votre lettre, ma bonne mère, m'a fait un double plaisir. J'étais extrêmement inquiet de votre long silence, et je vois que votre santé et celle d'Hélène sont bonnes ; d'une autre part, vous me donnez une preuve précieuse de confiance en vous adressant directement à moi pour rendre à cette bonne sœur un léger service. Voilà un billet payable au porteur avec lequel vous toucherez sur-le-champ 1.500 francs à Paris. Je n'ai pas de moyen plus prompt de vous faire parvenir cette somme, et je pense que vous trouverez quelque banquier qui vous la comptera sur ce billet. Je vous le répète, je vous sais un gré infini d'en avoir agi avec moi avec cette aimable franchise.

J'arrive à l'instant de Viterbe où j'avais été attendre le roi Charles IV, que j'ai accompagné ici. J'ai trouvé auprès de lui, en qualité de premier écuyer, M. Caillié, du régiment des chasseurs de Roussillon, l'ami de Sainte-Croix, et qui m'a expressément prié de vous parler beaucoup de lui. Il est ici dans une fort bonne posture.

Adèle est toujours à merveille, heureuse au dernier point de son état, et ne pensant qu'à son enfant. Son ingénuité et la grâce de son caractère se développent chaque jour davantage. Elle a une sorte de gaîté naïve extrêmement attachante, et un abandon dans sa tendresse pour moi qui ne perd jamais un caractère de pudeur, d'innocence et de simplicité extrêmement remarquable. Je n'ai jamais rencontré de femme qui ait rien de ce caractère. Nous appellerons notre fille, si fille il y a, Alix-Hélène-Amélie; le garçon Philippe-Alexandre-François. Voilà du moins la première édition, sauf les corrections et augmentations. Tout est ici comme à l'ordinaire. Le bon d'Agincourt est souffrant. Il parle beaucoup de vous, ainsi que tous les gens qui vous ont connue.

Adieu, je termine pour ne pas perdre l'estafette. J'embrasse Hélène, Henri et leur fille, et vous, mon excellente mère, de toute mon âme.

Arch. Nationales, F⁷ 8897, à Anglès, 19 juin 1812.

Le roi Charles IV est arrivé le 17 à Viterbe. Je l'ai reçu dans cette ville, ainsi que j'en avais reçu l'ordre de S. Exc. le Ministre de l'intérieur. Il a paru satisfait des soins que j'avais pris pour son logement et pour assurer son voyage.

Hier, le roi arriva à Rome. Une grande quantité de peuple bordait les rues, mais sans témoigner d'autre sentiment que la curiosité.

Je continuerai à vous tenir exactement au courant de tout ce qui regarde le prince [1].

Arch. Nationales, F¹³ 1646, au Ministre de l'intérieur, Rome, 8 juillet 1812.

J'ai l'honneur d'informer V. Exc. que le service des prisons de mon département est dans un tel état, que je le vois menacé de manquer, faute de fonds pour en acquitter les dépenses. M. l'intendant, à qui j'ai eu recours jusqu'à ce jour pour autoriser le payeur à acquitter mes mandats, sauf à les régulariser avec les crédits que vous m'ouvrez pour les dépenses du département, est déjà en avance de près de 60,000 francs. Il m'informe par sa lettre de ce jour qu'il ne peut, sans se compromettre, autoriser d'autres payements. Il m'a seulement offert de faire payer une somme de 10,000 francs sur les fonds que doit la caisse de service à la ville de Rome. Ce secours, quoique très léger, me

---

1. Il est intéressant de rapprocher ces lettres de Tournon, sur les princes d'Espagne à Rome, de celles qu'écrivait Norvins à Savary sur le même sujet. — Ces dernières ont été publiées par M. Geoffroy de Grandmaison dans la *Revue des Questions historiques*, 1ᵉʳ janvier 1901.

mettra à même de pouvoir donner un à-compte à des fournisseurs, créanciers de fortes sommes, qui menaçaient de laisser le service, afin de les aider à supporter des dépenses aussi urgentes que celles des prisons. Les ordonnances que V. Exc. a mises à ma disposition jusqu'à ce jour s'élèvent à une somme de . . . . 101.000 francs.
Les dépenses s'élèvent à . . . . 192.000 —
dont 158.000 pour les prisons, et 34.000 pour autres dépenses urgentes, sans compter les dépenses du mois de juin. . .
Déficit . . . . 91.000 —

J'ai, en conséquence, l'honneur de prier V. Exc. de vouloir bien m'adresser une ordonnance de pareille somme pour que je puisse régulariser les payements autorisés par M. l'intendant, et solder les créanciers fournisseurs. Deux d'entre eux sont en fuite, et je n'ai aucun moyen de nourrir 1.700 détenus qui remplissent les prisons.

Arch. Nationales, F⁷ 8897, à Anglès, 17 juillet 1812.

Le roi a été deux fois avec toute sa famille visiter la reine d'Étrurie; il ne paraît pas qu'il prenne un bien vif intérêt à cette princesse, ni qu'il veuille la voir souvent. Chaque jour la famille royale sort en voiture et va ordinairement visiter quelque église. Le peuple a témoigné peu de curiosité de voir le roi, même dès les premiers jours. Il paraît aujourd'hui absolument indifférent. La dépense de la maison royale met en circulation une somme considérable, ce qui produit un très grand bien dans les classes de marchands. J'ai vu deux fois le roi; il m'a paru parfaitement gai. La reine semble plus sensible à sa position. Ils ont témoigné l'un et l'autre le désir de passer l'été à la campagne.

P.-S. — Le roi m'a fait entrevoir qu'il souhaiterait obtenir le palais Farnèse, pour faire les arrangements qui lui conviennent. (Note du 10 août 1812.)

Arch. Nationales, F⁷ 8897, à Anglès, 14 septembre 1912.

Le roi Charles IV et sa famille continuent à bien se porter. Dans la journée, ils restent dans leur palais où ils ne voient que quelques-unes des premières autorités. Le roi paraît désirer vivement de posséder une maison de campagne, dans laquelle il puisse faire les changements qui lui seraient agréables; la villa Borghèse ne lui appartenant pas, et étant d'ailleurs ouverte au public n'est pour lui d'aucun agrément. Il se plaint aussi fréquemment de ce que le palais Borghèse n'est pas encore à sa disposition en totalité, et paraît gêné de ce partage d'un local assez étroit. Je dois cependant ajouter que ces plaintes ont lieu seulement dans le cours de la conversation, et plutôt sur le ton de la plaisanterie que sur celui de la plainte.

Le fils du roi, D. Francisque, est d'une excessive nullité, quoique âgé de 18 ans. Il passe sa journée avec des maîtres dont il profite peu; il paraît doux et bienveillant, et son inclination semble se tourner vers la dévotion. Il en est autrement de son neveu, le fils de la reine d'Étrurie. On ne peut voir un enfant plus rempli de vivacité, de grâces, de facilité et d'aptitude. Ses maîtres sont très satisfaits de lui. Extrême pétulance.

Toutes les personnes qui composent la maison du roi se conduisent avec beaucoup de mesure [1].

Arch. de Génelard, au général Dumas,
Rome, 15 novembre 1812.

Le premier départ des conscrits a eu lieu de Viterbe le 9 du courant; le détachement était composé de 200 hommes escortés par un lieutenant de recrutement, sergents et caporaux, et un détachement de 40 hommes du deuxième régiment étranger, commandés par un officier. Tous ces conscrits dont l'esprit public est généralement bon avaient montré, soit au tirage au sort, soit devant le Conseil de recrutement et lors de leur réunion, la meilleure volonté; le 12 au matin, au moment où ce détachement est parti de Radicofani, lieu d'étape du département de l'Ombrone, 60 conscrits sont parvenus à s'échapper. Je n'ai point d'autres détails sur ce malheureux événement qui me paraît inexplicable; malheureusement l'officier de recrutement commandant le détachement était tombé malade et resté en arrière, ce qui avait laissé le commandement à un officier du deuxième étranger. Aussitôt que j'aurai reçu un rapport circonstancié, je vous rendrai compte des détails de cet événement, et surtout de ses causes, qu'il est si important d'approfondir. J'ai donné les ordres les plus précis pour faire arrêter ces réfractaires avant qu'ils rentrent dans leurs maisons, et je suis persuadé que presque aucun n'échappera aux recherches dirigées contre eux.

Je dois vous faire observer que le détachement avait été formé de 200 hommes, d'après un ordre exprès du lieutenant du gouverneur général; d'après l'exemple de ce qui vient de se passer, je l'ai prié de permettre que les détachements ne dépassassent pas 100 à 120 hommes, ainsi qu'il avait été en usage dans les conscriptions précédentes. J'ai également demandé que les escortes fussent augmentées.

---

1. Anglès lui répond, 16 septembre 1813 :
« ... Il est possible que les derniers événements arrivés en Espagne soient parvenus jusqu'à cette petite cour, et il est important d'être exactement instruit de ce qui s'y passe, pour savoir si quelque parti ne ferait pas des propositions ou n'enverrait pas des émissaires. La surveillance doit donc redoubler, et je vous serai obligé de m'en faire connaître les résultats même négatifs. » (Même carton.)

Arch. d'Avrilly, à sa mère, Rome, 26 novembre 1812.

Ma bonne mère, depuis bien du temps, je me reproche mon long silence avec vous; mais je suis si errant, ma vie est si ennuyeusement remplie par toutes les affaires de la conscription, que je n'ai pas la tête bien à moi. J'ai été 18 jours absent; je ne suis revenu à Rome que pour y trouver mille choses à débrouiller, et des séances du Conseil de recrutement de 8 à 9 heures ! Comment, au milieu de ce brouhaha, de ces larmes, de ces plaies, faire quelque chose de raisonnable? Demain encore je pars pour Tivoli où je serai deux jours; mais je ne me coucherai pas avant de vous avoir dit quelques mots, et tout en dictant un rapport, je vous griffonne ces lignes.

J'ai reçu votre longue et bonne lettre pleine de détails sur toute la famille; je suis ravi de penser que rien n'ait troublé l'harmonie à l'époque de ces partages. Je sais à mes frères et beaux-frères un gré infini de toute la grâce qu'ils ont mise à cette affaire. Je suis fort aise d'avoir eu la *Réserve* et la *Bergerie*[1]; je m'en vais prier Hippolyte de m'y faire des plantations, et j'y destine le produit de ma dotation et de ma croix, ce qui fait 750 francs par an. Je désire accroître beaucoup le petit bois en semant toute la partie entre les deux chemins; mais j'écrirai sur tout cela à Hippolyte. Ne voilà-t-il pas que le goût de la propriété me prend?

Mon Adèle se porte fort bien... Elle a repris son train de vie accoutumé; elle dessine, fait de la musique, brode, caresse sa fille. Sa timidité est fort diminuée; il ne lui reste que ce qui va si bien aux femmes. Je ne puis vous dire trop de bien de son humeur; toutes ses vivacités se sont résolues en tendresses et en caresses, comme le vent se résout en pluie ! On n'a pas plus de grâce et de pudeur qu'elle au milieu de tout cela. Si je vous ai déjà conté toutes ces *perfections*, vous direz que je rabâche; mais vous verrez du moins que je m'occupe des choses qui tiennent si fort à mon bonheur intérieur.

Notre Alix est charmante; avec vous je ne m'en cache pas, car avec le public, je n'ose lui donner ces éloges un peu francs; Adèle est moins honteuse, et dit tout rondement sa pensée sur sa fille. Cette petite a l'air d'avoir 4 mois; elle connaît déjà, ou en a l'air, vit, crie de joie; enfin, c'est un bonheur pour Adèle et pour moi dont vous seriez digne de jouir.

Le cœur m'a battu en lisant la lettre d'Hippolyte que Victor avait eu un cheval tué sous lui; heureusement, il se porte bien, et cela lui vaudra la croix pour laquelle il aurait tout donné.

Comme il est bien tard et qu'Adèle me gronde, je vais vous dire adieu; mais un de ces jours j'espère causer à fond avec vous. J'embrasse tous les habitants de *Roche de Vent*, et je me flatte que, malgré les rigueurs de leur climat, ils conservent un peu de chaleur d'amitié pour moi.

Adieu, la meilleure des mères, je ne fais que vous redire que je vous aime de toute mon âme.

---

1. Deux fermes de Claveson.

Arch. Nationales, F¹ᶜ III, Rome 2, à S. Exc. seule, au Ministre de l'intérieur, Rome, le 1ᵉʳ décembre 1812.

Je me hâte de reprendre la correspondance dont V. Exc. m'avait fait l'honneur de me charger à la fin de 1810, relativement aux nouvelles politiques qui circulent dans ce département. Les comptes que je lui rendis alors n'ont pas été continués, parce que je cessai de recevoir moi-même les circulaires qui leur donnaient lieu. Il suffit que vous m'ayez témoigné le désir de recevoir de moi de nouveau ces détails, pour que je vous les transmette avec beaucoup d'exactitude. La nouvelle du complot du 23 octobre n'a produit aucun mauvais effet dans ce pays; on n'y a vu que les résultats d'une véritable démence; et comme l'ex-général Malet était connu à Rome sous les rapports les plus désavantageux, sa conduite n'a fait que confirmer dans le mépris qu'on avait pour lui.

Les événements qui se passent en Russie attirent davantage l'attention. On ne peut nier que le mouvement qui s'est fait à Moscou pour prendre les quartiers d'hiver n'ait répandu de vives inquiétudes parmi tous les amis du gouvernement, trop peu éclairés pour juger du véritable état des choses; dans le même temps, des hommes qui, par attachement pour le pape, nourrissent de coupables espérances, se sont livrés à des propos absurdes; ils ont, à diverses reprises, répandu le bruit de la mort de l'Empereur; ils sèment chaque jour la nouvelle de quelque défaite; tantôt les Russes sont à Varsovie, tantôt l'Empereur a dû s'y retirer; enfin, toutes les fois que nous sommes plusieurs jours sans recevoir de bulletins, les bruits les plus sinistres et les plus ridicules à la fois circulent dans la ville et dans le département. L'arrivée d'un bulletin ferme, mais pour peu de temps, toutes les bouches, et peu après, les malintentionnés recommencent leurs manœuvres.

Outre les bruits qu'on répand sur la Grande Armée, on parle fréquemment aussi d'une descente que les Anglais doivent faire sur nos côtes. La poignée de brigands qui infeste les frontières de Rome et de Naples est changée en une armée qui menace les deux pays. D'autres fois, on annonce que Rome va recevoir un autre gouvernement; enfin, il n'y a chose assez absurde qui, dans nos nombreux cafés, ne soit dite et crue. Il est également vrai de dire que le peu d'intérêt que les Romains prennent à la chose publique empêche ces nouvelles alarmantes de prendre une certaine consistance et de faire une véritable impression; ces bruits se suivent d'ailleurs si rapidement qu'ils se détruisent mutuellement. Quoi qu'il en soit, je crois fort nécessaire que la police réprime par quelques exemples de sévérité les hommes qui abusent de son indulgence.

Je continuerai à tenir V. Exc. informée de tout ce qui pourra lui faire connaître l'esprit public de ce pays.

Arch. Nationales, F⁷ 8898, doss. 12269.
Confidentielle, à Anglès, Rome, 12 décembre 1812.

La Commission militaire séante à Rome vient de condamner à mort 9 individus impliqués dans l'affaire de Marino du mois de juillet dernier; 3 contumaces ont également été condamnés au dernier supplice. Quoique je reconnaisse que la Commission a été obligée par les preuves de culpabilité à prononcer ce jugement, je n'en regrette pas moins qu'elle ait dû condamner à la mort 12 individus. Déjà, pour des causes à peu près semblables (mouvements populaires), 13 individus ont été fusillés le même jour à Veroli, 9 à Supino, et 4 à San-Vito, et cela dans le cours de peu de mois ! — Le sang versé en si grande abondance et pour une nature de délits qui, quoique très dangereux pour l'ordre social, n'excitent cependant pas l'horreur chez les spectateurs, produit un *effet contraire* à celui que l'on peut désirer. Le courage féroce que montrent les suppliciés ne fait qu'animer au lieu d'effrayer; la terreur que devrait produire leur mort cède souvent à l'admiration qu'ils inspirent, et des hommes déjà trop habitués au sang prennent de plus en plus le mépris de la mort.

Je vous prie de peser ces réflexions qui ont quelque force, car elles sont basées sur l'observation de faits positifs. Comme dans un pays sans moralité, tel que celui-ci, il faut éloigner tout ce qui peut accroître ce manque de principes, je crois très important d'éviter à l'avenir de pareilles scènes. Sans doute des hommes qui ont tenté de soulever les peuples doivent être rigoureusement punis; mais il faudrait soigneusement distinguer parmi eux les chefs et les hommes entraînés; or la Commission militaire, composée d'officiers peu habitués à l'examen d'affaires difficiles, n'est pas propre à faire de telles distinctions. En second lieu, elle ne pense pas pouvoir s'écarter de la stricte et rigoureuse application des lois. Cependant, il semble qu'un tribunal d'exception peut être moins astreint à suivre exactement la marche ordinaire que les autres tribunaux, et qu'il est des considérations majeures qu'il peut écouter. Enfin, cette méthode de faire exécuter à la fois un nombre considérable d'individus dans le lieu même de leur naissance me paraît, comme je l'ai dit plus haut, plus propre à exciter la pitié et l'intérêt qu'à inspirer la terreur. Je crois que l'on pourrait, dans d'autres occasions, se contenter de faire un exemple, et éloigner seulement de tout moyen de nuire les individus qui ont été plutôt séduits qu'ils ne sont vraiment criminels.

Quoi qu'il en soit de ces réflexions, elles ne m'empêcheront pas d'employer tous les moyens possibles pour prévenir des délits aussi dangereux que celui qui a donné lieu à cette lettre.

ANNÉE 1813

Arch. Nationales, F⁷ 6531, doss. 4.
Confidentielle, à Anglès, Rome, 3 janvier 1813.

Je suis instruit depuis longtemps que des malveillants font courir dans les cafés et autres lieux publics des nouvelles controuvées et absurdes, et des bruits sinistres. Mais les auteurs de ces alarmes se cachent avec un soin extrême, et on parvient difficilement à les découvrir. J'ai cependant pris toutes les mesures pour y parvenir, et je sévirai contre ceux qui me paraîtront les plus coupables.

Mais on ne peut se dissimuler que le nombre de ces malveillants ne soit très grand à Rome, où les étrangers ont toujours eu une extrême influence, où se trouvent une foule de personnes qui avaient des relations avec l'Angleterre, la Russie et l'Espagne. Il y a même encore dans ce moment des étrangers de marque dont les sentiments sont au moins très suspects, ou qui sont tout à fait dévoués aux ennemis de Sa Majesté : Mᵐᵉ de Schouwaloff, mère d'un aide de camp de l'empereur de Russie; sa fille, Mˡˡᵉ la princesse Dietrickstein, plus attachée à la Russie qu'à l'Autriche; un ancien envoyé russe à Viterbe, sans parler d'un grand nombre d'autres personnes. Je m'occupe d'un tableau de toutes ces personnes que je vous adresserai incessamment, ainsi que de celles du pays dont la conduite est la plus imprudente. Vous verrez alors quelle mesure vous devez prendre. En attendant, je redoublerai de surveillance, quoique je n'aie, pour l'exercer, aucune espèce de fonds, tandis qu'il en est accordé de considérables à M. le directeur général de la police.

Arch. Nationales, F¹ᶜ III, Rome 2.
Confidentielle, au Ministre de l'intérieur, Rome, 4 janvier 1813.

Les événements de la guerre ont donné lieu, pendant le mois de décembre, à une foule de bruits faits pour semer l'inquiétude parmi les personnes peu instruites. Le long intervalle entre le 28ᵉ et le 29ᵉ bulletin, quelques lettres arrivées d'Allemagne, et spécialement de Vienne, ont donné aux malveillants une occasion de répandre les nouvelles les plus alarmantes. Tantôt Sa Majesté avait péri, tantôt son armée était coupée, et les Russes sur la Vistule. Une inquiétude sourde s'était répandue dans la ville; les familles qui ont des parents à l'armée, celles qui sont attachées sincèrement au gouvernement étaient dans de vives alarmes; on parlait d'une révolution à Naples et de la fuite de la reine; enfin, l'audace des hommes qui ne cherchent que le désordre était à son comble. Le 29ᵉ bulletin arriva par l'estafette, et fut bientôt connu de toute la ville; quoique les détails qu'il contient fussent de nature à être mal interprétés, et à donner lieu à des commentaires qui ne pouvaient qu'égarer l'opinion publique, je voulus qu'il fût publié comme tous les autres et affiché dans les lieux ordinaires. Cette franchise, le soin que j'eus de répandre des éclaircissements sur les parties du bulletin dont les malveillants tiraient le plus de parti, une fête que je donnai deux jours après à 300 personnes, concoururent à calmer les esprits, à faire connaître que le gouvernement et ses agents étaient dans une sécurité parfaite, et tous les gens sages finirent par ne voir dans la noble franchise qui distingue le 29ᵉ bulletin que l'expression du sentiment d'une force au-dessus de tous les obstacles.

La nouvelle du passage de Sa Majesté à Dresde, et celle de son arrivée à Paris, produisent un effet difficile à décrire. Les malveillants furent comprimés; tous les gens honnêtes se sentirent appuyés par un bras puissant; tous les bruits de la destruction de l'armée s'évanouirent, et l'on reconnut nécessairement que, puisque l'Empereur la confiait à son lieutenant, elle était en parfaite sûreté.

Depuis ce moment heureux, presque tous les bruits sont tombés, et l'on attend avec la plus grande confiance les événements que fera naître la sagesse de Sa Majesté. On ne doit jamais perdre de vue qu'il existe à Rome une grande quantité d'étrangers, soit voyageurs, soit établis; qu'un plus grand nombre de Romains avait des relations avec la Russie, l'Angleterre, l'Espagne, en tirait des pensions, ou en recevait des bienfaits, des emplois; que plusieurs ont une partie de leur fortune en Sicile, ou dans les fonds étrangers; de telles personnes ne peuvent avoir des sentiments favorables. En outre, un nombre très considérable d'anciens avocats sans emploi, d'anciens commis, agents du gouvernement dont la fortune a été détruite par le changement, cherchent tous les moyens de nuire au système actuel par leurs discours, puisqu'ils sont dans l'impuissance de le faire d'une autre manière; enfin, une quantité de prêtres et d'ex-moines profitent de la confiance des personnes faibles pour les alarmer ou leur inspirer des sentiments contraires au gouvernement. V. Exc. doit sentir qu'une ville dans laquelle une portion notable de la population est composée d'individus aussi mal intentionnés; qu'une ville voisine de la mer, et, par conséquent, qui peut avoir des relations avec les ennemis, sans que la police puisse toujours l'empêcher; qu'une ville, dis-je, telle que Rome sort de la classe ordinaire, et qu'il est nécessaire d'apporter une plus grande vigilance pour y prévenir les désordres, et une plus grande fermeté pour les réprimer.

Je dois ajouter, Monseigneur, que dans aucune ville le peuple ne prend moins de part à tous les événements, et soit plus difficile à émouvoir. De tous temps, les Romains ont été habitués à entendre une foule d'oisifs tenir les propos les plus impertinents et les plus absurdes, et ils continueront certainement à donner des preuves de leur attachement à l'ordre et de leur respect pour les lois.

Arch. Nationales, F¹¹E 4360, au Ministre de l'intérieur,
Rome, 12 janvier 1813.

L'instruction publique de mon département étant sur le point d'être organisée d'une manière définitive, je crois indispensable de soumettre à V. Exc. des observations pour assurer aux communes les moyens d'entretenir les écoles secondaires. Si cet objet est essentiel dans tout l'empire, il l'est infiniment plus dans les États Romains, où le grand nombre d'ecclésiastiques, et le système d'instruction ne servaient qu'à nourrir des préjugés invétérés, qu'il est de l'intérêt du gouvernement de détruire.

Le recteur de l'académie de Rome, dans un long rapport approuvé par moi, a proposé au Conseil de l'université, pour être discuté en Conseil d'État, d'accorder aux communes les biens des séminaires supprimés, et de transformer ces établissements en collèges, en remplaçant par ce moyen tous les autres collèges, dont la réunion au Domaine des biens des communautés religieuses a entraîné la perte. Je comptais beaucoup sur cette ressource, qui serait, à mon avis, la seule dont on pourrait se servir dans les circonstances actuelles, lorsque j'ai reçu une lettre de S. Exc. le Ministre des cultes qui me prescrit de réunir aux séminaires des diocèses conservés toutes les dotations des séminaires des diocèses supprimés, de vendre même les bâtiments de ces derniers séminaires, et d'affecter à d'autres dépenses diocésaines le produit de cette réunion et de cette vente, lorsqu'il excéderait les besoins des séminaires des diocèses conservés.

Cette décision part, selon moi, de la supposition que les séminaires romains soient établis sur le même pied que ceux de France. Mais comme la différence en est très grande, je m'empresse de la faire connaître à S. Exc. le Ministre des cultes. Il est aussi de mon devoir de soumettre à V. Exc. les mêmes observations, dans l'espoir qu'elle voudra bien les apprécier, et seconder de tout son crédit, auprès de S. M. et de son Conseil d'État, le projet qu'on a présenté à ce sujet au Conseil de l'université.

Les séminaires de France sont de simples écoles de théologie, tandis que les séminaires des États Romains donnent tous les degrés d'instruction, depuis les éléments de grammaire jusqu'à la théologie inclusivement. On y admet des enfants de tout âge, et dans plusieurs d'entre eux, il n'y a pas de classe de théologie, parce qu'il n'y a pas d'élèves assez âgés pour suivre ce cours. C'est donc très improprement qu'on appelle *séminaristes* des enfants qui n'ont aucune véritable vocation ecclésiastique. Il n'est pas étonnant que, dans un pays où toute l'administration était entre les mains des prêtres, où tout se faisait dans leur intérêt, les établissements d'instruction publique eussent pris un nom, et que les élèves portassent un habit qui rappelaient les usages de l'Église.

« Tous ces séminaires sont en même temps collèges, puisqu'on y reçoit des pensionnaires qui sont entretenus par leurs parents, et qui ne se destinent pas à l'état ecclésiastique, et puisque le plus grand nombre des élèves se composait d'enfants en bas âge, qui n'apprenaient jamais la théologie. Comme les établissements d'instruction avaient la forme de séminaires, à l'exception de deux ou trois, les familles étaient forcées d'y faire élever leurs enfants. Dans tous les séminaires, les pensionnaires de cette dernière classe, c'est-à-dire de ceux qui n'étaient pas voués à l'état ecclésiastique, sont appelés *Convittori* et les ecclésiastiques portent le nom d'*Alunni*.

Le plus grand nombre des séminaires sont aussi, dans toute la rigueur du terme, des écoles publiques, puisqu'ils reçoivent des externes qui sont admis gratuitement aux classes, parce que les villes leur ont fait une dotation pour l'entretien des maîtres, ou leur paient une somme annuelle. Il y a enfin des séminaires qui n'ont point de professeurs, et dont les élèves suivent les cours des écoles publiques, même pour les basses classes.

Cet exposé de la constitution des séminaires romains suffit pour prouver qu'il est impossible de les considérer comme de véritables séminaires, c'est-à-dire comme des écoles spéciales de théologie. Le nombre des séminaires ainsi constitués est très considérable. Il y avait 19 diocèses dans mon département, sans y comprendre la ville de Rome, et presque tous avaient des séminaires. Il y en avait même qui n'étaient pas diocésains, ce qui est une nouvelle preuve que ces établissements tenaient lieu de collèges. La suppression d'une grande partie des diocèses de mon département entraîne nécessairement celle des séminaires qui en dépendaient; et ces établissements, par suite de la même suppression, perdant ce qui les constituait écoles ecclésiastiques, ne sont plus que de simples collèges ou écoles publiques. Presque toutes les villes formant des diocèses, elles n'avaient pas nécessairement d'autres collèges, ni d'autres écoles publiques que les séminaires.

Réunir au séminaires des diocèses conservés tous les biens des séminaires des diocèses supprimés, et vendre même les bâtiments de ces derniers, ce serait enlever aux villes des établissements d'instruction auxquels elles ont des droits incontestables, et qu'il leur serait impossible de remplacer, d'autant plus que mon département a perdu 23 établissements d'instruction (collèges ou écoles publiques), tenus par les corporations enseignantes des *écoles Pies*, des *Doctrinaires*, des *Barnabites* et des *Somasques*. Leurs biens, quoiqu'ils eussent été donnés à l'instruction publique, ont été considérés comme biens ecclésiastiques, réunis au domaine ou vendus.

Si le département de Rome, après avoir perdu les établissements d'instruction formés et dirigés par les congrégations enseignantes, perdait aussi les séminaires des diocèses supprimés, c'est-à-dire les seuls collèges, les seules grandes écoles qui lui restent, il serait presque réduit à l'instruction primaire. Ainsi, au lieu de multiplier les moyens d'instruction dans ces pays, comme cela serait nécessaire pour améliorer l'esprit public, on lui enlèverait ceux qu'il possédait, on rendrait l'ignorance plus générale et plus profonde, et l'on affermirait l'empire des préjugés.

Il peut être convenable d'augmenter la dotation des séminaires conservés, puisque les diocèses sont agrandis; mais il n'est, ce me semble, nullement nécessaire de leur affecter *tous* les biens des séminaires supprimés. 1° Il faut considérer que, sous le nouveau gouvernement, et depuis la suppression des couvents, le nombre des personnes qui embrasseront l'état ecclésiastique sera beaucoup moindre. On peut le réduire à un sixième du nombre de ceux qui se vouaient autrefois à cet état. Le nombre des élèves qui entrent dans les séminaires pour embrasser l'état ecclésiastique (ainsi que je l'ai observé dans les diverses levées de la conscription) est actuellement de 80. En admettant qu'ils y restent trois ans, la totalité des élèves ecclésiastiques ne dépassera pas le nombre de 240. — 2º Les séminaires conservés deviendront, comme ceux de France, de simples écoles de théologie, et n'auront pas besoin d'un aussi vaste local que s'ils recevaient, comme autrefois, les élèves de grammaire et d'humanités. Quand même ce changement ne serait pas une conséquence des nouvelles lois, il naîtrait de la nature même des choses. Sous le gouvernement papal, beaucoup de familles faisaient donner une éducation ecclésiastique à leurs enfants, quoiqu'elles ne les destinassent pas à cet état; sous le gouvernement nouveau, elles sentent qu'il faut suivre un autre système d'éducation, et elles ne font plus élever leurs enfants dans les séminaires. Il est même important de séparer entièrement ces deux natures d'élèves qui doivent recevoir une éducation tout à fait distincte; il est important que les uns portent l'habit, et prennent les habitudes de leur état futur; mais il n'est pas moins indispensable que les élèves civils, dans leurs usages et dans leurs costumes, prennent les habitudes militaires.

Ces observations, dont la vérité ne peut être contestée, prouvent que les séminaires conservés, même dans leur état actuel, suffiraient presque pour les besoins de l'état ecclésiastique, ce qu'il serait facile de démontrer. Lors même qu'il faudrait accroître la dotation des séminaires conservés, il suffirait de prendre une portion de la dotation de ceux qui seront supprimés pour augmenter celle des autres.

S. M. l'empereur a adopté ces dispositions pour la Toscane. Le décret sur l'organisation de l'académie de Pise porte ce qui suit :

Art. 27. « En cas de suppression de quelqu'un des évêchés de la Tos-
« cane, les séminaires qui en dépendent seront convertis en collèges laïques,
« ou réunis au collège de la ville, s'il y en a un; mais il sera déduit sur leur
« revenu une portion correspondante à ce qu'y coûtait l'enseignement de
« la théologie, et cette portion sera dévolue au séminaire du diocèse auquel
« la ville sera réunie. On réunira de même au séminaire conservé toutes les
« bourses, dont l'objet spécial était de former des ecclésiastiques. »

Art. 28. « Le partage mentionné à l'article précédent sera proposé par
« l'évêque conservé et par le Conseil de l'université, et approuvé par Nous,
« dans les formes prescrites pour les règlements d'administration publique. »

Si ces dispositions ont été adoptées pour la Toscane qui a conservé les établissements d'instruction des corporations enseignantes, et qui avait d'ailleurs d'autres collèges, il est bien plus urgent de les adopter pour le département de Rome, à qui il ne reste d'autres grandes écoles que les séminaires. Tous les Conseils municipaux des villes dont les diocèses sont supprimés ont demandé, par des délibérations uniformes, que les séminaires soient convertis en collèges laïques.

Le nombre des diocèses conservés par le décret du 18 juin 1810 était de onze; mais plusieurs sièges ont vaqué, depuis, par la rétractation du serment ou par le décès des évêques. Il n'est nullement probable que ces derniers soient remplacés, vu le peu d'importance et la proximité des diocèses. Le nombre des diocèses supprimés est de huit. Il ne reste actuellement que neuf sièges épiscopaux.

J'ai cru de mon devoir de soumettre à V. Exc., ainsi qu'au Ministre des cultes, ces observations pour conserver aux villes de mon département, autant qu'il est en mon pouvoir, les droits qu'elles ont acquis sur les séminaires, et pour leur assurer les seuls moyens d'instruction publique, sur lesquels elles puissent compter.

Arch. Nationales, F¹ᶜ III, Rome 2.
Confidentielle, au Ministre de l'intérieur, Rome, 6 février 1813.

Je continue, d'après les ordres de V. Exc., à lui rendre compte de l'état de l'esprit public, et à lui faire connaître les bruits et nouvelles qui circulent. Les circonstances actuelles sont si importantes pour Rome, que j'ai mis une nouvelle attention à observer la direction que prennent les idées.

Pendant le mois de janvier, les événements de la guerre ont exclusivement attiré l'attention du public, les bruits les plus sinistres ont couru sur le sort de l'armée depuis son passage du Niémen, et n'ont pu être étouffés par les nouvelles positives que le mouvement rétrograde s'effectuait avec une lenteur et un ordre qui prouvait à la fois la force de notre armée et la faiblesse de l'ennemi. On a renouvelé tous les bruits d'une défection de l'Autriche, citant même des lettres de Vienne d'une nature alarmante. Mais la nouvelle qui a occupé les esprits est celle d'un débarquement en Italie; on ajoutait que 6,000 Russes venant de la mer Noire étaient en Sicile; que Wellington s'y trouvait aussi, et qu'il devait prendre le commandement de l'expédition. Quelques personnes assuraient que la reine Caroline se rendait à Vienne pour engager son neveu à rompre l'alliance avec la France.

Pendant que toutes les idées étaient tournées vers les événements de la guerre et vers l'expédition annoncée, la nouvelle du Concordat est venue leur donner une tout autre direction. On a généralement accueilli avec beaucoup de joie cette importante nouvelle, et tous les hommes sensés, tous ceux qui sont attachés à leur religion et à leurs devoirs de sujets, en ont éprouvé la plus complète satisfaction. Mais quelques prêtres et quelques gens obscurs ont fait voir leur mécontement d'un acte qui, mettant fin à toutes les dissensions, leur ôte l'espèce de célébrité qu'ils s'étaient acquise par leur insoumission et leur fanatisme.

On témoigna une extrême curiosité d'apprendre les conditions du Concordat. Mille rêves, mille absurdités furent débitées; malheureusement des lettres de Paris (de MM. Marconi et Torlonia) confirmèrent une partie des bruits qui circulaient. Ces lettres circulèrent; on les copia, on les commenta, et on bâtit sur les *on dit* qu'elles contenaient les fables les mieux tissées et les plus spécieusement arrangées. En voici à peu près le fond : Rome serait rendue avec les deux départements à son ancien souverain; on lui assignerait des revenus suffisants pris sur d'autres départements; le pape fournirait 3,000 hommes à l'Empereur qui aurait une garnison à Civita-Vecchia; l'ancien gouvernement serait rétabli dans sa forme et rendu aux prêtres; enfin, on ajoute à ces absurdités mille détails capables d'en imposer aux personnes peu sensées.

Je ne puis peindre à V. Exc. le mauvais effet que ces bruits, répétés de toute part, colportés par mille personnes, ont produit dans la ville. Tous les hommes qui ont perdu au changement de gouvernement, tous ceux qui ne peuvent que gagner à un mouvement quelconque, ont témoigné leur joie, et plusieurs personnes attachées au gouvernement ont été insultées. La police a dû faire arrêter un de ces perturbateurs. Je désire vivement que la publication du Concordat fasse cesser ces inquiétudes et cette incertitude des personnes qui ne sont pas assez éclairées pour apprécier à leur juste valeur ces nouvelles absurdes; il est très fâcheux qu'au moment où va s'opérer la levée de la conscription, il se répande parmi le peuple des bruits qui lui font douter de la stabilité de l'ordre de choses actuel; l'administration ne pourrait lutter contre cette nouvelle difficulté ajoutée à toutes celles qui entravent déjà sa marche.

J'ai cru devoir, Monseigneur, vous faire connaître en détail, et avec une entière franchise, les effets produits dans ce pays par la nouvelle de la signature d'un Concordat; cet acte, si important pour tout le monde catholique, a, à Rome seule, une importance politique; il était essentiel que V. Exc. sût d'une manière exacte le parti que des malveillants savent tirer de l'événement qui réunit le plus complètement à l'empire toute l'Italie.

Arch. du château du Verger, à sa mère, Rome, 10 février 1813.

Ma tendre mère, vous vous plaignez de mon silence, mais vous lui donnez pour cause mes continuelles occupations. Pouvez-vous penser que je puisse un moment oublier que vous mettez du prix à mes lettres, et puis-je ne pas continuellement me ressouvenir du bonheur que j'éprouve à vous écrire, à vous parler de mon extrême tendresse pour vous? — Vous aurez reçu une lettre de moi que je vous écrivis en hâte, lorsque je sus des nouvelles de notre Victor. Je vois par votre lettre du 31 janvier que vous en avez eu aussi. Ce cher enfant, combien il a souffert, et quelle Providence a amené près de lui ce bon Maurice[1] !Qui m'aurait dit, quand je m'occupais à Paris de le faire entrer dans son grade, qu'il serait le sauveur de mon frère? J'ai écrit de tous côtés

---

1. Maurice, comte d'Albignac de Castelnau, né en 1775, mort en 1824. — Successivement, cadet au régiment de Choiseul en 1794, dans l'émigration; engagé au corps des gendarmes d'élite de la garde impériale, 1806; colonel au service de Jérôme, roi de Westphalie et grand écuyer, 1808; ministre de la guerre du roi, 1810; chef d'état-major de Gouvion-Saint-Cyr au 6me corps dans la campagne de Russie, 1812; secrétaire général du même Gouvion-Saint-Cyr, ministre de la guerre à la seconde Restauration; directeur de l'école de Saint-Cyr, en 1816; général, en 1822.

pour qu'on lui fournît l'argent dont il a besoin. Je l'ai recommandé à toute la terre; je pense qu'actuellement il est sur l'Oder où la cavalerie se remonte.

Nous ne sommes pas aussi heureux pour mes beaux-frères; Mme de Pancemont n'en a pas de nouvelles; nous savons seulement que l'aîné était à Vilna peu avant l'évacuation, et que, par conséquent, il doit être prisonnier. Nous craignons beaucoup le même sort pour le cadet. Ma femme ne sait rien encore; mais je crains bien qu'elle ne l'apprenne inopinément; je fais tous mes efforts pour l'empêcher. Elle serait si malheureuse, si elle apprenait cet événement! Vous sentez que je suis dans de vives et continuelles inquiétudes [1]...

Notre fille est d'une force prodigieuse; elle se soutient déjà sur ses jambes, se soulève seule dans son berceau, mange sa soupe; elle est vraiment très belle, et d'une gaîté charmante...

On nous assure que le pape va à Avignon; ce serait une bonne affaire pour Maurice, et une bonne occasion de vendre l'hôtel ou de le bien louer. Je ne suis occupé qu'à rechercher les chevaux, à faire des recrues pour le régiment que le département a offert; enfin, je suis devenu un véritable *major de cavalerie*. La conscription va commencer, ce qui me retiendra pendant plusieurs jours éloigné de Rome, et redoublera mes occupations. Mais enfin, tout cela n'est rien. Si l'on peut prendre quelque part à ce noble mouvement qui agite toute la France!

Je vous quitte, ma tendre mère, pour voir des chevaux. Embrassez bien pour moi Alix, Maurice, Eugène, Adèle et leur postérité. J'espère que vous m'écrirez avant de partir pour Toulouse. Encore une fois, je vous embrasse comme je vous aime, de toute mon âme.

Arch. Nationales, F¹ 6531, doss. 4.
Confidentielle, au Ministre de la police, Rome, 13 février 1813.

Je crois devoir faire connaître directement à V. Exc. la nouvelle direction que l'esprit public vient de prendre dans ce département. L'influence de l'opinion qui s'est généralement répandue est trop grande sur toutes les opérations de l'administration, pour que je ne vous en entretienne pas avec détail.

Depuis que la nouvelle du Concordat est répandue, mille bruits semés par des malveillants ont couvert Rome et toutes les communes du département. Le fond de toutes ces nouvelles est que l'État Romain est rendu au pape; chacun bâtit sur ce fond une fable; on distribue les emplois, et l'on rétablit l'ancien ordre de choses.

Le résultat de la croyance générale que le gouvernement actuel est au moment de finir, est le découragement de tous les employés qui n'ont pas assez de lumières pour juger de l'absurdité de ce bruit, et le redoublement d'audace de tous les malveillants. Les prêtres profitent avidement de la mauvaise disposition du peuple pour l'exciter à la désobéissance; mes arrêtés pour la levée

---

1. Cf. sur ces trois officiers, p. 219.

de la classe de 1814 ont été lacérés; les conscrits se cachent, et on annonce hautement qu'ils ne se présenteront pas au tirage. A Rome, un conseiller municipal a été insulté; enfin on a vu reparaître une foule de prêtres, ou qui étaient cachés, ou qui avaient quitté l'habit ecclésiastique.

Sans doute des bruits aussi ridicules que celui que les Romains ont accueilli avec tant d'avidité, ne méritent que le mépris, et l'attitude ferme de l'administration les dissipera; mais avant ce moment, je ne puis me dissimuler qu'ils accroîtront les difficultés de la circonstance actuelle. La levée de la classe de 1814 commence le 20; or, on est certain que beaucoup de conscrits se cacheront, dans l'espoir dont on les berce d'un prochain changement. On ne pourra donc, dans le temps fixé, fournir le contingent.

D'une autre part, ces mêmes bruits nuisent extrêmement au recrutement des hommes offerts par les communes; enfin, l'élan qui avait été imprimé par la ville de Rome est arrêté par la crainte qu'ont tous les membres des autorités inférieures d'être punis, sous le gouvernement annoncé, des marques de dévouement données au gouvernement présent.

Il est de mon devoir de le répéter : la position de ce pays a subitement changé; tout ce que peut faire l'administration est de continuer à y maintenir l'ordre; mais il faut une mesure du gouvernement pour faire ouvrir les yeux, et pour obvier aux inconvénients qui peuvent naître de la prolongation de l'état actuel. Il faut que les habitants sachent qu'ils font à jamais partie de l'empire, afin que les craintes des gens bien intentionnés, et les espérances des malveillants, soient à la fois détruites.

J'emploierai, Monseigneur, tous les moyens qui sont en mon pouvoir pour calmer et ramener l'opinion publique; mais, je le répète, l'administration ne peut dans des circonstances critiques lutter avec avantage contre des dispositions générales, éveillées par l'espoir d'un prompt changement. Je vous prie de ne voir dans la franchise de ce rapport que mon désir de vous fournir les moyens d'écarter ce nouvel obstacle à la complète réunion de ce pays.

Arch. Nationales, F^{1e} III, Rome 2. Confidentielle, au Ministre de l'intérieur, Rome, 4 mars 1813.

Je continue à faire connaître à V. Exc. les nouvelles et les bruits qui occupent le plus le public de cette ville. La publication des articles du Concordat, en détruisant les coupables espérances des malveillants, a rendu la confiance à toutes les classes d'habitants attachés au gouvernement. Elle a eu pour effet immédiat de rendre une bonne direction à l'esprit public, qui, ainsi que je vous l'avais mandé, avait été gâté soudainement par la croyance généralement répandue que le pape redevenait le souverain de Rome.

Il est vrai aussi que les commentaires les plus absurdes sont faits à chacun des articles de cet acte; et le silence que gardent le pape et les cardinaux qui sont auprès de lui ont servi à accréditer l'opinion répandue que cette convention était déjà rompue. Les fanatiques, désolés des concessions faites par le pape, avancent hautement qu'il ne pouvait conclure un Concordat contraire aux intérêts de l'Église.

Mais la grande majorité des habitants a vu avec la satisfaction la plus complète la paix rétablie, et tous les hommes sensés se félicitent de n'être plus froissés entre leur désir de s'attacher au gouvernement et leurs préjugés.

Les affaires de la guerre continuent d'occuper le public; on a avancé que les Russes avaient passé l'Oder; mais il a été facile de détromper sur ce point.

Un bruit assez général est celui des négociations de paix avec l'Angleterre par l'intermédiaire de l'Autriche qui aurait déjà un ministre à Londres. On a parlé aussi du resserrement de l'alliance entre la France et l'Autriche, d'une cession d'une partie des provinces illyriennes à cette puissance, et, de sa part, d'une coopération plus active à la guerre.

Des nouvelles qui donnent aux habitants de Rome plus d'inquiétude que les rêveries des politiques, sont celles de la Sicile. On est généralement persuadé qu'il s'y prépare une expédition contre l'Italie méridionale. L'occupation qui a eu lieu par les Anglais des îles de Ponza (en face de Terracine) donne à craindre que Rome ne soit le premier point attaqué. Les bruits qui courent à ce sujet répandent beaucoup d'alarmes, et il est difficile de les détruire. Je dois ajouter que les plaisirs du carnaval, qui cette année ont été extraordinairement vifs, ont pendant huit jours occupé tous les esprits, ont suspendu les craintes des hommes les plus timides, et jusqu'aux bavardages des politiques de café.

Arch. Nationales, F⁷ 6529. Confidentielle,
au Ministre de l'intérieur, Rome, 1ᵉʳ avril 1813.

J'ai reçu avec la plus vive reconnaissance la lettre pleine d'expressions de bonté et de confiance que V. Exc. a daigné m'écrire. Rien ne pouvait mieux me récompenser de mes faibles efforts que la certitude que vous daignez les apprécier.

Pour répondre à votre confiance je m'empresse, Monseigneur, au retour de ma tournée pour la levée de la conscription, de vous faire part de quelques observations qui m'ont paru de nature à vous offrir de l'intérêt. J'ai trouvé partout les esprits extrêmement occupés du Concordat. Rien aux yeux des habitants de ce pays n'a autant d'importance que cet acte, et ses conditions sont l'objet des craintes et des espérances de tous. Il n'est donc pas étonnant qu'aux sentiments mêlés de satisfaction ou de peine qu'a inspirés aux différentes classes de la société la publication des articles du Concordat, ait succédé de l'inquiétude, lorsqu'on n'a pas vu à ces articles une immédiate exécution. Tous ceux qui désirent le retour du pape à Rome ont profité de cette circonstance pour accréditer l'opinion de cet événement, comme suite d'articles secrets; ils ont même fait circuler des articles prétendus additionnels au traité publié. Les hommes sages qui sont liés au gouvernement, ceux qui reconnaissent l'impossibilité d'un changement, et combien il serait contraire aux vrais intérêts de Rome, sont retombés dans l'incertitude d'où les avait tirés la publication du Concordat! Enfin, le peuple, qui ne voit dans un changement que l'abolition de la conscription, la diminution des impôts et l'impunité de sa licence, s'est de nouveau livré à des espérances. Il n'est pas étonnant de voir des prêtres profiter de cette disposition des esprits pour éloigner de l'attachement dû au gouvernement. Car on ne peut se dissimuler que les prêtres assermentés ne soient encore bien loin des maximes du clergé français, et que les non-assermentés et les ex-religieux ne soient entièrement contraires au gouvernement. Les uns et les autres voient dans le retour du pape ou l'occasion de se ressaisir de l'autorité, ou l'époque de la récompense de leur résistance. Les résultats de ces espérances des uns, et de cette incertitude de l'avenir chez les autres, sont très faciles à observer dans les villes, et surtout dans tous les cantons qui avoisinent Rome : un extrême relâchement dans l'obéissance, l'inertie opposée à tous les efforts de l'administration, en sont les signes, et me paraissent plus à craindre que l'espèce d'enthousiasme tumultueux qui se fit voir dans quelques villes avant la publication du Concordat.

Aussi longtemps, Monseigneur, que les espérances d'un changement de gouvernement ne seront pas détruites jusqu'aux racines, la crainte de se compromettre retiendra les hommes sages qui désirent se dévouer au gouvernement actuel, et l'espérance de jouir bientôt de l'impunité et des récompenses encouragera les malveillants dans leur résistance. Il est donc extrêmement à désirer qu'un acte quelconque de la part du pape prouve évidemment que le Concordat existe tel qu'il a été récemment publié, et que le pape *n'est et ne sera* pour Rome que chef de l'Église. Je me suis étendu, Monseigneur, sur cette disposition présente des esprits, parce que c'est sur elle que l'on doit baser les mesures qui peuvent être prises. Dans un rapport suivant, je vous entretiendrai de quelques circonstances qui peuvent fomenter ces fâcheuses dispositions.

Arch. Nationales, F¹, Confidentielle,
au Ministre de l'intérieur, Rome, 18 avril 1813.

J'ai reçu par l'estafette de ce matin les instructions officielles et confidentielles que V. Exc. m'a fait l'honneur de m'adresser en m'envoyant le décret du 5 sur l'organisation des gardes d'honneur. J'ai pris sur-le-champ toutes les mesures pour la formation des listes et la désignation des gardes. Je ne puis vous dissimuler que je serai forcé très probablement d'avoir recours aux désignations, et que je devrai les appuyer par la menace des mesures de haute police, parce que, outre que les jeunes gens de ce pays n'ont ni le goût ni les habitudes militaires, un grand nombre d'entre eux ont été appelés à différents corps de l'armée ou aux écoles spéciales. Quoi qu'il en soit de ces difficultés, j'aurai l'honneur de vous adresser la liste à l'époque fixée.

Je n'ai pas cru devoir me rendre dans les chefs-lieux de sous-préfecture, parce que leur éloignement du chef-lieu du département m'aurait fait perdre en voyages un temps que j'emploierai beaucoup plus utilement à Rome. Je me suis pénétré de l'esprit des instructions de V. Exc., et je me flatte qu'elle aura lieu d'approuver la marche que je suivrai ; je lui en rendrai compte postérieurement ; mais je dois, dès ce moment, lui demander quelques explications. Les plus imposés, ou les principaux propriétaires sont appelés, eux, leur fils, etc., à servir ou à concourir pécuniairement. Dois-je appeler les propriétaires qui ont leur domicile dans un autre département, ou qui y résident pour y remplir des fonctions ou emplois? — Cette explication est très importante, car plusieurs des plus grands propriétaires, revêtus des plus hautes dignités ou fonctions, n'habitent pas le département. Je dois appeler les principaux employés des régies, et V. Exc. daigne m'expliquer ce que je dois entendre par ce mot. Mais dois-je appeler les employés qui, étant propriétaires dans mon département, ont leurs emplois dans un autre? Ou ceux qui, propriétaires dans un autre département, sont employés dans le mien? Cette question s'applique aux membres de la Légion d'honneur qui résident dans ce pays en y exerçant des fonctions. La solution de cette question est d'autant plus importante que tous les employés supérieurs des régies sont étrangers à Rome. Je me crois, par le cinquième alinéa, première page, de votre instruction confidentielle, autorisé à appeler tous ces employés qui tirent du département leur fortune; mais je vous prie de me donner une décision pour répondre aux objections qui me seront faites.

Je prie V. Exc. d'être certain que je ne négligerai rien pour fournir le maximum du contingent assigné à ce département.

Arch. Nationales, F¹. Confidentielle,
au Ministre de l'intérieur, Rome, 2 mai 1813.

J'ai l'honneur d'adresser à V. Exc. la liste n° 3 des personnes désignées par moi pour faire partie des régiments de gardes d'honneur. Cette liste contient 66 noms, c'est-à-dire seulement le minimum; je vous adresserai une liste supplémentaire aussitôt que MM. les sous-préfets de Viterbe et de Tivoli m'auront transmis leurs listes que je n'ai pas encore reçues; par ce supplément, j'espère m'approcher beaucoup du maximum. Je vous adresse par le courrier ordinaire les listes n°^{s} 1, 2, 4 et 5, l'estafette n'ayant pu s'en charger à cause de leur volume.

J'ai éprouvé les plus grandes difficultés pour former le contingent. Les 1re, 2e et 3e catégories ne m'ont offert aucunes ressources dans un pays qui, nouvellement réuni, compte peu de personnes qui aient mérité du gouvernement des titres ou des décorations. La catégorie des militaires est également presque nulle, parce qu'il n'existait à Rome aucun établissement militaire, et seulement quelques corps destinés à la garde du souverain, mais peu nombreux, et dont les habitudes n'avaient rien de militaire.

J'ai donc dû chercher presque exclusivement dans les autres catégories. Une difficulté se présentait : les capitalistes, les négociants ne paient pas d'impôt foncier, et n'étant dans ce département soumis à aucune taxe personnelle ou de patentes, ne sont pas compris dans le nombre des plus imposés. Cependant, l'esprit de vos instructions me paraissait être de faire rentrer ces familles riches dans la classe qui doit des services immédiats à l'État; j'ai choisi parmi eux ceux qui me paraissaient mériter le mieux d'être placés dans les gardes d'honneur. Je me flatte que V. Exc. approuvera cette extension donnée aux expressions du décret, extension qui est dans le sens de vos instructions des 9 et 23 avril.

Après avoir formé avec le plus grand soin la liste générale au moyen des éléments que m'avaient fournis le plus grand nombre des sous-préfets et M. le maire de Rome, j'ai divisé en 3 portions les noms y inclus. J'ai d'abord mis tous mes soins à rechercher les jeunes gens susceptibles d'être portés sur la liste n° 3. Ainsi que je l'ai dit plus haut, les 1re, 2e, 3e et 7e catégories me présentaient peu de ressources; cependant, j'ai désigné toutes les personnes de la 7e catégorie (les militaires) qui m'ont paru encore aptes au service. Parmi eux se trouvent quelques anciens militaires au service d'Autriche, et plusieurs anciens gardes du pape, quoique à vrai dire ces derniers n'eussent de militaire que le nom et l'habit. Mais j'ai pensé que ces individus appartenant tous à des familles nobles, il était conforme à vos vues de les appeler à un service plus actif que celui auquel ils étaient habitués.

J'ai porté ensuite mes yeux sur les familles inscrites dans les 4e et 5e catégories. Je n'ai pas tardé à reconnaître combien le nombre de jeunes gens qui pouvaient être appelés était restreint. La raison en est que presque tous ceux appartenant aux grandes familles, et même à la petite noblesse ont été nommés en 1811 sous-lieutenants ou élèves des diverses écoles militaires, ou enfin auditeurs au Conseil d'État. Ainsi, les familles Pallavicini, Santa Croce, Colonna, Spada, Odescalchi, Gaetani, Potenziani, Lante, Ruspoli, Chigi, Altieri, Patrizzi, Torlonia, qui sont les plus considérables ou les plus riches, ont un ou deux enfants soit auditeurs, soit sous-lieutenants, soit élèves des écoles militaires, ou pages. Ces diverses nominations ont compris 7 auditeurs actuellement en fonctions; 20 sous-lieutenants, actuellement en activité de service; 4 pages et 37 élèves des écoles militaires.

Il est évident que les 7 auditeurs, les 20 sous-lieutenants et une grande partie des pages et des élèves des écoles militaires auraient été par leur âge compris dans les désignations de gardes d'honneur, et auraient fait presque le minimum; mais se trouvant déjà en activité, je n'ai pu choisir que parmi les jeunes gens qui, lors de la désignation faite en 1811, ne furent pas trouvés par moi susceptibles d'être admis dans les corps. V. Exc. sentira combien cette circonstance rend ma position plus difficile, et mes choix moins heureux.

Les familles du premier ordre ne m'offrant plus des éléments suffisants, j'ai recherché parmi celles de la bourgeoisie qui jouissent ou d'une grande fortune, ou de la considération publique; enfin, dans le manque absolu de sujets, j'ai dû désigner les jeunes gens qui, par leur taille, leur tournure et leur éducation, pouvaient n'être pas déplacés dans des corps composés avec tant de soin, quoique, par leurs familles, ils n'eussent pas droit d'y être admis.

La catégorie des employés m'a fourni un petit nombre de sujets; encore sont-ils pris dans la classe moyenne; tous les employés supérieurs de ce département sont Français, et je ne suis pas à même de savoir s'il existe dans leurs familles des individus susceptibles de concourir; ce sera à leurs préfets à les appeler. Telle est, Monseigneur, la marche que j'ai suivie en thèse générale; quant aux applications aux cas particuliers, j'ai, autant que le manque de sujets me le permettait, exclu des désignations les jeunes gens qui me paraissaient indispensables à leurs familles, et quoique vos instructions du

23 avril ne me soient parvenues qu'après que mon travail était terminé, je me trouve les avoir exactement appliquées.

Une autre difficulté se présentait. Comment en si peu de jours connaître exactement la taille et l'aptitude au service de plusieurs centaines de jeunes gens sur lesquels le choix devait être fait? Comment s'assurer surtout de la non-existence de ces maladies non apparentes, si communes dans ce pays, telles que hernies, rachitisme, ulcères aux jambes, anévrismes? Je ne puis me flatter d'avoir surmonté ces difficultés, et probablement il se trouve chez plusieurs des personnes désignées de justes motifs de réforme qu'elles feront valoir. Pour éviter ces inconvénients, il aurait fallu soumettre tous ces jeunes gens à un examen, ce qui aurait entraîné de graves inconvénients, et été directement contre le but qui doit être de faire considérer l'admission comme une faveur.

Je souhaite que V. Exc. approuve les principes qui m'ont guidé, et reconnaisse dans mon travail toute l'exactitude qu'il était possible de lui donner en dix jours de temps. La liste n° 4 a été formée d'après le même plan. En vous la transmettant, je vous ferai connaître en détail la marche que j'ai suivie.

Je vais faire connaître aux personnes désignées leurs obligations, et les réunir pour leur faire acheter leurs uniformes et leurs chevaux. La confection, cependant, de l'habillement et de l'équipement ne pourra avoir lieu sur-le-champ, puisque les modèles que S. Exc. le Ministre de la guerre m'envoie ne me sont pas encore parvenus. Quant aux chevaux, toutes les démarches que j'ai faites me prouvent encore plus l'impossibilité de les trouver dans ce pays, et je ne puis que prier de nouveau V. Exc. de m'autoriser à traiter avec le Conseil d'administration du corps pour leur achat, et à faire partir les gardes pour Versailles par les voitures publiques. Cette proposition développée dans ma lettre d'avril me paraît réunir les avantages d'une plus grande célérité dans l'arrivée des gardes d'honneur au régiment à celui d'un meilleur choix de chevaux. Il est, en effet, hors de doute que ceux de ce pays perdent, au moment de la castration, la plus grande partie de leur vigueur, et l'usage général de les employer entiers ne dérive que de l'expérience que l'on a faite de leur manque de forces après la castration. Je vous prie de me faire connaître vos intentions sur ce point, et, en les attendant, je réunirai autant de chevaux que j'en pourrai acheter.

Arch. Nationales, F¹ᶜ III, Rome 2. Confidentielle,
au Ministre de l'intérieur, Rome, 6 mai 1813.

Je continue à rendre compte à V. Exc. des bruits qui courent relativement aux événements actuels. Le Concordat est toujours l'objet des conversations; on paraît persuadé que les dispositions ne seront pas exécutées par le pape, et que le retour auprès de lui de plusieurs cardinaux mal intentionnés a changé ses opinions. On nomme parmi ces cardinaux : MM. Mattei, Pacca, Consalvi, di Pietro. Il paraît même que quelques correspondances ont lieu entre Fontainebleau et Rome, et que le public est, dans ce pays, beaucoup mieux instruit sur ces affaires que ne l'est la police. Cette opinion, généralement accréditée, que le Concordat ne sera pas exécuté par le pape, a replacé les esprits dans un état de perplexité extrêmement fâcheux, et réveillé des espérances que le temps avait assoupies.

Les événements de la guerre n'occupent qu'en seconde ligne; cependant, les oisifs ne laissent pas de répandre des bruits sur ce qui se passe dans le Nord. Les dispositions de l'Autriche sont surtout diversement interprétées. Au reste, on est généralement persuadé que la lutte ne sera pas indécise, et à plusieurs reprises on a répandu la nouvelle d'une victoire signalée. La nouvelle de l'arrivée de Sa Majesté à l'armée a surtout fait une grande sensation. Plusieurs personnes ont avec Vienne des relations qui leur font savoir assez rapidement des nouvelles, surtout celles qui pourraient être défavorables.

Les craintes d'un débarquement des Anglais sur nos côtes ont cessé depuis quelque temps; on est surtout rassuré par la présence du roi de Naples qui a su réunir une armée nombreuse, et lui inspirer une grande confiance. On regarde ce prince comme le boulevard de la basse Italie contre les entreprises des Anglais.

Les mesures prises pour la formation des régiments de gardes d'honneur ont depuis quelques jours captivé l'attention publique. Depuis que les désignations sont faites, on ne s'occupe pas d'autres objets. L'esprit très peu militaire des Romains est trop fortement contrarié dans cette circonstance pour que l'on puisse espérer qu'une telle opération se fasse sans difficultés.

La réunion de quelques conscrits réfractaires a donné lieu à des bruits qui ont été calmés sur-le-champ. On remarque généralement que depuis que les désignations de gardes d'honneur, les réquisitions de chevaux, les cotisations pour les cavaliers offerts, ou pour les gardes ont touché un grand nombre de familles, elles sont mieux convaincues de cette vérité que Rome n'est pas étrangère à la France, et que les pertes qu'elle éprouvera accroîtront les sacrifices que devront faire toutes les parties de l'Empire. Une telle leçon était nécessaire dans un pays où l'on osait se réjouir des malheurs éprouvés.

Arch. Nationales, F¹ 6531, au Ministre de la police,
28 mai 1813.

Je continue à faire part à V. Exc. de mes observations sur la position de ce pays et sur la marche de l'esprit public. Depuis mon dernier compte rendu, il s'est formé, dans la chaîne de montagnes entre Rome, Viterbe et Civita-Vecchia, une bande de conscrits réfractaires et de déserteurs du 2ᵉ régiment étranger, qui me paraît mériter la plus sérieuse attention. Ces brigands diffèrent de ceux de Frosinone en ce qu'ils ne commettent pas d'assassinats, se contentant de prendre des vivres ou des armes; les nombreux déserteurs de ce régiment paraissent se diriger sur ce point; quelques sous-officiers, déserteurs aussi, ont été vus exerçant ces réfractaires à se servir de leurs armes, et cherchant à leur donner une tenue militaire. Comme les montagnes qui leur servent de refuge touchent à la mer, je crains qu'ils ne se mettent en communication avec les ennemis, et n'en reçoivent des secours.

J'ai pris de mon côté toutes les mesures possibles pour prévenir les suites de ces rassemblements, et pour en faire arrêter les auteurs, et j'en ai instruit M. le maître des requêtes Auglès. Mais je crains que la véritable source du mal ne soit dans la désertion qu'éprouve le régiment étranger, dans les menées sourdes qui la provoquent peut-être. Ce qui s'est passé à Orbitello prouve le peu de fond que l'on peut faire sur un corps composé d'hommes de toutes les nations. Dans le 2º étranger, nous avons plus de 500 Russes ou Prussiens qu'il suffit d'un intrigant pour porter à la désertion. Quel fond pourrait-on faire sur ce corps, s'il se présentait quelques vaisseaux pour faire un débarquement?

Dans l'arrondissement de Frosinone, les choses sont à peu près dans le même état, c'est-à-dire que les brigands sont en même nombre, et conservent la même audace. Un événement bien extraordinaire qui vient d'arriver à Frosinone [1], et dont V. Exc. est déjà instruite, prouve que les brigands ne veulent pas rompre les négociations qu'ils avaient entamées, et qu'ils comptent encore pouvoir obtenir grâce. Il prouve aussi que l'on peut tirer beaucoup de parti des habitants; car en peu d'heures des centaines d'hommes de toutes les classes s'armèrent, occupèrent toutes les avenues de la forêt, et disputèrent le passage aux brigands à coups de fusil. La manière touchante avec laquelle le sous-préfet a été reçu à son retour à Frosinone prouve aussi que ce peuple est susceptible de s'attacher à ses magistrats, et qu'il sait respecter en eux l'autorité dont ils sont revêtus. Je ne dois pas vous laisser ignorer que c'est à la fermeté de M. le sous-préfet, et à son extrême présence d'esprit, qu'il doit la conservation de sa vie.

Dans les arrondissements de Velletri, de Tivoli et de Rieti, les brigands se montrent assez fréquemment, et commettent de petits vols; mais la grande route est parfaitement gardée, et on ne peut y craindre aucun accident, aussi longtemps que le service ne s'y relâchera pas. L'organisation des Gardes nationales se termine sur tous les points; j'en espère de bons services. Mon projet est de l'employer au lieu de la troupe de ligne à la poursuite des réfractaires ; j'ai l'expérience que les soldats du 2º régiment étranger, les seuls qui soient à ma disposition, remplissent très mal les devoirs de garnisaires, et ne rendent aucuns services à cause de leur ignorance de la langue.

Les mouvements des armées sont l'objet de l'attention du public; toutes les nouvelles officielles sont imprimées et affichées dans tout le département, et partout elles excitent le plus vif intérêt. Les Romains commencent à sentir qu'à nos succès sont liés leurs fortunes et leur repos. Le mécontentement qu'avait excité la levée des gardes d'honneur commence à se calmer. Les jeunes gens prennent leur parti avec courage et gaieté, et je suis, généralement parlant, très content d'eux. Tous se préparent à partir incessamment.

---

1. Le sous-préfet, Taurelli, avait été enlevé par les brigands au cours d'une tournée, le 26 mai, et délivré par les habitants. — Cf. *Mémoires inédits* de Tournon.

Arch. Nationales, F⁷. Très confidentielle, au Ministre de l'intérieur, Rome, 6 juin 1813.

V. Exc. m'a transmis diverses réclamations de parents de jeunes gens désignés par moi pour gardes d'honneur, en me demandant les motifs de mes désignations; je vais avoir l'honneur de les lui exposer.

M. Barberini, fils d'un des plus grands propriétaires du département, a été désigné par moi à ce titre, et parce que ni son père, ni son frère n'ont encore donné aucuns gages de leur attachement au gouvernement. Je considérais donc comme essentiel de lier cette famille à l'ordre établi. C'est d'après ces mêmes vues qu'en 1811 je l'avais désigné pour être placé dans une école militaire ou dans un régiment. Dans cette occasion, j'ai surtout recherché à faire entrer dans la garde d'honneur les jeunes gens appartenant aux grandes familles, afin de donner à ceux qui sont moins favorisés de la fortune plus de désir d'y être admis. M. Barberini habitant constamment la Toscane, je n'avais pu, et je n'ai pu dans cette circonstance, connaître s'il était propre au service militaire. Il paraît que la faiblesse de son tempérament ne lui permet pas de servir, puisqu'il a été exempté le 29 janvier de se rendre à l'école de Saint-Germain. D'après ces motifs, je crois donc qu'il y a lieu à effacer M. Barberini de la liste des gardes d'honneur, en exigeant qu'il contribue à l'équipement des autres.

M. Doria a été désigné par moi parce que M. le maire de Rome le porte sur son état comme étant âgé de 29 ans; quelques jours après que je vous eus adressé ma première liste, il prouva qu'il avait 32 ans, et que, n'ayant pas été militaire, il n'était pas compris dans le décret. Je crois cependant que M. Doria est fils d'un des plus grands propriétaires du département; qu'il a 3 frères dont aucun n'a d'emploi public; qu'ils se sont refusés à tout ce qui leur a été proposé, et que lui-même a donné sa démission de l'emploi d'auditeur au Conseil d'État. Je croirais convenable de maintenir ce jeune homme sur la liste des gardes d'honneur, pour forcer sa famille à joindre ses vœux aux nôtres pour le succès des armes de l'empereur, et pour en imposer au public par cet exemple. J'attendrai vos ordres à ce sujet.

M. de Dominicis est fils d'un employé supérieur de l'enregistrement; il a obtenu depuis trois ans, quoique fort jeune, par la faveur dont jouit son père auprès de M. le président du Conseil de liquidation, l'emploi de conservateur des hypothèques. Ce jeune homme m'a été désigné par le maire et par la voie publique. Je l'ai porté sur ma liste, parce que je pensais qu'il serait d'un mauvais effet de ne pas désigner un individu d'une famille qui, plus qu'aucune autre de Rome, était comblée des bienfaits du gouvernement. Cependant, par égard pour les instances qui me furent faites, je résolus de ne comprendre M. de Dominicis sur l'état définitif qu'autant que je me trouverais dans l'impossibilité de fournir mon contingent. J'ai reçu à ce sujet une lettre de S. Exc. le Ministre des finances qui paraît mécontent de ce que j'aie désigné un employé des Domaines. Dans cet état de choses, je prie V. Exc. de m'autoriser à rayer M. de Dominicis de ma liste, sauf à ne pas compléter mon maximum. La tâche qui m'est imposée dans cette circonstance est trop difficile pour que je puisse la remplir si on me prescrit des bornes, et il m'est excessivement pénible, en attirant sur moi toutes les haines par mon inflexibilité, d'avoir à craindre des ressentiments de ceux qui sont mes protecteurs naturels.

Arch. Nationales, F¹ᵉ III, Rome 2. Confidentielle,
au Ministre de l'intérieur, Rome, 7 juin 1813.

Je continue à rendre compte à V. Exc. des nouvelles qui sont le plus généralement répandues dans le public. La nouvelle des victoires de Lutzen, Bautzen et Wurtchen, la délivrance de Dresde et de la Saxe ont produit la plus vive sensation, renversé toutes les espérances des malveillants, et ranimé tous les amis de l'ordre et du gouvernement. Dans aucune circonstance, d'aussi grands événements ne pouvaient avoir une plus grande influence, ni produire sur l'opinion un effet plus heureux. Mais bientôt des inquiétudes se sont élevées sur la part que l'Autriche pouvait prendre à ces événements; on a parlé d'un mouvement populaire à Vienne, de l'établissement d'une Régence composée des archiducs, du départ de l'empereur pour Bade. Les gens qui cherchent toujours à répandre des inquiétudes ont appuyé ces nouvelles de l'arrivée de S. A. I. le vice-roi en Italie, de la formation d'une armée à Vérone; on a ajouté que les Autrichiens rassemblaient des troupes en Styrie; qu'ils avaient refusé le passage à travers la Bohème aux troupes polonaises; enfin, mille autres bruits se sont succédé, qui, quoique se détruisant l'un l'autre, laissent une très fâcheuse impression.

L'attention publique est détournée depuis quelques jours par les inquiétudes qui se sont répandues sur la peste qui paraît avoir éclaté à Malte. Une nouvelle, généralement répandue depuis dix jours, est l'arrivée à Rome de S. Exc. le duc d'Otrante en qualité de gouverneur général.

Arch. Nationales, Fᵉ. Confidentielle,
au Ministre de l'intérieur, 14 juin 1813.

Je réponds aux diverses lettres dont V. Exc. m'a honoré pour me demander les motifs qui m'avaient porté à désigner comme gardes d'honneur divers jeunes gens.

M. Ruspoli réclame contre l'inscription de son fils Léopold, faisant valoir que son fils aîné est sous-préfet, que les deux suivants sont officiers de cavalerie, et qu'il ne lui en reste que deux dont Léopold est l'aîné; que ce dernier, qui avait été nommé à l'école de Saint-Cyr, a obtenu de rester dans sa famille où il est très utile pour l'administration de ses biens. Tous ces faits sont exacts et donneraient à M. Léopold Ruspoli des motifs d'exemption; mais d'une autre part, le petit nombre de personnes sur lesquelles les choix puissent tomber me force à écarter les réclamations qui ne sont, comme celle-ci, fondées que sur des convenances; de l'autre côté, M. Léopold Ruspoli a désiré suivre la carrière militaire et l'a témoigné; il est satisfait de sa désignation. La fortune très délabrée de son père ne lui offre aucune autre perspective que le service pour soutenir son nom; il vit à Rome. Tous ces motifs réunis m'ont paru contre-balancer ceux qu'allègue le père; je demanderai seulement à V. Exc. si elle les trouve fondés, de s'intéresser à faire obtenir un grade à ce jeune homme, à qui j'ai le projet de confier un détachement.

M. Scultcis réclame également contre sa désignation comme n'étant pas compris dans les catégories, et comme ayant un état, celui de banquier. Je réponds : M. Scultcis est fils d'un riche banquier; son frère est receveur d'arrondissement et banquier. Si les affaires sont en commun, il est lui-même un des plus grands propriétaires; si leurs affaires sont séparées, il est appelé aux droits de son frère. Il est vrai qu'il a un état, ou plutôt qu'il travaille avec son frère; mais je ne le crois pas nécessaire à son commerce, car il a passé longtemps à Naples sans s'en occuper. En tous les cas du moins, ne lui est-il pas indispensable, et dans la pénurie de sujets, j'ai dû n'écarter que ceux qui se trouvaient dans ce dernier cas. Quant à sa santé, il est permis de croire que ce motif n'a pas été mis sérieusement en avant, car M. Scultcis est un des plus beaux et des plus forts jeunes gens de Rome.

M. Giorgi réclame contre l'inscription de son fils, comme lui étant indispensable pour l'aider dans ses affaires. Il est vrai que M. Giorgi tient en ferme pour plus de 200.000 francs de biens, et que l'économie de ces immenses terrains exige des soins constants; qu'il n'a que deux fils dont Pierre est le second, et qu'il mérite, par sa conduite et par l'utilité dont il est dans le département, toute sorte d'égards. Mais, je le répète, j'ai toujours eu devant les yeux les expressions de votre circulaire; j'ai voulu fournir mon contingent. J'ai donc été forcé de n'écouter que les motifs appuyés sur l'impossibilité de servir, ou sur un tort évident fait à une famille. La plupart des jeunes gens étaient partis en 1811; je devais trouver dans ce qui restait les 132 gardes d'honneur; ainsi je n'étais pas le maître de faire un choix.

Je croirais, en me résumant, que MM. Scultcis et Giorgi doivent être maintenus sur la liste, sauf après un court service, et après avoir acquis un peu d'esprit militaire, à être renvoyés dans leurs familles, où ils seront plus utiles à l'État que dans un corps. Mais, du moins, leur départ prouvera l'impartialité de l'administration, produira un bon effet, et leur séjour au régiment leur sera utile à eux-mêmes. Je crois aussi que M. Ruspoli doit être maintenu, en lui accordant un grade.

Je prie V. Exc. de vouloir bien faire connaître elle-même sa décision à ces messieurs ainsi qu'à M. Doria que j'ai proposé de maintenir sur la liste, afin que si elle adopte mon opinion, cette mesure ne paraisse pas venir directement de moi. J'ai éprouvé tant de difficultés et tant de désagréments dans cette occasion, que je crois devoir réclamer de vos bontés de ne pas me laisser regarder par les personnes qui ont fait des réclamations et par leurs protecteurs, comme celui qui s'oppose à leurs demandes. Je vous prie surtout d'être bien persuadé que, dans mes désignations, j'ai agi avec la plus grande impartialité, et que j'ai eu en vue de fournir mon contingent en froissant le moins possible les intérêts particuliers. Je suis prêt à vous donner les motifs détaillés de chaque désignation.

Arch. Nationales, F¹⁹ 397, au Ministre des cultes,
Rome, 15 juin 1813.

V. Exc. me fait l'honneur de me demander itérativement les motifs par lesquels M. l'intendant de la couronne entendrait priver la Propagande des manuscrits existant dans sa bibliothèque, et des objets d'antiquité existant dans son musée. Je commence par vous supplier d'excuser les retards que j'ai mis à vous répondre; mais forcé de donner tous mes moments aux importantes opérations qui m'ont été confiées depuis le mois d'avril, je n'ai pu m'occuper d'objets d'une importance secondaire.

M. l'intendant de la couronne fut mis par M. l'intendant du Trésor, sans ma participation, dès février 1812, en possession de la plus grande partie du local de la Propagande. Dès lors, il témoigna que les livres, manuscrits et objets d'art existant dans ce bâtiment appartenaient à la couronne, en vertu du décret du 25 février 1811, et il ne cessa de les réclamer. Je répondis que les objets existants à la Propagande se divisaient en deux classes; que les uns, comme les livres et les manuscrits lui appartenaient sans difficultés, mais qu'ils étaient nécessaires à cet établissement, et que le décret du 25 février ne paraissait pas devoir leur être appliqué plus qu'il ne l'était aux livres ou manuscrits existant dans les bibliothèques de la ville; que les autres objets n'appartenaient point encore à la Propagande, puisque l'héritage Borgia dont ils faisaient partie n'avait pas encore été définitivement accepté; que, par conséquent, les dispositions du décret du 25 février ne leur étaient pas applicables.

Les choses étaient restées dans cet état, lorsque le 12 mai M. l'intendant de la couronne m'a écrit pour mettre opposition entre mes mains à la vente des objets d'art du musée Borgia qu'il supposait devoir s'effectuer. Je lui ai répondu que je n'admettais pas son opposition parce qu'il n'avait aucun droit sur le musée Borgia qui n'appartenait encore à aucun établissement public; que loin d'en ordonner la vente, V. Exc. avait approuvé la délibération de la commission tendante à restituer l'héritage aux héritiers naturels du cardinal, et qu'enfin, si j'avais eu de vous l'ordre de vendre les objets ou tels autres, son opposition n'aurait pas pu m'empêcher de l'effectuer.

Telle est, Monseigneur, l'exposition de tout ce qui s'est passé jusqu'à ce jour relativement aux livres et objets d'art de la Propagande. Je prie V. Exc., pour terminer ces contestations, de faire décider si les livres, manuscrits et objets d'art qu'elle possède appartiennent ou non à la couronne, et si le décret du 25 février leur est applicable.

Je lui proposerai d'obtenir une semblable décision pour les objets provenant de l'héritage Borgia, aussitôt qu'il sera bien convenu si ces objets doivent ou non leur être remis.

Arch. d'Avrilly, à sa mère, 26 juillet 1813.

Ma chère maman,... je n'ai encore reçu aucune réponse aux lettres que j'ai écrites pour avoir des nouvelles de Victor; je suis cependant certain qu'elles sont arrivées, et que l'on fait d'actives démarches pour le découvrir et pour lui faire parvenir de l'argent. J'ai le plus grand espoir que nous obtiendrons bientôt des nouvelles de ce cher enfant, et qu'il nous sera enfin rendu. Ne vous abandonnez pas, tendre mère, à vos inquiétudes. La Providence, qui l'a sauvé pendant la retraite, l'aura aussi préservé depuis ce moment [1]...

Ma femme est en très bonne santé. Je ne puis vous dire assez de bien de son caractère et de sa conduite envers moi; elle est un vrai modèle de tendresse extrême et de pureté à la fois; enfin, je ne puis rien souhaiter en elle que de la voir toujours ce qu'elle est.

Notre fille augmente chaque jour notre bonheur; paternité à part, elle est charmante, pleine de gentillesse, caressante, ne pleure jamais, et elle a une expression de physionomie que l'on ne trouve pas ordinairement à cet âge... ses yeux sont entre le bleu et le noir, grands, ouverts comme ceux de sa mère; on n'a pas les joues plus rondes, plus blanches, plus fraîches; elle rit aux éclats, aime qu'on s'occupe d'elle. Je vous laisse à penser combien nous l'aimons... Elle passe pour le plus bel enfant de Rome!

Nous allons prendre possession, cette semaine, de notre nouvelle maison, qui est encore pleine d'ouvriers; je me suis hâté de faire arranger un petit coin où nous attendrons que notre appartement soit prêt et surtout bien sec. J'ai réservé pour vous deux jolies pièces très gaies que j'arrangerai de mon mieux, et à notre premier voyage en France nous vous ramènerons, puisque cette année vous ne pouvez pas nous donner le bonheur de vous revoir...

J'espère avoir bientôt de vos nouvelles, ma bonne maman; j'en attends toujours avec une bien vive impatience; c'est mon seul dédommagement de votre absence. Voici bientôt un an et demi que je ne vous ai vue, et je n'espère pas vous revoir avant 8 à 9 mois. Écrivez-moi donc souvent pour m'aider à faire courir plus rapidement ce long espace de temps.

Adieu, la meilleure des mères, adieu; aimez un peu un fils qui vous aime de toute son âme.

---

1. Toutes les recherches que fit le préfet pour avoir des nouvelles de son frère Victor, officier à la Grande-Armée, de même que pour ses deux beaux-frères Charles et Hippolyte de Parcemont, sous-lieutenants au 9e cuirassiers, restèrent vaines. — J'ai trouvé aux *Arch. du château du Verger*, sur une lettre d'Hippolyte de Tournon (frère du préfet), la note suivante : « *Victor a été massacré avec tous les prisonniers Français par les Prussiens à Dantzig. Laissons-le ignorer à notre mère!* »

Ces trois officiers, disparus ainsi dans l'épouvantable retraite, ont laissé une dizaine de lettres fort intéressantes, et par les détails qu'elles donnent sur les pays traversés, et par le récit des douleurs vues ou endurées. Deux datées de Moscou, et du bivouac devant Moscou sont particulièrement curieuses.

Arch. Nationales, F⁷, au Ministre de l'intérieur.
Rome, 2 août 1813.

J'ai l'honneur d'adresser à V. Exc. : 1° L'état des jeunes gens de ce département qui, ayant été désignés pour la garde d'honneur, ont été reconnus propres au service; 2° L'état des jeunes gens qui, ayant été désignés pour le même corps, ont été reconnus par un Conseil de santé impropres au service; 3° L'état des jeunes gens qui, par la position de leurs familles, le rang qu'elles occupent ou la fortune dont elles jouissent, étaient dans le cas d'être désignés, mais qui n'ont pu l'être comme étant mariés, ou comme occupant déjà des emplois publics.

Le premier état comprend 134 noms. Tous, deux exceptés qui sont encore absents, ont été vus par moi, et examinés par un Conseil de santé. Ils ont été reconnus propres au service, et sont déjà partis au nombre de 110. Cependant, des maladies s'étant déclarées chez divers d'entre eux, plusieurs ayant fait des chutes de cheval pendant les manœuvres, il est à craindre que tous les 22 restant à partir ne puissent, du moins sur-le-champ, se mettre en route. Je serai donc peut-être dans le cas de faire quelques changements à ce tableau; mais il était difficile de parer à cet inconvénient, parce qu'on ne pouvait espérer que sur 134 jeunes gens tirés de leur vie habituelle pour se livrer à des exercices violents, il n'en tomberait pas quelqu'un de malade. En effet, plusieurs ont fait des chutes de cheval, d'autres ont gagné des hernies; mais comme leur rétablissement est espérable, je ne les ai pas effacés de la liste. En cas qu'ils ne puissent pas joindre promptement le corps, je tâcherai de les remplacer.

Le deuxième état porte tous les jeunes gens qui ont été réformés à raison de leur mauvaise santé ou de leurs infirmités. J'avais établi auprès de moi un Conseil composé des médecins et chirurgiens en chef de l'hôpital militaire, et de deux médecins romains qui changeaient chaque jour. Les jeunes gens qui alléguaient des infirmités étaient en ma présence examinés par le Conseil, et je prononçais sur sa déclaration. Le nombre des réformés est très considérable, sans doute, mais j'ai vu dans toutes les levées de conscription qu'il l'était toujours davantage encore, à proportion. Il n'est peut-être aucun pays où les jeunes gens, même des meilleures familles, soient sujets à autant de vices de conformation et de maladies qui dérivent de la corruption du sang.

Cependant, dans l'état ci-joint figurent quelques jeunes gens qui pourraient dans quelque temps être appelés au corps, et pour lesquels je n'ai prononcé qu'un ajournement.

Désirant mettre sous les yeux de V. Exc. la position de tous les jeunes gens de l'âge de 18 à 30 ans qui, par leur naissance, étaient en droit d'être désignés pour la garde d'honneur, j'ai rédigé un troisième état contenant le nom de ceux que je n'avais pu appeler, soit parce qu'ils étaient mariés, soit parce qu'ils étaient déjà employés.

Ainsi, en réunissant les trois états que je vous transmets, vous aurez un tableau général des jeunes gens de 18 à 30 ans appartenant aux meilleures familles du département. J'ai fait tous mes efforts pour qu'il n'échappât à mon observation aucune des personnes qui se trouvaient comprises dans le décret de formation, et je me suis constamment entendu avec M. le directeur général de police pour réunir les renseignements qu'il s'était procurés à mes propres remarques.

J'ose me flatter que V. Exc. verra avec quelque satisfaction qu'environ 200 jeunes gens appartenant aux premières familles du département servent actuellement Sa Majesté en divers emplois, et qu'il n'y a pas une seule famille considérable qui n'ait donné un gage de son attachement à l'empereur. Je serai heureux si les efforts extraordinaires que j'ai dû faire pour amener, sans moyens de rigueur, les jeunes Romains à se dévouer à un service si contraire à leurs habitudes, peuvent me mériter votre approbation.

Arch. Nationales, F1c III, Rome 2. Confidentielle,
au Ministre de l'intérieur, Rome, 4 août 1813.

Le public qui, depuis la prolongation de l'armistice, s'était livré à l'espérance de la paix, a été replongé dans l'inquiétude par le passage subit de Sa Majesté le roi de Naples, qui a eu lieu cette nuit avec une suite nombreuse. Quoique le roi ait répété que la paix était au moment de se conclure, on n'en a pas moins été persuadé que son départ pour l'armée était une preuve du contraire. J'espère que les premières nouvelles qui nous parviendront de Dresde ramèneront la confiance.

Toutes les nouvelles qui circulent depuis un mois sont relatives à la paix et à la guerre qui, chaque jour, sont annoncées l'une comme conclue, l'autre comme recommencée. On s'occupe surtout du rôle que l'Autriche jouerait dans ce dernier cas, et il est arrivé de Vienne des nouvelles peu consolantes. On ne peut trop désirer que les communications avec ce pays soient très surveillées, parce que c'est de là que partent tous les bruits inquiétants.

La crainte d'une attaque de la part des Anglais est toujours très vive. A ce sujet je dois rendre compte à V. Exc. de ce qui s'est passé ce matin. M. le lieutenant du gouverneur général a fait appeler M. l'intendant du trésor, M. le directeur de la police et moi, pour nous communiquer ses craintes sur une attaque de la part des Anglais, et il nous a annoncé que son projet était de réunir tous les Français attachés à l'administration, et toutes les personnes sur lesquelles on peut compter, pour accroître les forces militaires disponibles qui se réduisent à 2 bataillons de troupes étrangères. Chacun de nous s'est chargé de lui fournir des états des personnes qui, à notre connaissance, sont dignes de confiance. M. le général Miollis ne s'est pas expliqué davantage; mais il y a lieu de croire qu'il a eu, par S. M. le roi de Naples, des renseignements propres à motiver la nécessité de cette mesure extraordinaire; quoi qu'il en soit, V. Exc. peut être certaine que tout ce qui compose l'administration du département fera son devoir si le cas l'exige. Je ne manquerai pas de vous tenir informé des suites de cette ouverture faite par M. le lieutenant du gouverneur général et de tout ce qui se passera.

Arch. Nationales, F⁷ 8897, à Anglès, Rome, 20 août 1813.

Si je ne vous entretiens pas plus souvent de S. M. le roi Charles IV, c'est que l'uniformité de sa vie ne donne pas lieu à la moindre observation.

Le roi a donné le 14 août un grand dîner auquel il a fait aux principaux fonctionnaires l'honneur de les inviter ! Le 15, le roi et toute la famille ont assisté aux courses de chevaux et au feu d'artifice.

Le roi paraît s'occuper beaucoup de l'arrangement des deux couvents qu'il a acquis sur le mont Aventin; il y dépense environ 20 à 25.000 francs. Chaque jour il s'y rend et y passe plusieurs heures. Le prince de la Paix a acheté une jolie maison de campagne qu'il fait arranger; elle lui a coûté 155.000 francs. Il devra y employer au moins 10 à 15.000 francs pour la rendre habitable. Il paraît décidé à étendre ses acquisitions. Ce qu'il a acheté lui rapporte presque l'intérêt de son argent.

En général, le roi, la reine et toutes les personnes qui les entourent paraissent satisfaites de leur séjour à Rome.

Arch. Nationales, F⁷ 8893, doss. 8387, à Anglès,
Rome, 20 août 1813.

Le 17 au soir, une frégate anglaise a jeté à la côte environ 100 hommes qui se sont dirigés sur une tour appelée tour Paterne, située à 18 milles de Rome. Un détachement de 15 hommes, moitié vétérans, moitié soldats du 2ᵉ régiment étranger, a quitté la tour pour s'opposer au débarquement; mais à la vue d'une force infiniment supérieure, ces soldats se sont retirés dans la forêt voisine; un caporal et un soldat du 2ᵉ régiment étranger sont restés sur la plage et ont passé à l'ennemi. Le caporal est allemand, et le soldat espagnol. Les Anglais étant entrés dans la tour abandonnée y ont porté un baril de poudre et l'ont fait sauter. Deux gardes sanitaires arrêtés par eux ont été renvoyés à terre, après avoir été interrogés sur le nombre de troupes qui gardent la côte. Le capitaine anglais leur a dit de faire savoir aux personnes qui présidaient à la santé que, si les tours continuaient à faire des signaux, il les ferait sauter les unes après les autres.

Une des gardes sanitaires qui a eu des communications avec l'ennemi s'étant retirée dans un hameau situé à peu de distance de la côte, j'ai dû, sur-le-champ, faire former un cordon autour de ce village, pour nous assurer qu'il n'y aurait pas de communication entre ses habitants et le reste du département. Cette quarantaine durera 15 jours; elle est de simple précaution, car il n'est pas probable qu'une frégate ait à bord une maladie telle que la peste.

Cet événement prouvera avec quelle facilité un débarquement peut s'opérer sur nos plages, et le peu de confiance que l'on doit avoir dans le 2ᵉ régiment étranger, le seul corps qui se trouve dans le département.

Arch. Nationales, F⁷ 8900, doss. 14214.
Très confidentielle, à Anglès, Rome, 8 septembre 1813.

Mon cher ami, je me hâte de répondre à votre lettre du 1ᵉʳ septembre, relative à *M. de Norvins*. — En vous écrivant que je croyais que l'administration de l'enregistrement était coupable d'une excessive négligence pour n'avoir pas, pendant 18 mois, vérifié une seule fois le compte des passeports délivrés à la direction générale de la police, je n'ai pas prétendu avancer que M. de N. n'eût eu, lui-même, une aussi extrême négligence; mais je pensais que l'enregistrement ayant mission expresse de veiller sur cette comptabilité, c'était sur lui plutôt que sur le directeur, dont la responsabilité est plus morale qu'effective, que devait retomber la faute. Le ministre en a jugé autrement; il n'en est donc plus question. J'ai fait entendre à M. de N. qu'il devait considérer cette décision comme définitive, et ne plus s'occuper de réclamations inutiles.

Vous me paraissez, mon cher ami, peiné d'une espèce de reproche qui vous serait adressé sur une prétendue rigueur exagérée contre M. de N. Qui sait mieux que moi que vous avez porté l'indulgence au delà de tout ce qui était à espérer? Sans doute, il le sent mieux que personne, et il ne mériterait pas cette indulgence, s'il avait pour vous un autre sentiment que celui de la plus vive reconnaissance. Il a été entraîné à la conduite la plus répréhensible par ses alentours, et il s'est vu sur le bord d'un précipice où vous pouviez si facilement le jeter; il n'en est pas à se repentir, et il vous doit encore d'avoir été retiré de cette conduite qui tôt ou tard eût abouti à sa perte. Quoique je vive bien avec M. de N., je ne suis pas son ami, et je ne puis oublier les torts graves qu'il a eus envers moi en diverses occasions. Mais je dois rendre justice à ses qualités; il a de la capacité, de l'esprit, il n'est pas méchant. Sa légèreté seule lui donne l'apparence de l'être. Si, à son arrivée, il eût témoigné plus de confiance aux personnes qui en étaient dignes, s'il n'eût pas voulu devenir centre de tout, et par conséquent s'entourer d'hommes capables de le servir envers et contre tous, il n'aurait jamais donné lieu aux justes mais terribles reproches qu'on peut lui faire.

Mais laissons ce sujet qui me peine autant que vous; je veux vous entretenir de notre position politique. Vous sentirez facilement combien la guerre avec l'Autriche la rend difficile. A cette guerre se rattachent toutes les espérances. L'Autriche a fait déjà semer le bruit qu'elle exigeait le rétablissement du pape comme un acte préliminaire; qu'elle avait exigé qu'un envoyé de S. S. assistât aux conférences de Prague. De là naissent des espérances qui ne s'éteindront que dans nos victoires. Si à cet espoir on ajoute que la résistance du pape paraît combinée avec l'Autriche, on comprendra quelle force acquièrent ces idées.

D'une autre part, les événements d'Espagne, dont on est beaucoup mieux et beaucoup plus rapidement instruit dans les cafés de Rome que nous ne le sommes nous-mêmes, donnent la preuve de ce que peut la résistance opiniâtre d'un peuple. Toutes les réflexions qui naissent de ces faits et de ces conjectures établissent dans l'opinion publique un désir et une espérance d'un changement politique que je n'y avais jamais remarqués.

Ces germes resteront cependant inféconds aussi longtemps qu'une force active, et agissante immédiatement, ne les développera pas. Il suffira de l'attitude ferme de l'administration pour contenir tout le monde dans le devoir; mais si une mesure quelconque du gouvernement venait à exciter quelque vif mécontentement, ou si les Anglais venaient à jeter quelques milliers d'hommes sur nos côtes, alors il y a tout lieu de craindre que beaucoup de mécontents chercheraient à allumer un incendie dans l'espoir d'être secourus par l'Autriche, et de forcer la France à rétablir, à la paix, le pape dans ses anciens États. Il est hors de doute que cette espérance ne soit un puissant mobile pour remuer le peuple, et que nos milliers de prêtres n'en profitassent avec ardeur. Je n'ai pas besoin de vous dire que, dans cette hypothèse, nous sommes sans moyens de résistance, car toute notre force consiste dans deux bataillons d'un régiment entièrement composé de Russes, de Prussiens et d'Espagnols. Comme il est probable que les Anglais tenteront quelque chose sur nos côtes, peut-être serait-il prudent de prendre dès ce moment des mesures pour leur résister, et pour empêcher un mouvement intérieur qui n'aurait pour résultat que la ruine totale de ce pays. Je pense que l'on trouverait assez facilement un moyen de nous mettre à couvert, en obtenant du gouvernement de Naples que 2 régiments d'infanterie et 1 de cavalerie fussent cantonnés dans le département de Rome. Cette force, bien conduite, et ayant pour appui l'armée napolitaine, serait suffisante pour empêcher tout débarquement; car on ne peut pas craindre que les Anglais puissent tenter une grande expédition. Cette idée a été énoncée dans la Commission de haute police, et fut généralement goûtée. Le général Miollis promit même de la proposer; peut-être jugerez-vous convenable d'en parler au ministre.

Mais, je le répète, dans l'état actuel des choses et aussi longtemps que rien n'excitera les mécontents à faire un mouvement, nous n'avons absolument rien à craindre. Il faudra même pour les émouvoir des espérances de succès que ceux de l'empereur diminuent chaque jour. Il faut cependant une extrême vigilance et ne rien négliger de ce qui peut faire connaître les dispositions des hommes suspects. Je viens, à cet effet, de faire une liste de toutes les personnes influentes, et de prendre des mesures pour les surveiller. En cas de besoin, je les rendrai responsables de tout ce qui pourra arriver, et par leur moyen, on pourra contenir le peuple. D'une autre part, tous les sous-préfets sont en tournée pour faire rentrer les déserteurs et les réfractaires, à qui on a permis de ne pas donner suite aux poursuites, s'ils se présentent volontairement; le colonel de la gendarmerie court de son côté, et dans ce trimestre nous réduirons, j'espère, les conscrits insoumis à un très petit nombre, et nous diminuerons ainsi le nombre de personnes intéressées à un bouleversement.

A la vérité, le brigandage a repris de nouvelles forces depuis la déplorable affaire de Diccinove. Dans les arrondissements de Rieti et de Frosinone, ils se présentent en troupe de 10 à 12, et paraissent grossis par des hommes du royaume de Naples. Mais ces scélérats, très inquiétants pour la sûreté publique, ne peuvent influer en rien sur notre position politique, et ne seront jamais que des bandits redoutables à quiconque a quelque chose à perdre.

En résumé, notre position présente ne doit donner aucune inquiétude, et nous suffirons à maintenir la tranquillité publique, et à faire exécuter les lois avec les faibles moyens dont nous disposons. Mais, si une tentative avait lieu contre nos côtes, il y a tout lieu de craindre que l'incendie s'allumerait et ferait de grands ravages.

Voilà une interminable lettre, mon cher Anglès, mais j'use des droits de l'amitié en pensant tout haut avec vous. Quoi qu'il en soit de l'avenir, vous me verrez ferme et le dernier sur la brèche.

Arch. d'Avrilly, à sa mère, Rome, 12 septembre 1813.

Toujours de grandes lacunes dans notre correspondance, ma chère maman ! Je n'ai pu, depuis quinze jours, trouver une demi-heure à vous donner; et puis, j'attendais une de vos lettres pour savoir où vous adresser la mienne. Je vous écris à Claveson d'où on vous enverra ma lettre. Êtes-vous encore à Toulouse? ou vous êtes rapprochée de nous ? J'aime mieux vous savoir à Avignon que partout ailleurs, parce que vous y êtes davantage au centre de vos affections et de vos plus agréables souvenirs. Quand je dis *partout ailleurs*, j'excepte bien Rome, où je serais si heureux de vous revoir; mais hélas ! ce moment s'éloigne toujours davantage !

Ma femme continue à se bien porter... Notre aînée est au moment de percer ses quatre premières dents qui paraissent déjà. C'est une joie dans toute la maison, car la petite n'en est nullement incommodée. Elle court déjà très bien avec des lisières ou avec nos mains; elle nous connaît tous, même à la voix, et nous caresse de la manière la plus gracieuse. Vous vous doutez facilement combien elle est aimée.

Nous sommes toujours très tranquilles ici, et nous entendons à peine le bruit des armes. Les succès de l'empereur nous assurent cette tranquillité. Aussi, les apprenons-nous avec un enthousiasme que je ne puis décrire. Puissent-ils bientôt nous donner la paix !...

Le reste de la société est à l'ordinaire, mais nous la voyons rarement, n'étant pas encore logés de manière à recevoir du monde. Vous savez que nous sommes à Monte Citorio; nous occupons la partie qui doit former l'appartement de représentation; pendant ce temps, on arrange l'appartement d'habitation. Il sera extrêmement commode. Ma femme a pour elle une antichambre, un salon, une chambre à coucher, deux cabinets; à côté est l'appartement des enfants, en 3 pièces. J'ai auprès de ma femme une petite chambre et un cabinet pouvant servir de salon. Tous ces appartements sont décorés avec des peintures comme le grand salon de Monte Cavallo. Je ne mets des tentures que dans trois pièces de réception, et j'ai déjà écrit pour les faire venir de Lyon. J'espère ainsi avoir mon appartement prêt pour le mois de janvier.

J'espérais recevoir une de vos lettres aujourd'hui : mais la poste ne m'apporte rien. Je suis en peine de ce silence, car je sais combien vous avez d'exactitude à me donner de vos nouvelles. Dites les choses les plus tendres à toutes les personnes de la famille qui sont auprès de vous; quelles qu'elles soient, mon affection est la même pour toutes.

Adieu, ma tendre mère, je ne vous répète pas que je vous aime : pouvez-vous ne pas le savoir, vous qui méritez si bien toute ma tendresse !

Ma femme vous dit les choses les plus affectueuses. Les Fortia se portent bien.

Je vous embrasse de toute mon âme.

Arch. Nationales, F¹ᶜ III, Rome 2. Confidentielle,
au Ministre de l'intérieur, Rome, 13 septembre 1813.

Je continue d'instruire V. Exc. des bruits qui circulent dans le public, et de l'effet que les événements présents produisent sur l'opinion.

On avait été instruit très rapidement de la marche des armées combinées sur Dresde et de leur défaite. Ainsi, on n'avait éprouvé de crainte que pendant un moment très court. On a également su très promptement l'événement malheureux survenu au corps d'armée commandé par le général Vandamme, et la malveillance se serait emparée de cet événement, si un avis, donné par S. Exc. le Ministre de la police générale, suivi deux jours après de la publication des nouvelles officielles, n'avaient fourni des moyens d'éclairer l'opinion. Les personnes mêmes qui cherchent le plus à exagérer nos pertes n'ont pu tirer aucun parti de cet événement. On ne peut assez s'étonner de la rapidité avec laquelle les nouvelles d'Allemagne parviennent ici à une certaine classe de gens. Le débarquement de l'ex-général Moreau à Gottembourg a été su il y a plus d'un mois. Sa blessure à la bataille de Dresde a été connue avec tous ses détails à peu près en même temps que la nouvelle de la bataille qui est arrivée par Paris en douze jours. J'ai mis tous mes soins à rechercher les agents de ces rapides communications, et je crois maintenant être certain que cette correspondance a lieu par le moyen d'artistes prussiens qui résident dans cette ville, et qui sont en relations de tous les jours avec Mᵐᵉ de Humboldt, femme du ministre prussien à Vienne, qui a résidé pendant six ans à Rome. Je viens d'en donner avis à la police de cette ville, afin qu'il soit pris des mesures pour punir les agents de cette correspondance coupable, et l'empêcher à l'avenir.

On ne peut disconvenir que la réunion qui a lieu à Rome d'artistes de tous les pays ne soit dangereuse dans les circonstances présentes. Peut-être serait-il sage d'envoyer dans l'intérieur de la France des hommes qui abusent aussi fortement de l'excessive liberté qui leur est laissée et de l'absence de toute surveillance sur eux. Outre les Russes, les Prussiens et les Autrichiens, nous avons plusieurs artistes espagnols, hommes exaltés, que la nouvelle des événements qui se passent dans leur patrie enflamme et qui pourraient devenir dangereux, si quelque attaque avait lieu sur les côtes de l'Italie. Les mouvements de l'armée du vice-roi occupent beaucoup le public. On a répandu le bruit que les Autrichiens s'étaient avancés jusqu'à Trieste; mais les nouvelles officielles ont fait évanouir toutes les craintes. On a également répandu sur les événements d'Espagne toutes les fables les plus ridicules et annoncé que les ennemis marchaient sur Bordeaux. Mais ce ne sont pas de pareilles nouvelles qui peuvent faire une longue impression.

Quoique assez excités par les bruits qui se répandent, les habitants continuent à être parfaitement tranquilles. On remarque facilement même un heureux changement dans les premières classes de la société; elles prennent aux événements beaucoup plus de part, et les considèrent davantage comme étant d'une grande importance pour eux. Les liens par lesquels nous les avons unis à la France produisent leur effet, et tous les propriétaires font des vœux pour le succès d'une guerre dont ils sentent bien que les revers pèseraient sur eux et sur leurs familles. Quoique les prêtres, la bourgeoisie et le peuple ne soient pas animés de sentiments aussi sages, on ne peut qu'être satisfait de la conduite qu'ils tiennent jusqu'à ce moment.

Arch. Nationales, F^{tc} III, Rome 2. Confidentielle, au Ministre de l'intérieur, 23 septembre 1813.

Je continue à rendre compte à V. Exc. des événements qui peuvent intéresser la tranquillité publique dans ce département, et de l'influence qu'exercent sur l'opinion ceux qui se passent aux armées.

Les progrès des armées autrichiennes dans l'Illyrie, l'occupation de Trieste, celle de Brixen et des gorges du Tyrol, le soulèvement de ce pays qu'on annonçait comme certain avaient répandu l'alarme. On assurait déjà que Vérone était pris, et que l'armée de S. A. I. le vice-roi se trouvait coupée. Pendant ce temps, les bruits les plus sinistres se répandaient sur ce qui se passait en Allemagne, et le silence des journaux, l'absence de toute nouvelle officielle, depuis celles qui annonçaient le malheur arrivé au général Vandamme, tendaient à donner quelque consistance à ces craintes.

C'est dans ces circonstances et pendant cette inquiétude générale qu'une escadre anglaise, forte de 2 vaisseaux, 3 frégates et 2 bricks, a paru sur nos côtes, et pendant six jours a menacé d'une attaque le petit port d'Anzo, situé à 8 lieues de Rome. Le commandant militaire a réuni tout ce qui était disponible, et l'a envoyé à Port d'Anzo; mais cette troupe se réduisait à quelques centaines d'hommes. De son côté, le sous-préfet de Velletri a rassemblé toute la gendarmerie de l'arrondissement, et l'a envoyée sur le même point; il a fait prendre les armes à toutes les Gardes nationales, et les a disposées de manière à surveiller les passages les plus importants, et à empêcher toute communication entre les brigands et les hommes que les Anglais auraient débarqués. Heureusement, au bout de six jours, ceux-ci ont pris le large, et d'un autre côté nous avons reçu les nouvelles les plus satisfaisantes de l'armée d'Italie. Nous sommes ainsi sortis d'une espèce de crise fort pénible, puisqu'à la crainte d'une attaque se joignait l'inquiétude et le découragement que répandaient les nouvelles défavorables venues de la haute Italie. Je dois cependant faire remarquer que les habitants n'ont montré, dans cette occasion, aucunes dispositions dangereuses, et que l'inquiétude était le sentiment dominant. Je redouble mes efforts pour organiser la Garde nationale; ce qui vient de se passer m'a prouvé qu'on pourrait en tirer un bon parti pour maintenir l'ordre dans les villes, pendant que la troupe de ligne serait employée à repousser l'ennemi. La composition de cette garde nous rassure contre l'abus que des malveillants pourraient vouloir en faire, et une administration ferme et énergique saura toujours la contenir dans le devoir.

J'ai cru, Monseigneur, que dans les circonstances actuelles il ne serait pas désagréable à V. Exc. d'être plus fréquemment instruite de tout ce qui a trait à la tranquillité de ce pays, et j'aurai l'honneur de multiplier les rapports que je ne lui faisais qu'une fois par mois.

Arch. Nationales, F¹ 8898, doss. 11982.
Confidentielle, à Anglès, Rome, 28 septembre 1813.

M. le sous-préfet de Viterbe vient de m'adresser un imprimé incendiaire qui a été répandu avec profusion dans cette ville et dans ses environs, dans la nuit du 26 au 27. Le sous-préfet m'écrit que cette affiche était fraîche lorsqu'il la reçut, et que ses doigts en ont effacé une partie de l'encre. Il résulte de l'examen que j'ai fait faire de cet écrit que les caractères sont anciens, et qu'ils ont été fondus à Rome dans une fonderie qui n'existe plus. Il paraît aussi que l'impression a été faite au moyen d'une compression produite par d'autres moyens que par une presse. Il existe à Viterbe deux imprimeries; j'ai donné des ordres pour qu'on examinât attentivement les caractères qu'elles possèdent, afin de s'assurer s'ils n'ont pas servi à cette impression. J'ai indiqué aussi au sous-préfet diverses mesures au moyen desquelles il sera possible de reconnaître ou l'auteur, ou l'imprimeur, ou les distributeurs de cette infâme affiche. Je vous la transmettrai demain, voulant auparavant la faire examiner de nouveau pour bien reconnaître, s'il est possible, d'où proviennent les caractères dont on s'est servi. En attendant en voici une traduction littérale :

« Italiens,

« Vous attendez avec impatience un débarquement d'Anglais pour vous
« aider à secouer le joug de votre cruel et exécré tyran. Ce débarquement n'est
« empêché que par votre crainte qui, comme elle vous fait mourir par le fer
« et la misère, vous ferait encore marcher, s'il s'effectuait, pour le repousser.
« Mais vous n'en avez pas besoin. La France n'a point d'armée dans vos
« contrées, et ne peut en envoyer aucune. Les Espagnols l'envahissent; la
« Grande Armée battue fuit désespérée vers le Rhin. Deux fortes armées
« s'avancent pour fermer les Alpes. La France ne se soutient parmi vous
« qu'avec les mensonges qu'elle répand. Votre paresse, votre avarice, la dis-
« corde qui est entre vous, votre aveuglement soutiennent seules l'Empire et
« la tyrannie. Si cependant vous voulez qu'on vous traite comme l'Espagne,
« faites comme elle; imitez les braves et glorieux Espagnols. Songez que si
« vous ne les imitez pas, Napoléon vous conduira à la boucherie, et ensuite
« comme adhérents à la France, vous serez punis avec le fer et le feu par
« les armées coalisées qui déjà s'avancent victorieuses dans l'Italie. Obligés
« de prendre les armes pour défendre vos bourreaux, il vaut mieux les prendre
« pour vous en délivrer, vous délivrant ainsi de ces horribles désastres. Il n'y
« a pas d'autre voie. Que ceci vous serve de règle et d'avis. »

J'aurai l'honneur de vous faire connaître le succès de mes démarches pour connaître les scélérats qui cherchent ainsi à soulever le peuple.

Arch. Nationales, F¹ 8898, doss. 11982, à Anglès,
Rome, 30 septembre 1813.

J'inclus un exemplaire de l'affiche incendiaire trouvée à Viterbe. La même affiche a été posée à Rome, deux nuits de suite, à Civita-Vecchia et dans plusieurs villages de l'arrondissement de Rieti.

Elle est toute sur le même papier, de caractère pareil, mais imprimée avec plus ou moins de soin. Il paraît que plusieurs personnes ont travaillé à cette impression; il est du moins certain que les distributeurs en sont nombreux; toutes les mesures sont prises pour les atteindre; mais il y a peu d'espoir d'y parvenir [1].

Une telle affiche, répandue avec autant de profusion, combinée avec le retour sur nos côtes d'une force ennemie, mérite d'attirer toute notre attention. Je ne négligerai rien pour calmer l'effervescence que ces circonstances pourraient produire. Je viens de prévenir tous les maires de redoubler de vigilance et d'empêcher, autant qu'il leur sera possible, leurs administrés de s'occuper de ces écrits qui tendent à semer le désordre, et à mettre toute leur confiance dans le gouvernement.

Arch. Nationales, F¹ᶜ III, Rome 2, au Ministre de l'intérieur,
Rome, 1ᵉʳ octobre 1813.

J'ai l'honneur de rendre compte à V. Exc. de l'esprit qui a dirigé les assemblées cantonales de ce département. Cette réunion n'ayant pour objet que la nomination de candidats à des places qui offraient peu d'attrait à l'ambition, n'a, par conséquent, présenté aucune intrigue, aucune influence sensible, et l'administration même n'a eu qu'à lutter contre l'apathie qui a empêché le plus grand nombre des votants de jouir de leurs droits. Ces assemblées n'ont donc un aspect intéressant que sous le rapport du nombre des votants et de leur influence.

Les cantons de Rome étaient présidés par les mêmes personnes qui avaient rempli ces fonctions en 1811. C'étaient les ducs de Braschi, de Sora, les princes Gabrielli, Albani, les comtes Bolognetti, Marconi, Mariscotti, Giraud et Camille Mariscotti; les présidents des sections, les secrétaires, les scrutateurs étaient également des propriétaires recommandables et considérés; tous se sont acquittés de leurs fonctions avec la plus grande exactitude et un zèle

---

1. Tournon sut, plus tard, que l'affiche venait du curé Battaglia. Cf. sur ce personnage, pages 246 et suiv.

digne d'éloges. Le premier tour du scrutin présenta très peu de votants; je dus prendre des mesures secrètes pour exciter les particuliers aisés à donner l'exemple, et ces invitations eurent un succès favorable. Le nombre des votants s'élèvera à 3,000. Tous ont fait le serment constitutionnel, et montré une obéissance remarquable dans les circonstances actuelles. Mais un nombre considérable d'individus, parmi lesquels on distingue les noms de propriétaires riches et influents, négligea cependant de paraître aux assemblés par plusieurs motifs : 1° l'indifférence; 2° la crainte, par amour-propre, de se trouver confondus dans la foule; 3° enfin, l'esprit d'opposition au gouvernement, qui ne permettait pas à beaucoup d'ennemis de ce système actuel de donner ainsi un gage de leur dévouement. J'ai dû prendre note des individus les plus influents de cette dernière classe. Les choix ont été cependant tels qu'on pouvait les désirer; tous les candidats méritent la confiance, et jouissent de l'estime publique.

Dans les arrondissements, les assemblées ont eu lieu à Alatri, Anagni, Civita-Vecchia, Ferentino, Frosinone, Narni, Rieti, Sezze, Tivoli, Velletri et Viterbe. A Alatri, quoique l'esprit ne soit pas bon, et à Anagni, les votants ont été assez nombreux, et les choix satisfaisants. A Civita-Vecchia, l'influence du maire et des diverses autorités a agi avec succès, et un nombre considérable de votants a élu des candidats estimés. Le même esprit a dirigé les citoyens de Frosinone, Veroli, Narni et Velletri, quoique les mêmes motifs que j'ai signalés à l'article de Rome aient toujours réduit à un quart le nombre des particuliers qui ont émis leur vœu. Ces causes ont surtout agi à Tivoli, Rieti, Viterbe et Sezze. Peuplé de mécontents et d'esprits républicains, Tivoli s'est toujours opposé au gouvernement par une force d'inertie. Il a offert peu de votants, et tous les choix ne sont pas bons. Viterbe est dominé par le fanatisme religieux; il comptait 30 couvents; un grand nombre de prêtres et de moines y exercent encore une influence puissante, puisque sur 12,000 habitants, l'assemblée n'a réuni que 51 votants. De riches propriétaires habitent Rieti; mais quoique l'appel de leurs fils à l'armée et aux écoles militaires eût dû les attacher au gouvernement, ils sont loin d'aimer le système actuel, et quoique sages en général, leur conduite a dévoilé leurs sentiments dans cette circonstance; très peu d'individus ont assisté aux élections. — Sezze est peuplée de paysans; l'ignorance a détourné ces hommes simples de l'accomplissement d'un devoir honorable.

En me résumant, les choix sont suffisamment bons, et j'espère y trouver les éléments d'un renouvellement convenable des Conseils municipaux.

Arch. Nationales, F⁷ 8900, doss. 14214, à Anglès,
Rome, 1ᵉʳ octobre 1813.

Dans la nuit du 29 au 30 septembre, un brick, faisant partie de la petite escadre stationnée devant Porto-Anzo, a débarqué un détachement qui a surpris la garnison de la tour Caldana située à 4 milles de Porto-Anzo. Trois soldats seulement se sont sauvés à Porto-Anzo; le reste a été fait prisonnier par les Anglais qui, avant de se rembarquer, ont miné et fait sauter la tour. Il paraît qu'elle n'avait pas été totalement évacuée, car l'on a entendu des gémissements sous les débris; on travaille en ce moment à sauver les malheureux qui se trouvent ainsi ensevelis.

Aussitôt que M. le sous-préfet de Velletri a été informé de cet événement, il a fait marcher sur ce point la garnison de Velletri, et toute la gendarmerie dont il a pu disposer.

Arch. Nationales, F^{ie} III, Rome 2. Confidentielle, au Ministre de l'intérieur, Rome, 1er octobre 1813.

J'ai reçu avec bien de la satisfaction la lettre par laquelle V. Exc. me fait connaître qu'elle approuve les mesures que j'ai prises pour organiser la Garde nationale de Rome. Elle apprendra avec plaisir que ce corps a commencé aujourd'hui son service, et qu'il fournit 50 hommes de garde, ce qui soulagera beaucoup la garnison.

J'ai cru convenable de faire commencer le service de la Garde nationale avec un peu d'apparat. A cet effet tous les officiers ont été invités sur la place d'armes, pour y voir défiler la parade. Je m'y suis rendu avec M. le commandant d'armes. Je ne puis que rendre le meilleur témoignage à l'empressement avec lequel tous les officiers se sont rendus à cette invitation. Le colonel, les chefs de bataillons et un grand nombre de capitaines étaient en uniforme; les autres officiers n'avaient pas pu se le procurer encore.

Cette réunion de toutes les personnes les plus considérables de la ville, donnant l'exemple du zèle et de l'empressement à servir le gouvernement, a produit le meilleur effet. Sans doute, on ne pourrait espérer qu'un corps entièrement composé de pères de famille, de propriétaires, d'ouvriers s'exposât à des dangers, et opposât de la résistance à l'ennemi; mais j'espère avant peu l'organiser de manière que, dans le cas où la ville fût abandonnée à ses seules forces, la Garde nationale suffit à y maintenir l'ordre, et à préserver les personnes et les propriétés des attaques de plus de 1,400 malfaiteurs que contiennent ses prisons, et de plusieurs milliers de mauvais sujets qu'elle renferme.

Les Anglais, qui depuis longtemps étaient en vue de nos côtes, ont débarqué la nuit dernière une centaine d'hommes qui se sont emparés d'une des tours, y ont fait 3 prisonniers, et ont fait sauter la tour au moyen d'un baril de poudre; ils se sont rembarqués. Leur escadre est en vue ce matin, à la hauteur de Porto d'Anzo. On a vu de Terracine 12 chaloupes canonnières qui paraissent venir de Sicile. Si elles rejoignent l'escadre principale, on peut craindre que ces forces réunies ne jettent quelques troupes à terre. Toutes les mesures sont prises pour les bien recevoir; mais nous n'avons que très peu d'hommes disponibles, et presque tous sont des étrangers sur la fidélité desquels il y a peu à compter.

Depuis quatre jours, on ne cesse de répandre et même d'afficher un écrit incendiaire qui a pour but de faire soulever les habitants. Il a été surtout répandu dans les arrondissements de Viterbe, de Rieti et de Rome, et jusque dans cette ville. La police a déjà fait arrêter plusieurs personnes, mais on n'a point encore de preuves. J'ai sur-le-champ donné des instructions aux sous-préfets, pour qu'ils combattissent la mauvaise impression que ces affiches ont pu faire. J'ai également écrit aux maires et aux curés pour exciter leur vigilance, et les rassurer contre les absurdités effrayantes que l'on ne cesse de répandre. On ne peut nier que la présence prolongée des Anglais sur nos côtes, et la publication d'écrits qui excitent à la révolte, ne soient deux mesures combinées, et je suis tenté de croire que l'horrible pamphlet que l'on a si soigneusement répandu part des vaisseaux anglais. Il faut du moins qu'on ait dépensé des sommes assez considérables pour le faire répandre, car en deux jours de temps, il a été porté dans presque toutes les communes des trois arrondissements que j'ai désignés plus haut. Si la police peut parvenir à l'arrestation d'un des colporteurs, on connaîtra facilement tout le fil de cette trame. Au reste, le peuple est resté parfaitement calme, malgré cette affreuse excitation au meurtre et au pillage.

Arch. Nationales, F⁷ 8900, doss. 14214, à Anglès,
Rome, 6 octobre 1813.

Les craintes qu'excitait la présence des Anglais sur nos côtes deviennent chaque jour plus grandes. Après avoir, dans l'espace de peu de jours, fait sauter la tour Paterne et Caldana, et enlevé la batterie de Santa Marinella, ils ont attaqué hier au soir Porto-d'Anzo, port fortifié à 12 lieues au sud de Rome. Il paraît que ce petit fort n'a pas fait une grande résistance; du moins les Anglais s'en sont emparés. On voyait de Velletri, au départ du courrier, un grand feu et beaucoup de fumée sur ce point, et deux soldats qui se sont échappés ont annoncé que les Anglais avaient mis le feu aux habitations, et fait sauter les fortifications, et que la garnison s'était retirée dans les bois qui avoisinent le port. On ignore encore si les ennemis se sont rembarqués. Le général commandant le département est parti cette nuit, avec un petit détachement; le sous-préfet de Velletri a envoyé de son côté tout ce qui était disponible en troupes et en gendarmerie, et a fait relever tous les postes par la Garde nationale.

Il est probable que les Anglais ne cherchent pas à s'établir sur ce point, puisqu'ils en ont détruit les défenses; ils ne peuvent pas d'ailleurs être assez en force pour le tenter, puisque le débarquement a été opéré par deux vaisseaux, deux frégates et deux bricks seulement. Ainsi, ou ils se rembarqueront d'eux-mêmes, ou les troupes qui marchent contre eux les y contraindront. Mais cet événement doit donner de justes inquiétudes, lorsque l'on songe qu'une attaque contre Fiumicino réussirait probablement, et qu'elle ouvrirait la route de Rome qui n'est qu'à 4 lieues de ce port. Les habitants de Rome et de toutes les communes voisines sont parfaitement calmes, et on peut être assuré qu'ils continueront à se bien conduire; l'administration a pris toutes les mesures possibles pour rassurer et pour maintenir l'ordre.

ANNÉE 1813.

Arch. Nationales, F⁷ 8900, doss. 14214, à Anglès,
Rome, 7 octobre 1813.

Je continue à vous instruire de ce qui s'est passé à Porto d'Anzo. Les Anglais, forts d'un vaisseau de ligne, de 2 frégates, de 2 bricks et d'une corvette se mirent en bataille le 5, à 2 heures après midi, devant le port. Ils mirent à la mer un canot avec un parlementaire, qui se présenta deux fois en demandant à parler au commandant, et qui deux fois fut forcé par cet officier à se retirer.

Les vaisseaux commencèrent, après cette inutile tentative, un feu extrêmement vif, le feu des 6 pièces que nous avions dans la tour et dans les batteries fut bientôt éteint, et les tours tellement endommagées qu'on dut les abandonner. L'ennemi, pendant ce temps, mit en mer 25 à 30 canots, débarqua au-dessus du fort, et menaça de couper toute retraite à la garnison. Il paraît qu'il s'engagea alors un combat pendant lequel le détachement du 2ᵉ régiment étranger qui faisait partie de la garnison s'est fort mal conduit. On dit même que plusieurs soldats ont passé à l'ennemi. Le reste de la garnison s'est retiré à Neptune, village fortifié à 1/2 lieue de distance de Porto Anzo. Les Anglais ont passé la nuit du 5 au 6, et presque toute la journée du 6, à Porto, occupés à faire sauter la tour qui sert de phare, le fort, et à détruire les maisons qu'ils avaient pillées. Enfin, le 6, à 5 heures, ils ont amarré les 30 bâtiments marchands chargés de blé, d'avoine, de bois de construction qui se trouvaient dans le port, et ont mis à la voile.

Ce malheureux événement a fait beaucoup de sensation, et l'on a craint pendant un moment que les Anglais n'eussent des projets plus sérieux, et qu'ils n'attendissent des renforts des îles de Ponza.

Le lieutenant du gouverneur général a pris toutes les mesures militaires que les circonstances rendaient nécessaires. M. le sous-préfet de Velletri a mis une grande activité à réunir tous les moyens de défense qui pouvaient être à sa disposition.

Arch. Nationales, F⁷ 8900, doss. 14214, à Anglès,
Rome, 9 octobre 1813.

Deux déserteurs des vaisseaux anglais qui ont attaqué et pris Porto d'Anzo ont été interrogés, et ont donné des renseignements sur la force de l'ennemi. Je crois devoir vous en transmettre un résumé.

L'escadre anglaise qui croise depuis un mois sur nos côtes est commandée par le commodore Duncan. Elle se compose de 2 frégates, 2 ou 3 bricks et 2 cutters. Peu avant l'attaque de Porto d'Anzo, il s'y était joint le vaisseau de 74 l'*Edimborough*, capitaine Dowglass. Depuis plusieurs mois, cette escadre n'a pas touché Malte, ce qui doit rassurer sur l'état de santé de ses équipages. Les déserteurs s'accordent à dire que l'escadre n'a pas de troupes de débarquement à bord, et qu'elle n'a employé que les garnisons et les équipages au débarquement; que dans l'île de Ponza, il ne se trouve qu'une faible garnison; que le commodore Duncan avait voulu en embarquer une partie, ce à quoi le gouverneur de l'île s'est refusé. Ils disent que le projet de la croisière n'était autre que d'enlever des vaisseaux de commerce, et spécialement ceux chargés de denrées, afin de les envoyer aux îles Baléares et sur la côte d'Espagne, pays qui souffrent d'une grande disette.

Les Anglais se sont conduits avec une barbarie qui a révolté tous les esprits. Ils ont détruit les maisons après les avoir pillées; ils ont brûlé des magasins de grains qui appartenaient à des particuliers; ils ont donné la liberté à quelques forçats qui étaient restés à Porto d'Anzo; enfin, ils ont montré un esprit de piraterie qui a fait une profonde impression sur tous les hommes qui pouvaient regarder les Anglais comme des libérateurs.

J'ai chargé le sous-préfet de se rendre sur les lieux pour constater les dommages, et je solliciterai de S. Exc. le Ministre de l'intérieur des secours pour les malheureux habitants. Ils pourront juger de la différence qui existe entre ceux qui, sous le nom d'amis, viennent détruire leurs propriétés, et un gouvernement qui s'empresse de diminuer les maux de la guerre.

Arch. Nationales, F¹ᶜ III, Rome 2. Confidentielle,
au Ministre de l'intérieur, Rome, 13 octobre 1813.

J'ai reçu hier au soir la lettre par laquelle V. Exc. me fait part de l'objet de la séance extraordinaire du sénat que Sa Majesté l'impératrice a présidée. Je me suis hâté de profiter de cette communication pour rassurer les personnes qui avaient déjà donné une fausse interprétation à cette solennité. J'ai, d'une autre part, pris des mesures préparatoires pour la levée qui va être ordonnée, afin de ne pas perdre un instant, lorsque le sénatus-consulte me sera transmis.

Je continue à entretenir V. Exc. des bruits qui circulent dans ce pays, et de leur effet sur l'opinion. On avait répandu des nouvelles contradictoires sur les événements qui avaient dû se passer à la Grande Armée, pendant les dix derniers jours de septembre. La nouvelle d'une victoire remportée par l'empereur sur l'armée de Bohême était arrivée de divers côtés. Mais en même temps, d'autres nouvellistes parlaient de progrès faits par l'armée prusso-suédoise, dans le pays situé le long de la Saale. Ces bruits qui se contredisaient sont tombés à l'arrivée des nouvelles officielles.

On est actuellement fort occupé de ce qui se passe en Italie. On n'ignore pas que S. A. le vice-roi a pris une position concentrée, et on ajoute à cette nouvelle tout ce que peut dicter la malveillance, et même le bruit s'est répandu hier que le prince se retirait sur l'Adige.

Mais les esprits sont surtout occupés, depuis plusieurs jours, de l'annonce d'un changement dans la politique de la Bavière. On va jusqu'à dire, et cette nouvelle est fort répandue, que le roi a fait sa paix avec l'Autriche. Une autre version est que le prince royal, ne pouvant obtenir de son père de quitter l'alliance de la France, s'est emparé du gouvernement.

Ces dernières nouvelles ont produit assez de sensation, parce que l'on regarde le sort de l'Italie comme dépendant en grande partie de la fidélité de la Bavière qui en occupe toute la frontière septentrionale; mais elles ont si peu de vraisemblance, qu'il est facile de les combattre victorieusement.

Les Anglais n'ont pas renouvelé leurs attaques, depuis celle qui leur a si bien réussi contre Porto d'Anzo. M. le lieutenant du gouverneur général a redoublé les mesures qu'il avait déjà prises, afin de tirer, du peu de forces qui sont à sa disposition, le meilleur parti possible. Pour accroître ses moyens de défense, il avait demandé et obtenu de S. M. la reine de Naples un secours de troupes; et déjà 2 escadrons de cavalerie et 2 bataillons étaient arrivés à Terracine. La cessation du danger l'a engagé à renvoyer ces troupes dans leurs cantonnements; elles sont disloquées de manière qu'à la première apparence d'une attaque, elles peuvent se porter sur la côte.

La perte de Porto d'Anzo est due principalement à la trahison d'une partie de la garnison appartenant au 2ᵉ bataillon étranger, corps tout formé de déserteurs de divers pays. Ces misérables, au moment de l'attaque, passèrent à l'ennemi au nombre de 30. On ne peut voir qu'avec inquiétude ces désertions se renouveler, lorsqu'on sait que la défense de Rome et de tout son littoral est presque exclusivement confiée à un corps formé d'aussi mauvais éléments.

J'ai mis en réquisition les chevaux nécessaires pour atteler des batteries mobiles placées à Rome et à Civita-Vecchia.

Les habitants continuent à être fort tranquilles; la Garde nationale, partout organisée, fait un service assez exact, et soulage beaucoup la troupe de ligne. Je suis toujours dans l'opinion qu'elle peut être employée avec succès à maintenir l'ordre dans la ville, à couvrir les routes, et à autres services pareils, et je ne pense pas qu'elle puisse devenir dangereuse.

Je ne puis prévoir si, au moment de la levée de la conscription nouvelle, les malveillants ne chercheront pas à exciter des troubles; mais je prendrai des mesures tellement fortes que je me flatte qu'ils n'y réussiront pas. Dans tous les cas, V. Exc. peut être certaine que tout ce que pourra le courage et le dévouement sera fait pour remplir encore dans cette occasion les volontés de Sa Majesté.

Arch. Nationales, F¹ᵒ III, Rome 2. Confidentielle, au Ministre de l'intérieur, Rome, 23 octobre 1813.

J'ai attendu jusqu'à ce jour pour répondre à l'article de la lettre confidentielle que V. Exc. m'a fait l'honneur de m'écrire le 7 octobre, dans lequel Elle fait espérer que les grandes villes pourront obtenir la permission d'envoyer des députations pour assurer Sa Majesté l'impératrice régente du dévouement des départements. Je voudrais, avant tout, sonder l'opinion des personnes influentes, et m'assurer de la possibilité de composer cette députation d'une manière convenable.

Toute ma correspondance depuis plusieurs années a dû prouver à V. Exc.

que si l'esprit de soumission et le caractère de prudence des habitants de ce pays doit tranquilliser sur leur conduite, on ne peut cependant pas en induire qu'ils partagent les dispositions des véritables Français, et l'on ne peut se flatter de trouver en eux ces sentiments généreux qui s'accroissent chez nous en proportion des dangers. Les événements de la guerre, surtout de celle qui se fait dans la haute Italie, et les menées des malintentionnés, ont encore dans le moment actuel refroidi les bonnes dispositions d'une grande partie des habitants. Aussi, il serait difficile de faire faire à un corps comme le Conseil municipal de Rome une démarche qui, dans un autre département, serait le résultat d'un mouvement spontané. L'influence de l'administration se ferait nécessairement trop sentir, et dès lors on s'éloignerait du but. Toutes les fois qu'il s'est agi, antérieurement, de faire faire quelque démarche, soit au Conseil général, soit au Conseil municipal, j'ai dû y préparer les esprits, et indiquer la démarche. Cette indication suffisait, et on suivait avec empressement l'impulsion donnée. Mais, je dois le dire, dans les circonstances présentes, il faudrait peut-être montrer l'autorité, et on éprouverait, si ce n'est de la résistance, au moins une force d'inertie difficile à vaincre.

J'ai ensuite recherché quelles seraient les personnes qui pourraient composer cette députation. Toutes celles dont les sentiments sont les plus assurés, et qui appartiennent à la première classe, ont déjà à diverses reprises fait partie de députations, et feraient valoir cette raison comme excuse. Les autres personnes titrées et riches sont ou trop âgées, ou d'une trop faible santé; enfin, le reste de la haute noblesse manque entièrement de moyens pour faire un voyage aussi dispendieux. Je regarde donc comme une seconde difficulté la composition d'une députation qui ne doit compter que des personnes dignes, sous tous les rapports, d'être auprès de Sa Majesté l'impératrice régente les interprètes des sentiments du département.

J'ai cru devoir exposer franchement à V. Exc. le véritable état des choses; si elle persiste à juger convenable l'envoi d'une députation, je prendrai mes mesures en conséquence.

―――

Arch. Nationales, F⁷ 8898, doss. 11982, à Anglès, Rome, 24 octobre 1813.

Je n'avais pas perdu un moment pour faire poursuivre les auteurs, imprimeurs ou colporteurs de l'affiche incendiaire qui a été répandue avec profusion dans les 3 arrondissements nord de ce département. M. le sous-préfet de Viterbe a pris des mesures très propres à les faire découvrir; déjà même, il s'est assuré de la personne qui avait cet écrit dans sa poche, et qui en avait fait la lecture dans la place publique d'un village, et il l'a mise à la disposition de M. le directeur général de police. Il fait aussi toutes les perquisitions possibles pour parvenir à arrêter l'abbé Battaglia, ecclésiastique dangereux, qui est accusé d'avoir colporté ce pamphlet. D'un autre côté, par un examen des caractères d'imprimerie de tous les imprimeurs du département, je me suis assuré que ce libelle ne sortait d'aucune presse existante dans ce pays. J'ai même engagé M. l'inspecteur de l'imprimerie à se rendre à Viterbe et à Montefiascone pour y faire le même examen qu'à Rome. Il résulte de son rapport qu'aucun des caractères existant dans ces deux villes n'ont servi à cette impression.

Maintenant, on peut espérer que la publication de la récompense de 1.200 francs promise à celui qui découvrira l'auteur, l'imprimeur ou les colporteurs de l'affiche produira un bon effet, et que si elle ne fait pas découvrir les coupables, elle les rendra à l'avenir moins audacieux.

Arch. Nationales, F¹⁰ 397, au Ministre de l'intérieur, Rome, 24 octobre 1813.

Je crois devoir entretenir V. Exc. de l'administration des établissements étrangers, et principalement de la Commission chargée par le décret du 25 avril 1810 de cette administration.

Ce décret (art. 1er) charge une Commission de 7 membres d'administrer ces biens sous la présidence du préfet, et d'en employer les revenus à solder les dépenses et charges qui existaient au moment où il fut rendu. Il ne s'explique ni sur l'autorité du président, ni sur les formes à suivre par la Commission, ni sur les lois et règlements qui doivent lui servir de règle.

La Commission fut nommée par Sa Majesté et installée par moi. Nous établîmes que toutes les affaires seraient traitées en séance, mais que les établissements seraient divisés, pour les détails de l'administration, entre les divers membres de la Commission. Une séance devait avoir lieu à la fin de chaque mois, devant moi, à l'effet d'y décider les affaires les plus importantes, et d'y régler les comptes des dépenses.

Ces diverses dispositions ont été suivies avec assez d'exactitude. Mais j'ai cru que, sans changer la destination des revenus ni l'objet des fondations, on pouvait faire des améliorations dans le mode d'administration, en y introduisant successivement les formes prescrites par nos lois.

Je ne puis dissimuler que je n'aie trouvé des obstacles dans l'exécution de ce projet, parce que les préjugés de plusieurs des membres de la Commission s'opposaient à des innovations. Cependant j'ai, en premier lieu, fait arrêter que les individus à la charge des établissements étrangers ne seraient pas remplacés, lorsque leur mort ou leur démission nous aurait déchargés de cette dépense; 2° que tous les excédents après le paiement des charges seraient versés dans la caisse du Mont-de-Piété de Rome, et placés à l'intérêt de 5 p. 0/0; 3° j'ai fait former des budgets des dépenses de chaque établissement. Enfin, à dater du 1er janvier 1813, j'ai fait réunir tous les revenus, et les ai fait verser dans une seule caisse chargée exclusivement de faire les paiements de toute nature.

Ces changements, et plusieurs autres qui en ont été la conséquence, ont apporté des économies notables, et surtout mis dans la comptabilité de ces établissements une régularité qui n'y avait jamais existé. Malgré ces améliorations, je suis loin d'être satisfait de la marche actuelle des choses. Sans doute, les membres de la Commission apportent dans leurs fonctions toute la probité et la délicatesse que l'on peut attendre de personnes investies de la confiance du souverain. Mais le manque d'un bon règlement organique qui supplée au silence du décret du 25 avril, le peu d'union qui existe entre eux, une certaine jalousie de l'autorité que je crois devoir exercer, se réunissent à la tiédeur qui est générale dans ce pays pour les intérêts du gouvernement pour entraver la marche des affaires. Ainsi, et par l'effet de ces circonstances, les comptes de l'administration de 1812 ne m'ont pas encore été rendus, et je n'ai pu vous les transmettre. Les comptes trimestriels des recettes et dépenses ne me parviennent qu'au bout de plusieurs mois; enfin, plusieurs actes importants ont été faits sans que j'en eusse connaissance, et sans que, par conséquent, je pusse prendre les ordres de V. Exc. Je me bornerai à en citer un qui mérite de fixer toute votre attention. Le *Collège Germanique*, le plus riche des établissements étrangers, possède une ferme affermée aux frères *Vanni*, pour la somme de 42,000 francs; le bail finit au mois d'octobre 1814. Une des conditions du bail était que le Collège Germanique dénoncerait, deux ans avant l'expiration, son intention de ne pas continuer le bail. Cette formalité a été remplie par la Commission qui, le 18 septembre 1812, a déclaré que le bail cesserait d'avoir son effet en 1814.

Mais le 21 novembre 1812, sur le rapport de M. Galassi, un de ses membres, la Commission a accepté la demande faite par les frères Vanni d'être continués dans leur ferme pour douze ans, à dater de 1814. Ainsi, la Commission, sans m'en instruire, a passé un nouveau bail pour un terme qui excède les termes ordinaires des baux, sans affiches préalables, sans adjudications, et sans exiger aucune augmentation du prix de ferme, quoique à l'époque présente tous les baux soient généralement portés à un prix supérieur.

Ce n'est qu'au bout de neuf mois, et en feuilletant les registres des délibérations, que j'ai pris connaissance de cet acte, qui me paraît ne pouvoir pas être maintenu sans nuire aux intérêts de l'établissement. D'après les motifs ci-dessus exposés, je crois de mon devoir de proposer à V. Exc. de faire un règlement qui serve de base à la Commission. Je vais jeter sur le papier les idées que me fournit la connaissance que j'ai des besoins des établissements : elles pourront vous servir dans la rédaction du règlement que je crois devoir vous prier de faire.

De la Commission. — La Commission était composée de 7 membres. Le sieur de l'Estache est mort; le sieur Bonnefond est constamment absent. Je crois qu'il serait utile de remplacer ces deux personnes. Il serait peut-être nécessaire de régler le mode de délibération, et de fixer les cas dans lesquels la Commission devra s'adresser à V. Exc.

Des budgets. — Il devra être formé un budget général des recettes et dépenses par établissement; ce budget sera soumis à V. Exc. dans le mois de novembre de chaque année.

Du receveur. — Il ne doit y avoir qu'un receveur faisant les fonctions de payeur. Il sera soumis aux mêmes règles que les receveurs municipaux, c'est-à-dire qu'il fera rentrer, sous sa responsabilité, tous les revenus des établissements étrangers; il prouvera qu'il a épuisé toutes les procédures contre les débiteurs en retard; il tiendra ses écritures suivant les règles du trésor, et fournira chaque mois un état des rentrées et des dépenses. Nulle dépense ne pourra être payée par lui qu'autant qu'elle sera portée au budget, et qu'elle sera ordonnancée par la Commission. Il sera responsable des paiements faits sans les pièces à l'appui, exigées par les instructions sur la comptabilité des communes. Le receveur donnera un cautionnement en numéraire qui sera déposé au Mont-de-Piété.

De l'administration des biens. — Tous les baux des biens-fonds, et tous les loyers de maisons excédant 500 francs par an, seront donnés à l'enchère sur soumissions cachetées, après préalables affiches, et après l'autorisation du préfet président; les baux ou loyers qui servent pour un plus long terme que 9 ans seront soumis à l'approbation de V. Exc. Tous les baux seront faits sur un cahier des charges rédigé par la Commission. Les loyers des maisons rendant moins de 500 francs seront passés par le receveur avec l'approbation de la Commission.

Des dépenses. — Toutes les dépenses seront ordonnancées par la Commission, dont un des membres fera par semaine les fonctions d'ordonnateur des dépenses. La Commission retranchera toutes les dépenses inutiles, ne remplacera aucun des anciens employés, lorsqu'ils décéderont ou donneront leur démission, et elle présentera un plan de réforme générale. Les travaux d'entretien des bâtiments se feront par adjudication sur le devis de l'architecte; on prendra toutes les précautions pour s'assurer que les réparations étaient indispensables, et qu'elles ont été bien exécutées. Toutes les dépenses d'entretien du culte dans les églises appartenantes à la Commission seront réduites autant que possible. Nulle pension ne sera accordée sans un ordre de V. Exc.

Des comptes. — Les comptes de chaque exercice seront rendus dans les trois mois de l'exercice suivant et transmis, avec toutes les pièces à l'appui, à V. Exc.

Dispositions générales. — Tous les fonds qui excéderont les dépenses portées aux budgets seront déposés au Mont-de-Piété, et y seront placés à l'intérêt de 5 p. 0/0; le receveur portera en recette le produit de ces intérêts.

Tels sont, Monseigneur, les principaux points sur lesquels il serait nécessaire de connaître les intentions de V. Exc. Si elle daigne approuver les bases de ce règlement, elle pourra donner ses ordres pour qu'il soit rédigé dans la forme que, dans sa sagesse, elle jugera la meilleure. En lui présentant ce travail, je n'ai en vue que d'accélérer la rentrée des revenus de ces établissements, et de diminuer leurs dépenses. Malgré les soins de la Commission, nous sommes encore dans un état peu satisfaisant, et la cause principale est dans le manque d'une instruction positive qui, faisant taire toutes les petites considérations, serve de guide pour tous les cas. Quelles que soient les intentions de Sa Majesté sur le produit des biens des établissements étrangers, il sera honorable pour tous les membres de la Commission d'avoir contribué à améliorer la position de ces établissements, et offert ainsi à l'empereur des moyens plus étendus de faire le bien qui est dans sa pensée.

Arch. Nationales, F⁷ 8897, doss. 11504.
Très confidentielle, à Anglès, Rome, 29 octobre 1813.

La santé de S. M. la reine Marie-Louise s'améliore, et l'appareil mis sur la fracture ayant été levé, on a reconnu que l'os était parfaitement remis [1].

Je me suis rapproché davantage, depuis quelque temps, du roi Charles IV, afin d'être plus à même de connaître les résolutions qu'il pourrait avoir au dehors. Le roi a une droiture de caractère qui éloigne de tout soupçon. Il paraît content de son sort; les exercices de piété, la table, la musique et les promenades remplissent la journée qui est aussi exactement divisée que celle d'un moine. Mais ce prince est facile à conduire, et les gens qui l'entourent usent de leur influence sans aucun des égards qui sembleraient dus à leur souverain et à leur bienfaiteur.

Tout ce qui concerne la conduite de la petite cour est rempli exclusivement par la reine qui, elle-même, n'agit que d'après les décisions et par l'organe du prince de la Paix. Cette princesse a un esprit très fin et un tact très délicat; elle paraît très convaincue que sa famille n'a d'autre espoir que la protection de l'Empereur; elle en parle sans cesse avec admiration, et se plaint amèrement de ses fils, surtout du prince des Asturies; elle est peu attachée à sa fille, qu'elle ne voit presque jamais, et ne témoigne que de la froideur à son fils don Francisque, et à son petit-fils.

Le prince de la Paix est l'âme de cette cour. C'est de lui que tout part et à lui que tout se rapporte. La reine lui témoigne l'attachement le plus tendre, et le roi le considère comme son meilleur et plus fidèle ami. C'est donc sur ce personnage que doivent tomber toutes les observations, car, quoi qu'il arrive, il sera l'unique moteur de la conduite du roi et de la reine.

Quoique le prince de la Paix ait un esprit au-dessous du médiocre, son habitude des grandes affaires lui donne un coup d'œil assez sûr, et il juge avec justesse la position des choses. Il est bien convaincu que les Espagnols le regardent comme l'auteur de leurs maux, et qu'ils ne souffriront jamais qu'il remette les pieds en Espagne; il se considère comme le principal objet de leur haine; il ne peut donc en aucune hypothèse songer à rentrer dans ce pays. Dès lors il cherche à se faire un établissement solide indépendant. Il a une fille de la princesse de Bourbon, sa femme, et deux garçons de Mme de Castillofield : il les aime beaucoup, et ne s'occupe que de leur sort à venir.

Tout ce qui précède donne l'assurance que le prince n'entretient, ni ne peut entretenir aucune relation avec l'Espagne. Il ne cesse de répéter que tout son sort et celui de sa famille ne dépend que des bontés de l'empereur, et sa conduite ne dément pas ses discours. On peut donc croire qu'il dirige dans ce sens la conduite de la reine.

Des renseignements assez exacts que j'ai pris par le moyen d'une personne dévouée, et qui est assez au fait de ce qui se passe dans cette petite cour, confirment tout ce que je viens de dire.

---

[1] La reine s'était cassé le fémur, en descendant un escalier. — Cf. page 243.

Il paraît cependant que quelques personnes de la suite du roi ont des relations en Espagne, mais qui n'ont d'autre but que de les informer des nouvelles; plusieurs fois, il en est parvenu à Rome de favorables à la cause des insurgés avec une grande célérité, et tout porte à croire que c'est par ce canal. — Ce résumé est pour répondre à votre demande; je ne pense pas qu'il ait été fait aucune proposition au roi, et je ne crois pas que ni lui, ni le prince aient aucune relation avec l'Espagne ou tout autre pays. — Je crois devoir vous rappeler ici un mot que m'a dit, il y a deux jours, le prince, et qui lui échappa malgré sa dissimulation habituelle : « *Si l'empereur*, me dit-il, *veut n'avoir plus rien à craindre de l'Espagne, qu'il y envoie Ferdinand : il y aura bientôt une guerre civile, et les Anglais seront chassés*[1]. »

---

[1]. Tournon, dans ses *Mémoires inédits*, donne de très intéressants détails sur Charles IV et sa suite. « La cour de ce monarque détrôné, dit-il, était aussi singulière que son genre de vie. Le roi se levait de bonne heure, et passait la plus grande partie de la matinée à jouer du violon. Souvent, il m'a reçu au milieu de son petit orchestre qu'il conduisait avec beaucoup d'énergie. Quand il faisait chaud, il quittait son habit, relevait ses manches, et se livrait tout entier au plaisir de faire de très médiocre musique. C'était une pitié que de voir le monarque sur les États de qui le soleil ne se couchait jamais, réduit à cet emploi de son temps. Mais je crois que, même à Madrid, il n'en tirait guère meilleur parti, présomption que fortifie singulièrement son séjour à Rome. La promenade avec 3 voitures de suite était le plaisir de l'après-midi... Les jours de grande fête, le roi nous invitait à dîner, et il faisait toujours mon admiration par son appétit et par sa manière de jeter dans sa bouche des morceaux énormes qu'il semblait engloutir sans les mâcher. Il ne buvait que de l'eau, mais dans un verre immense qu'il vidait tout d'un trait comme s'il avait un œsophage d'un diamètre extraordinaire... Le roi était grand et très gros; la tête, tout à fait bourbonienne, avec un long nez aquilin, était coiffée de rares cheveux poudrés; sa physionomie (était) ouverte et bienveillante, ses manières brusques et communes.

« La reine était petite, mince; le visage couvert d'un masque de rides et de rouge ne laissait apercevoir aucun vestige de beauté; mais il était animé par une expression spirituelle, vive, aimable si elle voulait, dédaigneuse et dure au plus haut degré si elle était mécontente. Elle était attifée, et du goût le plus détestable.

« Immédiatement après elle, venait le prince de la Paix, don Emmanuel Godoï, le pivot sur lequel roulaient toutes les pensées de la famille, l'arbitre infaillible de ses résolutions. Il avait alors 50 ans environ. Sa taille était élevée, forte, mais bien proportionnée; ses larges épaules étaient en harmonie avec ses autres membres, et cet ensemble annonçait un degré de vigueur peu commune aussi agréable que le permet l'absence totale d'élégance et de grâce. Ses regards avaient de la finesse, et ses petits yeux annonçaient plus d'esprit qu'on n'en aurait deviné sous cette enveloppe épaisse...

« Le roi recevait ordinairement dans le salon de la reine, et se tenait debout; le prince de la Paix y était toujours. Il aimait à causer, et il montrait une grande connaissance de la statistique de l'Espagne, de ses colonies, de son histoire. Quand ils furent à leur aise avec moi (Tournon, en particulier, fit plusieurs fois pour Charles IV un modèle de lettre à l'empereur pour réclamer contre les retards qu'on apportait à acquitter sa pension de 1.800.000 francs), la conversation se mettait le plus souvent sur la politique et sur les événements

Arch. Nationales, F¹ᶜ III, Rome 2. Confidentielle,
au Ministre de l'intérieur, Rome, 5 novembre 1813.

S. M. le roi de Naples a passé par cette ville dans la nuit du 3 au 4, se rendant dans ses États. Le passage de ce prince a produit le meilleur effet dans l'opinion. On connaît parfaitement en Italie son courage, ses talents militaires et son activité, et on ne doute pas qu'il ne soit chargé par l'Empereur de veiller à la défense de la basse Italie. On sait qu'il exerce sur les Napolitains une très grande influence, et qu'il saura tirer de la belle armée qui est dans ce pays le meilleur parti. Il a annoncé hautement que, s'il était nécessaire, il se porterait sur le Pô à la tête de 40,000 hommes. La confiance que ses discours ont inspirée a été grande, et a produit la meilleure impression.

---

qui leur étaient personnels. Alors, la reine s'en emparait : ses yeux s'animaient, ses paroles s'aigrissaient, et on voyait le combat qu'elle se livrait pour ne pas laisser éclater devant moi tout son courroux et toute sa haine. Mais elle ne se gênait pas pour montrer son mépris pour son mari, son exécration pour son fils, et sa tendresse pour le prince de la Paix. Toujours il avait donné les meilleurs conseils; mais le roi n'avait jamais voulu les suivre. C'est lui, le *pauvre Manoel*, qui voulait emmener la famille royale à Cadix; et quand tout fut prêt, ce fut le roi qui ne voulut pas partir. Et le roi de baisser la tête, et de sembler dire en pénitent contrit : « *J'ai péché!* »; et toujours le *pauvre Manoel*, notre meilleur ami, répétait-elle; et le roi finissait par en dire autant, mais une octave plus bas, et avec beaucoup moins d'accent. Mais quand elle venait à parler de son fils, de conspiration de l'Escurial, d'Aranjuez, on aurait dit Médée allumant sa torche ! — « Mon fils, poussé par sa première femme, a voulu m'empoisonner », me répéta-t-elle plusieurs fois; et le roi approuvait par son silence. Alors, elle s'étendait sur les mauvaises qualités de Ferdinand, de manière à m'embarrasser.

« La conversation de la reine, quand elle ne se mettait pas sur de tels sujets, était animée et spirituelle. Elle avait d'ailleurs beaucoup de caractère, et elle le montra bien dans son séjour à Rome. Un jour, descendant un escalier, elle tombe et se casse le fémur. On la transporte sur un lit, et on cherche en vain un chirurgien. Enfin, on trouve celui d'un régiment qui la fait souffrir horriblement, sans pouvoir remettre l'os. Ce ne fut qu'au bout de plusieurs heures qu'un autre chirurgien en vint à bout. Ce long supplice, la reine le souffrit sans pousser un cri, et le lendemain, elle nous reçut, ma femme et moi, d'un air aussi serein que de coutume. Elle était couchée sur un monceau d'oreillers, entourés d'innombrables nœuds de rubans roses, et sa coiffe de nuit se voyait à peine sous les bouffets. Au milieu de cet appareil, sa figure desséchée faisait un contraste effrayant.

« Le prince de la Paix logeait au palais, et ne quittait pas la reine. Avec lui était la comtesse de Castillofield, épousée en secret, et dont il avait deux beaux garçons. La comtesse avait des traits réguliers, de grands yeux, le teint un peu brun, une taille élégante; mais sa jeunesse était déjà loin... C'est dans cet appartement, au milieu d'enfants de divers lits, et avec une femme non avouée, que la reine passait le plus de temps avec un homme qu'elle honorait de son affection ! J'avoue que j'étais toujours péniblement affecté quand je sortais de ce salon. »

Depuis que V. Exc. m'eut annoncé que les grandes villes pourraient espérer de faire parvenir au pied du trône, par des députations, les assurances du dévouement des habitants, je n'ai cessé de préparer les membres du Conseil municipal à se montrer dans cette occasion importante dignes du rang qu'ils occupent à la tête de la deuxième ville de l'Empire. Je vous ai fait connaître, dans une précédente lettre, les difficultés que je rencontrais, et l'espèce de crainte et d'abattement dans lesquels les esprits étaient plongés par les bruits alarmants qui circulaient sur les progrès des Autrichiens et des Bavarois en Italie. La venue du roi de Naples ayant ranimé un peu l'opinion, j'en ai sur-le-champ profité, et j'ai engagé le maire à réunir le Conseil municipal dès le soir même. Ce corps s'est, en effet, réuni hier, et a voté qu'il serait rédigé une adresse par une Commission qu'il a nommée. Ce soir, il se rassemble de nouveau pour entendre la lecture de l'adresse. La nomination d'une députation a éprouvé toutes les difficultés auxquelles je m'attendais. Cependant, j'espère que dans la séance de ce soir elle sera votée. Je prends à l'avance toutes mes mesures pour y réussir. Chacun des conseillers craignant d'être désigné, et redoutant la dépense qu'entraîne un aussi long voyage, cherche à éloigner cette mesure. On a proposé de faire présenter l'adresse par des Romains qui se trouvent à Paris. J'ai fait savoir que je ne vous soumettrais pas une pareille proposition, qui choque toutes les convenances. Je ne négligerai rien pour que la députation soit votée et composée comme il est à souhaiter.

Ces difficultés, lorsque toutes les villes de France donnent un si bon exemple, font mieux connaître à V. Exc. l'état des choses que les rapports les plus étendus. Je ne les attribue cependant à aucun mauvais esprit, mais à l'inquiétude et à la crainte qui se sont répandus en Italie, depuis que ses frontières septentrionales sont envahies.

Aussitôt que le Conseil m'aura envoyé sa délibération, je vous la soumettrai, et me trouverai fort heureux d'avoir pu contribuer à faire donner par la ville de Rome une marque de son dévouement et de sa fidélité. J'espère que cet exemple sera suivi par quelques villes du département.

Arch. Nationales, F^{ie} III, Rome 2. Confidentielle,
au Ministre de l'intérieur, Rome, 6 novembre 1813.

Le Conseil municipal de la ville de Rome a voté, dans sa séance d'hier, une adresse à Sa Majesté l'impératrice régente, et a arrêté qu'une députation composée de MM. le duc de Zagarolo et Philippe Albani, l'un adjoint et l'autre conseiller municipal, se rendraient à Paris, et s'adjoindraient M. le prince Altieri qui s'y trouve actuellement, à l'effet de présenter cette adresse au pied du trône. J'ai l'honneur de prier V. Exc. de vouloir bien solliciter de Sa Majesté l'impératrice l'autorisation de lui faire présenter, par cette députation, l'expression des sentiments et du dévouement des habitants de la bonne ville de Rome.

M. le prince Altieri est connu de V. Exc., et je n'entrerai en aucun détail sur sa personne. Il a reçu, il y a peu, une marque de faveur de Sa Majesté qui a daigné lui donner le Grand Cordon de la Réunion.

M. le duc de Zagarolo, fils du prince Rospigliosi, est un des plus grands seigneurs de Rome, tant par sa naissance que par sa fortune. Il a épousé une fille du prince Colonna. — M. de Zagarolo est un des hommes de Rome qui jouissent le plus de la considération publique; il a de l'esprit, des connaissances et des manières fort distinguées; sa conduite a été constamment bonne, mais réservée. Cependant, il a accepté, il y a trois ans, la place de conseiller municipal, et en a exercé les fonctions avec beaucoup de zèle. Choisi depuis quatre mois pour être à la tête de la Garde nationale, il s'est conduit avec un zèle, une activité remarquables. J'ai regardé comme fort important de le faire nommer dans une députation dont chacun évitait d'être membre dans les circonstances actuelles, et il a accepté avec beaucoup d'empressement. Son ambition serait d'obtenir une grande décoration, ainsi que l'ont reçue plusieurs autres seigneurs romains. Cette faveur produirait le meilleur effet, en attachant décidément au gouvernement un homme qui exerce beaucoup d'influence, et à qui sa place de colonel de la Garde nationale en donne encore davantage. J'ai eu occasion d'entretenir V. Exc. de M. Albani, frère du prince et du cardinal de ce nom. Comme il est le chef du parti dévot, sa nomination ne peut que produire un très bon effet. Quoi qu'on ait pu dire sur son attachement à l'ancien gouvernement, il s'est toujours conduit, sous le nouveau, en homme d'honneur, et sa conduite a constamment été très digne d'estime. Son ambition serait, je crois aussi, d'obtenir une décoration telle que celle de chevalier de la Réunion.

J'ose me flatter que ces choix seront agréables à V. Exc. J'engage MM. les députés à se mettre en route, afin que, quoique la ville de Rome ait été une des dernières à manifester ses sentiments, la députation qui en est l'organe n'arrive pas la dernière. Demain, je vous transmettrai copie de la délibération municipale.

Arch. de l'État romain, vol. 116, à Miollis,
Rome, 13 novembre 1813.

Les fournisseurs des prisons ne cessent de réclamer le paiement de leurs créances qui s'élèvent à une très forte somme. Ceux de Frosinone et de Tivoli ont abandonné le service, et MM. les sous-préfets ont dû les contraindre par la force à continuer. Ceux de Rome menacent de les imiter. Dans cet état de choses, et ne pouvant rester responsable de ce qui peut résulter de cet abandon, n'ayant aucun moyen de fournir les fonds pour l'entretien de 1.800 détenus, j'ai l'honneur de vous inviter à faire mettre à ma disposition une somme de 30.000 francs pour donner un acompte aux fournisseurs, et pour les engager aussi à continuer le service.

Je vous prie de prendre ma demande dans la plus grande considération.

Arch. Nationales, F¹ᵒ III, Rome 2. Très confidentielle,
au Ministre de l'intérieur, Rome, 14 novembre 1813.

Je continue, suivant vos ordres, à instruire V. Exc. des nouvelles qui circulent dans ce pays, et à lui faire part de mes observations sur la direction de l'esprit public.

La nouvelle des malheurs que la Grande Armée a éprouvés dans la journée du 19 octobre avait été apportée ici par les personnes de la suite du roi de Naples, et les malveillants avaient profité des récits exagérés, que des hommes qui viennent d'échapper à un danger sont dans l'usage de faire, pour jeter l'épouvante chez tous les amis du gouvernement. On enchérissait encore sur l'exagération napolitaine, et on peignait l'armée comme détruite. Les nouvelles officielles, quoiqu'elles peignent des couleurs les plus vives les funestes événements du 19, ont cependant rassuré. Enfin, l'opinion s'est beaucoup relevée lorsqu'on a vu cette armée, entourée d'ennemis, se faire jour glorieusement, et prouver sa force à ceux qui la croyaient anéantie. Tous les gens sensés sont très satisfaits de voir l'empereur et l'armée revenus sur le Rhin, et placés de manière à faire front à l'ennemi sur quelque point qu'il se porte.

L'état de l'Italie est maintenant l'objet des plus vives inquiétudes. On sait que les Autrichiens ont passé l'Adige à Rovigo, et qu'ils cherchent à insurger la Polésine et la vallée de Comachio, pays malintentionnés; qu'ils sont aux portes de Brescia, et qu'ils menacent Milan. On craint donc très vivement qu'ils ne se portent sur Bologne, et ne coupent les communications avec la France. Ces nouvelles et les conséquences qu'on en tire pour l'avenir jettent le découragement chez tous les amis du gouvernement, et surtout chez les employés qui appartiennent au pays; ils craignent les vengeances, et les malveillants cherchent, par des affiches et des pamphlets incendiaires, à accroître leurs frayeurs.

Dans ce danger de l'Italie, tous les yeux se sont tournés vers le roi de Naples. Ainsi que je vous l'ai déjà mandé, il avait annoncé son passage et celui de son armée. Mais plusieurs jours s'étant écoulés sans que l'on vît aucun mouvement dans ses troupes, on s'était livré aux plus étranges conjectures sur les projets de ce prince. On osait dire que, forcé par les grands besoins de son royaume, il ménageait un arrangement avec l'Angleterre pour la libre exportation de ses denrées; on parlait d'un Conseil composé des plus grands seigneurs de Naples qui, réuni après son retour, avait obtenu de lui cette condescendance; on disait même qu'un parlementaire se rendait à Palerme auprès de lord Bentinck. A l'appui de cette opinion, on citait la baisse des denrées coloniales et la hausse des blés, huiles et autres productions indigènes; enfin, on faisait remarquer que M. le comte de Mier, ex-ministre d'Autriche, se trouvait encore à Naples. Les décrets royaux du 11 du courant ont donné l'explication de quelques-uns de ces faits, et fait évanouir d'absurdes rêveries. Ces décrets portent que, vu les besoins du royaume, il est permis à tous navires appartenant à des puissances *alliées* ou *neutres* d'aborder librement dans les ports du royaume, d'y apporter et d'y débarquer toutes espèces de marchandises étrangères, et d'y embarquer et d'exporter toutes les espèces de denrées et de marchandises indigènes. Le port de Naples recevra seul les marchandises destinées à la réexpédition. Ces mêmes décrets révoquent tous ceux qui leur sont contraires, et diminuent de beaucoup les droits sur les marchandises importées.

En recevant ce décret inséré au journal de Naples, j'ai reçu la nouvelle officielle du prochain passage d'une colonne de 30,000 hommes; on m'a annoncé en même temps qu'une deuxième colonne se portait directement des Abruzzes dans la marche d'Ancône, et que le point de réunion des deux colonnes était Bologne. Je n'ai pas encore pu obtenir l'effet produit par ces deux nouvelles sur l'opinion publique; mais il est certain que le passage de l'armée napolitaine relèvera beaucoup l'esprit public.

Quant à la tranquillité du département, elle est la même que dans les temps les plus heureux. Le brigandage existe toujours, mais il est moindre qu'il n'était il y a un an; et d'ailleurs les voleurs ne sont mus que par le désir de piller. Le paiement des contributions est à peu près aussi avancé qu'il était à l'époque actuelle, dans l'année dernière. Les conscrits insoumis sont poursuivis, et rentrent en grand nombre. Nous sommes donc, malgré les efforts des malveillants, malgré leurs affiches et tous les moyens qu'ils emploient pour soulever le peuple, dans un état assez satisfaisant. J'ose espérer que cette tranquillité ne sera pas troublée, aussi longtemps que ce pays ne sera pas exposé à des attaques directes de l'ennemi, à moins cependant que la levée de la conscription ne provoque une explosion.

Je ne cesserai, pour répondre à la confiance dont vous daignez m'honorer, de vous faire connaître, avec la plus grande franchise, tout ce qui peut intéresser ce pays.

Arch. Nationales, F¹ 8898, doss. 11982, à Anglès,
Rome, 20 novembre 1813.

La tranquillité de l'arrondissement de Viterbe est troublée depuis deux jours par un prêtre nommé Battaglia, de Vitorchiano, homme influent et extrêmement ennemi du gouvernement. Depuis longtemps la police le poursuivait comme auteur des affiches incendiaires qui ont été placées à plusieurs reprises dans les villes et villages de cet arrondissement et de ceux de Rome, de Rieti et de Todi qui l'avoisinent. Ce mauvais sujet vient de lever le masque et de sortir de sa retraite; il s'est associé une douzaine de mécontents, s'est porté, le 18, dans la commune de *Rocca del Verne,* et y a enlevé une somme de 60 francs au receveur du droit de mouture, en lui en donnant un reçu signé de lui en qualité de *chef de la Ligue italienne.*

A peine instruit de cet événement, M. le sous-préfet de Viterbe a fait partir le lieutenant de gendarmerie avec tout ce qu'il a pu réunir pour poursuivre ces misérables et étouffer cette étincelle. J'en ai rendu compte à S. Exc. le lieutenant du gouverneur général, qui, sur ma demande, a fait partir pour Viterbe une compagnie d'infanterie. J'ai chargé M. le sous-préfet de redoubler de vigilance, de se concerter avec le sous-préfet de Todi qui avoisine son arrondissement, d'écrire aux maires qu'ils doivent repousser par la force les attaques de ces factieux, qu'ils seront responsables, eux et les plus gros propriétaires, des enlèvements de deniers publics qui pourraient être faits. J'espère que l'activité de M. le sous-préfet, qui jouit d'ailleurs à un haut degré de la confiance de ses administrés, suffira pour détruire ce genre,

---

Arch. Nationales, F¹ 8898, doss. 11982, à Anglès,
Rome, 22 novembre 1813.

Le prêtre Battaglia, dont je vous ai fait connaître, dans une lettre du 20, la tentative de soulèvement populaire, a commencé le 18 sa levée de bouclier. Il se rendit de la commune de Vitorchiano, où il se tenait caché, dans celle des Grottes-San-Stefano, avec 6 à 7 hommes armés. Il y força le receveur des revenus publics à lui payer une certaine somme, ainsi que je vous l'ai mandé. Ce scélérat recruta quelques hommes armés, se rendit à Celeno, et y enleva l'argent qu'il y trouva. L'adjoint des grottes San Stefano eut l'infamie de se joindre à eux. Tous ensemble, au nombre d'environ 30, se portèrent à Rocca del Verne, le 19.

Cependant, M. le sous-préfet de Viterbe, averti dès le 18, fit partir la gendarmerie avec toute la troupe qui se trouvait sous sa main. Le 20, ce détachement, commandé par un capitaine du 2ᵉ régiment étranger et par le lieutenant Meda, de la gendarmerie, arriva à Rocca del Verne, où il trouva les brigands dans le château; ils se défendirent, et les premiers coups de fusil tuèrent le capitaine et blessèrent le maréchal des logis Roger. Cependant, on s'empara du château; mais on ne put arrêter les brigands, qui s'enfuirent; un seul fut tué. Depuis ce moment, on ne cesse de les poursuivre, et ils paraissent dispersés. L'adjoint des *Grottes* a été pris. La compagnie partie de Rome est arrivée hier au soir à Viterbe, et se trouve actuellement sur le lieu de la scène; d'une autre part, la masse des habitants est parfaitement calme. À Celeno, on a fermé les portes, et on est résolu à repousser la force par la force; les villes voisines telles que Viterbe, Montefiascone, sont dans les meilleures dispositions; le sous-préfet montre beaucoup d'activité et de dévouement, et il exerce une grande influence sur les habitants; on peut donc espérer que cette étincelle sera éteinte à l'instant même, et que l'exemple de rigueur qui va être donné maintiendra tous les factieux dans la crainte.

Arch. Nationales, F¹ 8898, doss. 11982, à Anglès,
Rome, 24 novembre 1813.

Je continue à vous instruire des mouvements de la bande du prêtre Battaglia. Ces bandits, après avoir été chassés de Rocca del Verne, se sont portés sur Saint-Michel et sur Civittella d'Agliano, petites communes voisines de la première, et y ont passé les journées du 20 et du 21; ils ont brûlé les armes impériales, et pris quelque argent chez les receveurs. Dans ces deux communes, le peuple est resté parfaitement tranquille, et Battaglia n'a recruté que quelques vagabonds. Le 22, il s'est porté à Castiglione, autre petit village; mais apprenant qu'il était poursuivi, il a passé dans le département du Trasimène, a profité d'une barque que l'on avait imprudemment laissée, et a traversé le Tibre. Le 23, la bande, forte d'environ 50 individus, a traversé une partie de l'arrondissement de Todi, et elle se trouvait au départ du dernier avis, aux environs d'Amelia.

Le lieutenant Meda, avec 130 hommes, a passé le Tibre, le 23, et s'est mis à la poursuite de ces brigands dans le département de Trasimène. D'un autre côté, le chef d'escadron de Filippis est parti cette nuit en poste pour prendre le commandement des troupes; il est suivi par un détachement de 25 gendarmes. Une colonne de 50 hommes s'est portée de Rome sur Narni, par la montagne, afin de couvrir la Sabine, et les troupes qui sont dans le Trasimène prennent à dos les brigands. On peut donc croire qu'ils seront détruits sous peu de jours.

Pour concourir à l'exécution des mesures ordonnées par l'autorité militaire, j'ai fait prendre les armes aux Gardes nationales de Narni, d'Orte, de Viterbe et de Montefiascone qui sont les lieux les plus exposés. J'ai ordonné que toutes les barques qui existent sur le Tibre et sur la Nera fussent amarrées à la rive opposée à celle où se trouvent les brigands.

Comme il était à craindre que chassés des arrondissements de Viterbe et de Todi ils ne se portassent sur celui de Rieti, j'ai fait occuper par la Garde nationale de Narni le pont de cette ville sur la Nera, et ordonné qu'on le coupât en cas de besoin. J'ai écrit à tous les maires pour leur rappeler leurs devoirs dans cette occasion importante. Je les ai prévenus, qu'eux et les principaux propriétaires seraient responsables de tous les événements qui troubleraient, par leur faute, la tranquillité publique. J'ai fait afficher et répandre de toutes parts un avis portant que ceux qui déposeront sur-le-champ leurs armes seront recommandés à la clémence du gouvernement; que ceux qui livreront Battaglia auront leur pardon et une récompense de 300 écus (1,605 francs). Le sous-préfet a reçu l'ordre de faire arrêter les parents de Battaglia et de tous ses adhérents, et de mettre les séquestres sur ses biens. Enfin, j'ai proposé à M. le lieutenant du gouverneur général de faire juger prévôtalement et exécuter sur-le-champ les brigands qui seront pris.

On peut espérer que ce mélange de sévérité et de clémence produira un bon effet sur les habitants qu'il est essentiel de contenir; mais j'ai la satisfaction de vous répéter que la masse est parfaitement bien disposée, qu'elle a vu avec mépris cette levée de boucliers, et qu'à l'exception des 2 prêtres, de l'adjoint des Grottes et d'un habitant aisé de ce village, tout ce qui forme cette bande appartient à la dernière classe.

Arch. Nationales, F¹ II, Rome 1, au Ministre de l'intérieur, Rome, 25 novembre 1813.

Je crois devoir entretenir V. Exc. de la position dans laquelle je me trouve, relativement aux dépenses à la charge du département. Je connais toutes les difficultés que présentent les circonstances actuelles; mais je n'en dois pas moins exposer avec franchise les embarras qu'éprouve le service.

Depuis le commencement de cette année, il n'a été mis à ma disposition, pour les dépenses variables, qu'une somme de 269,000 francs. Les dépenses se sont élevées, par approximation, jusqu'au 31 octobre, à la somme de 386,004 fr. 53, sur laquelle il est par conséquent dû 117,004 fr. 53.

Les fournisseurs des prisons ont, plusieurs fois, menacé d'abandonner le service; et j'ai dû les forcer à le continuer; mais comme ils sont tous absolument sans ressources, je ne puis plus compter sur eux, et 1,800 détenus que renferment les prisons de ce département peuvent se trouver sans pain.

V. Exc. sentira facilement combien ma position est pénible, et qu'il est absolument impossible que je soutienne ce service sans des secours considérables. Je me suis adressé pour en obtenir à M. le lieutenant du gouverneur général et à M. l'intendant du Trésor, mais sans succès. Je vous supplie, dans cet état de choses aussi alarmant, de vouloir bien m'accorder, le plus promptement possible, un fonds suffisant pour satisfaire une partie des créanciers. Mais, dans le cas où vous ne pourriez assez promptement m'adresser une ordonnance, je crois devoir vous proposer de m'autoriser à emprunter dans les caisses municipales, ainsi qu'il a été fait en 1811, pour assurer les services, en laissant en souffrance les dépenses les moins essentielles.

La continuation des travaux d'embellissement de Rome est du nombre des dépenses qu'il est indispensable de continuer, puisque ces travaux donnent du pain à 1,000 individus que la misère jetterait dans le désespoir, et rendrait très dangereux. Je vous ai fait connaître que la Commission se trouvait sans fonds. Je vous demande également une autorisation pour faire verser, par la caisse municipale de Rome, les fonds nécessaires pour la continuation des travaux, et je vous prie de m'adresser une ordonnance d'au moins 100,000 francs à prendre sur les 500,000 que la Ville doit pour 1812 ou 1813.

Je me flatte que V. Exc. prendra en grande considération les demandes que j'ai l'honneur de lui faire, et qu'elle me mettra bientôt en mesure de continuer les divers services dont je suis chargé.

Arch. Nationales, F¹ 8898, doss. 11982, à Anglès,
Rome, 27 novembre 1813.

Je continue à vous faire connaître les événements relatifs à la révolte excitée par le prêtre Battaglia dans l'arrondissement de Viterbe.

Ce chef de bandits, suivi d'environ 50 mauvais sujets, avait, ainsi que je vous l'ai mandé le 24, passé le Tibre, et s'était jeté sur le département du Trasimène. Poursuivi par une colonne formée dans ce département, il a repassé le fleuve dont, malgré les ordres les plus précis, on avait mal gardé les passages, et le 25, il a parcouru les communes de Bomarzo et de Vitorchiano. Surpris dans cette dernière commune, nous avons espéré qu'il y serait détruit; mais, sans que je puisse expliquer comment, il s'est échappé dans la nuit du 25 au 26, et hier matin il a encore repassé le Tibre et est retourné dans le Trasimène,

On ne peut concevoir comment le lieutenant Meda, qui a à sa disposition plus de 200 hommes, ait laissé errer impunément pendant six jours cette poignée de malfaiteurs.

Quoi qu'il en soit, comme le chef d'escadron de Filippis a pris depuis hier le commandement des troupes, on peut espérer qu'il mettra fin à cette audace d'un misérable factieux. Les communes de l'arrondissement de Viterbe ont continué à montrer les meilleures dispositions.

Arch. Nationales, F7 8898, doss. 11982, à Anglès, Rome, 28 novembre 1813.

M. le sous-préfet de Viterbe m'a transmis des renseignements sur les complices de Battaglia qui se trouvent à Rome. Je les ai sur-le-champ communiqués à M. le directeur général de la police qui, cette nuit, a fait arrêter un avocat, professeur de droit, nommé Bencivenga, deux prêtres et un ouvrier accusés d'être les colporteurs des écrits incendiaires. On a trouvé chez Bencivenga des minutes d'affiches tendantes à faire soulever le peuple. M. le directeur vous donnera sur les résultats de cette arrestation tous les détails nécessaires.

D'une autre part, le sous-préfet de Rieti est à la recherche d'autres complices, et on peut espérer qu'il les découvrira bientôt. De tous côtés, on poursuit avec la plus grande activité les scélérats qui méditent la guerre civile; mais ce n'est qu'avec beaucoup de temps que l'on parviendra à les saisir tous. Le prêtre Battaglia, poursuivi dans le Trasimène par toutes les troupes réunies, a divisé sa bande en deux, et il cherche à se cacher; il est impossible, vu les dispositions des lieux, qu'il échappe au chef d'escadron de Filippis qui est à ses trousses. On peut regarder dès ce moment sa bande comme dispersée.

Arch. Nationales, F7 6531, doss. 4. Confidentielle, au Ministre de la police, Rome, 3 décembre 1813.

Le sieur Zucchari [1], chargé des affaires du consulat de Naples à Rome, m'a écrit, sous la date du 2, dans les termes suivants : « Le roi, mon auguste souve-
« rain, n'entend pas que les habitants de Rome soient incommodés en au-
« cune manière du passage de ses troupes, particulièrement pour fournir les
« lits à celles qui doivent séjourner dans cette ville. Sa Majesté déclare qu'elle
« rendra responsables envers S. M. l'empereur toutes les autorités de ces

---

1. Il remplaçait provisoirement son chef, le consul de Naples Fabio Crivelli, expulsé du palais Farnèse par ordre formel de l'empereur, le 7 septembre 1811, comme « intriguant » trop ouvertement contre l'administration française.

« départements qui feront manquer ses troupes de ce qui leur est nécessaire,
« et qui les obligeront à faire usage de moyens vigoureux et violents tendant
« à indisposer le peuple de Rome et de l'État Romain contre l'armée napo-
« litaine. »

Je n'ai pas cru devoir entrer en relations avec le chargé d'affaires du consulat de Naples sur des matières aussi étrangères aux fonctions qu'il remplit,
et j'ai écrit directement à M. le Ministre de la guerre du royaume de Naples
pour lui faire connaître que les troupes du roi n'avaient eu, jusqu'à ce jour, et
n'auraient aucun besoin de recourir à des violences pour se procurer ce dont
elles ont besoin; que les mesures étaient prises à l'avance pour que les vivres,
fourrages et transports fussent fournis, et que la première division, qui avait
déjà traversé le département, ne pouvait que se louer de la manière dont ces
services avaient été faits. Je lui témoignai que je voyais avec peine que S. M. le
roi de Naples eût été induit en erreur par des rapports calomnieux.

V. Exc. remarquera sans doute l'inconvenance du ton avec lequel le sieur
Zucchari correspond avec moi. J'ai d'autant plus lieu de m'en étonner, que
le sieur Zucchari n'a jamais été reconnu comme consul, et que je n'ai reçu
d'aucun des ministres de Sa Majesté l'ordre de le reconnaître en cette qualité.
Cet homme, ancien secrétaire du Conseil à Civita-Vecchia, est fort répandu
dans les sociétés des premières classes, et spécialement dans celles qui sont
connues par leur éloignement pour le gouvernement, et il exerce dans ce
pays un espionnage extrêmement actif.

J'ai cru devoir rendre compte à V. Exc. de la lettre du sieur Zucchari, parce
qu'elle vient à l'appui d'une opinion généralement répandue à Rome, et qui
est que le roi de Naples veut user, ou affecter d'user, de très grands ménagements pour les habitants de ce pays, en rejetant sur les autorités françaises tous les inconvénients qui naissent naturellement du passage et du
séjour prolongé de ses troupes dans ce département. Je suis instruit, en outre,
que le sieur Zucchari a eu ordre de s'adresser directement au maire, et j'ai
été contraint de défendre à ce dernier toute correspondance avec cet agent
étranger. On a, dans le *Moniteur Napolitain*, copié et commenté un avis au
public que le maire de Rome fit afficher pour engager ses concitoyens à bien
recevoir les troupes d'une puissance amie, mais qu'une ancienne antipathie
rend odieuses aux habitants de cette ville. Enfin, on affecte de ne désigner ce
pays que sous le nom d'*États Romains*, et non sous celui de *département*.

Quelles que soient les inductions que l'on puisse tirer de ces faits et d'un
grand nombre d'autres, je me bornerai à assurer V. Exc. que je continuerai à
mettre tous mes soins à faire fournir aux troupes napolitaines ce qu'exigent
leurs besoins, et à maintenir la bonne harmonie entre elles et les habitants.

P.-S. — On m'apporte à l'instant des imprimés répandus avec profusion
dans la ville, et contenant des vers où l'on annonce le roi de Naples comme le
libérateur de l'Italie, comme celui qui doit en former un seul corps, et lui
rendre son indépendance et sa gloire.

Arch. Nationales, F¹ᶜ III, Rome 2. Confidentielle,
au Ministre de l'intérieur, Rome, 6 décembre 1813.

Je continue à entretenir V. Exc. de ce qui intéresse la tranquillité de ce département, et peut lui faire connaître la direction que prend l'esprit public.

La 1ʳᵉ division de l'armée napolitaine a commencé à se réunir à Rome, le 25 novembre, et depuis le 3 décembre, les 6 régiments qui la composent sont dans la ville. J'ignore l'époque de son départ. On attend dans quelques jours une portion de la garde, forte de 4,000 hommes. S. M. le roi de Naples est aussi annoncé pour une époque très prochaine.

La conduite des troupes ne laisse rien à désirer. La 2ᵉ division de l'armée doit se trouver actuellement réunie à Ancône. Lorsque cette armée sera entièrement réunie sur le Pô, on peut espérer que l'ennemi n'osera plus rien entreprendre contre la basse Italie. On désire donc très vivement qu'elle continue son mouvement.

L'intérieur du département continue à être tranquille. Ainsi que j'ai eu l'honneur de vous le mander, le prêtre Battaglia avec ses adhérents s'était jeté dans le Trasimène; vivement poursuivi, abandonné du plus grand nombre des siens, ce misérable s'est déguisé, et est revenu dans les environs de Viterbe. Un détachement envoyé à sa poursuite entra dans une maison où il se trouvait avec 4 compagnons. Battaglia et 3 des siens parvinrent à s'échapper par une croisée; mais un des brigands fut arrêté. Comme le signalement de ce bandit a été affiché partout, qu'un prix considérable a été promis à celui qui le livrerait, que tout le pays est couvert de troupes pour le poursuivre, on peut espérer qu'il sera bientôt pris. Déjà, on a saisi une presse portative dont il se servait pour imprimer les libelles qu'il faisait afficher; on a trouvé aussi une machine à fabriquer de la poudre. Ces deux découvertes sont dues à M. le sous-préfet de Viterbe.

Les révélations des complices de Battaglia qui ont été pris, ou qui se sont volontairement présentés, ont donné de grandes lumières sur les plans de ce scélérat. Il paraît qu'il était le principal agent de cette conspiration qui a probablement un chef caché, et qui avait pour but de faire un soulèvement général en Italie contre la domination française. Des propriétaires estimés jusqu'à ce moment, des prêtres, un professeur de droit à l'académie de Rome, des avocats sont gravement compromis et ont été arrêtés. On commence l'instruction du procès qui, probablement, fera connaître toutes les ramifications de ce complot. J'ai la satisfaction de pouvoir répéter à V. Exc. que la masse des habitants a vu avec horreur cette tentative faite par quelques scélérats, et que tous les fonctionnaires publics des arrondissements de Viterbe et de Rieti, qui ont été parcourus ou menacés par cette bande, ont montré beaucoup de résolution et de dévouement.

Le public qui avait été fort occupé des événements militaires dans la haute Italie, et surtout de l'occupation, par l'ennemi, de Ferrare et d'une partie de la Romagne, a été rassuré par la retraite des Autrichiens de la rive droite du Pô. On sait, en outre, qu'il arrive des renforts considérables au prince vice-roi, et toutes les craintes sur le sort de l'Italie sont extrêmement diminuées. La nouvelle d'un congrès qui se réunirait à Manheim occupe beaucoup les esprits, et on se livre à l'espérance d'une paix prochaine. On va jusqu'à nommer des plénipotentiaires. Mais depuis le retour du roi de Naples dans ses États, c'est sur ce prince que tous les yeux sont tournés. On ne peut se faire une idée de la diversité des bruits que l'on fait courir, et de tous les raisonnements que l'on fait sur sa conduite et sur les projets qu'on lui suppose. Je suis bien éloigné de donner la moindre créance à de pareilles absurdités, mais je crois devoir en donner une idée à V. Exc., afin qu'elle n'ignore rien de ce qui peut influer sur l'opinion des habitants de ce pays.

Dès le retour du roi, on répandit qu'il avait quitté l'armée sans le consentement de S. M. l'empereur, et quelques propos imprudents des personnes de sa suite donnèrent du poids à cette nouvelle. Depuis que le roi est à Naples, il a pris plusieurs mesures qui, mal interprétées, ont donné lieu de croire qu'il s'éloignait du système politique de la France; il a ouvert ses ports aux neutres. Le ministre d'Autriche est resté pendant un temps considérable à Naples; celui de Bavière y est encore; on a parlé de parlementaire envoyé à Palerme... Enfin, les troupes se sont mises en mouvement; mais, a-t-on remarqué, la 1re division est à Rome depuis le 25 novembre, et il n'y a encore aucun ordre de la faire marcher en avant. Mais ce qui a surtout frappé et a donné lieu à beaucoup de commentaires, le *Moniteur Napolitain* a, dans plusieurs articles, parlé de l'indépendance du royaume qu'il était temps d'assurer, et de la liberté de l'Italie que le roi allait conquérir. Enfin, depuis deux jours, on a semé avec profusion dans tous les coins de la ville des vers italiens imprimés, et dans lesquels le roi de Naples est annoncé comme devant réunir l'Italie en un corps, et assurer son indépendance, des Alpes au détroit de Messine.

Quelques raisonnements que les gens sensés puissent opposer aux inductions que la malignité se plaît à tirer de ces faits, on ne saurait parvenir à détruire l'opinion généralement répandue de projets que le temps et les circonstances développeront ou modifieront.

Quels que soient les événements à venir, et de quelque côté que vienne le danger, vous pouvez être assuré que je n'aurai jamais d'autre guide qu'un dévouement sans bornes aux intérêts de l'Empereur et de mon pays.

Arch. Nationales, F⁷ 8898, doss. 11982, à Anglès, Rome, 8 décembre 1813.

Le prêtre Battaglia, dont je vous ai entretenu plusieurs fois, poursuivi par les divers détachements mis à sa recherche, a été arrêté hier près de Vitorchiano. Ce misérable, après avoir été manqué l'avant-veille dans une maison de campagne où il s'était réfugié, fit une chute qui l'empêcha de fuir; il se cacha dans un moulin; mais hier, ayant sans doute perdu tout espoir et tout courage, il fit dire au lieutenant Meda, qui le poursuivait, qu'il se présentait à lui volontairement. Cet officier se rendit au moulin, et a fait conduire Battaglia dans les prisons de Viterbe, d'où il sera transporté à Rome. Ainsi, cette tentative de révolte est tout à fait terminée, et les exemples qui vont être donnés empêcheront de pareils actes de démence de se renouveler.

Arch. Nationales, F^ic III, Rome 2, au Ministre de l'intérieur,
Rome, 14 décembre 1813.

J'ai fait connaître à V. Exc. l'origine, les progrès et la fin du mouvement séditieux excité par le prêtre Battaglia dans l'arrondissement de Viterbe[1]. Je vous ai instruit de l'arrestation de ce misérable et de tous ses complices. Je crois devoir vous entretenir actuellement des vues et des liaisons de cet homme, afin de vous mettre à même d'avoir une idée juste de l'importance à donner à sa tentative de révolte.

Battaglia fut connu en 1799, époque où la République romaine fut renversée, par un esprit de faction et une assez grande habileté à manier la populace. Ferdinand IV, alors roi de Naples, l'employa avec succès à exciter des soulèvements dans l'État Romain. Lorsque le pape y revint, en 1800, Battaglia rentra dans l'obscurité; mais il ne resta pas oisif, car il écrivit plusieurs ouvrages dirigés contre le gouvernement, mais qui n'ont pas vu le jour; il s'y occupa aussi de chimie, et surtout de la fabrication d'une poudre fulminante.

Depuis deux ans surtout, cet homme paraît avoir été mû par une idée dominante qui était de donner à l'Italie un seul maître, italien et indépendant de toute puissance étrangère. Il assure, dans ses interrogatoires, qu'il a entretenu de ce projet un grand nombre de personnes que sa place de vicaire d'une des paroisses de Rome lui faisait connaître.

A l'époque des malheurs de l'armée française en Russie, il redoubla d'activité pour faire des partisans à son système, et comme il avait reçu d'un ex-jésuite nommé Adorno (mort depuis un an) une presse portative pour imprimer les nouvelles d'Espagne, il s'en servit pour imprimer des écrits incendiaires qu'il affichait lui-même, ou faisait afficher avec une singulière audace. Il choisit, pour la première publication de ces appels au massacre des Français, le moment où l'Autriche nous déclara la guerre. Ce n'est point au nom du pape qu'il parlait, mais à celui de la *Ligue italienne*, ligue formée par tous ceux qui veulent l'indépendance de leur patrie. Il a, sous ce titre, répandu un grand nombre d'écrits, et ce n'a été que lorsqu'il a vu que le peuple ne goûtait pas ces théories qu'il a parlé du pape, afin de toucher davantage. Mais il

---

[1]. Plusieurs des lettres relatives à l'affaire Battaglia que Tournon adressa soit au Ministre de l'intérieur (carton F^ie III, Rome 2), soit à Anglès (carton F^9 8893), ne se retrouvent plus aux *Arch. Nationales*. Mais le lecteur peut constater que celles que j'ai découvertes donnent la suite et les principaux détails de l'insurrection. — Le malheureux Battaglia, après de longs interrogatoires, fut oublié dans les prisons de Rome où Murat le trouva un mois après. Il le fit expédier à Naples sous bonne garde; mais Battaglia disparut assez mystérieusement en chemin, « supprimé » probablement par ses anciens complices.

déclare, dans son interrogatoire, qu'il ne voulait ni le pape, ni aucun souverain étranger, ni aucune division de l'Italie.

Les principaux complices déclarés par Battaglia sont : MM. Reali d'Aquapendente, riche propriétaire dont le fils est garde d'honneur, et qui devait fournir des fonds; Orioli, professeur de chimie à Viterbe, et maintenant à Perugia, qui a rédigé avec Battaglia un plan de constitution pour l'Italie; Benivenga, professeur de droit à Rome; Pacchiarotti, curé. Le reste se compose de prêtres, de médecins, d'artisans et de paysans; mais la plupart n'ont su ses projets qu'au moment de l'exécution, et ils ont été entraînés par l'enthousiasme que Battaglia sait inspirer. L'activité de ce scélérat, jusqu'au moment de sa levée de bouclier, est véritablement extraordinaire. Il portait lui-même ses écrits incendiaires dans les villages les plus éloignés; voyait sans cesse ses partisans pour réchauffer leur zèle, et ne négligeait aucun moyen d'en accroître le nombre. Toutes ces manœuvres sont restées inconnues à la police, tant cet homme avait d'adresse, et trouvait de gens empressés à le dérober à toutes les recherches.

Il choisit pour faire éclater la révolte le moment où l'armée napolitaine traversait le département, parce qu'il espérait que les déserteurs se joindraient à lui. Son plan était de marcher sur Viterbe avec tous les gens qu'il pourrait réunir, de faire soulever cette ville qui est connue pour avoir un assez mauvais esprit, et de marcher ensuite sur Rome. Il est facile de sentir l'absurdité d'un pareil projet; mais il est du moins certain que s'il eût fait soulever Viterbe, il aurait causé d'extrêmes embarras à l'administration.

Au moment où la révolte éclata, il ne put réunir que 35 hommes; il se porta avec eux dans divers villages; mais partout il fut accueilli froidement, et il ne recruta que 12 à 15 hommes. Ce fut alors que les troupes le joignirent, et qu'un de ses complices fut pris. Dès ce moment, il n'y a plus dans sa marche que de l'hésitation; il sut que sa tête était mise à prix, que son signalement était donné, que des troupes marchaient, que les Gardes nationales défendaient tous les villages; il se jeta dans le Trasimène; repassa le Tibre avec environ 60 ou 70 hommes, y fut poursuivi; rentra dans le Trasimène pour se porter dans la Sabine où il avait beaucoup de partisans; mais ayant trouvé les ponts de la Nera gardés par la Garde nationale de Narni, il quitta ses complices qui se dispersèrent et furent arrêtés successivement. Battaglia revint alors à Vitorchiano, près de Viterbe, y fut surpris, et s'étant blessé dans sa fuite, sans asile, sans secours, il a fini par se remettre aux mains de la gendarmerie. L'intrépidité de cet homme est au-dessus de toute expression; il se dit martyr d'une belle cause, et ne montre aucun repentir et aucune crainte.

Les dispositions des habitants des cantons de Viterbe, Montefiascone, Bagnorea, Oste et Narni ont été excellentes, pendant tout le temps qu'a duré ce mouvement. A la réserve de quelques-uns des complices que Battaglia avait gagnés à l'avance, et de quelques hommes de la lie du peuple, il n'a trouvé partout que mépris ou qu'indifférence. La rapidité avec laquelle les mesures ont été prises, l'exemple donné par quelques maires ont du moins étouffé toute pensée qui aurait pu naître dans le cœur des habitants. Les Gardes nationales de Viterbe, de Narni, de Montefiascone, etc., ont gardé leurs postes avec constance. Celle de Narni a défendu le passage de la Nera, et par là empêché la communication avec la Sabine, et mis fin à la révolte.

M. le sous-préfet de Viterbe s'est conduit pendant ces 18 jours avec un dévouement, une activité et une présence d'esprit très dignes d'éloges et de récompense. C'est surtout à ses proclamations aux habitants, à ses lettres aux maires, à son active correspondance avec toutes les parties de son arrondissement qu'est due la destruction, dans sa naissance, de ce germe de révolte. Un autre n'aurait pas pu obtenir les mêmes résultats que M. Zelli, parce qu'il n'aurait pas eu l'influence que lui donnent sa fortune et son existence dans son propre pays. MM. les maires de Viterbe, de Narni, d'Oste, de Bagnorea ont parfaitement secondé les dispositions prises, et se sont exposés pour maintenir l'ordre dans leurs communes, et pour en faire concourir les ressources au rétablissement de la tranquillité publique.

Je suis heureux de n'avoir que de bons témoignages à rendre à ceux qui sont placés sous ma direction, et je les recommande à vos bontés.

Arch. Nationales, F¹ᵉ III, Rome 2, au Ministre de l'intérieur,
Rome, 14 décembre 1813.

La 1ʳᵉ division de l'armée de S. M. le roi de Naples a été réunie à Rome, le 3 du courant; elle y a séjourné jusqu'au 9, jour où elle a continué son mouvement. Le 17, le dernier régiment de cette division quittera Rome. Elle est forte de 9.300 hommes, dont 1.300 cavaliers. Elle a 10 bouches à feu, parfaitement approvisionnées et bien attelées. J'ai employé tous mes soins à assurer d'une manière satisfaisante les logements, les fourrages et les transports. M. le lieutenant général baron Carascosa, commandant cette division, m'a écrit la lettre dont je joins copie[1]. S. Exc. le Ministre de la guerre de Naples m'a également écrit dans le même jour, de la part du roi. La garde royale a commencé à arriver le 12, et aujourd'hui toute la cavalerie est réunie à Rome. Elle monte à 1.400 chevaux. On attend le roi demain. J'ai assuré le service des fourrages et celui des transports au moyen de réquisitions; elles ont été exécutées avec beaucoup d'exactitude, et tous les chefs de corps m'ont témoigné leur satisfaction pour la manière dont le service avait été fait. Je dois faire connaître à V. Exc. que la réussite de cette opération difficile est due tout entière à MM. de Montozon et Zelli, sous-préfets de Velletri et de Viterbe, et à M. le comte Marconi, adjoint au maire de Rome, que j'avais chargé de ce service pour cette dernière ville.

La dépense pour la fourniture des fourrages et des voitures s'élèvera à une somme considérable, que je ne connaîtrai que lorsque les passages seront ter-

---

1. Cette copie se trouve dans le carton F¹ᵉ III, Rome 2. — Carascosa écrit ainsi à Tournon : « Nos soldats (par leur bonne conduite) n'ont fait que répondre au bon accueil de vos administrés. Organe des sentiments qu'animent mes subordonnés, je vous rends grâce et une renaissance (sic) particulière pour les soins que vous y avez mis, et les prévenances que vous nous avez démontré (sic). »

minés. J'ai reçu à compte une somme de 29.000 francs que j'ai répartie entre les propriétaires qui ont fait les fournitures. Je prie V. Exc. de s'intéresser auprès de S. Exc. le Ministre directeur de l'administration de la guerre pour obtenir le plus tôt possible de nouveaux fonds.

Arch. Nationales, F¹ᶜ III, Rome 2, au Ministre de l'intérieur, Rome, 26 décembre 1813.

Par sa lettre du 30 novembre, V. Exc. me demande mon avis sur l'indemnité qui pourrait être accordée à MM. les députés que la ville de Rome a envoyés porter à Sa Majesté l'Impératrice l'expression des vœux et de la fidélité des habitants. Le Conseil municipal a proposé de leur accorder 15.000 francs à chacun. Je suis d'avis qu'une somme de 8.000 francs, telle quelle a été accordée à M. Palombi dans une semblable occasion, indemniserait suffisamment ces députés.

ANNÉE 1814

Arch. Nationales, F¹ᶜ III, Rome 2. Confidentielle,
au Ministre de l'intérieur, Rome, 5 janvier 1814.

L'armée napolitaine a continué, depuis mon dernier rapport, son mouvement en avant. Une division de 8,000 hommes d'infanterie et de 1.400 chevaux est partie de Rome, ainsi que j'ai eu l'honneur de le mander à V. Exc.; elle se trouve actuellement partie à Bologne, et partie à Rimini; mais on assure qu'elle a ordre de se réunir en entier dans cette première ville, où elle doit être jointe par la 3ᵉ division, forte de 9,000 hommes d'infanterie, par la cavalerie de la garde, forte de 1.800 chevaux, et 4.000 hommes d'infanterie, appartenant à la même garde. Ainsi, il y aura, sous très peu de jours, 21.000 hommes de belle infanterie, et 3.200 chevaux avec 30 bouches à feu à Bologne et sur le Pô. Nous avons à Rome 1.800 hommes d'infanterie de la garde, et 2.500 hommes d'un régiment de ligne, avec quelques dépôts de cavalerie, et 12 bouches à feu, commandés par le général Pignatelli. S. M. le roi de Naples est toujours attendu; sa maison militaire est déjà partie pour Rimini.

Les Autrichiens occupent au nombre de 5 à 6.000 hommes une position entre Rimini et Bologne, et ils sont maîtres de Forli, Faenza et Cesare. L'armée napolitaine, pour se porter sur Bologne, devra donc les chasser. Ainsi, on s'attend à chaque instant à apprendre des événements importants. La marche de l'armée du roi de Naples a fait finir tous les bruits absurdes que l'on s'était plu à répandre sur les projets de ce prince. V. Exc. saura déjà que l'on avait été jusqu'à supposer qu'il était en correspondance avec le cabinet autrichien, et qu'il embrassait la neutralité en couvrant de son armée l'Italie méridionale. On disait même que M. le comte Neuperg, général autrichien, se trouvait à Naples. Il n'est pas étonnant que, dans un temps aussi fécond en événements extraordinaires, le public prête l'oreille à tout ce qui lui paraît hors de l'ordre naturel des choses, et les nouvelles en passant de bouche en bouche changent de nature. Je ne vous répète donc ces bruits que pour vous faire voir combien l'opinion peut se laisser égarer.

Le département, depuis que le prêtre Battaglia a été arrêté, jouit de la plus parfaite tranquillité. Les habitants continuent à montrer beaucoup de respect pour les lois et les autorités. Les impositions s'acquittent, mais, à la vérité, avec quelque lenteur; la contribution des 30 centimes est aussi en recouvrement; mais comme les tarifs n'ont pu être envoyés aux percepteurs que dans le milieu de décembre, le recouvrement est arriéré; je prends tous les moyens pour que dans le mois de janvier il soit terminé.

Ces événements militaires, la violation de la neutralité suisse, et l'entrée des ennemis en Alsace et en Franche-Comté, ont fait sur l'opinion une profonde impression. On croit savoir aussi que l'évacuation par la France de cette partie de l'Italie est une des conditions de la paix offerte et acceptée par Sa Majesté. Dès lors, on ne peut plus espérer de trouver chez les habitants ces sentiments d'attachement au gouvernement qui éclatent dans l'ancienne France.

C'est pour ces motifs que la mise à exécution du décret sur la Garde nationale éprouvera de grandes difficultés. Je vous en rendrai compte dans un rapport séparé. Quelque critiques que soient les circonstances, je ne puis que vous répéter, Monseigneur, que je ne négligerai rien pour surmonter les difficultés, et que je me montrerai, jusqu'au dernier moment, digne d'être Français et serviteur dévoué de l'Empereur. Je regrette seulement d'être dans un poste où je ne puis rien faire pour défendre mes compatriotes, et où mon dévouement ne pourra être d'aucune utilité à ma patrie.

Arch. Nationales, F¹⁹ 1646, au Ministre de l'Intérieur, Rome, 6 janvier 1814.

Je vais adresser à V. Exc. le tableau de tous les travaux exécutés pendant le courant de l'année 1813 aux divers ateliers d'embellissements, et l'état général des dépenses que ces travaux ont entraînées[1]. En attendant, je crois devoir lui faire connaître les dettes et la situation de la caisse de la Commission.

Par sa lettre du 22 juin 1812, V. Exc. autorisa cette Commission à faire à la ville de Rome le prêt d'une somme indéterminée pour être employée à la construction des cimetières, sous la condition que les avances seraient exactement remboursées sur les fonds qui seraient successivement alloués pour cette construction. S. M. ayant accordé dans le budget de Rome, de l'exercice 1813, une somme de 60.000 francs pour ces travaux, je pris des mesures pour faire réintégrer cette somme dans la caisse de la Commission. Dix mille francs furent d'abord prélevés et remis à l'entrepreneur des cimetières qui, faute de fonds, menaçait d'en abandonner les travaux. Il ne resta qu'une somme de 50.000 francs sur laquelle j'ai délivré des mandats jusqu'à concurrence de 30.000 francs pour solder les dépenses du mois de décembre dernier. Par conséquent, nous n'avons donc plus actuellement qu'une somme de 20.000 francs, insuffisante pour payer les travaux du mois de janvier.

---

1. Cette lettre, bien que se rapportant surtout aux travaux publics, est curieuse en ce qu'elle montre l'imperturbable assurance et confiance (du moins officielles) des fonctionnaires français, et de Tournon en particulier, presque à la veille de leur départ.

D'un autre côté, la Commission a été obligée de faire des emprunts pour continuer ses travaux, et ne pas priver la classe indigente, tous les jours plus nombreuse, des secours qu'elle doit à la munificence de S. M. Ses dettes s'élèvent aujourd'hui à une somme de 94.452 fr. 20 ainsi réparti :

1° Pour l'arriéré dû aux propriétaires des terrains et maisons dont l'achat et la démolition étaient nécessaires pour effectuer les projets des travaux . . . . 34.452 fr. 20

2° A la Commission de bienfaisance : restant des 70.000 francs qu'elle avança aux embellissements. . . 60.000 »

Total . . . . 94.452 fr. 20

D'après cet exposé, il est donc de la plus grande urgence que V. Exc. m'adresse, le plus promptement qu'il lui sera possible, des ordonnances sur la caisse municipale, afin que la Commission n'interrompe pas les travaux, à une époque de l'année où ils sont le plus nécessaires, pour donner des moyens de subsistance à plus de mille malheureux qui ne trouvent que dans les travaux des embellissements une ressource contre l'indigence.

Arch. d'Avrilly, à sa mère, Rome, 8 janvier 1814.

Nous nous attendons, à chaque instant, ma tendre mère, à des événements qui changent la position de ce pays et la mienne. Les communications seront probablement aussi bientôt interrompues. Mais ne soyez pas en peine, il ne peut rien m'arriver de fâcheux : je suis dans un pays où j'ai des amis, et je ne crains rien. Mon Adèle est bien, sa fille aussi ; c'est là l'essentiel. Je ferai face aux événements avec prudence et honneur. Ne vous inquiétez pas si vous êtes quelque temps sans recevoir de mes nouvelles ; je profiterai de toutes les occasions de vous en donner. Dieu veuille que notre pauvre pays ne soit pas en proie aux horreurs de la guerre ! Dans ce cas, allez tous en Vivarais où vous serez hors des atteintes.

Adieu, donnez de mes nouvelles à toute la famille ; que l'on soit sans crainte ; je voudrais être aussi tranquille sur vous que je le suis sur moi-même.

Je vous embrasse et vous aime de toute mon âme.

Arch. nationales, F¹ᶜ III, Rome 2, au Ministre de l'intérieur, Rome, 10 janvier 1814[1].

Des événements imprévus et extraordinaires menacent de changer d'un moment à l'autre l'ordre établi dans le département dont l'administration m'est confiée. Il est de mon devoir de les faire connaître à V. Exc., et de lui peindre l'état des choses, afin qu'elle puisse juger avec connaissance de cause

---

1. Une copie de cette lettre, envoyée par Tournon au Ministre de la police, se trouve dans F⁷ 6529, à la date du 11 janvier.

la conduite que les circonstances me forceront à tenir. Depuis six semaines, une armée napolitaine, forte de 24,000 hommes, a traversé ce département, et y a fait divers séjours. Un corps de 4,500 hommes et 200 chevaux, avec 12 bouches à feu, est en ce moment réuni à Rome. Ces troupes ont été reçues comme celles d'un prince allié; il a été pourvu à tous leurs besoins, et la meilleure intelligence n'a cessé de régner entre leurs chefs et les administrations françaises.

Au moment où l'on s'attendait à voir cette armée concerter ses opérations avec celles de S. A. le prince vice-roi, le bruit se répand à Naples et à Rome que S. M. le roi de Naples a reçu dans sa capitale des plénipotentiaires autrichiens et anglais, et qu'il a signé un traité avec la première de ces puissances. On annonce hautement à Rome que le gouvernement va changer sous très peu de jours, que les nouvelles autorités sont déjà nommées, et qu'on n'attend qu'un dernier ordre pour publier ces mesures et détruire l'ordre établi.

Ces bruits sont appuyés sur tout ce qui peut leur faire donner entière confiance. Voici maintenant notre position. La garnison de Rome, depuis le désarmement et le renvoi du 2ᵉ régiment étranger, se compose d'environ 1,000 hommes de divers régiments, mais presque tous conscrits arrivés depuis peu de temps; en outre, la compagnie départementale sur laquelle on ne peut guère compter, et 100 hommes de gendarmerie. Le fort Saint-Ange est le seul refuge de la garnison et des autorités; mais ce fort n'est susceptible que d'une défense de quelques semaines.

D'une autre part, la division napolitaine a ses casernes dans les divers quartiers de la ville; elle peut donc, au premier ordre, prendre les armes sans bruit, se porter aux casernes des troupes françaises, les désarmer, enlever séparément les membres des diverses autorités, et détruire ainsi en un clin d'œil, sans qu'il soit possible de résister, le gouvernement établi.

Les troupes napolitaines étant sur le pied de troupes amies, il est impossible de prendre contre elles des précautions véritablement utiles, et elles sont maîtresses de choisir l'heure et le mode de la dissolution du gouvernement. Si les autorités, pour éviter le danger, se retiraient de Rome ou se renfermaient dans le château Saint-Ange, on pourrait appeler cette mesure une provocation, et le gouvernement prendrait ainsi, en quelque sorte, l'initiative dans une question aussi délicate.

Dans cet état de choses, et dans cette position véritablement extraordinaire, M. le lieutenant du gouverneur général ayant réuni toutes les premières autorités, nous avons tous été d'avis qu'il n'était pas de la dignité des autorités constituées de quitter le centre du gouvernement, jusqu'à ce que le gouvernement napolitain ait fait connaître ses intentions d'une manière positive; nous avons pensé aussi qu'il ne fallait pas donner lieu à des plaintes en prenant des précautions contre un danger qui, quelque imminent qu'il soit, n'existe cependant pas positivement. On est donc convenu de rester chacun à son poste, sauf à prendre, lorsque le danger se montrera, le parti que l'honneur conseillera, et que les circonstances rendront possible.

Quelque extraordinaire que soit ma position, je puis assurer V. Exc. que je saurai faire respecter jusqu'au dernier moment le nom français et la place que j'occupe, et que toutes mes actions seront dictées par le sentiment de mes devoirs envers ma patrie et mon auguste souverain.

Arch. de Génelard, au trésorier-payeur de Rome,
12 janvier 1814.

Monsieur l'intendant du Trésor¹ avait autorisé M. le directeur de la régie des Domaines à payer, à M. le conservateur des eaux et forêts, une somme de dix mille francs pour les dépenses qu'occasionneront les premiers frais d'abatage et de transport des bois nécessaires pour la défense de Civita-Vecchia. Les caisses de la régie étant actuellement sans aucune ressource, j'ai l'honneur de vous inviter, vu l'urgence de ce service, à faire l'avance de cette somme de 10,000 francs que je ferai rembourser à votre caisse par les premières rentrées qui auront lieu sur le produit des revenus encaissés par la Régie. Cette avance pourra se faire sur les deux cent mille francs qui vous sont versés aujourd'hui, à titre de prêt, par la caisse de la dette publique. Demain, je ferai régulariser cette avance, qui intéresse un service extrêmement essentiel, par M. le lieutenant du gouverneur général.

Arch. Nationales, F⁷ 6531, à Anglès, Rome, 13 janvier 1814.

Un mouvement insurrectionnel vient d'éclater à Monte-Fiascone, arrondissement de Viterbe. Le peuple, soulevé par les prêtres, a pillé les caisses, brûlé les armes impériales, et commis des excès en criant: *Vive le pape! Rien que le pape!* Comme cette ville est sur la route, plusieurs voyageurs ont dû rebrousser chemin; d'autres ont été arrêtés, mais n'ont éprouvé aucun mal. On annonce, en ce moment, que ce mouvement en faveur du pape a lieu éga-

---

1. Janet s'était enfui de Rome, assez lâchement, dans la nuit du 9 au 10 janvier, après avoir demandé à Tournon un passeport « pour sa femme », que ce dernier lui avait envoyé « en blanc ». Voici comment Leterme parle de ce fait dans ses *Souvenirs* : « M. le baron Janet est parti, ou plutôt s'est enfui cette nuit, objet de la haine des Romains qu'il a tyrannisés de la manière la plus odieuse, et même des Français qui, sans lui et son affreuse liquidation, auraient été adorés dans ce pays. Il avait fait parade d'une fausse fermeté afin d'en imposer, et prendre sûrement ses mesures. Toutes les autorités françaises ont été furieuses de cette lâche conduite qui pouvait avoir des suites funestes pour tous les employés français. Mais le malheureux n'en va pas moins jouir tranquillement du fruit de ses grosses épargnes et des bijoux de la reine d'Étrurie qu'il avait été chargé de lui demander en dépôt. Leur valeur est, dit-on, de 3 à 4 millions. Si le gouvernement avait, dès longtemps, fait justice des plaintes qui s'élevaient de toutes parts contre cet intendant, il eût peut-être recouvré 200,000 francs de moins sur les Domaines, mais ce pays eût adoré l'empereur. Le gouvernement y eût bravé tous ses ennemis. — Ce départ accroît encore les travaux de M. de Tournon que le gouverneur général a chargé des fonctions d'intendant du trésor. Mais il procure l'avantage de ne plus avoir cet inflexible contrôle des mesures que l'administration croit devoir prendre pour solder les divers services, et prendre l'argent où il se trouve. »

lement à Aquapendente, département du Trasimène, et dans plusieurs villages voisins; on dit que des officiers napolitains ont été maltraités, mais il n'y a encore rien de positif. L'estafette est arrivée ce matin; mais si l'insurrection se propage, elle ne pourra plus arriver, ni partir. Au premier avis, le lieutenant du gouverneur général a fait partir 40 gendarmes à cheval et 100 hommes à pied; la Garde nationale de Viterbe a pris sur-le-champ les armes, et j'espère que l'on apaisera bientôt ce mouvement.

Avant-hier, à 3 heures, les prisonniers de la maison d'arrêt et de justice de Rome se révoltèrent, blessèrent deux gardiens et tentèrent de fuir. Mais la garde accourut et fut forcée de faire feu. Neuf de ces misérables furent tués et dix blessés; l'ordre fut ainsi rétabli. Ce terrible exemple était nécessaire pour contenir des hommes qui ne s'occupent que des moyens de s'évader.

La ville continue à jouir d'une parfaite tranquillité; toutes les troupes françaises sont au fort Saint-Ange. Les Napolitains logent dans la ville; le peuple attend avec calme des événements que l'opinion publique suppose très prochains. On continue à annoncer que S. M. le roi de Naples a signé un traité avec les puissances coalisées, mais on en ignore le contenu. Tous les gens sensés croient que c'est un traité de neutralité, et que l'Empereur a laissé le roi maître d'en agir ainsi.

Quoi qu'il en soit, et quels que puissent être les événements qui se préparent, je continue à employer tous mes moyens à maintenir l'ordre dans les diverses branches du service qui m'est confié, et je ne négligerai rien pour empêcher les inconvénients qui pourraient naître de l'état actuel des choses.

Arch. de Génelard, à Miollis, Rome, 14 janvier 1814.

Je suis au moment de faire entrer 50 bœufs dans le château Saint-Ange. Veuillez bien me faire connaître si cette opération vous paraît nécessaire dans ce moment. Je vous préviens que si ces bœufs ne rentrent pas aujourd'hui, je ne puis vous en remettre avant huit jours. J'attends votre réponse, parce qu'il n'y a pas un moment à perdre[1].

Arch. Nationales, F¹⁰ III, Rome 2. Confidentielle, au Ministre de l'intérieur, Rome, 15 janvier 1814.

Je profite d'une occasion sûre pour écrire à V. Exc.; la crainte que j'ai que mes lettres ne vous parviennent pas m'empêche de les renouveler aussi souvent que je le désirerais. Je vous ai écrit le 10 pour vous faire connaître notre

---

1. Miollis répond, 14 janvier :
« Suspendez, en remplaçant provisoirement par du riz, des légumes, de l'huile, beurre, et en gardant du bœuf en réserve le plus possible. »

position. Depuis ce moment, elle ne s'est pas améliorée. Un régiment napolitain, fort de 2,000 hommes, est arrivé hier à Terracine, et sera à Rome le 20. Ainsi, à cette époque, nous aurons environ 7,000 hommes de troupes dans la ville.

Toute la garnison s'est retirée au fort Saint-Ange, en voie de relever les postes qu'elle continue d'occuper; le commandant de la place s'est déjà établi dans ce fort dont l'approvisionnement est, à peu de choses près, terminé. Le général Miollis prend pour sa personne les plus grandes précautions; enfin, quoique nous vivions avec les Napolitains sur le meilleur pied, nous nous attendons à tout moment à les voir commencer les hostilités.

Comme je vous l'ai déjà mandé, leurs casernes sont placées dans les divers quartiers de la ville. Ils se sont, pour ainsi dire, emparés de la police militaire, et font faire des patrouilles à leurs troupes de jour et de nuit. Hier, ils ont placé une garde de 30 hommes, commandée par un officier, au palais du roi Charles IV, et une autre autour du couvent où réside la reine d'Étrurie. Le général napolitain Pignatelli a écrit au général Miollis qu'il voulait faire *partager à ses troupes l'honneur de garder ces souverains.*

On peut s'attendre chaque jour à voir de pareils actes, qu'on peut appeler de véritables hostilités, se renouveler, et quoique le général Miollis paraisse décidé à beaucoup souffrir, pour éviter d'être taxé de continuer la querelle, on ne peut répondre que les choses n'en viennent à un point où l'honneur ne permettra plus de souffrir, et on ne peut prévoir les malheurs qui en résulteront. Pendant ce temps, les Napolitains préparent et réunissent ici les éléments du nouveau gouvernement. Le secrétaire général du Conseil d'État, Manzi, est ici pour cet objet, et dirige une police très active. Le conseiller d'État Maghella, qui est revenu depuis peu de Paris, est arrivé hier, et s'occupe déjà de l'organisation de l'administration; enfin le Ministre des finances est attendu. Des conciliabules se tiennent chaque jour, et on distribue les nouvelles places. Les habitants continuent à avoir une conduite satisfaisante, à l'exception de ces hommes pour lesquels tout changement est un bien; les Romains sont mécontents; ils espéraient que les événements et la paix leur rendraient le pape, et ils se voient, au contraire, au moment de passer sous le joug d'un peuple qu'ils méprisent; ils voient donc arriver ce changement politique avec au moins beaucoup d'indifférence, et l'on peut être certain qu'avant peu ils regretteront vivement l'administration française. Quoique la ville soit entièrement sous l'influence des Napolitains, les Français n'ont pas cessé d'y être respectés, et on ne s'aperçoit d'aucun changement dans la marche des affaires.

Dans le département, les sentiments que les habitants ont constamment conservés pour le pape ont éclaté dans plusieurs lieux, et ont occasionné des troubles. Les caisses publiques ont été pillées, et plusieurs désordres ont été commis. Le cri de ralliement est : *Le pape! rien que le pape!* ce qui prouve bien que l'établissement du gouvernement napolitain ne sera pas du gré des habitants.

Comme le général Miollis a réuni ici toute la gendarmerie, les arrondissements se sont trouvés sans force militaire, ce qui a donné lieu à ces désordres, et ce qui a extrêmement ralenti la rentrée des contributions. Si cet état de choses durait, il est à craindre que la marche de l'administration ne fût interrompue, car avec les idées d'un prochain changement d'une part, et le manque de moyens de répression de l'autre, on ne peut espérer que le peuple continue d'obéir et de payer les impôts avec la même exactitude, et il sera nécessairement en proie au premier intrigant qui voudra l'agiter.

Les nouvelles de Naples sont que le lord Bentinck y était attendu; que les Anglais ont déjà à Palerme une flotte de 120 vaisseaux chargés de troupes, la plupart italiennes. On croit qu'ils attaqueront Gênes, et qu'ils chercheront à soulever Nice en y jetant un des fils du roi de Sardaigne. On attendait également à Naples la ratification du traité passé avec l'Autriche.

D'après ce que j'ai écrit à V. Exc. le 10, et ce que j'ajoute dans ce rapport, elle pourra juger de la difficulté de ma position. Je ne puis, en aucune manière, songer à établir les Gardes nationales pour organiser la défense de cette ville ou de toute autre partie du département, puisque les Napolitains sont déjà les maîtres de la ville, et que la Garde nationale ne consentirait pas à s'armer pour commencer une lutte aussi inégale.

D'ailleurs, cet armement serait considéré par les Napolitains comme une preuve de méfiance, et ils ne manqueraient pas d'en tirer avantage pour rejeter sur nous l'odieux des premières démarches hostiles. Enfin, cette mesure serait sans objet, puisque l'on ne peut pas défendre une ville dans laquelle l'ennemi est en nombre infiniment supérieur à celui des personnes chargées de cette défense. Cette position, peut-être sans exemple, d'une ville qu'occupe une armée qui, d'alliée, devient tout à coup ennemie, en choisissant le temps et la manière, qui profite des avantages qu'on lui a laissé prendre, pour frapper un coup plus sûr, cette position, dis-je, doit faire juger, abstraction faite des règles ordinaires, la conduite des personnes qui ont le malheur de se trouver dans une telle situation. J'ignore quelle sera la mienne au moment du danger, parce que je ne puis prévoir de quelle manière ce danger se présentera. Si je le puis, je me retirerai au fort Saint-Ange, ou à Civita-Vecchia, quoique je sente que ma présence ne pourra y être d'aucune utilité, puisque c'est de la seule garnison que ces deux forteresses peuvent attendre leurs moyens de défense. Si je ne puis y parvenir, je tâcherai, avec quelque gendarmerie, de ne quitter le département que le plus tard possible. Enfin, dans tous les cas, je n'oublierai jamais que je dois à tous l'exemple du courage et du dévouement à l'Empereur, quelque inutile que ce courage et ce dévouement puissent être dans ce pays.

Arch. Nationales, F¹ᵉ III, Rome 2, au Ministre de l'Intérieur, Rome, 18 janvier 1814.

J'ai eu l'honneur d'écrire à V. Exc., les 10 et 16 du courant, pour lui faire connaître notre position. Comme ces lettres ne lui parviendront pas aussi rapidement que celle-ci, je vais en récapituler le contenu.

Depuis le 10 janvier, nous savons que S. M. le roi de Naples a signé un traité avec l'Autriche; que le plénipotentiaire autrichien a été M. le général comte de Neuperg, arrivé à Naples le 31 décembre; que le 3, un général anglais arriva dans la même ville, et le 10 il en partit deux officiers, l'un autrichien, l'autre anglais, qui passèrent à Rome déguisés, et se rendirent à Forli, au quartier général autrichien. Nous avons appris également que lord Bentinck est attendu à Naples, et que les Anglais qui se trouvent dans cette ville sont accueillis avec enthousiasme par le peuple, qui ne juge les nouvelles liaisons de son souverain que par la baisse du prix du sucre et des mouchoirs de coton.

L'opinion des gens sensés, d'après tous les faits, est que le roi de Naples a conclu des arrangements avec l'Autriche dont il n'attend plus que la ratification qui, probablement, arrivera vers le 24 du courant; qu'il s'occupe de pareils arrangements avec l'Angleterre, arrangements que les prétentions de cette puissance rendent plus difficiles que les premiers. On croit qu'ils ne tarderont pas à être conclus, parce que le peuple et l'armée se déclarent hautement pour le traité avec l'Angleterre, dont ils attendent le rétablissement de leur commerce.

La connaissance de tous ces faits, qui sont avoués par tous les Napolitains, rend notre position dans ce pays chaque jour plus difficile. Ainsi que je vous l'ai mandé, nous avons dans la ville 7,000 hommes de cette nation. Notre force ne consiste qu'en 1,000 à 1,200 conscrits. Le général Miollis a fait approvisionner le fort Saint-Ange, et y a placé des troupes. La ville est occupée par les Napolitains. Ces derniers ont placé des gardes au palais occupé par le roi Charles IV, et au couvent où habite la reine d'Étrurie; ils ont, conjointement avec nous, des gardes aux portes, et ils font la police militaire de la ville.

Il est facile de voir que dans cet état de choses nous sommes entièrement entre leurs mains, et que, sans qu'aucune résistance soit possible, ils peuvent renverser le gouvernement, s'emparer du pays, et enlever séparément tous les fonctionnaires. Outre les faits ci-dessus, et ces actes contraires à ce que l'on doit attendre d'un allié, des manœuvres sourdes prouvent quels sont leurs projets ultérieurs. Le conseiller d'État Maghella, autrefois préfet de police à Naples, est arrivé depuis quelques jours. Il avait été précédé du sieur Manzi, ancien secrétaire de M. Salicetti. Ces deux hommes sont connus par leur habileté en intrigues. Ils se sont entourés de tout ce qu'il y a de plus décrié dans la ville, ont fait signer une adresse, et quelques personnes sont déjà parties pour la porter à Naples. Ils composent déjà la nouvelle administration, et offrent des places à tous ceux qu'ils croient assez lâches pour les envier.

Pour que l'on ne puisse plus douter des vues et de la nouvelle politique de la cour de Naples, on a fait insérer dans le journal officiel, sous la date du 13, une lettre prétendue écrite de Civita-Vecchia, dans laquelle on annonce que les Romains attendent avec impatience l'arrivée du roi; qu'ils savent qu'après être parvenu au comble de la gloire militaire, il a conçu le généreux dessein de protéger l'Italie, et d'assurer son indépendance; qu'ils savent qu'il veut, *en entrant dans les vues des puissances coalisées*, assurer la paix sur des bases solides, et que les Romains sont prêts à le seconder de tous leurs moyens.

Ainsi, Monseigneur, on ne peut plus douter des nouvelles liaisons du roi, ni des moyens qu'il veut employer pour enlever ce pays à son légitime souverain. On cherche à désorganiser l'administration; on publie que les contributions seront diminuées; on cherche à effrayer les hommes fermes qui ne connaissent que la ligne de leur devoir; on est déjà parvenu à faire partir de Rome M. l'intendant du trésor, qui s'est retiré à Spoletto; enfin, on ne néglige rien pour plonger ce pays dans une anarchie qui rendrait à tous désirable l'arrivée des Napolitains. Ils sentent que c'est là le seul moyen de rendre agréable leur présence; ils savent que les Romains désirent, sur toutes choses, le retour du pape, et qu'ils préfèrent la continuation de la domination française à son remplacement par le gouvernement napolitain. La conduite du peuple prouve ces sentiments, car, malgré toutes les intrigues, malgré la certitude que le gouvernement va changer, quoiqu'il ne se trouve pas un soldat ni un gendarme dans les arrondissements, tout est calme comme dans les temps les plus heureux, et si quelques mouvements ont eu lieu, c'est en faveur du pape et jamais des Napolitains.

Telle est, Monseigneur, la position dans laquelle je suis placé, à une distance telle de Paris que je ne puis recevoir vos ordres. Je lutte, et ne cesserai de lutter, avec toute l'énergie et toute la constance possible, contre les difficultés que je rencontre de toutes parts. J'ai terminé l'approvisionnement du fort Saint-Ange et de Civita-Vecchia; je m'occupe maintenant de la rentrée des contributions; je soutiens l'esprit public autant que je le puis, et je m'efforce de faire respecter l'autorité de l'Empereur. Quelque menaçant que soit l'avenir, rien ne pourra me faire quitter mon poste, et si les hostilités commencent, je tâcherai de me retirer à Civita-Vecchia pour y servir jusqu'au dernier moment à la défense de ce département. Je ne pense pas que les circonstances permettent d'organiser aucun moyen de défense, puisque ceux qui seront nos ennemis sont, actuellement, sous le titre d'amis, maîtres du pays. Je cherche, au contraire, par ma conduite, à éloigner toute idée de méfiance, et à ne donner en aucune manière lieu de nous accuser de vouloir commencer la querelle. Les Napolitains ne manqueraient pas de profiter de la première raison qu'on leur donnerait de se plaindre, et d'en prendre prétexte de précipiter des révolutions qu'il est si important pour la France de laisser encore en suspens.

Je continue donc à vivre de la manière la plus amicale avec tous les généraux et officiers de cette armée. Je ne dois pas laisser ignorer à V. Exc. que plusieurs d'entre eux sont Français, et qu'ils témoignent hautement qu'ils n'oublieront jamais ce à quoi ce titre les oblige.

Je ne finirai pas sans répéter à V. Exc. qu'Elle peut être assurée de mon dévouement pour l'Empereur, et de ma résolution de mériter jusqu'au dernier moment sa confiance et ses bontés.

Arch. de la Guerre, Correspondance de l'armée de Naples, 1816, carton 9/19, à Savary, Rome, 19 janvier 1814.

S. M. le roi de Naples a fait signifier ce matin à M. le lieutenant du gouverneur général qu'elle avait nommé son lieutenant général La Vauguyon commandant supérieur des États Romains, et qu'il le sommait de lui remettre le fort Saint-Ange.

M. le général Miollis m'a annoncé qu'il allait se retirer au fort afin de le défendre, et il m'a ordonné de rester à mon poste, en me faisant connaître que, si j'étais contraint par la force de le quitter, je devais me retirer sur la Toscane, en prenant toutes les mesures pour réunir la gendarmerie, la troupe de ligne qui est dispersée dans le département, et assurer autant qu'il serait en moi la retraite des fonctionnaires publics et des nombreux Français qui sont dans ce pays. Au moment où j'écris à V. Exc., les troupes napolitaines sont sous les armes, et j'ignore si je pourrai remplir les intentions de M. le comte Miollis. La ville est parfaitement tranquille, et les habitants voient avec indignation des procédés aussi contraires aux sentiments qui semblaient ne devoir jamais cesser d'animer le roi de Naples.

Quoi qu'il puisse arriver, je ne cesserai jusqu'au dernier moment où j'aurai le pied sur le département dont l'administration m'a été confiée, d'y faire respecter le nom français et le caractère dont je suis revêtu.

Arch. de Génelard, à la grande-duchesse de Toscane, de la poste de Monterosi, près Rome, 20 janvier 1814.

M. le général Miollis ne pouvant plus rendre compte à V. A. impériale des événements qui ont lieu dans le gouvernement de Rome, je crois de mon devoir de vous en instruire moi-même.

Hier, 19, M. le lieutenant général napolitain La Vauguyon déclara par écrit à M. le général Miollis qu'il prenait dès ce moment le commandement supérieur des États Romains. M. le lieutenant du gouverneur général répondit à cette déclaration; mais sans attendre cette réponse, M. de La Vauguyon fit prendre les armes à toutes ses troupes, les mit en bataille sur les différentes places, et envoya de forts détachements pour relever tous les postes fournis par les troupes françaises. Ces postes avaient ordre de se replier sur le château Saint-Ange, ce qu'ils exécutèrent. M. le lieutenant du gouverneur général s'y rendit lui-même, accompagné de quelques gendarmes. Toutes les avenues du fort furent sur-le-champ occupées par de forts détachements napolitains qui n'empêchèrent cependant pas les communications avec la ville.

Pendant le même temps, un détachement de 800 hommes occupa la préfecture, et empêcha toute communication avec le dehors. Un colonel vint me signifier par ordre, me dit-il, du gouverneur de Rome, que mes fonctions avaient cessé. Je lui répondis que je ne recevais d'ordres que de S. M. l'Empereur, et que je ne cesserais pas des fonctions que je tenais de lui. Il a alors fait occuper toutes les portes, et j'ai dû céder à la force. Je me rendis alors au fort Saint-Ange, auprès de M. le général Miollis, qui me remit l'ordre écrit de céder à une force majeure, afin d'éviter les désordres qu'une résistance inutile entraînerait. Il m'ordonna, en même temps, de me retirer sur la Toscane, en prenant toutes les mesures pour la sûreté des fonctionnaires français, et en rappelant et dirigeant sur le même point tous les détachements isolés, et la gendarmerie. J'ai, en conséquence, ordonné aux commandants de ces détachements et aux officiers de gendarmerie de se réunir à Viterbe. Mais M. le général La Vauguyon s'est opposé au départ de la gendarmerie, et a fait placer des gardes au logement de M. le colonel, afin de l'empêcher de se mettre à la tête de sa légion. Je suis cependant parvenu à réunir une vingtaine de gendarmes avec lesquels je suis sorti de la ville sans éprouver la moindre opposition.

J'ai envoyé partout des exprès, et j'espère que la majeure partie de la 30º légion se réunira à Viterbe, et pourra se rendre en Toscane. Quant aux détachements de troupes de ligne, M. le général La Vauguyon m'a déclaré qu'il ne s'opposerait pas à leur marche sur Florence. Je placerai à Viterbe un officier chargé de les réunir et de les conduire. Au moment où les troupes napolitaines s'emparaient de la ville de Rome, M. le général La Vauguyon a fait afficher une proclamation dont je joins ici un exemplaire.

Les habitants ont montré le meilleur esprit, et les Français ont été comblés de marques d'intérêt. Le palais impérial, l'hôtel de la police et tous les édifices publics ont été occupés, et MM. le directeur de la police et l'intendant de la couronne ont été sommés de cesser leurs fonctions. Ils sont l'un et l'autre au moment de partir. Tous les chefs d'administration ont également pris des passeports.

Il paraît que le plan des Napolitains est de ne faire aucun changement à la marche de l'administration, et de faire rendre la justice au nom de l'Empereur. Ils n'appellent leur invasion qu'une occupation, et paraissent très soigneux d'éviter les hostilités. Le secrétaire général de la préfecture a été nommé par M. le général La Vauguyon pour remplir mes fonctions, et on s'efforce de retenir dans leurs places les autres fonctionnaires. J'ai cru devoir déclarer à tous que l'occupation à main armée du département de Rome par une force étrangère les mettant dans l'impossibilité de faire respecter l'autorité de l'Empereur, ils devaient cesser à l'instant toutes fonctions, et suivre l'exemple que je leur donnais en quittant Rome.

Je me rendrais immédiatement auprès de V. A. Impériale pour lui rendre un compte plus détaillé d'un événement qui intéresse aussi essentiellement son gouvernement, si je ne devais, avant tout, employer mes moyens pour réunir la gendarmerie, et pour conserver à l'Empereur de braves gens dont les services peuvent être si utiles dans ces circonstances.

Arch. de Génelard, à de Filippis, Viterbe, 20 janvier.

Je vous requiers, au nom de l'Empereur, de rester à Viterbe avec les détachements de gendarmes et de troupes de ligne qui sont sous vos ordres, et de les employer à maintenir l'ordre public, et à protéger le passage des fonctionnaires français qui quittent Rome. M. le colonel étant privé de sa liberté, vous prendrez le commandement de la 30º légion, que vous réunirez à Viterbe et avec laquelle vous vous rendrez en Toscane[1].

Comme vous avez des forces suffisantes à votre disposition, je vous rends

---

1. En dépit de cette lettre, et malgré les violents reproches de Tournon, qu'il subit en silence, de Filippis abandonna ses gendarmes à Viterbe, et passa au service de Murat.

responsable de tout ce qui pourrait arriver aux Français qui traverseront l'arrondissement de Viterbe, et je vous somme de conduire, sans autre délai, toute la gendarmerie et le détachement de troupes de ligne à Sienne où vous recevrez les ordres de S. A. Imp. madame la grande-duchesse.

Je connais trop les sentiments qui animent toute la gendarmerie pour douter de son empressement à se rendre où ses devoirs et son dévouement à l'Empereur l'appellent. Si quelque gendarme était détourné de son devoir, le gouvernement ne pourrait l'imputer qu'à vous, et j'aime à croire que vous saurez éloigner un tel reproche.

Arch. du château d'Avrilly[1], au Ministre de l'intérieur,
Florence, 24 janvier 1814.

J'ai eu l'honneur d'écrire le 19 à V. Exc. pour lui faire connaître qu'un général napolitain avait déclaré, par écrit, à M. le général comte de Miollis qu'il prenait dès ce moment le commandement supérieur des États Romains. A peine avais-je terminé ma lettre que le général napolitain La Vauguyon fit prendre les armes à ses troupes qui étaient au nombre de 7,000 hommes, et s'empara de tous les postes qui, jusqu'à ce moment, avaient été gardés par des troupes françaises. Celles-ci durent céder à la force, et se retirer, sans être inquiétées, au château Saint-Ange. M. le général Miollis s'y rendit lui-même et s'y enferma. Pendant le même temps, un fort détachement se transporta à l'hôtel de la Préfecture, en occupa les portes, et empêcha toutes communications au dehors. Un colonel des troupes napolitaines se rendit auprès de moi et me signifia[2], au nom de son souverain, que mes

---

1. Cette lettre se trouve également aux *Arch. Nationales*, F¹ᵉ III, Rome, 2.
2. Leterme, dans son cahier de *Souvenirs*, raconte longuement ces entrevues de Tournon avec le colonel napolitain et La Vauguyon, entrevues dont il fut le témoin.

« Je viens, Monsieur, — dit l'officier au préfet, — au nom de M. le lieutenant général La Vauguyon... » — « Au nom de qui, Monsieur? » — « Au nom de S. M. le roi des Deux-Siciles, vous signifier que vos fonctions cessent dès ce moment. » — « Les fonctions que je remplis, riposte Tournon, m'ont été confiées par S. M. l'Empereur et roi, mon souverain, et ce ne sera qu'après ses ordres que j'obéirai à la sommation qui m'est faite d'abandonner mon poste... »

L'officier se retire, et une heure se passe sans que personne puisse entrer ou sortir du palais. Enfin le général La Vauguyon se présente lui-même chez M. de Tournon : « Je dois vous demander mille fois pardon de l'insolente signification qui vient de vous être faite, et je ferai casser l'officier. » — « Pourquoi, Monsieur le général? » — « Ne vous a-t-il pas annoncé que vos fonctions cessaient dès ce moment? » — « Il me semble qu'il m'a dit la vérité? » — « Non, M. le préfet; l'intention de S. M. n'est point que les fonctionnaires français abandonnent... » — « Monsieur le général, au point où nous en sommes, il me semble qu'il est temps de cesser de feindre, et que nous nous connaissons assez... Notre rôle est différent; vous commandez ici et nous

fonctions cessaient dès ce moment; je lui répondis que mes pouvoirs, émanant de S. M. l'Empereur, ne pouvaient être révoqués que par Elle, et que je continuerais mes fonctions aussi longtemps que je n'en serais point empêché par une force majeure. Un instant après, M. le général La Vauguyon se rendit chez moi et me témoigna beaucoup de regrets de la déclaration que le colonel m'avait faite, assurant qu'elle était contraire à ses ordres, et que j'étais le maître de continuer mes fonctions en me soumettant à ce qu'il plairait au roi de Naples d'ordonner. Ma réponse fut que je continuerais de les exercer, mais en ne reconnaissant comme unique règle de ma conduite que les ordres de l'Empereur. Sur ces entrefaites, je reçus une lettre de M. le général Miollis, par laquelle il m'invitait à quitter mon poste, lorsque j'y serais contraint par une force à laquelle je ne pourrais résister qu'en exposant la ville à des malheurs qu'il était surtout important d'éviter. Il me chargeait, en même temps, de pourvoir à la sûreté des fonctionnaires publics français, et de toutes les personnes de la même nation. En suite de cette invitation, et après avoir reconnu que toute résistance était inutile, je me résolus de quitter le département dont l'administration m'était confiée. Mais, auparavant, j'écrivis à MM. les sous-préfets et à tous les chefs d'administration pour leur annoncer que l'autorité de S. M. l'Empereur étant méconnue dans le département de Rome, et une force étrangère s'y arrogeant le droit d'y donner des lois, leurs fonctions avaient cessé, et je les invitai à ne pas les continuer. Je leur offris, en même temps, les moyens de protéger leur départ de Rome, et d'assurer leur retraite sur la Toscane. Ma présence, après ces divers actes, étant tout à fait inutile au service de S. M., et pouvant donner une apparence de légalité aux mesures que voulait prendre le général napolitain, je partis le 20, à midi, avec une escorte de gendarmerie. Pendant ma route, j'assurai, par le placement de divers détachements, le libre passage des fonctionnaires qui désiraient me suivre, et dont plusieurs ont, en effet, quitté Rome.

On avait, à l'avance, réuni à Viterbe, sous les ordres du chef d'escadron de gendarmerie *De Filippis*, 50 gendarmes et 100 hommes d'infanterie. Je comptais emmener cette troupe. Mais arrivé devant Viterbe, j'appris que cette ville était en insurrection. J'y passai cependant sans obstacle, et ayant fait passer le chef d'escadron, je lui enjoignis de rester à son poste pour protéger le passage de tous les Français qui devaient nécessairement traverser cette ville, et de se porter ensuite sur la Toscane avec toute la gendarmerie et la troupe de ligne. Je lui remis, à cet effet, un ordre de son colonel qui se trouvait en état d'arrestation par le général La Vauguyon. La réponse de ce chef d'escadron fut qu'il avait ordre de ce général napolitain de ne pas quitter son poste, et je pus reconnaître qu'il avait déjà accepté un emploi au service de Naples; j'appris, en même temps, que plusieurs officiers et beaucoup de gendarmes prenaient le même parti. Plein d'indignation d'une aussi lâche trahison, je le reprochai, avec la plus grande force, au chef d'escadron, et je parvins à rallier une vingtaine de ses gendarmes qui, joints à ceux que j'ai pu réunir

---

sommes chassés. Cependant, vous ne pouvez douter que mon sort soit plus glorieux que le vôtre, et je dois vous plaindre de vous élever ainsi sur les ruines de notre patrie. »

sur la route, font un total de 40 hommes. Je fis aussi rétrograder environ 400 hommes d'infanterie qui se rendaient à Rome, ainsi que beaucoup d'officiers, et je formai un détachement avec lequel je suis sorti du département. Je me suis rendu ensuite à Florence pour y recevoir les ordres de S. A. Imp. madame la grande-duchesse.

Je me flatte que V. Exc. approuvera ma conduite. — Dans la position extraordinaire où j'étais placé, je n'avais que le choix ou d'une lâche déférence à des ordres qui n'émanaient pas de mon souverain, ou de la retraite. Nulle résistance ne pouvait être opposée, puisque jusqu'au moment où sept mille hommes de troupes napolitaines appuyèrent ces mesures violentes, nous avions dû regarder ces troupes comme celles d'un souverain allié; et, maîtresses de la ville, il leur avait été facile de choisir, pour détruire le gouvernement établi, le mode qui leur paraissait le plus convenable et qui excluait toute résistance. Je n'avais pas jugé convenable de me retirer au château Saint-Ange, parce que ma présence dans cette forteresse, qui n'est habitée que par sa garnison, ne pouvait être d'aucune utilité. J'avais pensé que je pouvais être utile à Civita-Vecchia où les habitants, secondés par mon influence, pouvaient aider les troupes françaises qui composent la garnison à se défendre. Mais le plan du général napolitain a été exécuté avec tant de secret et de promptitude, qu'il m'a été absolument impossible de me rendre dans cette ville. J'ose me flatter que V. Exc. trouvera le parti que j'ai pris comme le plus convenable dans les circonstances.

Les événements qui ont eu lieu depuis mon départ ont prouvé que le plan de la cour de Naples est de parvenir, sans déclarer   la guerre, à s'emparer des États Romains, et d'y substituer l'au   au roi à celle de l'Empereur. C'est dans ce sens qu'est rédigée la proclamation de M. le général LaVauguyon. Il présente les actes par lesquels le roi de Naples s'empare des droits de souveraineté dans les États Romains comme nécessités par l'anarchie qui régnait dans ce pays, et sollicités par les vœux des habitants. Il serait inutile de faire remarquer que ces deux motifs, fussent-ils subsistants, ne donneraient aucun droit à un prince étranger de s'emparer des États Romains. Mais ces motifs ne subsistent en aucune manière; les deux départements étaient parfaitement tranquilles; les lois y étaient exécutées, les autorités respectées, jusqu'au moment où des agents napolitains cherchèrent à faire naître de coupables espérances. Si l'anarchie eût régné, on aurait dû en assurer les Napolitains. Mais il est de fait qu'ils n'ont pu parvenir à troubler la tranquillité publique, jusqu'au jour où leur proclamation a semé l'alarme.

Le deuxième motif des démarches du roi de Naples est le vœu des habitants. Or, ce vœu, depuis un mois, est sollicité par des agents obscurs qui réunissaient des signatures au bas d'une adresse. Mais le résultat de ces manœuvres a été une députation de quelques personnes qui ne jouissent d'aucune considération, et qui tiennent, par eux ou par leurs femmes, aux États de Naples. Ainsi les actes de cette cour ne peuvent être considérés comme fondés sur aucunes raisons plausibles, et loin de les avoir provoqués, l'administration des États Romains a évité avec le plus grand soin tout motif de plainte, par un système de condescendance suivi longuement.

J'ai vu avec peine que presque tous les fonctionnaires publics romains avaient promis de continuer d'exercer les emplois dont ils étaient pourvus. Le secrétaire général a eu la lâcheté de me remplacer, pendant que j'étais encore à Rome. Les habitants se sont conduits avec beaucoup de sagesse, ont donné beaucoup de preuves d'intérêt aux Français, et paraissent fort mécontents d'un changement qui ne leur donne pas leur ancien gouvernement.

Je compte me rendre à Tournon, département de l'Ardèche, pour y laisser ma famille; et de là j'irai recevoir vos ordres.

Arch. de Génelard, au Ministre de la guerre, 24 janvier 1814[1].

Je crois devoir rendre compte à V. Exc. des événements qui viennent d'avoir lieu à Rome, et spécialement en ce qui est relatif à la 30ᵉ légion de gendarmerie. M. le lieutenant du gouverneur général de Rome, craignant, depuis quelque temps, des actes hostiles de la part du gouvernement de Naples, avait ordonné la réunion de la légion à Rome, Viterbe et Spolète; mais quelques troubles qui eurent lieu dans des communes qui n'étaient plus surveillées par la gendarmerie, engagèrent à la renvoyer dans ses brigades, afin de maintenir l'ordre public, et de hâter la rentrée des contributions. Il resta cependant 30 gendarmes à Rome, sous les ordres du colonel Lecrosnier, et 50 à Viterbe, sous ceux du chef d'escadron De Filippis.

Le 19 du courant, le gouvernement napolitain fit connaître ses intentions hostiles. Ses troupes s'emparèrent de la ville de Rome; tous les fonctionnaires publics furent contraints de cesser leurs fonctions, ou de les continuer au nom du roi de Naples, et le général Miollis se retira au château Saint-Ange. Il donna, dans le même moment, l'ordre à M. le colonel Lecrosnier de réunir la gendarmerie, de prendre le commandement de quelques détachements de troupes de ligne disséminées dans le département, et de se retirer dans la Toscane, en protégeant la retraite de tous les fonctionnaires publics et de tous les Français qui voudraient quitter Rome. M. le colonel Lecrosnier envoya des ordres à cet effet à toutes les brigades, et nous convînmes ensemble que nous partirions le 20 pour Viterbe, qui était le lieu de rendez-vous donné.

Le 20, au matin, le colonel de la gendarmerie vint me prévenir que sa légion venait d'être consignée au quartier par le général napolitain qui avait fait placer des sentinelles partout. Je reçus en même temps une lettre de cet officier général qui s'intitule « *Commandant supérieur des États Romains* ». Je lui répondis à l'instant, et je joins ici copie de sa lettre et de ma réponse. M. le général La Vauguyon, au lieu de se rendre à mes raisons, vint chez moi où j'eus avec lui une explication très vive, mais sans succès; il persista à exiger que la gendarmerie restât dans ses brigades, jusqu'à ce que la gendarmerie napolitaine l'eût relevée. M. le colonel Lecrosnier se trouvait présent; il déclara avec beaucoup de fermeté, qu'il emploierait tous les moyens pour réunir sa légion, et la conduire où l'avait ordonné le général Miollis. Le général La Vauguyon lui proposa alors de se retirer de sa personne sur la Toscane; mais M. Lecrosnier assura qu'il ne quitterait point sa résidence, tant qu'il aurait

---

1. Cette lettre ne se trouve pas aux *Arch. de la Guerre*.

un seul gendarme à commander. Le général napolitain, ne pouvant vaincre sa fermeté, fit mettre des gardes aux portes de son appartement, et le retint prisonnier. Quelques représentations que je fisse, je fus contraint de partir sans le colonel, et je ne pus emmener que 12 gendarmes qui me furent donnés pour escorte. Mais j'espérais trouver à Viterbe une partie considérable de la légion qui avait dû joindre le chef d'escadron De Filippis. J'écrivis moi-même à toutes les brigades les plus voisines de ma route de venir me joindre à Viterbe, nonobstant des ordres contraires du général napolitain.

Arrivé aux portes de cette ville, j'appris qu'elle était en insurrection. J'envoyai un gendarme pour parler au chef d'escadron De Filippis que je savais s'y trouver avec 50 gendarmes et 100 hommes d'infanterie. Cet officier supérieur vint me trouver, et facilita mon passage et celui des personnes qui m'accompagnaient. Je lui témoignai mon étonnement de ce qu'avec une force aussi importante, il n'avait pas su réprimer un mouvement populaire. Il me dit qu'il ne pouvait pas compter sur ses gendarmes. Je le requis de rester à Viterbe pour y protéger le passage des fonctionnaires publics qui devaient traverser cette ville, d'y réunir en même temps tous les gendarmes et les détachements qui avaient eu ordre de se porter sur ce point, et d'en prendre le commandement, puisque le colonel de la gendarmerie n'était pas en liberté de le faire. Le chef d'escadron De Filippis me parut très effrayé de sa position, et fort indécis sur la conduite qu'il tiendrait ; il me montra un ordre du général La Vauguyon qui le chargeait de faire rester tous les gendarmes à leurs postes ; il me dit que le lieutenant Meda avait déjà déclaré qu'il passait au service de Naples, et qu'il avait entraîné un assez grand nombre de gendarmes ; que, quant à lui, ayant une partie de sa fortune dans les États Romains, il ne pouvait l'abandonner, et d'ailleurs qu'il ferait tout ce qui dépendrait de lui pour assurer le passage des fonctionnaires français. Je ne pus retenir mon indignation, et je la lui témoignai dans les termes les plus vifs ; mais ce fut en vain ; il s'en tint toujours à des paroles vagues dont le sens cependant n'était que trop clair. Un des brigadiers qui m'escortait, au lieu de continuer sa route avec moi, suivit M. De Filippis, lorsqu'il se retira dans Viterbe. Dans cet état de choses, et ne me trouvant entouré que de traîtres, tout ce que je pus faire fut d'appeler à moi quelques-uns des gendarmes qui avaient suivi M. De Filippis, et de ramasser ainsi environ 40 hommes à cheval, sous les ordres du lieutenant Remondet et des maréchaux des logis Fournier et Truron. Je laissai ce détachement à Agno, dernière ville des États Romains, afin d'y attendre et d'y réunir tous les gendarmes et les soldats de ligne qui échapperaient.

Arch. de Génelard, au Ministre de la guerre,
Florence, 24 janvier 1814.

Je n'ai pas pu, pendant les derniers moments de mon séjour à Rome, rendre compte à V. Exc. de ce que j'avais fait pour approvisionner le fort Saint-Ange et Civita-Vecchia. Je crois de mon devoir de lui faire connaître tout ce qui s'est passé relativement à cette opération, et le point où les choses en étaient lorsque les Napolitains ont fait discontinuer les approvisionnements.

Je reçus, le 12 décembre, l'ordre de V. Exc., daté du 2. Je pris sur-le-champ des mesures préliminaires, et j'adressai des échantillons de grains et autres denrées pour savoir si elles étaient acceptables. Le Comité d'approvisionnement pour le fort Saint-Ange, qui était juge de la qualité des denrées, ne fut nommé que le 24 décembre, et il ne s'assembla que le 2 janvier. Les magasins n'étaient pas réparés, et diverses opérations préliminaires devaient être faites par les gardes-magasins. Ainsi, je ne pus faire opérer le premier versement que le 6. Depuis ce moment, ils continuèrent avec la plus grande activité, quoique les agents napolitains s'y opposassent par de sourdes manœuvres, et que le défaut de fonds ne permît pas de payer les denrées qui étaient requises. La presque totalité de l'approvisionnement en grains a été versée, mais j'ignore si le garde-magasin a eu le temps de le faire mettre en farine. La majeure partie des légumes, du riz, de la viande salée existe également en magasin; et comme la garnison ne s'élève pas à 2,000 hommes, l'approvisionnement de ces objets sera suffisant pour ses besoins pendant 4 mois.

Le général Miollis m'écrivit, le 14, de différer l'approvisionnement en viande fraîche; je fis seulement entrer 15 bœufs. Le 18, le général me demanda de compléter cet approvisionnement; mais les événements du 19 s'y opposèrent. J'ai tâché d'y suppléer par une certaine quantité de légumes et de riz.

L'approvisionnement n'est complet ni en vin, ni en eau-de-vie. Le manque de futailles, qui n'avaient pas été préparées à l'avance, a retardé le versement de ces liquides. L'huile à brûler n'est pas dans la quantité ordonnée, par le même motif qui a occasionné le déficit dans les liquides. Le bois est à peu près au complet. Enfin, la quantité de fourrage est proportionnée au petit nombre de bœufs qui existent dans le fort.

Si je n'ai pas complètement rempli les intentions de S. M. en formant l'approvisionnement du fort Saint-Ange, je prie V. Exc. de croire que je n'ai rien négligé pour y parvenir. Mais le peu de temps que j'ai eu depuis que les magasins ont été disposés, le manque de fonds, la nécessité de ne pas donner, par des mesures trop rigoureuses, des sujets de plaintes aux habitants déjà mal intentionnés, enfin les manœuvres des Napolitains qui faisaient tous leurs efforts pour entraver l'exécution d'une mesure dirigée contre eux, tous ces obstacles réunis m'ont empêché de compléter l'approvisionnement du fort Saint-Ange.

J'ai été plus heureux à Civita-Vecchia. Les denrées existaient dans la ville, et il ne s'est agi que de les transporter dans les magasins. Les Napolitains ne pouvaient pas d'ailleurs entraver ces opérations, et les mêmes ménagements n'étaient pas à garder avec les habitants qu'avec ceux de Rome. J'ai donc lieu de croire que l'approvisionnement est au complet, et d'ailleurs on a eu plusieurs jours, après mon départ, pour le terminer, les Napolitains n'ayant aucune force dans le voisinage. Je me flatte que V. Exc. rendra justice à mon zèle, et n'imputera qu'aux circonstances impérieuses dans lesquelles je me suis trouvé, la non complète exécution de ses ordres.

Arch. d'Avrilly, à sa mère, Gênes, 30 janvier 1814.

Ma tendre mère, les événements qui se sont passés à Rome m'ont forcé d'en partir[1]. Le roi de Naples ayant occupé le pays, il ne me convenait plus d'y rester, quoique l'on m'ait pressé de le faire. Nous nous sommes mis en route, Adèle, Alix et moi, le 20, quittant la ville avec tous les honneurs de la guerre, et après avoir disposé de nos meubles et de nos effets. Au bout de dix jours d'un voyage que j'ai tâché de rendre le moins pénible possible pour ma femme et ma fille, nous sommes arrivés ici hier en parfaite santé; nous y serons deux ou trois jours; nous en repartirons pour Nice, d'où nous irons, sans nous arrêter, à Avignon. J'espère y trouver mon beau-père à qui je remettrai sa fille, et j'irai en Dauphiné auprès de vous, et pour vous voir un peu, si je ne puis pas être de quelque utilité pour la défense de ce pays. J'en écris à M. de Saint-Vallier par ce courrier. Je calcule que vers le 1er je pourrai être auprès de vous.

J'ai mille choses à vous dire, et le plaisir de vous revoir m'a bien adouci mon départ de Rome. M. et Mme de Fortia y sont restés et sont en parfaite santé. Donnez de nos nouvelles à tous mes frères et sœurs. Je verrai Victor à Marseille, Alix à Caumont, et Eugène à Avignon.

Adieu, excellente mère, nous nous portons bien, je vous le répète : n'ayez aucune inquiétude pour le reste de notre voyage que nous ferons fort à notre aise. Alix est charmante et ne souffre pas du voyage.

Adèle vous embrasse et moi je vous dis les choses les plus tendres.

---

1. Leterme, dans son cahier de *Souvenirs*, raconte ainsi ce départ : « A midi environ (le 19 janvier), M. de Tournon monta en voiture avec Mme de Tournon malade... Un grand concours se pressait autour du convoi. Ce n'était pas le moment de la faiblesse et des larmes, et Mme de Tournon, à l'exemple de son mari, n'offrit aux curieux qu'un visage ferme et un regard serein. On la plaignait ainsi que lui. Un jour viendra peut-être où on le regrettera amèrement. Précédés et suivis de 5 gendarmes, ils sortent enfin. La foule se montra respectueuse, à l'exception de quelques hommes de la lie du peuple ameutés et payés pour faire entendre quelques sifflets. Le magistrat comme l'homme privé reçurent ainsi, à raison des circonstances, une preuve irrécusable qu'ils avaient également mérité l'estime des honnêtes gens. Ils ont passé la porte du Peuple, et ils s'éloignent sans doute pour jamais de cette ville superbe qui, pendant cinq ans, courba sous leurs lois son front..., libres de se livrer aux sentiments pénibles qu'avaient jusqu'alors maîtrisés la fierté et l'honneur national. Peut-être M. de Tournon abandonnait-il avec joie un peuple mort à tous les sentiments généreux comme à toutes les idées libérales... Du moins, il semblait lui jurer un éternel oubli (par) ces mots échappés à sa douleur : « *J'ai passé trois ans en Allemagne et cinq ans en Italie; j'ai payé ma dette aux pays étrangers : je ne sortirai plus de la France!* »

Leterme se trompait en croyant que Tournon quittait l'Italie avec joie. Lui-même nous avoue que son adieu fut bien « triste ». Du haut de la dernière colline qui lui permettait de voir encore la « Ville éternelle », il jeta un dernier et douloureux regard sur cette Rome qu'il avait tant aimée, et il ajoute dans ses *Mémoires* : « Si la domination de la France sur Rome, phénomène réservé au siècle des miracles, fut courte, du moins sa durée ne fut pas sans avantages pour cette cité, ni sa fin sans honneur. J'attache un grand prix à avoir contribué au développement de ces avantages, comme à être sorti noblement de notre illustre conquête... Ainsi finit mon administration dans laquelle, pendant 4 ans et 3 mois, j'avais appliqué toutes les forces de mon esprit et toute la chaleur de mon cœur à rendre tolérable aux Romains le joug qui leur était imposé, et à cimenter par l'affection l'union de ce beau pays à la France. J'aime à me flatter que lorsque mes enfants iront visiter Rome, ils trouveront encore quelques traces de mon passage, et qu'il y restera de moi un souvenir dont ils n'auront pas à rougir. »

Vu le 1er Juillet 1913

*Le Doyen de la Faculté des Lettres
de l'Université de Paris.*

A. CROISET.

Vu et permis d'imprimer

Le Vice-recteur de l'Académie de Paris,

L. LIARD.

INDEX

DES NOMS DE PERSONNES ET DE LIEUX[1]

A

Abruzzes, 43, 216.
Adige, 234.
Adorno (jésuite), 231.
Adrien (empereur), 49.
Agincourt (Séroux d'), 182, 184, 193.
Agno (arr. de Viterbe) (1), 274.
Aix-en-Provence, 19.
Alaric, 65.
Alatri, 51, 92, 122, 123, 133, 136, 146, 161, 230.
Albani (prince), 229, 243.
Albani (frère du prince), 244.
Albano, 6, 14, 49, 51, 65, 83, 122, 146, 161, 177.
Albignac (comte Maurice d'), 205.
Alborghetti, XI, 89, 182, 185, 186.
Alequini (curé), 115.
Alexandre VII (pape), 171.
Algioti, 176.
Alsace, 239.
Altieri (prince), 80, 179, 180, 243.
Amazeno (fleuve), 123.
Amelia, 248.
Anagni, 122, 123, 126, 136, 146, 161, 162, 230.
Ancône, 179, 246, 252.
Angelis (de, maire), 153.
Angelucci (Dominique), 136.
Anglès, II, VIII, XI, 93, 116, 145, 158, 195, 214, 255.
Anio (rivière), 49, 53, 128, 129.
Apath (d'), 184.
Apennins, 3, 65, 142.
Appius Claudius, 22.

Aquila (province), 152.
Aquapendente, 255, 263.
Aranjuez, 242.
Ardèche (dépt), 273.
Ardée (arr. de Rome), 65.
Argante (brigand), 92.
Arioste (l'), 49.
Armis (comte), 136.
Arnara (arr. de Frosinone), 123.
Arno (rivière), 3.
Arsoli (arr. de Tivoli), 92, 129.
Assorati (Joseph), 163.
Atanasio (prélat), 113.
Augsbourg, 42.
Aulard (A.), VII.
Auvergne, 66.
Avignon, 225, 276.
Avrilly (château et Archives d'), XI, 22, 32.

B

Bade (ville de), 216.
Badesco (lieutenant de gendarmerie), 15.
Bagnorea, 63, 255, 256.
Baléares (îles), 231.
Barante (baron Prosper de), II, XII, 113.
Barante (baron Claude de), XII.
Barante (village de, Puy-de-Dôme), XII.
Barberini (François), 125, 215.
Battaglia (curé), 229, 236, 246, 247, 248, 249, 250, 252, 253, 254, 255, 258.
Bautzen, 216.
Bayonne, 32.
Bayreuth, I, II, XII, 17, 59.
Beaujolais, 134.

---

[1]. Pour faciliter au lecteur la recherche des noms de lieux, je joins aux villes moins connues, villages et sites, le nom de l'arrondissement où ils se trouvent.

INDEX DES NOMS DE PERSONNES ET DE LIEUX.

Beldasseri (entrepreneur), 185.
Bélisaire, 63.
Bellavène (général), 66.
Benaglia (conscrit), 103, 105, 106.
Bernardini, 150, 151.
Bencivenga (professeur), 250, 255.
Benoît (Saint), 53.
Bentinck (lord), 245, 265, 266.
Bernola (prêtre), 131.
Berthaut (architecte), 14.
Bertin, 104.
Bisletti (maire de Veroli), 156, 159, 161.
Bocchini (entrepreneur), 157.
Bologne, 3, 245, 258.
Bolognetti (comte), 229.
Bomarzo (arr. de Viterbe), 249.
Bonaparte (Pauline), 3.
Bonnani (brigand), 92.
Bonnefond, 238.
Bordeaux, I, II, 66, 226.
Borghèse (prince Camillo), 3, 4.
Borghèse (famille), 103.
Borghetto (bourg du royaume de Naples), 150.
Borgia (capitaine de gendarmerie), 51, 53, 117, 142, 152, 176.
Borgia (César, sous-préfet de Rieti), 118, 154.
Boscowich (Roger-Joseph), 13.
Bourbon (Connétable de), 187.
Bourbon (princesse de), 210.
Bracciano, 152.
Braschi (duc), XI, 14, 121, 124, 229.
Braschi (duchesse), 49, 65.
Braschi (maison), 148.
Brescia, 245.
Brest, 157.
Briche (Mme de la), 142.
Brixen, 227.
Bruxelles (brigand), 92.
Buoncompagni (prince, duc de Sora), 121, 124, 179, 180, 229.

C

Cadix, 242.
Cagliari, 69.
Caldana (tour), 230, 232.
Campo-Morto (arr. de Velletri), 112, 136.
Canepina (arr. de Viterbe), 51.
Canino (arr. de Viterbe), 70.
Canope, 49.
Canova, 3, 13.
Capranica (arr. de Viterbe), 136, 165.
Capucci (barigel), 136.
Carascosa (général baron), 256.
Caroline (de Naples), 201.
Carpineto (arr. de Frosinone), 23.
Carthagène, 86.
Casamari (arr. de Frosinone, couvent de), 39, 47, 51.

Casella del Guardino (arr. de Velletri), 108.
Cassis (vin de), 76.
Cassius, 49.
Castaldo (brigand), 92.
Castel-Gandolfo, 65.
Castiglione, 248.
Castillofield (Mme de), 240, 242.
Catilina, 71.
Catucci, 182.
Cavo (Monte), 65.
Ceccano (arr. de Frosinone), 136.
Celeno (arr. de Viterbe), 247.
Cesar, 49.
Cesare, 258.
Cesarini (prince), 81, 124.
Cesarini (princesse), XI.
Chabannes la Palice (comte Jean de), 25.
Caillé (écuyer de Charles IV), 192.
Champagny (duc de Cadore), X.
Charles IV (d'Espagne), 192, 193, 194, 221, 240, 241, 264, 266.
Charolais, 120, 130, 144, 145.
Chiaramonti (cardinal), 179.
Chiavari (Joseph), 63.
Chigi (prince), 102, 103, 124, 125.
Ciavaglia, 136.
Cicéron, 7.
Ciommo (brigand), 92.
Circé (Cap), 65, 92, 112.
Cisterne (arr. de Velletri), 112.
Civitella-d'Agliano (arr. de Viterbe), 247.
Civita-Castellana (arr. de Viterbe), 20, 22, 38, 146, 155.
Civita-Lavinia (arr. de Velletri), 51.
Civita-Vecchia, XII, 6, 20, 38, 39, 40, 56, 59, 60, 64, 69, 70, 72, 78, 104, 107, 113, 137, 146, 149, 165, 203, 213, 229, 230, 235, 251, 262, 265, 266, 267, 272, 274, 275.
Clauzel (Général), II.
Claveson (Drôme), I, 3, 7, 12, 13, 36, 75, 76, 83, 84, 92, 96, 98, 135, 144, 146, 225.
Clément XIV (pape), 169.
Collefero (arr. de Velletri), 183.
Cologne, 76.
Colona (prince), 124, 125, 244.
Comachio (vallée du), 245.
Compiègne (château de), 145.
Consalvi (cardinal), 212.
Constantin (empereur), 137.
Core (arr. de Velletri), 23, 51, 122.
Corfou, 108.
Correse (arr. de Rieti), 154.
Cornas (vin de), 7, 32, 76.
Cornetto (arr. de Viterbe), 20, 40, 78, 79, 155.
Corse, 69, 70, 102, 104, 155, 178.

INDEX DES NOMS DE PERSONNES ET DE LIEUX

Corsini (famille), 103.
Crivelli (Fabio), 230.
Custine (Mme de), 182, 184.

D

Dal Pozzo, 50.
Danaïdes, 75.
Daru (Martial), 45.
Dauphiné, 3, 58, 276.
Davout (maréchal), II.
Decazes (Elie, duc), II.
Denicé (Rhône), XII.
Desaigne (Ardèche), XII.
Desmarets (policier), 145.
Diecinove (brigand), 92, 224.
Dietrickstein (princesse de), 199.
Dominicis (de), 215.
Donnat (employé des Domaines), 48.
Doria (prince), 124.
Doria (fils), 215, 217.
Drée (Mme de), 130, 134.
Dresde, 200, 216, 221, 226.
Drôme (rivière), 58.
Duncan (commodore), 233, 234.
Dowglass (capitaine), 233.

E

Élisa (grande-duchesse), 3.
Énée, 65.
Eroli (duc d'), 45.
Escurial, 242.
Estache (de l'), 238.
Étrurie, 195.
Étrurie (reine d'), 266.
Eugène (princesse), 3.
Évandre, 65.
Évangeliste (Antoine), 136.
Eylau, 32.

F

Faenza, 258.
Farfa (abbaye de), 126.
Fauchet (préfet), 3.
Fayola (montagne de la), 23, 54.
Ferdinand IV (roi de Naples), 254.
Ferdinand (Prince des Asturies), 140, 241, 242.
Fenestrelle, 149, 176.
Ferentino, 136, 161, 230.
Ferrare, 252.
Ferry de Saint-Constant, 143, 190.
Fiumicino (arr. de Rome), 232.
Flèche (école de La), 149, 176.
Florence 3, 42, 269.
Filippis (de), 248, 250, 269, 271, 273, 274.
Foligno, 182.
Fondi (arr. de Velletri), 166.
Fontainebleau, 7, 212.
Forli, 266.

Fortia d'Urban (marquis), 84, 120, 129, 130, 134, 135, 141, 182, 276.
Fossa-nuova (arr. de Frosinone), 39, 47, 54.
Fouché (duc d'Otrante), 145, 216.
Foudras (policier), 145.
Fournier (maréchal des logis), 274.
Frale (chanoine), 100.
Francisque (don, infant d'Espagne), 191, 240.
Franche-Comté, 258.
Frascati, 14, 23, 49, 51, 54, 65, 83, 135, 146, 161.
Friedland, 32.
Frosinone, 23, 38, 39, 43, 52, 53, 84, 91, 92, 111, 122, 123, 131, 137, 141, 158, 159, 160, 161, 162, 167, 168, 214, 224, 230, 241.

G

Gabrielli (prince), 124, 229.
Gabrielli (Marius, conseiller de préfecture), 103, 104, 105, 106, 107, 128.
Gaëte, 22, 92.
Gaëte (duc de), 50.
Galassi, 238.
Gallicano, 136.
Génelard (château et archives de), III, XI, 22, 25, 144, 156, 147.
Gênes 7, 42, 66, 73, 95, 177, 181, 265.
Genovese (brigand), 92.
Genzano, 65, 122, 135.
Gerando (de) 4, 6, 25, 27, 33, 51, 77, 87, 97, 134, 135, 140.
Gerolamo (François de, brigand), 92.
Giorgi, 217.
Giraud (conseiller de préfecture), 129.
Giraud (comte), 229.
Gisors (architecte), 14.
Giuliano (arr. de Velletri), 52, 136, 141.
Giustiniani (prince), 121, 125.
Godoï (don Emmanuel), 240, 241, 242.
Gottembourg, 226.
Gouvion-Saint-Cyr, 205.
Graisivaudan, 58.
Grandmaison (Geoffroy de), 32, 193.
Granet (François-Marius, peintre), 19, 25.
Grégoire XI (pape), 187.
Grégoire XIII (pape), XIII, 47, 169, 170.
Grispoli (chanoine), 100.
Grosbon (colonel), 56.
Grotta-Ferrata, 65.
Grottes-San-Stefano (arr. de Viterbe), 247, 248.

H

Hédouville, XI, 113, 176.
Hercule, 65.

282 INDEX DES NOMS DE PERSONNES ET DE LIEUX.

Hérisson (Henri d'), 76.
Hermitage (vin de), 76.
Heyligers (général), 167, 176.
Hippolyte (cardinal), 49.
Hippolyte, 65.
Horace, 49.
Humboldt, (Mme de), 226.

I

Isaïe (père), 85.
Isola Bella, 14.

J

Janet (baron), XII, 27, 39, 50, 55, 159, 173, 174, 262.
Jérôme Bonaparte, 205.
Joséphine (impératrice), XI, 49.
Jules II (pape), 187.
Jupiter, 65.

L

Landi, 184.
Languedoc, 83.
Lanti (Mgr), 146.
Larricia, 65, 135.
La Salcette (général Colaud de), XII, XIII, 109.
Lavaggi (comte), 81, 179, 181.
La Vauguyon (Paul de Quélen, général comte de), XII, 267, 268, 269, 270, 271, 272, 273, 274.
Le Brun (lieutenant de gendarmerie), 117, 152.
Le Crosnier (colonel), 273.
Léon X (pape), 65, 169, 187.
Lepini (monts), 131.
Lescot (Mlle), 25.
Lestrange (Mme de), 7, 41.
Leterme (conseiller de préfecture), XII, 44, 262, 270, 276.
Livourne, 3, 95.
Lombardie, 3.
Longazia (propriétaire), 136.
Lucien Bonaparte, 69, 70, 71, 72, 105.
Luigiotto (frères, brigands), 92.
Lupi (abbé), 150, 151, 152.
Lutzen, 216.
Lyon, I, II, 120, 130, 141.

M

Macerata, 182.
Madelin (Louis), II, XI, XIII, 24, 36, 44, 48, 50, 75, 81, 89, 145, 149, 173, 175, 176.
Madrid, 241.
Maghella, XII, 264, 266.

Magliano (arr. de Riéti), 39, 155.
Malaga, 86.
Malet (général), 197.
Malte, 216, 233.
Manhein, 259.
Manzi, 264, 266.
Manziana (La, arr. de Viterbe), 152, 153.
Manzoli (curé), 115.
Marcelli (frères, brigands), 92.
Marchioni (Alexandre), 131.
Marconi (comte, financier), 121, 180, 204, 229, 256.
Marescalchi (comte), 81.
Marie-Louise (reine), 240.
Marini, XI.
Marino, 65, 135, 198.
Mariscotti (comte), 229.
Marius (Mont), 25.
Marseille, 276.
Martorelli (chanoine), 114.
Massimi (marquis), 80.
Mattei (cardinal), 212.
Mauri (chanoine), 114.
Maury (cardinal), 23, 24.
Maximilien-Joseph (roi de Bavière), 59.
Mecklembourg (prince de), 184.
Meda (lieutenant de gendarmerie), 247, 248, 250, 253, 274.
Médée, 242.
Melchiori Massei (maçon), 150, 151.
Menicozzi (Mgr), 156.
Messine, 253.
Mier (comte de), 245.
Milan, 3, 4, 13, 34, 42, 67, 86, 183, 245.
Miollis (baron de), XII.
Miollis (général comte Sextius de), XI, XII, XIII, 39, 50, 115, 141, 153, 165, 176, 184, 221, 224, 263, 264, 266, 267, 268, 270, 271, 273, 275.
Molé, XI, 142.
Monge, 13.
Montalivet, VIII, XI, 35, 68, 145.
Montaudon (entrepreneur), 185.
Montefiascone, 23, 100, 237, 247, 255, 262.
Monte-Fortino (arr. de Velletri), 141.
Monterosi (arr. de Viterbe), 73.
Monte-Rotondo (arr. de Frosinone), 55, 56, 179.
Monti (poète), 148.
Montmelas (château de), XII, 25, 32.
Montozon (sous-préfet de Velletri), 256.
Monza, 3.
Moreau (général), 226.
Moscou, 197, 219.
Mounier, II, 145.
Munkacs, II.
Murat (Joachim), XII, 5, 251, 269.

INDEX DES NOMS DE PERSONNES ET DE LIEUX.

N

Nantes, 143.
Naples, 12, 23, 31, 34, 42, 43, 65, 66, 67, 81, 92, 94, 95, 107, 108, 116, 122, 129, 150, 151, 154, 156, 159, 166, 167, 180, 197, 200, 221, 224, 225, 242, 243, 245, 246, 251, 252, 253, 254, 256, 258, 261, 263, 265, 266, 267, 268, 271, 272, 273, 276.
Napoléon [1] (Bonaparte) II, III, 26, 30, 32.
Narni, 48, 116, 117, 154, 155, 230, 248, 255, 256.
Nemi, 65.
Nera (rivière), 248, 255.
Nettuno (arr. de Velletri), 136, 233.
Neuperg (comte), 258, 265.
Nice, 256, 276.
Nicolas (brigand), 92.
Nicolas (commandant de gendarmerie), 133, 134, 137, 142.
Nîmes, 88, 129.
Nobili (Jean, brigand), 92.
Noffretti (employé de préfecture), 127, 128.
Norvins-Montbreton (chevalier de), 142, 193, 223.
Notari (Dominique), 136.

O

Oder (fleuve), 206, 208.
Olivetti, 55, 56, 185.
Ombrone (département de), 193.
Orbitello, 214.
Orioli (professeur), 255.
Orléans, 84.
Orte (arr. de Viterbe), 39, 100, 248, 255, 256.
Ortoli, (consul), X.
Ostie, 116.
Oswald, 35.
Oudinot (maréchal), 35.

P

Pacca (cardinal), 149, 212.
Pacchiarotti (curé), 255.
Paccolo (brigand), 91.
Pagliano (arr. de Velletri), 135, 136, 141, 160, 161.
Palazzola (arr. de Velletri), 54.
Palerme, 245, 253, 265.
Palestrina, 126, 128, 135, 146, 161.
Palombi, 139, 257.
Pancemont (de), 88, 140, 144.
Pancemont (Mme de), 120, 144, 182, 206.
Pancemont (Adèle de), 96, 114, 120, 129, 134, 135, 141, 142, 145, 182, 193, 196, 260, 276.
Pancemont (Charles et Hippolyte de), 219.
Pasquier, 145.
Patrica (arr. de Rome), 156.
Patrizzi (marquis François), 80, 125.
Patrizzi (comte Jean), XIII, 149, 175, 176.
Patrizzi (Mme Jean), 149.
Patrizzi (marquise Madeleine), XIII, 149.
Patrizzi (cardinal Constantin), 149.
Patrizzi (Filippo et Xaverio, frères), 149.
Pellegrini (propriétaire), 133.
Pellenc, 166.
Perla (prêtre), 23.
Pérouse, 143, 255.
Petrichia (brigand), 92, 132.
Pianetti (curé), 111.
Pie VI (pape), 8, 15, 22, 49, 109, 187.
Pie VII (pape), 8, 15, 109, 173.
Piémont, 177.
Pietro (cardinal), 212.
Piglio (montagne de), 136.
Pignatelli (général), 258, 264.
Pignerol, 100.
Piombino, 81, 124, 181.
Piperno, 23, 47, 146, 161, 165.
Piranesi, 185.
Pise, 3, 4, 203.
Pisterzo (arr. de Frosinone), 133.
Plaisance, 50, 73, 74.
Pline, 7.
Pô (fleuve du), 183, 242, 252, 258.
Pofi (arr. de Frosinone), 123.
Polani (Père), 8.
Polésine, 245.
Polili (brigand), 92.
Ponte-Corvo (prince de), 86.
Pontins (Marais), 22, 40, 92, 107, 123, 131, 133, 165.
Ponza (îles de), 209, 233, 234.
Ponzi (Louis, huissier), 162.
Porto-d'Anzo (arr. de Velletri), 40, 59, 78, 79, 227, 230, 231, 232, 233, 234, 235.
Powniatowski (prince), 184.
Prague, 223.
Préameneuf (Bigot de), 50.

---

[1]. Les pages où se trouve le mot Bonaparte sont jointes ici à celles qui portent le mot Napoléon.

Procolo (ferme, arr. de Velletri), 136.
Prossedi (arr. de Frosinone), 23.
Provence, 83.
Pulcinello (brigand). 116.

R

Radet (général), 82.
Radicofani, 195.
Raffin (Mlle), 185.
Raguse, 13.
Rainieri (brigadier de gendarmerie), 152.
Ramolini (supérieur des Ben-Fratelli), 14.
Randon (affaire), II.
Reali (propriétaire), 255.
Regni (propriétaire), 21.
Réunion (île de la), 244.
Richelieu, II.
Rieti, 39, 56, 64, 116, 117, 118, 146, 149, 150, 151, 153, 154, 155, 211, 224, 229, 230, 232, 246, 250.
Rimini, 258.
Rocca-del-Verne (arr. de Viterbe), 216, 247.
Rocca-di-Papa (arr. de Velletri), 23.
Rocca-Gorga (arr. de Frosinone), 141.
Rocca-Massima (arr. de Velletri), 23.
Rœderer (préfet de Trasimène), 50.
Roger (maréchal des logis), 247.
Romagne (la), 252.
Romanet (Louis de), 76.
Ronciglione, 51, 73.
Rospigliosi (prince), 80, 244.
Rossi (frères, brigands), 92.
Rotali (commissaire de police), 133.
Roubion (rivière), 58.
Rovigo, 245.
Ruspoli (prince), 174, 176, 216.
Ruspoli (Léopold), 216, 217.

S

Saale (rivière), 234.
Sabatucci, 173, 178.
Sabino (région de la), 21, 146, 248, 255.
Sacco (rivière), 131.
Saint-Cyr (école), 158, 205, 216.
Sainte-Croix (de), 192.
Saint-Estienne (arr. de Frosinone), 92.
Saint-Germain (école de), 158, 215.
Saint-Julien (Drôme), 97.
Saint-Michel (arr. de Viterbe), 247.
Saint-Oreste (abbaye, arr. de Viterbe), 155.
Saint-Peray (vin de), 32.
Saint-Vallier (de), 184.
Salicetti, 266.
Sanctis (de), 150, 151, 152.

San-Lorenzo (arr. de Frosinone), 23.
San-Salvador (abbaye), 126.
Santa-Francesca (arr. de Frosinone), 158.
Santa-Marinella (batterie), 232.
San-Vito (arr. de Frosinone), 198.
Sardaigne, 70, 265.
Savary (duc de Rovigo), 145, 193.
Savy (sous-préfet de Rieti), 56.
Scaturcio (brigand), 92.
Schmidt (Charles), VII.
Schouwaloff (Mme de), 199.
Scultheis, 34, 217.
Sebastianelli, (cordonnier), 152.
Segni (arr. de Velletri), 23.
Septime-Sévère, 137.
Sermoneta (arr. de Velletri), 51, 141.
Sévigné (Mme de), 17.
Sezze (arr. de Velletri), 23, 51, 53, 92, 122, 146, 161, 230.
Sgurgola (arr. de Velletri), 52.
Sienne, 3.
Sigoyer (Antonin de), 66.
Simonetti (curé), 115.
Simoni (François), 163.
Siry (colonel), 152.
Soldatelli (curé), 115.
Sonnino, 133.
Sora (montagne de), 156.
Sora, 158.
Spada (prince), 185.
Spoletto, 266, 273.
Subiaco (arr. de Tivoli), 56, 126, 128, 146, 161, 162.
Supino (arr. de Frosinone), 23, 52, 92, 131, 133, 141, 162, 198.
Sutri, 146, 155.
Suze, 182.

T

Talleyrand, 35.
Taro (dép. du), 114.
Taro (rivière), 183.
Tarquin, 63.
Taurelli (sous-préfet de Frosinone), 124.
Terni, 58, 182.
Terracine, 22, 23, 32, 40, 52, 56, 59, 60, 108, 122, 146, 161, 163, 165, 167, 208, 231, 235, 264.
Tibre (dépt. du), IV, 26, 51.
Tibre (fleuve), 22, 65, 137, 248, 249, 255.
Tibulle, 49.
Tivoli, 38, 39, 49, 64, 91, 92, 104, 126, 128, 129, 146, 161, 196, 210, 214, 230, 244.
Todi, 246, 248.
Tolentino, 187.
Tomastone (frères, brigands), 92, 162.
Tomei (Nicolas), 162.

INDEX DES NOMS DE PERSONNES ET DE LIEUX.

Torli, 258.
Torlonia (banquier), 34, 124, 176, 204.
Torlonia (Joseph), 179, 181.
Toscane, XI, 56, 65, 70, 73, 95, 177, 203, 268, 269, 271, 273.
Toscanella (arr. de Viterbe), 155.
Toulon, 157.
Toulouse, 225.
Tournon (ville de), 7.
Tournon (Victor de, frère du préfet), 7, 32, 66, 83, 196, 219.
Tournon (Philippe de, frère du préfet), 32, 35.
Tournon (Hyppolyte-Just, frère du préfet), 13, 21, 32, 88, 96, 97, 196, 219.
Tournon (Eugène de, frère du préfet), 130, 276.
Tournon (Alix de, sœur du préfet), 13, 32, 41, 96, 276.
Tournon (Pauline de, sœur du préfet), 13, 32, 41, 83.
Tournon (Hélène de, sœur du préfet), 13, 17, 21, 32, 35, 41, 42, 83, 183, 184, 192, 193.
Tournon (Hortense de, sœur du préfet), 13, 17, 32, 41, 76, 83, 130.
Tournon (Élisa de, sœur du préfet), 13, 17, 130.
Tournon (Mme de, femme du préfet), 13, 183.
Tournon (Alix de, fille du préfet), 123, 196, 227, 276.
Trajan, 6.
Trasimène (dép. du), 26, 56, 95, 112, 143, 154, 248, 249, 250, 252, 255, 263.
Trévol (Allier), XI.
Trieste, 226, 227.
Trisulti (abbaye de, arr. de Frosinone), 53.
Trozzi (entrepreneur), 185.
Truron (maréchal des logis), 274.
Truzzi (Gaetano), 112.
Tusculum, 65, 69.

V

Valence, 182.
Valensini (propriétaire romain), 34.
Vallecorsa (arr. de Frosinone), 163.
Vallentano (arr. de Viterbe), 51, 89, 154.
Valmontone (arr. de Velletri), 23, 135, 136, 161.
Vandamme, 226, 227.

Vanni (frères), 238.
Varron, 49.
Varsovie, 197.
Velay, 3.
Velletri, 11, 23, 32, 43, 51, 52, 54, 84, 91, 92, 107, 108, 111, 112, 116, 119, 121, 122, 123, 124, 137, 141, 146, 160, 161, 165, 167, 168, 214, 227, 230, 231, 232.
Velino (rivière), 58.
Venise, 14, 179.
Vergani (chanoine), 114.
Verger (Archives du, Ardèche), XII.
Veroli (arr. de Frosinone), 122, 123, 137, 156, 158, 159, 161, 198.
Verone, 216.
Versailles, 18, 212.
Vertheuil (abbaye de, Gironde), XII.
Vesta, 49.
Vésuve, 22, 92.
Vienne (Autriche), 200, 204, 221, 226.
Vigan (le), 76.
Villardeau (directeur des postes), 97.
Vilna, 206.
Vincentini, 176.
Viola (brigand), 92.
Vistule (fleuve), 200.
Viterbe, 10, 12, 19, 20, 50, 51, 56, 63, 64, 89, 100, 117, 118, 123, 146, 154, 155, 157, 173, 195, 199, 210, 213, 228, 229, 230, 232, 236, 237, 246, 247, 248, 249, 250, 252, 253, 254, 255, 256, 262, 263, 268, 269, 270, 271, 273, 274.
Vitorchiano (arr. de Viterbe), 246, 247, 249, 253, 255.
Vivarais, 260.

W

Wagram, 11.
Wellington, 204.
Würtchen, 216.
Würtzbourg, 32.

X

Xavier de Saxe (prince), 180.

Z

Zagarolo (prince), 80, 243, 244.
Zelli (sous-préfet de Viterbe), 56, 256.
Zénobie, 49.
Zingarelli, 136.
Zondondari (cardinal), X.
Zucchári, XIII, 230, 251.

TABLE DES MATIÈRES

	Pages.
INTRODUCTION.	v
SOURCES.	xi
LETTRES, Année *1809*	3
— Année *1810*	10
— Année *1811*	99
— Année *1812*	169
— Année *1813*	199
— Année *1814*	258
INDEX DES NOMS DE PERSONNES ET DE LIEUX	279

Paris. — Typ. Philippe Renouard, 19, rue des Saints-Pères. — 58219.

www.ingramcontent.com/pod-product-compliance
Lightning Source LLC
Chambersburg PA
CBHW071345150426
43191CB00007B/856